Realitätsbezüge im Mathematikunterricht

Reihenherausgeber
Werner Blum, Universität Kassel
Rita Borromeo Ferri, Universität Kassel
Gilbert Greefrath, Universität Münster
Gabriele Kaiser, Universität Hamburg
Katja Maaß, Pädagogische Hochschule Freiburg

Mathematisches Modellieren ist ein zentrales Thema des Mathematikunterrichts und ein Forschungsfeld, das in der nationalen und internationalen mathematikdidaktischen Diskussion besondere Beachtung findet. Anliegen der Reihe ist es, die Möglichkeiten und Besonderheiten, aber auch die Schwierigkeiten eines Mathematikunterrichts, in dem Realitätsbezüge und Modellieren eine wesentliche Rolle spielen, zu beleuchten. Die einzelnen Bände der Reihe behandeln ausgewählte fachdidaktische Aspekte dieses Themas. Dazu zählen theoretische Fragen ebenso wie empirische Ergebnisse und die Praxis des Modellierens in der Schule. Die Reihe bietet Studierenden, Lehrenden an Schulen und Hochschulen wie auch Referendarinnen und Referendaren mit dem Fach Mathematik einen Überblick über wichtige Ergebnisse zu diesem Themenfeld aus der Sicht von Expertinnen und Experten aus Hochschulen und Schulen. Die Reihe enthält somit Sammelbände und Lehrbücher zum Lehren und Lernen von Realitätsbezügen und Modellieren.

Die Schriftenreihe der ISTRON-Gruppe ist nun Teil der Reihe „Realitätsbezüge im Mathematikunterricht". Die Bände der neuen Serie haben den Titel „Neue Materialien für einen realitätsbezogenen Mathematikunterricht".

Gilbert Greefrath · Hans-Stefan Siller
(Hrsg.)

Digitale Werkzeuge, Simulationen und mathematisches Modellieren

Didaktische Hintergründe und Erfahrungen aus der Praxis

 Springer Spektrum

Herausgeber
Gilbert Greefrath
Westfälische Wilhelms-Universität Münster
Münster, Deutschland

Hans-Stefan Siller
Julius-Maximilians-Universität Würzburg
Würzburg, Deutschland

ISSN 2625-3550
Realitätsbezüge im Mathematikunterricht
ISBN 978-3-658-21939-0
https://doi.org/10.1007/978-3-658-21940-6

ISSN 2625-3569 (electronic)

ISBN 978-3-658-21940-6 (eBook)

Die Deutsche Nationalbibliothek verzeichnet diese Publikation in der Deutschen Nationalbibliografie; detaillierte bibliografische Daten sind im Internet über http://dnb.d-nb.de abrufbar.

Springer Spektrum

Verantwortlich im Verlag: Ulrike Schmickler-Hirzebruch

Gedruckt auf säurefreiem und chlorfrei gebleichtem Papier

Springer Spektrum ist ein Imprint der eingetragenen Gesellschaft Springer Fachmedien Wiesbaden GmbH und ist ein Teil von Springer Nature.
Die Anschrift der Gesellschaft ist: Abraham-Lincoln-Str. 46, 65189 Wiesbaden, Germany

Vorwort

Mathematisches Modellieren ist in der didaktischen Diskussion zu einem innovativen Mathematikunterricht schon seit Jahrzehnten etabliert. Darüber hinaus ist es in Bildungsstandards für den Mathematikunterricht aller Schulstufen und in der Unterrichtspraxis berücksichtigt.

Die möglichen Modellierungstätigkeiten im Mathematikunterricht haben sich nicht zuletzt durch die Existenz von digitalen Werkzeugen in den letzten Jahren verändert. Gerade beim Umgang mit realitätsbezogenen Problemen können digitale Werkzeuge sinnvoll zur Unterstützung von Lehrenden und Lernenden sein. Digitale Werkzeuge haben, insbesondere durch die fortschreitende technische Entwicklung, zunehmend an Bedeutung für den Einsatz im Mathematikunterricht gewonnen und mit ihrer Einführung sind vielfältige Hoffnungen auf grundlegende Veränderungen des Unterrichts verbunden.

Dieser Band widmet sich dem Einsatz digitaler Medien im Zusammenhang mit Modellierungsprozessen im Mathematikunterricht.

In einem **ersten Teil** werden theoretische und empirische Beiträge zu diesem Thema zusammengefasst. Er beginnt mit einem Übersichtsbeitrag, der in die Diskussion zur Nutzung digitaler Werkzeuge und Simulationen im Zusammenhang mit Realitätsbezügen und Modellierung einführt und die grundlegenden Begrifflichkeiten darstellt.

Der Einführungsbeitrag von *Greefrath* und *Siller* verbindet die beiden Aspekte des mathematischen Modellierens und des Werkzeugeinsatzes und gibt einen Überblick über die mögliche Nutzung digitaler Werkzeuge beim mathematischen Modellieren im Unterricht. Dazu werden auch theoretische Modelle zur Nutzung digitaler Werkzeuge beim Modellieren vorgestellt und Erkenntnisse aus empirischen Untersuchungen betrachtet. Außerdem wird das Simulieren als spezielle Verwendung digitaler Werkzeuge beim mathematischen Modellieren diskutiert. Die verschiedenen Ausgangspunkte digitale Werkzeuge, Simulationen und mathematisches Modellieren werden so zusammengeführt.

Im Weiteren finden sich speziellere theoretische und empirische Studien zu verschiedenen Aspekten des Lehrens und Lernens von mathematischem Modellieren mit digitalen Medien sowie unterrichtliche Beispiele auf der Grundlage einschlägiger Erfahrungen.

Der Beitrag von *Wörler* arbeitet den Begriff der Simulation theoretisch auf und leitet daraus ein Konzept zur Differenzierung von Simulationen und zur Umsetzung von Simulationen ab, das die Aktivität des Benutzers bzw. die Möglichkeiten seines Einwirkens auf den Programmablauf zum Maßstab nimmt. Somit können einerseits bestehende Simulationen hinsichtlich dieser Variationsmöglichkeiten analysiert und darauf aufbauend auch verglichen werden. Andererseits kann das Konzept ebenso zur Entwicklung von Softwareimplemetierung einzelner Simulationen dienen.

Sträßer beleuchtet die Rolle und Wirkung von Mathematik bei der Simulation berufsbezogener Kontexte. Der Beitrag geht anhand von Beispielen wie dem technischen Zeichnen, der Berechnung von Preisen wie etwa Zinsen und makro-ökonomischer Kreislaufmodelle insbesondere auf die dienende Rolle der Mathematik bei Simulationen berufsbezogener Kontexte ein. Es wird auch die Tatsache des Versteckens von Mathematik in schwarzen Kästen („black boxes") berücksichtigt. Darüber hinaus werden entsprechende Konsequenzen für berufsbezogene Simulationen im Mathematikunterricht allgemeinbildender Schulen beschrieben.

Der Beitrag von *Hankeln* beschreibt eine qualitative Studie mit zwölf Schülerinnen und Schülern, in der analysiert wurde, ob bei der Bearbeitung von Modellierungsaufgaben spontane Simulationsprozesse auftreten, ohne dass die Schülerinnen und Schüler explizit zu diesen aufgefordert wurden. Anhand von fünf Fallskizzen wird aufgezeigt, dass Simulationsprozesse vor allem, aber nicht nur bei der Arbeit mit einer Dynamischen Geometrie-Software auftreten und dass ihre Effektivität unter anderem auch von der Sicherheit im Umgang mit dem Programm abhängt. Außerdem wird die Existenz verschiedener Arten der Simulation auch empirisch nachgewiesen.

Im Mittelpunkt des Beitrags von *Baum*, *Beck* und *Weigand* steht ein Mathematiklabor an der Universität Würzburg, das es Schülerinnen und Schülern ab der 10. Jahrgangsstufe ermöglicht mit realen und virtuellen Modellen zu experimentieren, also Simulationen auszuführen und damit Entdeckungen zu generieren, Ergebnisse zu überprüfen, Sonderfälle zu untersuchen und Fragestellungen zu erweitern. Beispiele hierfür sind der Bagger, der Scheibenwischer oder das Einparken eines Autos, aber auch mathematische Instrumente wie Parabel- oder Ellipsenzirkel oder durch mathematische Ideen angeregte Modelle wie etwa „Gleichdicks" oder Origami. An Beispielen werden Möglichkeiten des Einsatzes eines digitalen Werkzeugs bei Simulationen inner- und außermathematischer Problemstellungen aufgezeigt.

Im **zweiten Teil** des Bandes liegt der Schwerpunkt auf Erfahrungen aus der Praxis des Simulierens und des mathematischen Modellierens mit digitalen Werkzeugen. Dabei werden zum einen konkret durchgeführte Projekte vorgestellt und zum anderen daraus auch allgemeine Erkenntnisse bezüglich bestimmter Inhalte, Methoden und Medien im Zusammenhang mit realitätsbezogenen Problemen abgeleitet. Die Modellierungsprojekte stammen teilweise aus dem Mathematikunterricht der Schule, teilweise auch aus Modellierungswochen an Hochschulen bzw. aus einem Seminar an der Hochschule.

Bock und *Bracke* zeigen auf, wie eine räumliche und zeitliche Krankheitsdynamik in der Sekundarstufe 2 behandelt werden kann. Sie beschränken sich auf Krankheiten, die von Mensch zu Mensch übertragbar sind, wie etwa Grippe und Ebola. Dabei spielt die Simulation am Computer eine zentrale Rolle. Die benutzten Methoden hierbei sind zelluläre Automaten und explizite Euler-Algorithmen zur Lösung von Differentialgleichungen.

Im Beitrag von *Frank, Richter, Roeckerath* und *Schönbrodt* wird die Fragestellung, wie die GPS-Positionsbestimmung funktioniert, untersucht. Es werden mathematische Hintergründe der Positionsbestimmung mittels GPS und eine konkrete didaktisch-methodische Umsetzung im Rahmen eines computergestützten Workshops für Schülerinnen und Schüler der Oberstufe vorgestellt. Die Schülerinnen und Schüler arbeiten mit realen vor Ort aufgenommenen Satellitendaten und erleben sehr anschaulich, wie sich ein Modell immer weiter verbessert. Die Modellverbesserung wird sichtbar, indem sich die ermittelte Position auf einer Karte immer weiter der tatsächlichen Position der Datenaufnahme annähert.

Im Beitrag von *Göttlich* wird eine Modellierungsaufgabe vorgestellt, die während des Bachelor- und Masterseminars Modellierung und Simulation von einer Gruppe Studierender an der Universität Mannheim bearbeitet wurde. Ziel dieser Aufgabe war es, das Einstiegsverhalten von Passagieren in ein Flugzeug hinsichtlich der Boarding-Zeiten zu analysieren. Es wurden verschiedene Strategien entwickelt und mit Hilfe von sogenannten zellulären Automaten simuliert und miteinander verglichen. Das Thema ist an der Schnittstelle Mathematik/Informatik verankert und bietet sich beispielsweise im Rahmen eines projektorientierten Unterrichts an.

Ein Unterrichtsprojekt steht im Mittelpunkt des Beitrags von *Lendzian* und *Körner*. Darin übernehmen Schülerinnen und Schüler einer zehnten Klasse die Arbeit einer Firma, die Klimaschutzprojekte durchführt. Dieses Klimaschutzprojekt soll zunächst mit Hilfe einer Finanzkalkulation evaluiert werden. Das erstellte numerische Modell der finanziellen Entwicklung des Projektes basiert dabei auf Informationen aus diversen Quellen. Die größte mathematische Schwierigkeit beschränkt sich auf einfache Zinsrechnung. Aufgabe der Schülerinnen und Schüler war es also nicht, in einer didaktisch reduzierten Lernumgebung neue Fachinhalte kennen zu lernen oder zu üben, sondern in einer inhaltlich erweiterten Lernumgebung Fachkompetenzen vergangener Jahrgangsstufen realitätsnah anzuwenden.

Der Beitrag von *Riemer* zeigt, wie man beschreibende Statistik, Wahrscheinlichkeitsrechnung und beurteilende Statistik durch Experimentieren und Simulieren von Anfang an so miteinander vernetzen kann, dass zentrale (Grund-)Vorstellungen beurteilender Statistik früh angelegt und kontinuierlich ausgebaut werden. Zufallsschwankungen und aktives Modellieren werden hier ab Klasse 7 als integraler Bestandteil des Wahrscheinlichkeitskonzepts erlebt. Wenn Lernende anschließend Zufallsschwankungen untersuchen und versuchen, diese der Größe nach zu ordnen, erfinden sie Abweichungsmaße, die mithilfe von Simulationen zu Testgrößen werden und den Grund legen für das „Konzept des Bezweifelns". Darunter wird eine intuitiv eingängige Vorstufe des Testens von Hypothesen, welche durch vorläufigen Verzicht auf die Begriffe Nullhypothese und Signifikanzniveau zentrale Ideen beurteilender Statistik schon in der Sekundarstufe I hervortreten lässt.

Produkttests und -rankings spielen im Alltag eine wichtige Rolle. Im Beitrag von *Ruzika, Klöckner* und *Gecks* wird das gängige Verfahren zum Erstellen von Rankings in Folge von Produkttests in erster Linie mathematisch untersucht. Dabei werden als Hintergrundwissen fachmathematische Überlegungen zum Kontext dargelegt und anschließend eine didaktische Betrachtung der Thematik vorgenommen. Die konkrete Umsetzung im Unterricht wird skizziert. Darüber hinaus wird die Frage, ob es einen stabilen Testsieger gibt, also ein Produkt, dass bei vielen verschiedenen Gewichtungen als Testsieger hervorgeht, diskutiert. Schülerinnen und Schüler können mit Hilfe einer Simulation einen solchen Testsieger finden und für Produkttests mit zwei oder drei Kategorien eine geometrische Deutung vornehmen.

Der Beitrag von *Weitendorf* widmet sich der Simulation einer Fußballbundesligasaison, da diese Situation eher der Lebenswelt der Schülerinnen und Schüler nahekommt. Dabei steht weniger im Vordergrund, dass die Simulation ein hinreichend exaktes Ergebnis liefert, sondern dass Schülerinnen und Schüler erfahren wie Simulationen mit Hilfe von Zufallsgeneratoren durchgeführt werden können. Für die Simulationen werden verschiedene Annahmen vorausgesetzt. Ein erster Schritt geht davon aus, dass alle Mannschaften gleich stark sind. Dieser Ansatz entspricht sicher nicht der Realität. So ergibt sich im zweiten Ansatz die Frage, welche vorhandenen Daten für die Simulation des Ausgangs von Spielen – neben dem Zufall – eine Relevanz haben. Diese Daten sind für ein mathematisches Modell entsprechend zu gewichten. Ein weiteres Problem stellt die Umsetzung in die entsprechende Technologie dar.

Wir hoffen, mit dem vorliegenden Band überzeugend zeigen zu können, dass man digitale Werkzeuge zum Modellieren und Simulieren sinnvoll und gewinnbringend einsetzen kann. Wir freuen uns über die Verwendung der Materialien und Ideen in Schule und Hochschule.

Münster und Würzburg   Gilbert Greefrath
im März 2018   Hans-Stefan Siller

Inhaltsverzeichnis

Teil I
Theoretische und empirische Beiträge

Digitale Werkzeuge, Simulationen und mathematisches Modellieren

Gilbert Greefrath und Hans-Stefan Siller

Zusammenfassung

Der Einsatz digitaler Werkzeuge im Mathematikunterricht ist inzwischen zur Normalität geworden und findet Einzug in alle Inhalts- und Handlungsbereiche im Mathematikunterricht. Der Beitrag verbindet die beiden Aspekte des mathematischen Modellierens und des Werkzeugeinsatzes und gibt zum einen einen Überblick über die mögliche Nutzung digitaler Werkzeuge beim mathematischen Modellieren im Unterricht. Dazu werden auch theoretische Modelle zur Nutzung digitaler Werkzeuge beim Modellieren vorgestellt und Erkenntnisse aus empirischen Untersuchungen betrachtet. Zum anderen wird das Simulieren als spezielle Verwendung digitaler Werkzeuge beim mathematischen Modellieren diskutiert. Die verschiedenen Ausgangspunkte digitale Werkzeuge, Simulationen und mathematisches Modellieren werden so zusammengeführt.

1.1 Einleitung

Mathematisches Modellieren ist, wie auch die Bildungsstandards für den Mittleren Schulabschluss (KMK 2004) oder die allgemeine Hochschulreife (KMK 2012) hervorheben, eine allgemeine mathematische Kompetenz. Der Kern des mathematischen Modellierens ist das Übersetzen eines Problems aus der Realität in die Mathematik, das Arbeiten mit mathematischen Methoden und das Übertragen der mathematischen Lösung auf das reale Problem. Modellierungsprozesse werden daher häufig in Form eines Kreislaufs darge-

G. Greefrath (✉)
Westfälische Wilhelms-Universität Münster
Münster, Deutschland

H.-S. Siller
Julius-Maximilians-Universität Würzburg
Würzburg, Deutschland

© Springer Fachmedien Wiesbaden GmbH, ein Teil von Springer Nature 2018
G. Greefrath und H.-S. Siller (Hrsg.), *Digitale Werkzeuge, Simulationen und mathematisches Modellieren*, Realitätsbezüge im Mathematikunterricht,
https://doi.org/10.1007/978-3-658-21940-6_1

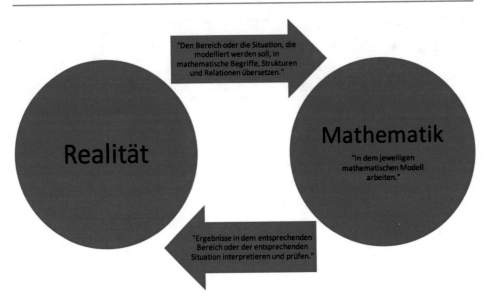

Abb. 1.1 Modellierungsprozess idealisiert. (Vgl. KMK 2004, S. 8)

stellt. Die konkreten Beschreibungen von Modellierungsprozessen aus den Bildungsstandards sind im idealisierten Modellierungskreislauf in Abb. 1.1 dargestellt.

Modellieren kann neben den inhaltsbezogenen Leitideen wie beispielsweise Raum & Form, Funktionaler Zusammenhang und Daten & Zufall sowie neben weiteren allgemeinen Kompetenzen wie z. B. Problemlösen und Argumentieren, nur im Zusammenspiel mit mathematischen Inhalten und weiteren allgemeinen Kompetenzen gesehen werden. Modellierungskompetenz ist daher ausschließlich in enger Anbindung an mathematische Inhalte zu erwerben.

Neben den genannten mathematischen Inhalten und allgemeinen Kompetenzen wird auch digitalen Werkzeugen beim Lernen von Mathematik in der Schule, eine wichtige Rolle zugeschrieben – wie etwa in den Curricula der Länder (z. B. Ministerium für Schule NRW 2004) beschrieben aber auch in zahlreichen Studien (z. B. Barzel 2012) nachgewiesen wird. Diese digitalen Mathematikwerkzeuge können gerade beim Modellieren als heuristisches Hilfsmittel dienen und die Verarbeitung größerer Datenmengen im Zusammenhang mit mathematischen Modellen ermöglichen – ganz im Sinne der dritten Winter'schen Grunderfahrung können so Problemlösefähigkeiten erworben werden. Hierbei soll insbesondere auch eine mögliche Nutzung unterschiedlicher Darstellungen digitaler Werkzeuge wie in den Bildungsstandards für das Fach Mathematik von der KMK (2012, S. 12 f.) gefordert, berücksichtigt werden.

Digitale Werkzeuge haben, insbesondere durch die fortschreitende technische Entwicklung, zunehmend an Bedeutung für den Einsatz im Mathematikunterricht gewonnen. Mit der Einführung digitaler Werkzeuge im Mathematikunterricht sind vielfältige Hoffnungen auf grundlegende Veränderungen des Unterrichts verbunden: „Some Mathematics becomes more important because technology requires it. Some Mathematics becomes less important because technology replaces it. Some Mathematics becomes possible because technology allows it." (Waits zitiert nach NCTM 2000, S. 25). Die Einführung digitaler Werkzeuge im Mathematikunterricht kann also dazu beitragen bisher im Mathematikunterricht nicht zugängliche Inhalte zu integrieren und bei anderen die Schwerpunkte zu verschieben. Außerdem bieten sich neue Möglichkeiten für das Erkunden mathematischer Situationen (Drijvers 2003, S. 241). Gerade beim Umgang mit realitätsbezogenen Problemen können digitale Werkzeuge sinnvolle Unterstützung von Lehrenden und Lernenden sein (vgl. Siller 2015). Man geht davon aus, dass beim Modellieren neben den mathematischen Kenntnissen der Lernenden auch die Möglichkeiten der digitalen Werkzeuge die verwendeten mathematischen Modelle beeinflussen (Gellert et al. 2001). Durch die Verwendung digitaler Mathematikwerkzeuge beim Modellieren rücken auch Simulationen stärker in den Fokus. Beim Simulieren wird häufig unter Verwendung digitaler Werkzeuge mit mathematischen Modellen experimentiert. Genauer diskutieren wir dies im Abschnitt Simulationen. Spricht man von Simulation in der Mathematik ist dies mit dem mathematischen Modellieren untrennbar verbunden. Das Themenfeld *Modellierung mit digitalen Werkzeugen* ist somit für die Mathematikdidaktik von großem Interesse, insbesondere weil sich so neue Perspektiven für den Mathematikunterricht ergeben.

1.2 Mathematisches Modellieren

Wir verwenden den Begriff des mathematischen Modellierens im Sinne eines ggf. mehrfachen Durchlaufens eines Modellierungskreislaufs, in dem die außermathematische Welt vereinfacht in die Welt der Mathematik übertragen und nach der Arbeit in einem mathematischen Modell die mathematischen Ergebnisse wieder in die außermathematische Welt abgebildet werden (Niss et al. 2007). Zur genaueren Betrachtung von Modellierungskompetenz kann man sich an einem Modellierungskreislauf orientieren. Wir verwenden hier das von Blum und Leiß (2005) erstellte Modell des Modellierens, das insbesondere kognitive Aspekte berücksichtigt (s. Abb. 1.2). Es wurde im Vergleich zu einem früheren Modell (Blum 1985) um das Situationsmodell erweitert. Die Erstellung des mathematischen Modells wird betrachtet, und es wird der Prozess des Individuums, welches das Modell erstellt, detailliert(er) dargestellt. Das Situationsmodell beschreibt die mentale Darstellung der Situation durch das Individuum.

Sinnvoll ist es den Blick nicht nur auf die Zwischenschritte (wie Situationsmodell, Realmodell, mathematisches Modell, etc.) während des Modellierungsprozesses zu richten, sondern ebenso auf die Teilprozesse des Modellierens, die zwischen den jeweiligen Schritten im Kreislauf (z. B. vom Realmodell zum mathematischen Modell) durchlaufen werden. Diese Teilprozesse können mit Teilkompetenzen von Lernenden in Verbindung gebracht werden. Mit Hilfe genauerer Beschreibungen, die wir hier Indikatoren nennen, wird klargestellt, was unter diesen Teilkompetenzen zu verstehen ist (s. Tab. 1.1).

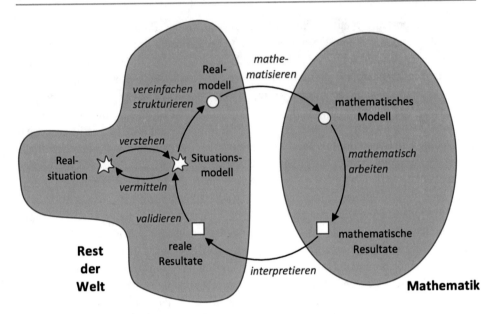

Abb. 1.2 Modellierungskreislauf von Blum und Leiß. (Blum und Leiß 2005, S. 19)

Tab. 1.1 Teilkompetenzen des Modellierens. (Vgl. Greefrath et al. 2013, S. 19)

Teilkompetenz	Indikator
Verstehen	Die Schülerinnen und Schüler konstruieren ein eigenes mentales Modell zu einer gegebenen Problemsituation und verstehen so die Fragestellung.
Vereinfachen Strukturieren	Die Schülerinnen und Schüler trennen wichtige und unwichtige Informationen einer Realsituation.
Mathematisieren	Die Schülerinnen und Schüler übersetzen geeignet vereinfachte Realsituationen in mathematische Modelle (z. B. Term, Gleichung, Figur, Diagramm, Funktion).
Mathematisch arbeiten	Die Schülerinnen und Schüler arbeiten mit dem mathematischen Modell.
Interpretieren	Die Schülerinnen und Schüler beziehen die im Modell gewonnenen Resultate auf die Realsituation und erzielen damit reale Resultate.
Validieren	Die Schülerinnen und Schüler überprüfen die realen Resultate im Situationsmodell auf Angemessenheit. Die Schülerinnen und Schüler vergleichen und bewerten verschiedene mathematische Modelle für eine Realsituation.
Vermitteln	Die Schülerinnen und Schüler beziehen die im Situationsmodell gefundenen Antworten auf die Realsituation und beantworten so die Fragestellung.

1.3 Digitale Mathematikwerkzeuge

Als digitale Werkzeuge verstehen wir vor allem digitale Medien wie Computer, Tablet, Smartphone oder Handheld, die im Mathematikunterricht zum Bearbeiten von Aufgabenstellungen in spezifischer Weise genutzt werden. Das ist beispielsweise der Fall, wenn Lernende mit Hilfe eines grafikfähigen Taschenrechners ikonische Darstellungen generieren oder mit Hilfe einer dynamischen Geometriesoftware die Bewegung eines Baggers simulieren (vgl. Roth 2010), um das erstellte Modell anschließend wieder mit der Realität zu vergleichen.

Digitale Werkzeuge sind – zumindest in bestimmten Bereichen – universell einsetzbare Hilfsmittel zur Bearbeitung einer breiten Klasse von Problemen und nehmen die Rolle von *Lernwerkzeugen* ein. Sie werden vergleichbar zu anderen Lernwerkzeugen (etwa Geodreieck und Zirkel) zum Bearbeiten von Aufgabenstellungen, zur Recherche, zur Kommunikation oder zur Erstellung von Lernmaterial genutzt. Die Rolle, die digitale Medien im Unterricht übernehmen können, ist durchaus vielschichtig und geht über die Verwendung als Lernwerkzeug deutlich hinaus. Schülerinnen und Schüler können beispielsweise digitale Medien im Mathematikunterricht verwenden, um etwas über die Medien selbst zu lernen (*Lerngegenstand*), etwa bei der Erläuterung der Funktionsweise einer dynamischen Geometriesoftware oder eines Taschenrechners. Wird also ein digitales Werkzeug als Lerngegenstand selbst Objekt der Betrachtung, wird im Mathematikunterricht häufig auf algorithmische Fähigkeiten und Fertigkeiten fokussiert. Dies ist ein durchaus lohnenswerter Ansatz welcher genauer mit dem Black-Box/White-Box-Prinzip charakterisiert werden kann (vgl. Buchberger 1989). Beim Umgang mit digitalen Mathematikwerkzeugen im Unterricht kann etwa in den Mittelpunkt gestellt werden, welche wesentlichen Grundfertigkeiten und welches relevante Grundwissen zu den im digitalen Werkzeug verwendeten Methoden erforderlich ist; der Algorithmus von den Lernenden also als sogenannte White-Box verstanden wird. Im Zuge der Nutzung kann das Werkzeug aber auch – ohne genaue Betrachtung bzw. Kenntnis der Funktionsweise – als Black-Box eingesetzt werden. Dann steht die Funktionsweise des Werkzeugs nicht im Vordergrund, wohl aber die passenden Ein- und Ausgaben.

Ein Beispiel welches dies verdeutlichen kann und in der Schule relevant ist, ist das Heron-Verfahren, mit Hilfe dessen Quadratwurzeln berechnet werden können. Das Heron-Verfahren kann etwa geometrisch veranschaulicht werden, indem die Zahl N, deren Quadratwurzel berechnet werden soll, als Flächeninhalt eines Rechtecks interpretiert wird. Dieses Rechteck mit den Seitenlängen x_1 und y_1 wird sukzessive in flächengleiche Rechtecke überführt, deren Seitenlängen sich weniger unterscheiden, als im Schritt davor. Allgemein ergibt sich dann die rekursive Berechnung der Seitenlängen durch $x_{k+1} = \frac{1}{2}(x_k + y_k) = \frac{1}{2}(x_k + \frac{N}{x_k})$. Stimmen schließlich x_k und y_k mit der gewünschten Genauigkeit überein, ist die Quadratwurzel von N gefunden (vgl. Schuppar und Humenberger 2015, S. 188 ff.). Wird das Heron-Verfahren entsprechend veranschaulicht und interpretiert, erfahren Lernende wie ein digitales Werkzeug die Quadratwurzel berechnen kann und lernen so das digitale Werkzeug als White-Box kennen. Wird dagegen das digitale

Werkzeug zur Berechnung von Quadratwurzeln verwendet, ohne Kenntnisse über einen entsprechenden Algorithmus zu vermitteln, wird das Werkzeug als Black-Box verwendet.

Der Einsatz digitaler Medien kann aber auch den Unterricht unterstützen, indem beispielsweise Rückmeldung über die Korrektheit gelöster Aufgaben erfolgt. Dann übernehmen diese Medien sogar eine *Lehrfunktion*. Dies ist insbesondere bei spezifisch für bestimmte Themenfelder konstruierten digitalen Lernumgebungen der Fall. Digitale Lernpfade, also internetbasierte, strukturierte Lernumgebungen, in denen Schülerinnen und Schüler selbstständig und eigenverantwortlich arbeiten (Roth 2015), können zum Beispiel über das ZUM-Wiki (https://wiki.zum.de/wiki/Hauptseite) abgerufen werden. Die beschriebenen Funktionen digitaler Medien schließen sich nicht gegenseitig aus. So gibt es beispielsweise in digitalen Lernpfaden integrierte digitale Werkzeuge (z. B. dynamische Geometrieprogramme) oder auch Unterrichtskonzepte zu Lerngegenständen wie dem Heron-Verfahren mit Hilfe digitaler Lernwerkzeuge (Steinmetz 2000).

Der Begriff des digitalen Werkzeugs bezieht sich also nicht nur auf spezielle Geräte, sondern insbesondere auch auf deren spezifische Nutzung im Mathematikunterricht. Gerade beim Umgang mit realitätsbezogenen Problemen können digitale Werkzeuge zur Unterstützung von Lehrenden und Lernenden sinnvoll sein, worauf beispielsweise Henn (1998) schon früh hingewiesen hat. Er sieht den besonderen Nutzen digitaler Werkzeuge unter anderem beim Modellieren und Simulieren sowie im Aufbau geeigneter Grundvorstellungen. Im Rahmen eines Modellprojekts in den 1990er Jahren in Baden-Württemberg wurde bereits das Ziel verfolgt, mit Hilfe digitaler Werkzeugen mehr Anwendungen und Modellierungen in die tägliche Unterrichtspraxis zu bringen. Henn (2007) erläutert aber ebenso, dass digitale Werkzeuge geeignet sind alle Grunderfahrungen nach Winter (1996) für einen allgemeinbildenden Mathematikunterricht zu fördern. Diese drei Grunderfahrungen sind:

(1) Erscheinungen der Welt um uns, die uns alle angehen oder angehen sollen, aus Natur, Gesellschaft und Kultur, in einer spezifischen Art wahrzunehmen und zu verstehen,

(2) mathematische Gegenstände und Sachverhalte, repräsentiert in Sprache, Symbolen, Bildern und Formeln, als geistige Schöpfungen, als eine deduktiv geordnete Welt eigener Art kennenzulernen und zu begreifen,

(3) in der Auseinandersetzung mit Aufgaben Problemlösefähigkeiten (heuristische Fähigkeiten), die über die Mathematik hinausgehen, zu erwerben (Winter 1996, S. 35).

Für den Aufbau der dritten Grundvorstellung können digitale Werkzeuge durch die Unterstützung des heuristischen Arbeitens hilfreich sein – wie oben angeführt. Im Zusammenhang mit der zweiten Grunderfahrung werden dynamische Visualisierungen und der Aufbau von Grundvorstellungen genannt. Hier ist anzumerken, dass beim Aufbau von (primären) Grundvorstellungen Handlungserfahrungen an realen Objekten eine wichtige Rolle spielen. Zur Verwirklichung der ersten Grunderfahrung ist die Einbeziehung realer Probleme und Anwendungen von Mathematik unerlässlich. Henn (2007) weist hier insbesondere auf Modellieren und Simulation hin. Dies vertiefen wir in den folgenden Abschnitten.

1.4 Digitale Mathematikwerkzeuge und mathematisches Modellieren

Im Zusammenhang mit mathematischem Modellieren können digitale Werkzeuge unterschiedliche Prozesse unterstützen. Im Hinblick auf das Entdecken mathematischer Zusammenhänge sind digitale Mathematikwerkzeuge beim *experimentellen* Arbeiten sowie beim *Recherchieren* von besonderer Bedeutung (Hischer 2002, S. 116 ff.). Beispielsweise kann man mit Hilfe einer dynamischen Geometriesoftware oder einer Tabellenkalkulation eine reale Situation in ein geometrisches Modell übertragen und darin experimentieren. Sucht man etwa einen Ort für die bestmögliche Stationierung eines Rettungshubschraubers, so kann man die vorhandenen Daten über Unfallhäufigkeiten mit Hilfe einer Tabellenkalkulation erfassen und zunächst experimentell nach einem Ort suchen, der möglichst nahe an allen vorhandenen Unfallorten liegt. Dies eröffnet dann Möglichkeiten für weitere Überlegungen. Verwendet man im Mathematikunterricht nicht nur grafikfähige Taschenrechner oder ein Computer-Algebra-System-Handheld, sondern digitale Medien mit Internetanbindung, können diese auch zum Recherchieren von Informationen, beispielsweise im Zusammenhang mit den Anwendungskontexten, verwendet werden. Auf diese Weise können die realen Probleme zunächst verstanden sowie vereinfacht und schließlich gelöst werden.

Durch den Einsatz von digitalen Werkzeugen lässt sich auch eine Reduktion schematischer Abläufe erreichen. Sie können sowohl zum *Berechnen* als auch zum *Simulieren* verwendet werden, wenn beispielsweise die Schülerinnen und Schüler die gewünschten Ergebnisse ohne diese Werkzeuge nicht oder nicht in angemessener Zeit erhalten können. Ein Beispiel ist die Berechnung von optimalen komplexen Verpackungsproblemen wie etwa einer Milchverpackung (Böer 1994). Wird dieses Problem mit Hilfe von Funktionsgleichungen und der Differenzialrechnung bearbeitet, so erhält man üblicherweise gebrochen-rationale Funktionen. Die Bestimmung der Nullstellen der ersten Ableitung dieser Funktionen mit Methoden der Schulmathematik ohne digitale Werkzeuge ist dann nur mit größerem Aufwand möglich.

Ist beispielsweise eine Funktionsgleichung aus vorhandenen Daten zu ermitteln, kann das digitale Werkzeug ebenfalls hilfreich, zum Bestimmen der Funktionsgleichung, eingesetzt werden. Diese Berechnungen sind dadurch charakterisiert, dass reale Daten mit Hilfe des digitalen Werkzeugs in eine algebraische Darstellung übertragen werden. Bakterien in einer Bakterienkultur beispielsweise wachsen in unterschiedlichen Phasen. In einer dieser Phasen vermehren sich die Bakterien sehr schnell, bis schließlich später die Nährstoffe erschöpft sind und sich Stoffwechselprodukte im Nährmedium angesammelt haben. Stellt man solche Daten in einem Diagramm dar, kann man erkennen, dass sich das Bakterienwachstum in einem bestimmten Zeitintervall gut durch eine Exponentialfunktion beschreiben lässt. Mit Hilfe eines digitalen Werkzeugs lässt sich direkt eine passende Funktionsgleichung fitten. Aus den realen Daten wird also ein mathematisches Modell erzeugt. Das verwendete Modell kann allerdings nicht allein durch die Passung der Daten gerechtfertigt werden, sondern muss auch im verwendeten Kontext hinterfragt werden. Beim Umgang mit realitätsbezogenen Problemen steht insbesondere in der heutigen Zeit der Umgang und die Arbeit mit großen Datenmengen („Big Data") im Fokus. Der mögliche Unterrichtseinsatz ist in Siller (2015) mit unterschiedlichen Umsetzungen dargestellt. Auch bei *Simulationen* von Realsituationen mit digitalen Werkzeugen werden häufig umfangreiche Berechnungen durchgeführt. Dabei werden Experimente an einem Modell durchgeführt, wenn z. B. die Realsituation zu komplex ist. So wären beispielsweise Voraussagen über die Population einer bestimmten Tierart bei unterschiedlichen Umweltbedingungen nur mit Hilfe einer Simulation möglich. Nach Experiment oder Simulation kann über mathematische Begründungen für die gewonnene Lösung nachgedacht werden. Auch dazu ist ein digitales Werkzeug ein geeignetes Hilfsmittel (Henn 2004).

Mit digitalen Werkzeugen lassen sich verschiedene Darstellungen erzeugen, es besteht die Möglichkeit vergleichsweise einfach zwischen Darstellungen zu wechseln und es können gleichzeitig mehrere Darstellungen erzeugt werden, die zudem interaktiv miteinander verknüpft sind. Digitale Werkzeuge können so die Aufgabe des *Visualisierens* im Unterricht übernehmen (s. z. B. Heugl et al. 1996 oder Weigand und Weth 2002, S. 36 f.). Beispielsweise können gegebene Daten mit Hilfe einer Computeralgebra- oder einer Statistikanwendung in einem Koordinatensystem dargestellt werden. Dies ist dann z. B. der Ausgangspunkt für die Entwicklung mathematischer Modelle. Ebenso können aber auch die Ergebnisse der Berechnungen visualisiert werden.

Das Überprüfen und *Kontrollieren* von erhaltenen Lösungen ist eine wichtige mathematische Tätigkeit. Digitale Werkzeuge können diese Kontrollprozesse unterstützen, beispielsweise durch grafische Darstellungen bei numerischen Berechnungen, beim algebraischen Arbeiten (Gleichungslösen, Term-Umformungen) sowie im Umgang mit diskreten oder funktionalen Modellen. Dazu kann man als Beispiel noch einmal das Wachstum einer Bakterienkultur betrachten (s. Hinrichs 2008, S. 268 ff.) und davon ausgehen, dass das Wachstum rascher erfolgt, wenn mehr Bakterien vorhanden sind. Da es sich um eine Bakterienkultur handelt, können weitere Wechselwirkungen, z. B. mit der Außenwelt, in diesem Modell vernachlässigt werden. Die Zunahme der Bakterien im Zeitintervall wird proportional zum vorhandenen Bestand und zur verstrichenen Zeit angenommen. In diesem Modell kann bei festem Zeitschritt der jeweils folgende Funktionswert nach Kenntnis des Proportionalitätsfaktors ermittelt werden. Ebenso ist noch ein Startwert vorauszusetzen. Durch die Berechnung der Summe der quadratischen Abweichungen von realen Daten und Modellwerten kann die Qualität des Modells kontrolliert und beurteilt werden. Das mathematische Modell wird so numerisch kontrolliert. Es ist aber ebenso eine grafische Kontrolle mit Hilfe des modellierten Graphen und der realen Daten oder – in anderen Fällen – auch eine algebraische Kontrolle denkbar (vgl. Greefrath und Weitendorf 2013).

Galbraith et al. (2003, S. 116 f.) extrahieren aus ihren Beobachtungen vier Metaphern für das Verhältnis von Lernenden zum digitalen Werkzeug: Das digitale Werkzeug kann Meister, Diener, Partner oder Erweiterung der eigenen Fähigkeiten sein. Während durch technologische bzw. mathematische Abhängigkeit einerseits oder die Nutzung als zuverlässiger zeitsparender Ersatz für Stift- und Papier-Berechnungen andererseits die digitalen Werkzeuge als Meister oder Diener gesehen werden können, so ist die Sicht auf digitale

Werkzeuge als Partner weiterentwickelt. Die Schülerinnen und Schüler scheinen dann oft direkt mit den digitalen Werkzeugen zu interagieren und behandeln sie fast als menschlicher Partner. Das höchste Maß an Interaktion ist erreicht, wenn die Schülerinnen und Schüler die digitalen Werkzeuge als integralen Bestandteil ihres mathematischen Repertoires einbeziehen. Die Partnerschaft verschmilzt dann zu einer einzigen Identität und kann als Erweiterung der eigenen Fähigkeiten charakterisiert werden.

1.5 Theoretische Modelle zum Modellieren mit digitalen Werkzeugen

Die unterschiedlichen Funktionen digitaler Werkzeuge im Mathematikunterricht kommen bei Modellierungsproblemen an verschiedenen Stellen im Modellbildungskreislauf zum Tragen. So würde man das Recherchieren eher zu Beginn der Arbeit am Modell und das Kontrollieren eher nach dem mathematischen Arbeiten verorten. Berechnungen finden im Modellierungskreislauf zwischen mathematischem Modell und mathematischen Resultaten statt. Einige Autoren fokussieren bei der Nutzung digitaler Mathematikwerkzeuge besonders das Berechnen (z. B. Pierce 2005; Doerr und Pratt 2008) oder zumindest den Bereich des Modellierungskreislaufs zwischen Realmodell und mathematischen Resultaten (Galbraith und Stillman 2006, S. 147). Betrachtet man diesen Schritt des mathematischen Arbeitens mit digitalen Werkzeugen genauer, so ergeben sich weitere Aspekte. Die Nutzung der digitalen Werkzeuge bei Berechnungen im mathematischen Modell erfordert die Übersetzung des mathematischen Modells in ein Modell für das digitale Werkzeug. Dieses digitale Werkzeugmodell liefert dann Ergebnisse, die wiederum in die mathematischen Resultate übertragen werden müssen. Dieser Fokus auf das Berechnen zeigt, dass die Nutzung digitaler Werkzeuge beim Modellieren weitere Übersetzungen und Modelle erfordert. Diese Übersetzungsprozesse können in einem erweiterten Modellierungskreislauf (s. Abb. 1.3) dargestellt werden, der neben der realen Welt und der Mathematik auch die digitalen Werkzeuge berücksichtigt (vgl. Adan et al. 2005; Savelsbergh et al. 2008; Pierce 2005). Diese Darstellung betont insbesondere die erforderliche Übersetzung der mathematischen Modelle in entsprechende digitalen Werkzeugmodelle zur Nutzung digitaler Werkzeuge sowie die Übersetzung der Resultate des digitalen Werkzeugs in mathematische Resultate.

Betrachtet man aber alle im Abschn. 1.4 *Digitale Mathematikwerkzeuge und mathematisches Modellieren* beschriebenen Prozesse, so wird deutlich, dass digitale Mathematikwerkzeuge auch gewinnbringend an anderen Stellen im Modellierungskreislauf verwendet werden können. Einige Möglichkeiten für den Einsatz digitaler Werkzeuge in einem Modellierungsprozess sind im siebenschrittigen Modellierungskreislauf nach Blum und Leiß (2005) dargestellt (s. Abb. 1.4). Schaap et al. (2011, S. 144) sehen die Chancen digitaler Werkzuge besonders in den ersten Schritten des Modellierungskreislaufs. Neben Möglichkeiten beim Verstehen des Problems wird das Vereinfachen durch das Zeichnen der Situation und das Mathematisieren etwa mit Hilfe konkreter Beispiele besonders hervorgehoben. Sie weisen jedoch auch auf das mögliche Validieren hin. Andere Autoren

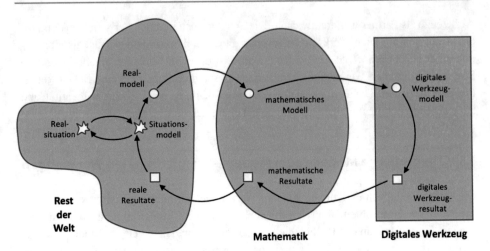

Abb. 1.3 Erweiterter Modellierungskreislauf. (Siller und Greefrath 2010)

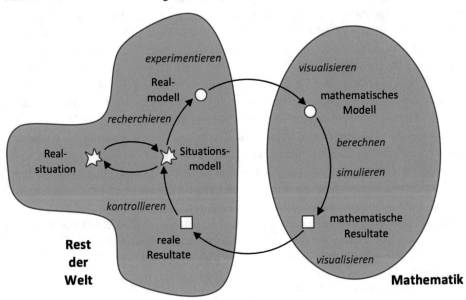

Abb. 1.4 Nutzung digitaler Werkezuge beim Modellieren. (Vgl. Greefrath 2011)

weisen besonders auf die Möglichkeiten durch verschiedene Darstellungsformen mit digitalen Werkzeugen hin (Confrey und Maloney 2007; Doerr und Pratt 2008, S. 265 ff.). Dies kann auch als Indiz für die Beeinflussung des mathematischen Modells durch das verwendete digitale Werkzeug gesehen werden.

Geiger (2011, S. 312) teilt die in Abb. 1.4 dargestellte Sichtweise, in der digitale Werkzeuge an vielen Stellen im Modellierungskreislauf verwendet werden. Daher und Shahbari (2015) sehen die Verwendung digitaler Werkzeuge an unterschiedlichen Stellen – abhängig von den untersuchten Personen – im Modellierungskreislauf. Damit kann also ein Kreislaufmodell mit an vielen Stellen integrierter Werkzeugnutzung begründet werden, auch wenn in den konkreten Fällen die Nutzung digitaler Werkzeuge immer in einzelnen Bereichen des Modellierungskreislaufs aus Abb. 1.2 gesehen wird. Diese vorangegangenen Überlegungen machen deutlich, dass die Nutzung digitaler Werkzeuge in allen Phasen des Modellierungsprozesses wichtig sein kann (Greefrath et al. 2011). Aktuelle Studien zeigen, dass diese integrierte Sicht die tatsächlichen Modellierungstätigkeiten mit digitalen Werkzeugen besser beschreibt als ein erweiterter Modellierungskreislauf, der die Werkzeugnutzung an einer Stelle besonders herausstellt (s. Greefrath und Siller 2018).

1.6 Simulationen

Eine spezielle Verwendung digitaler Werkzeuge beim mathematischen Modellieren findet man bei Simulationen. Simulationen kann man allgemein als „Nachbildung eines Systems mit seinen dynamischen Prozessen in einem experimentierfähigen Modell, um zu Erkenntnissen zu gelangen, die auf die Wirklichkeit übertragbar sind" (VDI 2013) verstehen. Es geht beim Simulieren also darum einen Vorgang, einen Prozess, ein Experiment mit Hilfe mathematischer Modelle zu untersuchen. Dazu werden technische, biologische oder ökonomische Sachverhalte modelliert und mit Hilfe mathematischer Modelle – meist unter Verwendung eines digitalen Werkzeugs – simuliert. Simulationen kann man auffassen als Experimente mit mathematischen Modellen, die Erkenntnisse über das im Modell dargestellte reale System oder das Modell selbst liefern sollen (Greefrath und Weigand 2012). Wir beschränken uns hier auf Simulationen mit digitalen Werkzeugen, wenngleich auch Simulationen mit realen Modellen – ohne digitale Werkzeuge – denkbar sind. Simulationen stellen in einigen Fällen die einzige Möglichkeit dar, um Probleme aus der Realität zu bearbeiten.

Man kann verschiedene Arten von Simulationen unterscheiden. So spricht man im Fall einer zeitabhängigen Simulation von einer dynamischen Simulation. Möchte man beispielsweise untersuchen, wie der Verkehrsfluss auf einer Straße mit mehreren Ampeln durch eine Optimierung der Ampelschaltungen beeinflusst werden kann, ist die Zeit die entscheidende Variable. Es gibt aber auch Simulationen, in denen die Zeit keine Rolle spielt. Sie heißen statische Simulationen. Eine weitere Unterscheidung von Simulationen kann durch ihre Vorhersagbarkeit getroffen werden. Ist eine Simulation von Annahmen abhängig, die nur unter bestimmten Wahrscheinlichkeiten eintreten, so spricht man von einer stochastischen Simulation. Ein Beispiel ist die Simulation der Bewegung einer Gewitterfront. Stochastische Simulationen berücksichtigen zufallsbedingte Aspekte, die wiederum bei sogenannten deterministischen Simulationen nicht auftreten. Untersucht man beispielsweise die Bewegungen von beweglichen Gondeln auf einem Jahrmarkt, die unter gleichen Startbedingungen immer gleich ablaufen, so wäre das ein Beispiel für eine deterministische Simulation (Greefrath und Weigand 2012).

Beschäftigt man sich im Mathematikunterricht mit Simulationen vorwiegend zur Lösung realistischer Probleme, um etwa Verständnis der realen Welt in den Vordergrund zu stellen, dann kann in Anlehnung an die beschriebenen Perspektiven des Modellierens von Kaiser und Sriraman (2006) von *realistischem Simulieren* gesprochen werden. Reale und vor allem authentische Probleme aus Industrie und Wissenschaft, welche nur unwesentlich vereinfacht werden, werden ins Zentrum gestellt. In diesem Ansatz wird Simulation verstanden als Aktivität zur Lösung authentischer Probleme. Dabei werden Simulationsprozesse nicht als Teilprozesse, sondern als Ganzes durchgeführt. Als Vorbild dienen reale Simulationen von angewandten Mathematikerinnen und Mathematikern. Für das Durchführen von Simulationen in der Praxis aus Industrie und Wissenschaft kann es verschiedene Gründe geben: Das Durchführen von Simulationen lässt sich häufig auf wirtschaftliche und praktische Gründe zurückführen. So ist beispielsweise die Verwendung eines kleineren maßstabsgetreuen Automodells im Windkanal preisgünstiger als der Bau des Autos im Originalmaßstab. In diesem Fall geht es darum, eine Fertigung des realen Autos zu optimieren. Aus praktischen Gründen sind auch Simulationen sinnvoll, wenn die Experimente in der Realität zu gefährlich wären. So können beispielsweise Extremsituationen im Flugsimulator gefahrlos erzeugt werden können, während dies im realen Flugzeug ein zu hohes Risiko wäre. Simulationen in Flugsimulatoren, ermöglichen darüber hinaus Übungsphasen zu beliebigen Zeiten und im gewünschten Umfang. Ein anderer Grund ist die Simulation erwarteter zukünftiger Situationen. Hier liegt also eine Extrapolation von aktuellen Zusammenhängen in die Zukunft vor. So können beispielsweise die Wetterverhältnisse in den nächsten Tagen mit Hilfe einer Simulation entwickelt werden, wobei grundlegend zum einen die Annahmen des aktuellen Modells und zum anderen die Variationsbreiten und Variationsmöglichkeiten angenommener Variablen sind.

Man kann das Simulieren aber auch aus der Perspektive des *pädagogischen Simulierens* (vgl. Kaiser und Sriraman 2006) betrachten. Diese Richtung beinhaltet zum einen die Förderung von Lernprozessen und zum anderen die Behandlung von Simulationen zur Einführung und Übung neuer mathematischer Methoden. Dabei sollen die Begriffsentwicklung und das Begriffsverständnis der Lernenden innerhalb der Mathematik und in Bezug auf Simulationen gefördert werden. Dies beinhaltet auch die Vermittlung von Metawissen über Simulationen und die Beurteilung der Angemessenheit verwendeter Modelle. Die beim pädagogischen Simulieren verwendeten Aufgaben werden speziell für den Mathematikunterricht entwickelt und sind daher deutlich vereinfacht (Kaiser und Sriraman 2006). Simulationen können so auch eine didaktische Funktion haben. Bei stochastischen Simulationen veranschaulichen sie den Zufallscharakter, also Chancen und Risiken von Optionen (Szeby 2002). Ein Beispiel für eine solche Veranschaulichung ist die Simulation des sogenannten Ziegenproblems. Es beschreibt die Situation in einer Spielshow, in der der Kandidat sich zwischen drei Toren entscheiden muss, wobei nur hinter einem Tor ein Gewinn steht. Der Showmaster öffnet dann eins von den verbleibenden Toren und der Kandidat kann anschließend seine Wahl ändern. Mit Hilfe einer Simulation kann nun Schülerinnen und Schülern veranschaulicht werden, dass die Strategie der Wahländerung die erfolgreichere ist (Greefrath und Weigand 2012).

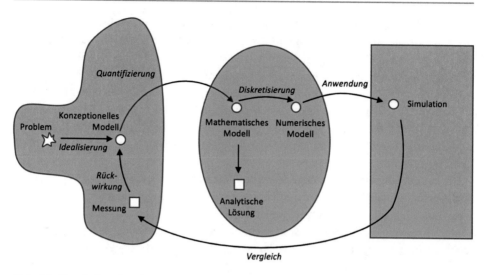

Abb. 1.5 Simulation als Teil des erweiterten Modellierungskreislaufs. (Vgl. Sonar 2001)

Aus Sicht der angewandten Mathematik kann man Simulationen mit digitalen Werkzeugen als Teil eines Modellierungskreislaufs verstehen, in dem ein aus dem mathematischen Modell entwickeltes numerisches Modell getestet wird um durch Vergleich mit Messergebnissen das Modell zu validieren (Sonar 2001). Simulationen können aber auch in gleicher Weise das Konstruieren von Modellen fördern. Vor allem, wenn ein entsprechender Realitätsbezug untersucht wird, können Simulationen die Konstruktion unterschiedlicher, elaborierter(er) Modelle unterstützen (vgl. Siller 2015).

Durch Simulationen werden Daten gesammelt, die zu unterschiedlichen Zwecken verwendet werden können. Eine Möglichkeit ist, Informationen über das simulierte System zu gewinnen. Eine andere Möglichkeit ist es die Daten zur Optimierung des verwendeten Modells zu nutzen. Dies kann geschehen indem die bei der Simulation ermittelten Daten mit den realen Daten verglichen werden. In einem solchen Fall ist die Simulation ein Teil des Modellbildungskreislaufs zur Entwicklung eines geeigneten Modells der realen Situation (Sonar 2001). Dies wird in Abb. 1.5 dargestellt.

1.7 Empirische Studien zum Modellieren mit digitalen Werkzeugen

Aktuell existiert noch wenig empirisch gesichertes Wissen zu den unterrichtlichen Möglichkeiten und Grenzen des Werkzeugeinsatzes beim Modellieren im Mathematikunterricht, es gibt eher Fallstudien denn großangelegte Implementationsstudien.

Daher gibt es auch viele offene Fragen rund um den Einsatz digitaler Werkzeug beim Modellieren. Die Frage, wie digitale Werkzeuge in unterschiedlichen Schulstufen und Leistungsniveaus effektiv zur Entwicklung von Modellierungskompetenzen der Schülerinnen und Schüler eingesetzt werden können, ist bis heute noch nicht abschließend beantwortet. Schließlich sollten hier auch Einflüsse auf die möglichen – neuen – Aufgabentypen und allgemeine Einflüsse der digitalen Werkzeuge auf den Unterricht und die Leistungen der Lernenden berücksichtigt werden (Blum et al. 2002, S. 167).

Um einen umfassenderen Einblick in vorliegende empirische Erkenntnisse zum Modellieren mit digitalen Werkzeugen zu bekommen, fassen wir hier das Modellieren thematisch weiter, insbesondere schließen wir auch Realitätsbezüge und Anwendungen im Mathematikunterricht ein, die im Sinne eines engeren Verständnisses nicht als mathematische Modellierungsprobleme gesehen werden.

Die Nutzung digitaler Werkzeuge ist ein besonderer Fokus dieses Beitrags. Wir betrachten daher nur digitale Werkzeuge, die über die Verwendung herkömmlicher wissenschaftlicher Taschenrechner hinausgehen. Vorhandene Studien beziehen sich zum einen auf den Kompetenzerwerb von Schülerinnen und Schülern bei der Bearbeitung von realitätsbezogenen Problemen mit digitalen Werkzeugen und zum anderen auf die detaillierte Analyse der Bearbeitungsprozesse von Aufgaben mit Hilfe digitaler Werkzeuge. Darüber hinaus gibt es sehr viele (theoretische) Überlegungen, welche Modellierungsbeispiele mit Hilfe von Technologie auf welche Weise bearbeitet werden können (z. B. Keune und Henning 2003; Greefrath et al. 2011; Sinclair und Jackiw 2010), auf die wir hier nicht näher eingehen.

Bezogen auf den Kompetenzerwerb sind zunächst zwei Meta-Studien von Burrill et al. (2002) sowie Ellington (2003) zu nennen, die die Nutzung grafikfähiger Taschenrechner im Zusammenhang mit realitätsbezogenen Aufgaben betrachten.

Burrill et al. (2002) werten 43 Studien aus, nachdem sie 180 Referenzen gesichtet hatten. Aus diesen Studien geht hervor, dass Schülerinnen und Schüler durch die Nutzung grafikfähiger Taschenrechner neben der häufigeren Nutzung von Graphen und größerer Flexibilität in den Lösungsstrategien auch komfortabler mit realen Daten arbeiten konnten (Burrill et al. 2002, S. vi). Hier zeigt sich also eine Tendenz, dass die Nutzung digitaler Werkzeuge insbesondere beim Modellieren Vorteile bringt.

Ellington (2003, S. 437 f.; 2006, S. 18) untersuchte fast 100 Studien ab 1983 zur Nutzung unterschiedlicher Taschenrechner in K-12 Klassen. Dabei wurden insbesondere Studien mit einer Experimentalgruppe in der Oberstufe betrachtet, die einen grafikfähigen Taschenrechner nutzt, und einer Kontrollgruppe, welche die gleichen Inhalte ohne grafikfähigen Taschenrechner erlernt hat. Es zeigte sich, dass die Schülerinnen und Schüler den größten Nutzen mit dem grafikfähigen Taschenrechner erzielen konnten, die ihn sowohl im Unterricht als auch in den Prüfungen einsetzen. Die – für das Modellieren wichtigen – Problemlösefähigkeiten und konzeptionellen Fähigkeiten wurden durch den Einsatz digitaler Werkzeuge gefördert.

Ein vergleichbares Ergebnis zeigte auch eine Studie von Huntley et al. (2000) im Kontext des Core-Plus Mathematics Project Curriculum. Dieses Curriculum ist effektiver als konventionelle Curricula in Bezug auf die algebraischen Problemlösefähigkeiten, wenn die Probleme in realitätsbezogenen Kontexten präsentiert wurden und die Verwendung grafikfähiger Taschenrechner gestattet war.

Der Erwerb allgemeiner mathematischer Kompetenzen wurde auch im Rahmen des TIM-Projekts in Deutschland untersucht. Das TIM-Projekt wurde in den Jahren 2005 bis 2007 als zweijährige Untersuchung mit Klassen 7 und 8 bzw. 9 und 10 an Gymnasien in Rheinland-Pfalz durchgeführt. Die verwendeten digitalen Werkzeuge im Rahmen des Projekts variierten mit den Altersstufen: grafikfähige Taschenrechner in den Klassen 7 und 8 sowie CAS-fähige Taschencomputer in den Klassen 9 und 10. Die Testergebnisse zeigen, dass bei den überdurchschnittlichen Leistungssteigerungen in Klasse 9 und 10 – unabhängig vom Geschlecht – besonders Modellierungs- und Kommunikationskompetenzen zu nennen sind (Bruder 2008).

Neben diesen größeren Untersuchungen zu Modellierungskompetenzen und Einsatz digitaler Werkzeuge, gibt es eine Vielzahl detaillierter Studien, die die Tätigkeiten mit digitalen Werkzeugen beim Modellieren genauer beleuchten. Doerr und Zangor (2000, S. 151) untersuchten Lernende in zwei Klassen der Sekundarstufe II mit grafikfähigem Taschenrechner über 6 Unterrichtsstunden. Der Unterricht mit Modellierungsaufgaben wurde beobachtet und es wurden die Verwendungsarten des grafikfähigen Taschenrechners analysiert. Es zeigte sich, dass das digitale Werkzeug als Transformations-Werkzeug („Transformational Tool"), zum Berechnen, zur Datenbeschaffung, zum Visualisieren und zum Kontrollieren eingesetzt wurde. Diese Studie bestätigt also einige der theoretisch ermittelten Tätigkeiten beim Modellieren (recherchieren, visualisieren, berechnen, kontrollieren; vgl. Abb. 1.4). Auch Arzarello et al. (2012) haben gezeigt, dass digitale Werkzeuge (konkret wurden GeoGebra and TI-Nspire verwendet) zum Testen von Vermutungen und zum Validieren eingesetzt werden.

In einer Fallstudie mit 4 Schülerpaaren in der Jahrgangstufe 10 an einem Gymnasium in Deutschland haben Greefrath und Siller (2017) Schülerinnen und Schüler bei der Bearbeitung einer realitätsbezogenen Aufgabe mit GeoGebra beobachtet. Dabei interessierte an welchen Stellen im Modellierungskreislauf digitale Werkzeuge verwendet wurden und welche Tätigkeiten mit den digitalen Werkzeugen beim Modellieren ausgeführt wurden. Die Nutzung digitaler Werkzeuge fand hauptsächlich beim mathematisieren und mathematischen Arbeiten statt. Daneben gab es auch Werkzeugnutzung zwischen dem Situationsmodell und dem mathematischen Modell, wo es im Modellierungskreislauf eigentlich keine direkte Verbindung gibt. Die Beobachtungen zeigen, dass digitale Werkzeuge in der Tat an unterschiedlichen Stellen im Modellierungskreislauf eingesetzt werden. Der verwendete Modellierungskreislauf aus Abb. 1.1 beschreibt, ebenso wie der von Geiger (2011), die Nutzung digitaler Werkzeuge beim Modellieren als sinnvoll. Eine einseitige Sicht auf die Werkzeugnutzung nur zwischen mathematischem Modell und der mathematischen Lösung (s. Abb. 1.2) beschreibt diese Modellierungsprozesse nicht ausreichend (Greefrath und Siller 2017).

Im Rahmen des Projekts LIMO an der Universität Münster wurde eine quantitative Kontrollstudie mit 709 Schülern durchgeführt und insbesondere die Teilkompetenz Mathematisieren bei der Nutzung digitaler Werkzeuge beim Modellieren untersucht. Es wurde die Kompetenzentwicklung einer Testgruppe, die mit dynamischer Geometriesoftware arbeitete, mit einer Kontrollgruppe, die während einer vierstündigen Intervention zu geometrischen Modellierungsaufgaben mit Papier und Bleistift an den gleichen Aufgaben arbeitete, verglichen. Es zeigte sich zwar eine vergleichbare Verbesserung der Teilkompetenz Mathematisieren in beiden Gruppen, jedoch stellte die programmbezogene Selbstwirksamkeitserwartung der Lernenden einen signifikanten Prädiktor für den Kompetenzzuwachs dar (Greefrath et al. 2018).

Geiger et al. (2003) untersuchten in einem Kurs in der Sekundarstufe II mit positiver Einstellung zur Mathematik qualitativ die Auswahl der verwendeten digitalen Werkzeuge. Als ein Ergebnis wird für die richtige Auswahl des digitalen Werkzeugs die Bedeutung der Vertrautheit sowie das Selbstvertrauen in Bezug auf digitale Werkzeuge angesehen. Außerdem werden das Format und die Form der Aufgabe für die erfolgreiche Werkzeugnutzung als wesentlich angesehen. Interessant ist, dass Schülerinnen und Schüler nicht zwischen realitätsbezogenen und innermathematischen Kontexten bezüglich der Nutzung digitaler Werkzeuge unterschieden. Es wird auch deutlich, dass Studierende für eine vielfältige Nutzung digitaler Werkezuge (wie in Abb. 1.1) – über das mathematische Arbeiten hinaus (wie in Abb. 1.2) – deutliche Unterstützung benötigen (Geiger et al. 2003, S. 137). Auch Brown (2015, S. 431) hat im Rahmen einer auf der Basis von Grounded Theory durchgeführten qualitativen Studie vergleichbare Ergebnisse ermittelt. Schülerinnen und Schüler nutzen auch in dieser Studie häufig nicht die Möglichkeiten der digitalen Werkzeuge für die Bearbeitung realitätsbezogener Aufgaben, etwa die graphischen Möglichkeiten um die gewählten mathematischen Modelle darzustellen oder zu vergleichen, obwohl sie die technischen und mathematischen Voraussetzungen dazu erfüllten.

Es ist also nicht selbstverständlich, dass Schülerinnen und Schüler die digitalen Werkzeuge vielfältig nutzen, sondern ein gezielter Unterricht ist dazu erforderlich.

1.8   Fazit

Es gibt bereits eine große Anzahl theoretischer und empirischer Erkenntnisse zum Modellieren mit digitalen Werkzeugen und zu Simulationen. Dennoch bleiben auch viele konkrete Fragen offen. Ein Beispiel für eine solche Fragestellung ist, wie sich der effektive Erwerb von Modellierungskompetenz mit digitalen Werkzeugen in verschiedenen Bildungsniveaus unterscheidet (Blum et al. 2002, S. 167). Grundsätzlich kann man die Thematik auf verschiedenen Wegen angehen. So können zum einen theoretische Überlegungen zum Einsatz digitaler Werkzeuge beim Modellieren und speziell zu Simulationen hilfreich sein, Konstrukte und Konzepte für Forschung und Praxis zu entwickeln. Zum anderen können weitere empirische Untersuchungen Gelingensbedingungen für erfolgreichen Unterricht zum Modellieren mit digitalen Werkzeugen überprüfen und charakterisieren.

Neben den verschiedenen Voraussetzungen der Schülerinnen und Schüler und den Zielen des Modellierens sollten zudem genauer die Möglichkeiten des jeweils verwendeten Werkzeugs diskutiert werden.

Literatur

Adan, I. J. B. F., Perrenet, J. C., & Sterk, H. J. M. (2005). *De kracht van wiskundig modelleren*. Eindhoven: Technische Universiteit Eindhoven.

Arzarello, F., Ferrara, F., & Robutti, O. (2012). Mathematical modelling with technology: the role of dynamic representations. *Teaching Mathematics and Its Applications, 31*(1), 20–30.

Barzel, B. (2012). *Computeralgebra im Mathematikunterricht. Ein Mehrwert – aber wann?* Münster: Waxmann.

Blum, W. (1985). Anwendungsorientierter Mathematikunterricht in der didaktischen Diskussion. *Mathematische Semesterberichte, 32*(2), 195–232.

Blum, W., & Leiß, D. (2005). Modellieren im Unterricht mit der „Tanken"-Aufgabe. *mathematik lehren, 128*, 18–21.

Blum, W., Alsina, C., Biembengut, M. S., Bouleau, N., Confrey, J., Galbraith, P., Henn, H.-W., et al. (2002). ICMI Study 14: Applications and modelling in mathematics education Discussion document. *Educational Studies in Mathematics, 51*, 149–171.

Böer, H. (1994). Extremwertproblem Milchtüte. Eine tatsächliche Problemstellung aktueller industrieller Massenproduktion. In W. Blum (Hrsg.), *Anwendungen und Modellbildung im Mathematikunterricht. Beiträge aus dem ISTRON-Wettbewerb* (S. 1–16). Hildesheim: Franzbecker.

Brown, J. (2015). Visualisation tactics for solving real world tasks. In G. A. Stillman, W. Blum & M. S. Biembengut (Hrsg.), *Mathematical Modelling in Education Research and Practice* (S. 431–442). Cham: Springer.

Bruder, R. (2008). Evaluationsergebnisse des Projektes TIM. Projektbericht. https://mathematik.bildung-rp.de/fileadmin/user_upload/mathematik.bildung-rp.de/Sekundarstufe_I/Materialien/pdf/TIM-Berichtsteil.pdf. Zugegriffen: 27. März 2017.

Buchberger, B. (1989). *Should Students Learn Integration Rules?* Technical Report. Linz: RISC (Research Institute for Symbolic Computation).

Burrill, G., Allison, J., Breaux, G., Kastberg, S., Leatheam, K., & Sanchez, W. (2002). *Handheld Graphing Technology in Secondary Mathematics: Research Findings and Implications for Classroom Practice*. Dallas: Texas Instruments.

Confrey, J., & Maloney, A. (2007). A theory of mathematical modelling in technological settings. In W. Blum, P. Galbraith, H.-W. Henn & M. Niss (Hrsg.), *Modelling and Applications in Mathematics Education. The 14th ICMI Study*. (S. 57–68). New York: Springer.

Daher, W., & Shahbari, A. (2015). Pre-Service teachers' modelling processes through engagement with model eliciting activities with a technological tool. *International Journal of Science and Mathematics Education, 13*(Suppl 1), 25–46.

Doerr, H., & Pratt, D. (2008). The Learning of Mathematics and Mathematical Modeling. In: Heid, M.K. and Blume, G.W., (Hrsg.), Research on Technology in the Teaching and Learning of Mathematics: Syntheses and Perspectives: Mathematics Learning, Teaching and Policy v. 1. (pp. 259–285). Information Age Publishing: Charlotte, NC.

Doerr, H. M., & Zangor, R. (2000). Creating meaning for and with the graphing calculator. *Educational Studies in Mathematics, 41*, 143–163.

Drijvers, P. (2003). Algebra on Screen, on Paper, and in the Mind. In J. T. Fey, A. Cuoco, C. Kieran, L. McMullin & R. M. Zbiek (Hrsg.), *Computer Algebra Systems in Secondary School Mathematics Education* (S. 241–268). Reston: National Council of Teachers of Mathematics.

Ellington, A. J. (2003). A meta-analysis of the effects of calculators on students' achievement and attitude levels in precollege mathematics classes. *Journal for Research in Mathematics Education, 34*(5), 433–463.

Ellington, A. J. (2006). The effects of non-CAS graphing calculators on student achievement and attitude levels in mathematics: a meta-analysis. *School Science and Mathematics, 106*(1), 16–26.

Galbraith, P., & Stillman, G. (2006). A framework for identifying student blockages during transitions in the modelling process. *Zentralblatt für Didaktik der Mathematik, 38*(2), 143–162.

Galbraith, P., Goos, M., Renshaw, P., & Geiger, V. (2003). Technology enriched classrooms: some implications for teaching applications and modelling. In Q.-X. Ye, W. Blum, K. Houston & Q.-Y. Jiang (Hrsg.), *Mathematical Modelling in Education and Culture: ICTMA 10* (S. 111–125). Chichester: Horwood Publishing Limited.

Geiger, V. (2011). Factors affecting teachers' adoption of innovative practices with technology and mathematical modelling. In G. Kaiser, W. Blum, R. Borromeo Ferri & G. Stillman (Hrsg.), *Trends in Teaching and Learning of Mathematical Modelling* (S. 305–314). Dordrecht: Springer.

Geiger, V., Galbraith, P., Renshaw, P., & Goos, M. (2003). Technology enriched classrooms: some implications for teaching applications and modelling. In Q.-X. Ye, W. Blum, K. Houston & Q.-Y. Jiang (Hrsg.), *Mathematical Modelling in Education and Culture: ICTMA 10* (S. 126–140). Chichester: Horwood Publishing Limited.

Gellert, U., Jablonka, E., & Keitel, C. (2001). Mathematical literacy and common sense in mathematics education. In B. Atweh, H. Forgasz & &B. Nebres (Hrsg.), *Sociocultural Research on Mathematics Education: An International Perspective* (S. 57–73). Mahwah: Lawrence Erlbaum.

Greefrath, G. (2011). Using technologies: New possibilities of teaching and learning modelling – overview. In G. Kaiser, W. Blum, R. Borromeo Ferri & G. Stillman (Hrsg.), *Trends in Teaching and Learning of Mathematical Modelling, ICTMA 14* (S. 301–304). Dordrecht: Springer.

Greefrath, G., & Siller, H.-S. (2018). Geogebra as a Tool for Supporting Modelling Processes. In S. Siller, & M. Tabach (Hrsg.), *Uses of technology in K-12 mathematics education: Tools, topics and trends.* Dordrecht: Springer.

Greefrath, G., & Siller, H.-S. (2017). Modelling and simulation with the help of digital tools. In G. Wake, G. Stillman, W. Blum & M. North (Hrsg.), *Trends in Teaching and Learning of Mathematical Modelling, ICTMA 17* (S. 301–304). Dordrecht: Springer.

Greefrath, G., & Weigand, H.-G. (2012). Simulieren: Mit Modellen experimentieren. *mathematik lehren, 174*, 2–6.

Greefrath, G., & Weitendorf, J. (2013). Modellieren mit digitalen Werkzeugen. In R. Borromeo Ferri, G. Greefrath & G. Kaiser (Hrsg.), *Mathematisches Modellieren für Schule und Hochschule* (S. 181–201). Wiesbaden: Springer.

Greefrath, G., Hertleif, C., & Siller, H.-S. (2018). Mathematical Modelling with Digital Tools–A Quantitative Study on Mathematising with Dynamic Geometry Software. *ZDM: The International Journal on Mathematics Education, 50*(1–2):233–244.

Greefrath, G., Kaiser, G., Blum, W., & Ferri, B. R. (2013). Mathematisches Modellieren – eine Einführung in theoretische und didaktische Hintergründe. In R. Borromeo Ferri, G. Greefrath & G. Kaiser (Hrsg.), *Mathematisches Modellieren für Schule und Hochschule* (S. 11–37). Wiesbaden: Springer.

Greefrath, G., Siller, H.-S., & Weitendorf, J. (2011). Modelling considering the influence of technology. In G. Kaiser, W. Blum, R. Borromeo Ferri & G. Stillmann (Hrsg.), *Trends in Teaching and Learning of Mathematical Modelling, International Perspectives on the Teaching and Learning of Mathematical Modelling* (S. 315–329). Dordrecht: Springer.

Henn, H.-W. (1998). The impact of computer algebra systems on modelling activities. In P. Galbraith, W. Blum, G. Booker & I. Huntley (Hrsg.), *Mathematical Modelling: Teaching and Assessing in a Technology Rich World* (S. 115–123). Chichester: Horwood.

Henn, H.-W. (2004). Computer-Algebra-Systeme – Junger Wein oder neue Schläuche? *Journal für Mathematik-Didaktik, 25*(4), 198–220.

Henn, H.-W. (2007). Modelling pedagogy – overview. In W. Blum, P. L. Galbraith, H.-W. Henn & M. Niss (Hrsg.), *Modelling and Applications in Mathematics Education. The 14th ICMI Study* (S. 321–324). New York: Springer.

Heugl, H., Klinger, W., & Lechner, J. (1996). *Mathematikunterricht mit Computeralgebra-Systemen. Ein didaktisches Lehrbuch mit Erfahrungen aus dem österreichischen DERIVE-Projekt.* Bonn: Addison-Wesley.

Hinrichs, G. (2008). *Modellierung im Mathematikunterricht.* Heidelberg: Springer.

Hischer, H. (2002). *Mathematikunterricht und Neue Medien.* Hildesheim: Franzbecker.

Huntley, M. A., Rasmussen, C. L., Villarubi, R. S., Santong, J., & Fey, J. T. (2000). Effects of standards-based mathematics education: a study of the core-plus mathematics project algebra and function strand. *Journal for Research in Mathematics Education, 31*, 328–361.

Kaiser, G., & Sriraman, B. (2006). A global survey of international perspectives on modelling in mathematics education. *ZDM Zentralblatt Didaktik Mathematik, 38*(3), 302–310.

Keune, M., & Henning, H. (2003). Modelling and spreadsheet calculation. In Q.-X. Ye, W. Blum, K. Houston & Q.-Y. Jiang (Hrsg.), *Mathematical Modelling in Education and Culture: ICTMA 10* (S. 101–110). Chichester: Horwood Publishing Limited.

KMK (2004). *Bildungsstandards im Fach Mathematik für den mittleren Schulabschluss (Beschluss der Kultusministerkonferenz vom 04.12.2003).* München: Wolters Kluwer.

KMK (2012). *Bildungsstandards im Fach Mathematik für die Allgemeine Hochschulreife (Beschluss der Kultusministerkonferenz vom 18.10.2012).* München: Wolters Kluwer.

Ministerium für Schule NRW (2004). *Kernlehrplan für die Gesamtschule – Sekundarstufe I in Nordrhein-Westfalen.* Frechen: Ritterbach.

NCTM—National Council of Teachers of Mathematics (2000). *Principles and Standards for School Mathematics.* Reston: National Council of Teachers of Mathematics.

Niss, M., Blum, W., & Galbraith, P. (2007). Introduction. In W. Blum, P. Galbraith, H.-W. Henn & M. Niss (Hrsg.), *Modelling and Applications in Mathematics Education. The 14th ICMI Study* (S. 3–32). New York: Springer.

Pierce, R. (2005). Algebraic insight underpins the use of CAS for modeling. *The Montana Mathematics Enthusiast (TMME), 2*(2), 107–117.

Roth, J. (2010). Baggerarmsteuerung – Zusammenhänge rekonstruieren und Problemlösungen erarbeiten. *Der Mathematikunterricht, 5*(56), 35–46.

Roth, J. (2015). Lernpfade: Definition, Gestaltungskriterien und Unterrichtseinsatz. In J. Roth, E. Süss-Stepancik & H. Wiesner (Hrsg.), *Medienvielfalt im Mathematikunterricht. Lernpfade als Weg zum Ziel* (S. 3–25). Wiesbaden: Springer Spektrum.

Savelsbergh, E. R., Drijvers, P. H. M., van de Giessen, C., Heck, A., Hooyman, K., Kruger, J., Michels, B., Seller, F., & Westra, R. H. V. (2008). *Modelleren en computer-modellen in de β-vakken: advies op verzoek van de gezamenlijke β-vernieuwingscommissies.* Utrecht: Freudenthal Instituut voor Didactiek van Wiskunde en Natuurwetenschappen.

Schaap, S., Vos, P., & Goedhart, M. (2011). Students overcoming blockages while building a mathematical model: exploring a framework. In G. Kaiser, W. Blum, R. Borromeo Ferri & G. Stillman (Hrsg.), *Trends in Teaching and Learning of Mathematical Modeling* (S. 137–146). Dordrecht: Springer.

Schuppar, B., & Humenberger, H. (2015). *Elementare Numerik für die Sekundarstufe.* Berlin: Springer Spektrum.

Siller, H.-S. (2015). Realitätsbezug im Mathematikunterricht. *Der Mathematikunterricht, 5*, 64.

Siller, H.-S., & Greefrath, G. (2010). Mathematical modelling in class regarding to technology. In V. Durand-Guerrier, S. Soury-Lavergne & F. Arzarello (Hrsg.), *Proceedings of the Sixth Congress of the European Society for Research in Mathematics Education.* CERME6. (S. 2136–2145). Lyon: INRP.

Sinclair, N., & Jackiw, N. (2010). Modeling practices with the geometer's Sketchpad. In R. Lesh, P. L. Galbraith, C. R. Haines & A. Hurford (Hrsg.), *Modeling Students' Mathematical Modeling Competencies* (S. 541–554). New York: Springer.

Sonar, T. (2001). *Angewandte Mathematik, Modellbildung und Informatik*. Wiesbaden: Vieweg + Teubner.

Steinmetz, R. (2000). *Multimedia-Technologie. Grundlagen, Komponenten und Systeme*. Berlin: Springer.

Szeby, S. (2002). Die Rolle der Simulation im Finanzmanagement. *Stochastik in der Schule, 22*(3), 12–22.

VDI-Richtlinie 3633 (2013). Simulation von Logistik-, Materialfluss- und Produktionssystemen – Grundlagen. Düsseldorf: VDI Verlag.

Weigand, H.-G., & Weth, T. (2002). *Computer im Mathematikunterricht. Neue Wege zu alten Zielen*. Heidelberg: Spektrum.

Winter, H. (1996). Mathematikunterricht und Allgemeinbildung. *Mitteilungen der Gesellschaft für Didaktik der Mathematik, 61*, 37–46.

Computersimulationen zum Lernen von Mathematik – Analyse und Klassifizierung durch Interaktionsgrade und -möglichkeiten

2

Jan Franz Wörler

Zusammenfassung

Speziell in Lehr-Lern-Situationen werden häufig solche Simulationen verwendet, die eine grafisch-dynamische Repräsentation des Simulationsprozesses oder der Simulationsergebnisse zeigen. Vor diesem speziellen Hintergrund ist es schwer, Animationen von Simulationen zu unterscheiden. Der vorliegende Beitrag arbeitet den Begriff der Simulation theoretisch auf und leitet daraus ein Konzept zur Differenzierung von Simulationen und Simulationsumsetzungen ab, das die Aktivität des Benutzers bzw. die Möglichkeiten seines Einwirkens auf den Programmablauf zum Maßstab nimmt. Somit können einerseits bestehende Simulationen hinsichtlich dieser Variationsmöglichkeiten analysiert und darauf aufbauend auch verglichen werden. Andererseits kann das Konzept ebenso zur Entwicklung von Softwareumsetzungen einzelner Simulationen dienen.

2.1 Simulationen in Alltag und Unterricht: Vom Experimentieren mit Modellen

Am 10.05.2015 schreibt Spiegel-ONLINE: „Energiemarkt-Simulation – 36 Kohlemeiler könnten auf einen Schlag vom Netz"[1] und berichtet dabei von einer entsprechenden Greenpeace Studie. Greenpeace selbst veröffentlicht diesbezüglich: „Als Szenario dafür wurde die Abschaltung von 36 alten [. . .] Kohlekraftwerken simuliert"[2].

---

[1] Spiegel-Online, Onlinequelle http://www.spiegel.de/wirtschaft/soziales/energiewende-36-kohlekraftwerke-koennten-sofort-vom-netz-a-1032505.html (abgerufen am 20.04.2018).
[2] Greenpeace e. V., Onlinequelle https://www.greenpeace.de/themen/energiewende/fossile-energien/sauberer-plan-fur-kohle-aus (abgerufen am 20.04.2018).

J. F. Wörler (✉)
Didaktik der Mathematik, Universität Würzburg
Würzburg, Deutschland

© Springer Fachmedien Wiesbaden GmbH, ein Teil von Springer Nature 2018   23
G. Greefrath und H.-S. Siller (Hrsg.), *Digitale Werkzeuge, Simulationen und mathematisches Modellieren*, Realitätsbezüge im Mathematikunterricht,
https://doi.org/10.1007/978-3-658-21940-6_2

Simulationen wie diese begegnen uns heute fast täglich. Seien es Stauprognosen, Wettervorhersagen, Berichte über Klimaerwärmung, das Abreißen des Golfstroms oder die Verschmutzung der Meere – überall dort werden reale Systeme durch mathematische Modelle beschrieben und an Hand spezieller Parameterwerte auf ihr Verhalten hin untersucht. Dies ermöglicht, wie etwa im Eingangsbeispiel, Prognosen („Die Energieversorgung wird stabil sein, auch wenn wir abschalten …") oder Aussagen über spezielle Konfigurationen im betrachteten und modellierten System.

Auch im Mathematikunterricht kommen Simulationen vor: Würfelsimulationen in der Stochastik, rechnergestütztes Experimentieren zu Wachstumsmodellen in der Analysis, Software für dynamisches Arbeiten in der Raumgeometrie oder Experimentierumgebungen zur Funktionsweise von Scheibenwischern oder Baggerarmen in Schülerlaboren (vgl. Beitrag von Baum, Beck, Weigand in Kap. 5). Dabei steht, anders als im Einführungsbeispiel, häufig das Experimentieren mit Parameterwerten sowie die Anschaulichkeit im Vordergrund – es geht dann weniger um das Ergebnis als vielmehr um die dynamische Visualisierung von Prozessen.

In den genannten Beispielen handelt es sich um computergestützte, also digitale Simulationen. Daneben wird im Mathematikunterricht aber auch mit realen Modellen experimentiert: Werfen von Würfel oder Reißzwecken, Knüpfen von Seile für die Durchführung der Gärtnerkonstruktion oder die Veranschaulichung des Satzes von Thales, schütten von Wasser oder Sand vom einen Gefäß ins andere, um ihre Volumina zu vergleichen. All das versteht man unter simulieren: „Simulieren ist Experimentieren mit Modellen" (Greefrath und Weigand 2012, S. 2).

Aus Sicht der Mathematikdidaktik, aber auch für Lehrerinnen und Lehrer in der Unterrichtspraxis, es ist schwierig, die Verschiedenheit all dieser Simulationen zu beschreiben und daraus Rückschlüsse auf den didaktischen Mehrwert der einen oder der anderen Umsetzung zu ziehen. Der Begriff Simulation wird in vielen Fällen lediglich intuitiv erfasst oder rein pragmatisch eingesetzt, ein integriertes Begriffsverständnis und damit speziell die Abgrenzung zu Nachbarbegriffen wie Animation, Veranschaulichung und Experiment wird häufig nicht erreicht.

2.2   Klassische Differenzierung von Simulationen

Wie die vorgenannten Beispiele illustrieren, lassen sich zwei große Klassen von Simulationen zusammenfassen (Abb. 2.1): Einerseits die Computersimulationen, die auch als „Simulationen mit abstrakt-mathematischen Modellen" bezeichnet werden (Krüger 1974; Schneider 1998), andererseits die physikalischen Simulationen (auch: „analoge Simulation"), also Experimente mit gegenständlichen Modellen (z. B. Überschlagssimulator in der KFZ-Industrie, Reißzweckenwurf im Unterricht).

Beide Varianten einer Simulation fußen auf einem Modell des zu analysierenden Systems, das als *Simulationsmodell* bezeichnet wird: Im ersten Fall besteht dieses aus mathematischen Termen, aus Parametern, Variablen, Operatoren, die beispielsweise in (Differen-

Abb. 2.1 Klassische Unterscheidungen von abstrakter und physikalischer Simulation

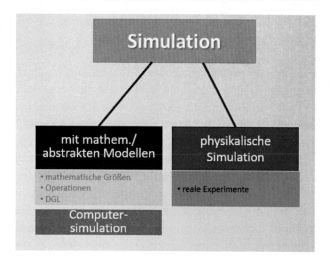

zial-)Gleichungen miteinander verbunden werden und sich algorithmisch lösen oder zumindest numerisch auswerten lassen. Im zweiten Fall setzt sich das Modell aus physikalischen Materialien zusammen, etwa aus Metallstangen, Gelenken, Federn und Motoren, die zu Getrieben zusammengeführt werden und dynamische Veränderungen erlauben.

Die Erstellung einer Simulation setzt also notwendigerweise stets die Formulierung bzw. das Anfertigen eines geeigneten Simulationsmodells voraus – und damit einen Modellbildungsprozess: Zentrale Elemente der zu untersuchenden Situation, ihre Eigenschaften und Beziehungen untereinander, müssen gesucht, isoliert, beschrieben und im Modell abgebildet werden. Dieser Abbildung wichtiger Eigenschaften des Realsystems auf das Simulationsmodell kommt, speziell auch im Hinblick auf die Aussagekraft der Simulationsergebnisse, eine entscheidende Rolle zu:

> Ist die korrekte Abbildung zwischen Objekt und Modell gesichert, so lassen sich die Abläufe des realen, dynamischen Systems im Modell nachvollziehen und Kenntnisse über das Modellverhalten sammeln, die schließlich auf das Objekt übertragen werden können. Diese Vorgehensweise [...] wird als „Simulation" bezeichnet (Krüger 1974, S. 24).

Zwar wird diese Differenzierung klassischerweise in der Literatur vorgenommen, führt aber, wie im Folgenden zu sehen sein wird, in neuerer Zeit zu Schwierigkeiten, woraus unmittelbar die Suche nach Alternativen folgt.

2.3   Problemfall I: real wird virtuell

Die Simulation aus dem Einführungsbeispiel *Kohlemeiler* sollte die Antwort auf eine Entscheidungsfrage liefern: Bricht das Stromnetz zusammen, wenn die alten Kohlemeiler abgeschaltet werden – Ja oder Nein? Ein umfangreicher Modellierungsprozess und anschließende Berechnungen führen zum Ergebnis: Nein, fast die Hälfte könnte sofort abgeschaltet werden (vgl. Kap. 1).

Für den Unterricht hingegen sind häufig solche Simulationen interessant, bei denen nicht ausschließlich *ein* Endergebnis (das Simulationsergebnis) im Zentrum der Fragestellung steht, sondern solche, die dynamische Vorgänge veranschaulichen sollen. So bilden etwa die *technischen Simulationen* und die *Simulationen mathematischer Instrumente*, die Baum, Beck und Weigand in ihrem Beitrag (Kap. 5) vorstellen, reale dynamische Systeme „detailgetreu virtuell" (siehe dort) auf dem Bildschirm ab, so dass die Auswirkung systematischer Veränderungen von Größen auf die Dynamik der modellierten Geräte einfach und schnell am Rechner untersucht werden kann. Die dort vorgestellten Computerprogramme sind dabei bewusst so gestaltet, dass sie dem (vorliegenden) gegenständlichen Modell in den wesentlichen Elementen optisch ähneln (realistisch-analoge Repräsentationsform), und auch die Dynamik wird im Regelfall ikonisch am Bildschirm repräsentiert. Veränderungen sind über Schieberegler möglich.

Durch die – speziell auch grafische – Nähe von Realmodell und Computerdarstellung verschmelzen hier zwei Bereiche, die aus klassischer Perspektive gut getrennt werden können: Die Bereiche von *physikalischer Simulation* und *Computersimulation* (Abb. 2.2). Das Zusammenfließen wird fernerhin durch den Umgang mit den Programmen verstärkt:

- Beispiel *Scheibenwischer:* Alle Experimente, die mit dem Scheibenwischer am Computer gemacht werden (Computersimulation), könnten ebenso – mit etwas Aufwand – am gegenständlichen Modell durchgeführt werden (physikalische Simulation). Man könnte die Maße von Bauteilen auch am gegenständlichen Modell ändern, indem man einzelne Bauteile austauscht, etwa einen kurzen Wischerarm durch einen längeren ersetzt.
- Beispiel *virtueller Parabelzirkel*: Die Experimente, die mit dem Parabelzirkel am Computer gemacht werden (Computersimulation), könnten analog zum Scheibenwischer-Beispiel – und wiederrum mit zeitlichem und technischem Aufwand – am Realmodell durchgeführt werden (physikalische Simulation). Van Randeborgh (2015) weist in diesem Zusammenhang empirisch nach, dass das reale Experiment wichtige Voraussetzung für das Verständnis der zugehörigen Computersimulation sein kann.

Auch bei Simulationen aus dem außerschulischen Bereich von Lehren und Lernen zeigen ähnlich starke Parallelen von Realität bzw. Realmodell und Computerdarstellung:

- Beispiel *Pilotentraining im Flugsimulator:* Früher erfolgte die Ausbildung von Piloten auch mittels umgebauter, realer Flugzeugkabinen (physikalische Simulation). Heute werden stattdessen reale Kabinen(teile) mit virtuellen Landschaften zur Ausbildung kombiniert oder eine rein virtuelle Simulationsumgebung gewählt, also Instrumente und Umwelt vom Computer generiert (Computersimulation).

In neuerer Zeit werden – speziell für Trainings- oder Ausbildungszwecke – immer häufiger Situationen, die früher am Realmodell geübt wurden, virtuell trainiert (Ausbil-

Abb. 2.2 Verschmelzen der klassischen Unterscheidungen von abstrakter und physikalischer Simulation

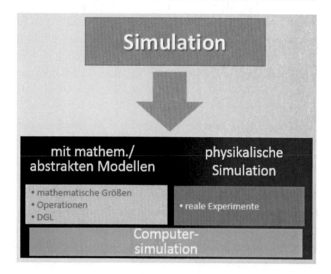

dung der Streitkräfte, Ausbildung von Fahrzeugführern aller Art, Ausbildung von Medizinern ...). Hohe Rechenleistungen verbunden mit guten Darstellungsverfahren (hochauflösende, nahezu fotorealistische Grafik; Augmented-Reality-Umgebungen ...) machen dies heute möglich. Solche Simulationen werden insbesondere dort eingesetzt, wo Novizen an das Arbeiten mit sehr wertvollen (z. B. Schiffe, LKWs, aber auch: OP-Saal) oder gefährlichen Objekten (z. B. U-Boote, Waffen, nochmal: LKWs) herangeführt werden sollen. Für das Arbeiten mit solchen Simulationen kann die tradierte Differenzierung zwischen *physikalischer Simulation* und *Computersimulation* nicht aufrechterhalten werden. Als Zwischenfazit wollen wir daher festhalten:

These I
Werden reale Objekte oder Situationen als virtuelle Modelle auf einen Rechner gebracht und am Bildschirm realistisch-analog dargestellt, so kann die klassische Differenzierung zwischen physikalischer und abstrakt-mathematischer Simulation (Computersimulation) nicht mehr aufrechterhalten werden. In vielen Fällen handelt es ich dann gleichsam um virtuelle, also rechnergestützte physikalische Experimente.

2.4 Funktionen von Simulationen

Speziell im Hinblick auf Lehr- und Lernsituationen werden Simulationen – wie oben bereits dargestellt – häufig dazu genutzt, Vorgänge zu erklären, indem sie Teile oder (Teil-)Prozesse isolieren, veranschaulichen, betonen, verlangsamen oder beschleunigen. Hier geht es primär um die *Illustration* von Vorgängen speziell von funktionellen Zusammenhängen bzw. von Kausalketten, weshalb im Regelfall eine grafische Repräsentationsform des Simulationsmodells und auch der Simulationsergebnisse gewählt wird (ganz anders als beim Einführungsbeispiel *Kohlemeiler* (vgl. Kap. 1), bei dem es nur um „ja/nein" ging).

In der Forschung, in der Industrie und der Wirtschaft haben Simulationen daneben verschiedene weitere Funktionen.

Werden beispielsweise im Windkanal Materialien oder Objekte, z. B. Flugzeug- oder Automodelle untersucht (Strömungssimulation) so ist das Ziel häufig die *Optimierung* des Objektes für einen speziellen Zweck.

Daneben werden Simulationen häufig als Grundlage für *Prognosen* genutzt, etwa um das Wetter, die Ausbreitung von Wind oder Gasen in bebauten Arealen oder – wie im Einführungsbeispiel – die Stabilität der Stromversorgung vorherzusagen.

Solche Prognosen (Gasausbreitung) können in einigen Fällen anhand von Experimenten an Realmodellen erfolgen. Häufig werden die betrachteten realen Systeme oder Vorgänge aber auch mit Hilfe abstrakt-mathematischer Modelle beschrieben. Beispielsweise bei Transaktionen an Finanzmärkten sind diese Modelle allerdings so komplex, dass analytische Berechnungen in diesen Modellen hochkompliziert sind oder gar ganz versagen. Dann können Computersimulationen zum Einsatz kommen, in denen kontinuierliche Probleme als diskret aufgefasst, also in Einzelschrittfolgen zerlegt und algorithmisch bearbeitet werden. Der Rechner liefert als Ergebnis *numerische Lösungen*. Erst dadurch lassen sich Aussagen über das Verhalten des Systems unter inneren oder äußeren Störeinflüssen oder über systeminterne Entwicklungen generieren. Auch stochastische Einflüsse können auf diese Weise berücksichtigt werden.

Funktionen von Simulationen im Überblick

- Übung, Training, Ausbildung (Flugsimulator)
- Prognostizieren (Klimaprognosen, Wind-/Gasausbreitung)
- Experimentieren mit gefährlichen Stoffen (Manhattan-Project)
- Experimentieren mit und optimieren von Modellen (Automodell im Windkanal)
- numerisches Berechnen von Lösungen komplexer Systeme (Finanztransaktionen)
- Veranschaulichen; speziell auch: Beschleunigen, Verlangsamen von Prozessen
- Erklären
- Fragen generieren und beantworten

Im Unterrichtskontext besonders wichtig:

- Veranschaulichen
- Experimentieren mit Modellen
- Erklären
- Fragen generieren und beantworten

Das Generieren und Beantworten von Fragen ist wohl die zentrale Funktion der meisten Simulationen. Wie oben ausgeführt, werden hierzu im Kontext des Lernens Simulationen bzw. Simulationsergebnisse häufig dynamisch grafisch repräsentiert.

Bereits vor knapp 35 Jahren wurde die dynamisch-ikonische Repräsentationsform für das Lehren und Lernen von Mathematik von Kautschitsch und Metzler (1982) vorgeschlagen, und zwar in Form des Mathematischen Films: Bewegte Bilder sollten über ihre Dynamik Zusammenhänge sichtbar machen. Mit demselben Ziel entwarf Schumann (1985) wenig später programmierte Filmsequenzen für den Geometrieunterricht. Und auch in neuerer Zeit werden computergenerierte oder real aufgenommene Videoclips für das Lehren und Lernen von Mathematik konzipiert (z. B. Linneweber-Lammerskitten und Schäfer 2010).

Es zeigt sich also, dass die dynamisch-ikonische Repräsentation mathematischer Inhalte oder Modelle nicht zwangsläufig eine (Computer-)Simulation voraussetzt, sondern auch allein in Form von bewegten Bildern (Filmsequenzen, Animationen) möglich ist. Die Funktionen dieser Umsetzungen sind jedoch nahezu identisch zu denen, die sich für die Simulationen herauskristallisiert haben. Filme und Animationen sollen

- Veranschaulichen
- Erklären
- Fragen generieren und beantworten

Allein das Experimentieren mit den zu Grunde liegenden Modellen, also eine Interaktion zwischen Lernendem und Modellgrößen bzw. -relationen, ist bei einer Animation nicht vorgesehen.

Damit zeigt sich, dass das Experiment ein Herausstellungsmerkmal der Simulation ist. Allerdings dient das Experimentieren wiederum dazu, Fragen zu generieren und zu beantworten. Es erfüllt also dieselben Funktionen, die wir bereits für Simulation und Animation herausgearbeitet hatten – ein Zirkelschluss? Drehen wir uns nicht im Kreise?

Zur Klärung der Frage greift das nachfolgende Kapitel den Begriff der Animation einzeln heraus und beleuchtet speziell auch sein Verhältnis zur Simulation. Dieses Vorgehen schafft Klarheit für die Rolle des Experimentierens im Kontext von Lehren und Lernen.

2.5 Verhältnis von Animation und Simulation

Dem ursprünglichen Wortsinn nach (lat. *animare*: zum Leben erwecken; *animus*: der Geist, die Seele), handelt es sich bei einer Animation um eine Folge von Einzelbildern, die sich jeweils nur wenig voneinander unterscheiden. Wird diese Folge schnell durchlaufen, so können scheinbare Bewegungen erzeugt werden. Der Zeichentrickfilm ist ein klassisches Paradigma einer Animation. Während die Einzelbilder hier gezeichnet sind, können sie beispielsweise auch fotografisch aufgenommen (Stop-Motion-Technik) oder am Computer generiert (Computeranimation) werden.

Durch den Schein der Bewegung werden Animationen in didaktischen Settings häufig dazu genutzt, Vorgänge oder Veränderungen zu visualisieren (beispielsweise in DGS). Als Kautschitsch und Metzler (1982) die didaktische Komponente bewegter Bilder erkannten und untersuchten, wurde rasch deutlich, dass diese Art der Visualisierung die „Interaktion des Lernenden nicht oder nur eingeschränkt zuläßt" (ebd. 1982, S. 89) und damit in der Gefahr steht „Passivität beim Zuschauer" (ebd.) zu erzeugen.

Soll der Nutzer aktiver eingebunden werden, so müssen ihm Möglichkeiten an die Hand werden, die Visualisierung zu beeinflussen, also in das Gesehene einzugreifen. Bereits Bedienelementen zum Anhalten bzw. Vor- und Zurückspulen des Films und damit die Möglichkeit, den Ablauf an das eigene Rezeptionstempo anpassen zu können, helfen hier (vgl. Schnotz 2001, S. 311). Eine andere Möglichkeit ist es, in den Film Verzweigungen einzubauen und dem Nutzer zu verschiedenen Zeitpunkten die Wahl zwischen den einzelnen Alternativen zu überlassen.

Doch auch das Anhalten eines Filmes, und damit ein – wenn auch geringes – Maß an Interaktivität zwischen Nutzer und Visualisierung, machen aus einem Film oder einer Animation keine Simulation. Es fehlt an einem Modell als Grundlage für echtes Experimentieren, die Interaktivität muss tiefer greifen, in das System hineinwirken, das Simulationsmodell selbst erfassen – und nicht nur das fertige Ergebnis anrühren; die Forschung zum multimedialen Lernen unterscheidet daher zwischen „Controlling" (Moreno und Mayer 2007, S. 311), wenn der Lernende die Geschwindigkeit und/oder die Reihenfolge eines linearen Ablaufs steuern kann, und „Manipulating" (ebd.), wenn der Lernende direkt (etwa durch Zoomen und Verschieben, aber auch Parametervariation ...) mit dem zugrundeliegenden Modell interagiert (ebd.).

Dennoch sind die Begriffe Simulation und Animation untrennbar miteinander verknüpft und zwar dann, wenn in der Simulation die *Visualisierung* eine zentrale Rolle einnimmt: Werden Computersimulationen eingesetzt, um etwas zu erklären und zu veranschaulichen, dann benötigen sie eine geeignete dynamische Repräsentation – also bewegte Bilder und damit eine Animation. Animationen dienen in solchen Fällen der „Visualisierung von Simulationsvorgängen" (Schneider 1998, S. 37).

Es sind demgegenüber aber auch mühelos Fälle denkbar, in denen eine Simulation gänzlich ohne Animation auskommt, nämlich dann, wenn die Ergebnisse der Berechnung allein als Wahrheitswert, nummerisch (etwa in Form von relativen Häufigkeiten beim 1000-fachen Würfelwurf; siehe Abb. 2.9), als Diagramm oder (statischer) Graph repräsentiert werden.

Animationen, also bewegte Bilder, und Computersimulationen – dynamisch veränderbare Berechnungen – existieren demnach a priori vollständig unabhängig voneinander und bilden nur dann eine Einheit, wenn Simulationsergebnisse und -vorgänge dynamisch-ikonisch repräsentiert werden sollen (Abb. 2.3).

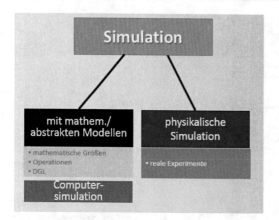 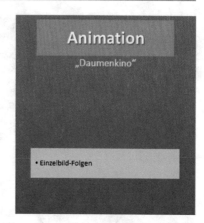

Abb. 2.3 Animationen als Einzelbildfolgen und Simulationen als Experimente mit Modellen sind der klassischen Auffassung nach grundverschieden

2.6   Problemfall II: Animation mit oder ohne Simulation

Werden computergenerierte Inhalte dynamisch am Bildschirm dargestellt, erkennt der Betrachter häufig nicht, ob es sich dabei um einen reine Animation (ohne zu Grunde liegendes Simulationsmodell) handelt oder ob hier Simulationsergebnisse dargestellt werden; er betrachtet allein ein Endprodukt, ohne Kenntnisse über den zu Grunde liegenden Prozess zu haben.

- Ein Beispiel: Beim Animationsfilm „Findet Nemo!" handelt es sich aus Sicht des Kinobesuchers um eine Animation. Die Filmemacher haben dagegen am Rechner so lange mit 3D-Modellen der Fische und der Unterwasserwelt „experimentiert", bis die Szenen aus der Sicht des Regisseurs passend am Bildschirm ablaufen. Sie haben demnach simuliert.

Wir hatten bereits gesehen, dass auch aus der Existenz von Steuermöglichkeiten in oder an Bildfolgen nicht notwendigerweise Rückschlüsse über das Vorliegen einer Simulation gezogen werden können. Aus Sicht des Anwenders sind Animationen von Simulationen also in vielen Fällen nicht unterscheidbar (Abb. 2.4). Allein der Autor bzw. Programmierer oder Konstrukteur der Anwendung weiß dann, ob und ggf. welche dynamischen Modelle zur Grundlage des Programms verwendet wurden.

Im Unterrichtskontext können Simulationsprogramme nur im Ausnahmefall von den Schülerinnen und Schülern oder von den Lehrkräften selbst erstellt werden. In der Regel werden fertige Produkte benutzt werden. Ist es vor diesem Hintergrund aus der Sicht

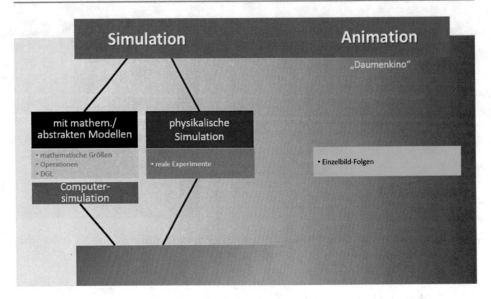

Abb. 2.4 Aus Sicht des Anwenders sind Simulation und Animation häufig zwei Pole auf einer kontinuierlichen Skala

dieser Nutzer und Entscheidungsträger sinnvoll, die Unterscheidung Animation versus Simulation aufrecht zu erhalten?

These II
Eine Animation kann Simulationsergebnisse darstellen, sie kann aber gänzlich auch unabhängig von einer Simulation auftreten. Welche Variante zutrifft, kann der Betrachter oft nicht entscheiden. Simulation und Animation bilden zwei Pole auf einer Skala, die die Einflussmöglichkeiten des Nutzers auf den Ablauf darstellt.

2.7   Zwischenfazit

Wie in Kap. 2 und 5 dargestellt (vgl. Abb. 2.1 und 2.3), werden üblicherweise voneinander unterschieden:

- physikalische Simulation (Realexperiment) von Computersimulation und
- Simulation von Animation.

Es zeigt sich aber, dass Computersimulationen, wenn Sie zum Lernen und Lehren von Mathematik eingesetzt werden, häufig eine dynamische, grafische Repräsentation des Simulationsmodells und seines Verhaltens unter Störeinflüssen benötigen und einen starken

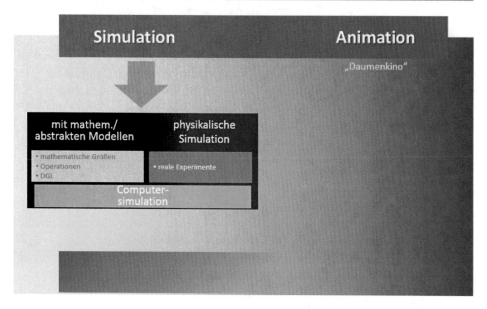

Abb. 2.5 Häufig werden heute selbst physikalische Simulationen am Rechner durchgeführt und veranschaulicht, so dass sich auch hier ein kontinuierliches bipolares Spektrum auftut

Bezug zum Realexperiment herstellen. Es werden dann also im Grunde physikalische Experimente virtuell am Rechner durchgeführt. Auf diese Weise verschmelzen die beiden Simulationsarten zu einem nicht-unterscheidbaren Kontinuum.

Die dynamische Darstellung am Bildschirm kann dagegen von schultypischen Nutzern (Schülerinnen und Schüler, Lehrkräfte) nur schlecht dahingehen eingeschätzt werden, ob es sich um eine – im Grunde statische – Folge von Einzelbildern handelt (Animation) oder ob der Bildschirm die Ergebnisse von Berechnungen mit mathematisch-abstrakten Modellen zeigt. Aus Anwendersicht vermischen sich daher auch die Begriffe Simulation und Animation (Abb. 2.5).

So entstehen zwei diffuse Dimensionen, die es schwer machen, geeignete Simulationsprogramme für eine spezielle Unterrichtssituation oder einen speziellen zu vermittelnden Inhalt adressatengerecht auszuwählen oder auch zu entwickeln. Aus den beiden Problemfeldern lassen sich folgende Fragen ableiten:

- Lassen sich Simulationen, unter Berücksichtigung der vorgenannten Probleme, im Hinblick auf den Mathematikunterricht dennoch klassifizieren?
- Wenn ja, wie lassen sich dabei einfache von aufwändigen/komplexen Simulationen unterscheiden?
- Wie kann dabei ggf. die bipolare Ausprägung „Simulation – Animation" berücksichtig werden?

2.8   Der Simulationsbegriff – etwas genauer

Zur Klärung der Fragen beziehen wir uns auf einen theoretischen Ansatz. Wir haben an
den vorgenannten Beispielen gesehen, dass Simulationen oft ein reales Vorbild besitzen
und dann – notwendigerweise – häufig nur spezielle Aspekte dieser Realität berücksichtigen. Diese Feststellung steht in Beziehung zu einer Definition, die Henn (2000) für
Modelle gegeben hat:

> Modelle sind vereinfachende, nur gewisse, hinreichend objektivierbare Teilaspekte berück-
> sichtigende Darstellungen der Realität (Henn 2000, S. 10).

Können wir den Gehalt des Simulationsbegriffes demnach also auf den des Modell-
begriffs zurückführen? Eine Antwort findet sich bei Krüger (1974, S. 24), der schreibt:
„Simulation ist die Durchführung von Experimentieren mit Modellen dynamischer Systeme". Der Begriff der Simulation setzt sich demnach wesentlich aus drei Bausteinen
zusammen: dem Begriff des *Systems*, dem des *Modells* und dem des *Experimentes*.

Baustein I: Der Begriff „Modell"
Offenbar ist der Modellbegriff – neben dem des Experiments – ein zentraler Baustein im
verzweigten Gebäude der Simulationen. Fragen wir daher etwas genauer: Was sind denn
Modelle? Welche Beispiele kennen wir? Vielleicht fallen uns Architekturmodelle ein, Mo-
dellautos oder Modelleisenbahnen. Vielleicht aber auch die Gleichung „$v(t) = gt$", die
wir im Physikunterricht als – stark vereinfachtes – Modell zur Beschreibung der Geschwindigkeit beim freien Fall kennen gelernt haben. Oder aber Anschauungsmodelle
aus mathematischen Sammlungen, die Ausschnitte mehrdimensionaler Funktionen drei-
dimensional veranschaulichen.

Erweitern wir den Modellbegriff von Henn, indem wir zusammenfassen: Modelle sind
einerseits, im Sinne von Henn (2000), Abbildungen realer Objekte, die unter einer bestimmten Zielsetzung idealisiert werden oder werden müssen. Modelle können aber auch
die Eigenschaften einer abstrakten Struktur auf eine geeignete, anschauliche Weise darstellen (vgl. Wörler 2015a, S. 54). Auch Forrester und Zahn (1972) fassen den Modellbegriff allgemeiner auf, indem sie schreiben:

> Ein Modell ist ein Substitut für ein Objekt oder ein System. [...] Im weitesten Sinne sind alle
> Regeln und Beziehungen, die irgendetwas beschreiben, Modelle ebendieser Objekte (Forres-
> ter und Zahn 1972, S. 73).

Baustein II: Der Begriff „System"
Dynamische Systeme werden in der Systemtheorie untersucht. Sie beschreibt, etwa bei
Bossel (1992b) oder Krüger (1974), das *System* als spezielle Menge von Objekten: Ein
System besteht demnach „aus einem oder mehreren strukturell verbundenen Elementen"
(Bossel 1992b, S. 10), die „voneinander unterscheidbar sind" (Krüger 1974, S. 14 f.) und

sich in ihren Eigenschaften gegenseitig beeinflussen, also Relationen aufweisen. Eine Systemgrenze trennt das System von seiner Umwelt (vgl. ebd., S. 11). Darüber hinaus verfolgt jedes System ein gewisses Ziel oder einen Zweck, was notwendigerweise dazu führt, dass „die Entwicklung gewisser Zustände [des Systems] wahrscheinlicher ist als die andere" (Bossel 1992b, S. 10).

Bossel führt ein Fahrrad und ein Tier als Beispiele für Systeme an: „Ein Fahrrad läßt sich zum Transport von Menschen einsetzen (sein Zweck) [...]. Der ‚Zweck' eines Tieres ist es, zu leben und sich zu vermehren" (Bossel 1992b, S. 10). Ein Gegenbeispiel ist etwa das Wasser, da ein Zerlegen in unterscheidbare Elemente hier nicht (oder kaum) möglich ist (vgl. Krüger 1974, S. 15).

Krüger (ebd.) fasst schließlich als Charakterisierung eines Systems knapp zusammen:

> Ein System wird festgelegt durch seine Ziele (Zwecke, Aufgaben), Elemente nach Zahl und Eigenschaften, Relationen (Beziehungen) zwischen den Elementen und zu seiner Umgebung (Krüger 1974, S. 14).

Führen wir und nochmals den Modellbegriff von Forrester und Zahn (1972) vor Augen, dann werden starke Parallelitäten sichtbar: Die reale Welt besteht aus Elementen und ihren Relationen zueinander. Greifen wir aus dieser Menge einzelne Systeme heraus, so lassen sie sich durch Modelle beschreiben, die ihrerseits sowohl die (wichtigen) Elemente als auch die (wichtigen) Beziehungen zusammenfassen. Ziele, Zwecke oder Aufgaben des Systems führen zu seiner dynamischen Entwicklung bzw. einer Veränderung von Zuständen, genauer im Sinne von Krüger (1974) zu einer Veränderung

- der Eigenschaften von Elementen,
- der Anzahl von Elementen,
- der Relationen zwischen den Elementen oder
- der Relation zwischen System und Umwelt.

Diese gilt es, im Modell zu berücksichtigen (Abb. 2.6). Derartige Veränderungen müssen aber nicht immer direkt nach außen sichtbar werden: Realobjekte etwa unterliegen sehr langsamen Alterserscheinungen und anderen schleichenden Umwelteinflüssen, d. h. hier beeinflussen die Relationen des Systems zur Umwelt seine Zustände nur sehr langsam. Auch kann die Statik ein spezieller, charakteristischer Zustand eines dynamischen Systems sein, etwa wenn dieses sich im stabilen Gleichgewicht befindet. Und so stellt Bossel (1992a) fest: „Genau genommen sind alle Systeme dynamische Systeme, auch solche, die uns eher statisch erscheinen" (ebd., S. 17).

Baustein III: Der Begriff „Experiment"

Ausgehend von der Frage, wie Simulationen im Hinblick auf den Mathematikunterricht klassifiziert werden können, hatten wir bereits mehrfach den Nutzer der Programme in den Blick genommen. Am fertigen Produkt muss dieser entscheiden, ob und ggf. welchen Mehrwert die Software im Lehr-Lern-Prozess aufweist.

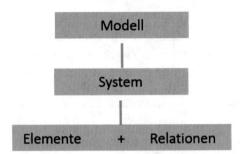

Abb. 2.6 Ein dynamisches Syteme setzt sich aus Elementen und den Realationen zwischen den Elementen zusammen. Ein Modell des Systems muss die wichtigsten dieser Elemente und Relationen abbilden; also besteht auch das Modell aus Elementen und Relationen

Als ein wichtiges Charakteristikum war dabei immer wieder von Interaktion zwischen Nutzer und Simulationsmodell die Rede, von Steuerelementen, die in den Ablauf des Programmes eingreifen. Und wenn Greefrath und Weigand (2012, S. 2) Simulationen als „Experimente mit Modellen" definieren, dann wird – wie vorher bereits bei Krüger (1974, S. 24) – die Wichtigkeit dieses Eingreifen-Könnens in den Simulationsprozess deutlich.

Experimente werden vor allem in den Naturwissenschaften durchgeführt. Das Experiment ist dort ein „objektives und wiederholbares [...] Verfahren zur Erkenntnisgewinnung" (Berger 2006, S. 149). Kircher et al. beschreiben die hierfür notwendige Vorgehensweise: „Unter festgelegten und kontrollierbaren **Rahmenbedingungen** werden Beobachtungen und Messungen an physikalischen Prozessen und Objekten durchgeführt; **Variablen werden systematisch verändert** und Daten gesammelt" (Kircher et al. 2009, S. 244; Hervorhebungen im Original). Diesen Worten nach sind die Existenz von definierten Rahmenbedingungen und das systematische Variieren zwei zentrale Komponenten des Experiments. Vor diesem Hintergrund mündet die Forderung, dem Nutzer einer Simulation müssten Interaktivitäten mit dem Simulationsmodell ermöglicht werden, in das Postulat nach Variationsmöglichkeiten.

Die wichtige Rolle der Variation für das Lernen und Lehren von Mathematik wurde bereits vielerorts herausgestellt: Schoenfeld (1985) etwa sieht die Variation als heuristisches Prinzip beim Problemlösen an. Polya (1995) unterstützt diese Sichtweise, führt darüber hinaus aber auch motivationale Aspekte des Variierens an. Schupp (2002) sieht in der Variation die Möglichkeit einer Schüleraktivität, die auch dazu beitragen kann, ein authentisches Bild von Mathematik zu vermitteln, die tieferes Verständnis ermöglicht, zur Auflockerung dienen oder den Anfang für kreatives Spielen bilden kann. Und Gächter (2012) ergänzt den Aspekt, Variationen auch als Mittel der Leistungsdifferenzierung einzusetzen. Im Experiment – und damit im Sinne von Krüger (1974) sowie Greefrath und Weigand (2012) auch beim Simulieren – werden diese Vorzüge des Variierens vereint.

Phillip (2016) spricht sich dafür aus, innermathematisches Experimentieren, also das Hypothesenbilden und Hypothesenprüfen, als spezielles, nämlich exploratives Problemlösen aufzufassen. Die Autorin sieht darin einerseits einen für die Mathematik charakteristischen Prozess, andererseits aber auch eine fundamentale Kompetenz (vgl. ebd., S. 156 f.). Aus der Theorie und empirischen Daten leitet sie vier Teilkompetenzen ab: Beispiele generieren, Strukturierung, Hypothese formulieren und Überprüfung. Dabei sei die Teilkompetenz Beispiele genieren von „durchdringender Bedeutung" (ebd., S. 158).

Kircher et al. hatten das Experiment als Möglichkeit gesehen, Daten zu sammeln (s. o.) und für Phillip ist es eine zentrale Funktion des Experiments, Beispiele zu generieren. Simulieren als „Experimentieren mit Modellen" ist unter beiden Perspektiven – obwohl sie auf verschiedenen Grundlagen fußen, auf außermathematischen bei Kircher et al., auf innermathematischen bei Phillip, und unterschiedliche Bereiche ansprechen – eine Möglichkeit, Fragen zu generieren und zu überprüfen, indem es Mithilfe der Variation von Modellgrößen (in aller Regel verschiedene) Zustände des betrachteten Modells und damit konkrete „Beispiele" (sensu Phillip) bzw. „Daten" (sensu Kircher et al.) liefert.

Synthese der drei Bausteine

Betrachtet man Simulieren – wie oben ausgeführt – als Experimentieren mit Modellen dynamischer Systeme, so wird die Notwendigkeit eines geeigneten Simulationsmodells angesprochen. Derartige Modelle beschreiben wesentliche Charakteristika der zu untersuchenden inner- oder außermathematische Situation oder des Objekts – allgemeiner gesprochen: des dynamischen Systems. Als solches setzt es sich aus Elementen und Relationen zwischen den Elementen zusammen, und so sollte auch das Modell des Systems zumindest wesentliche Elemente und Relationen beschreiben.

Das Experiment dagegen dient dazu, Fragen zu generieren und sie zu beantworten. Hierzu wird ein Rahmen in Form von Randbedingungen definiert und dann das Mittel der Variation eingesetzt, um die Reaktionen des Modells bzw. des Systems auf Störungen hin zu untersuchen – also ein Spektrum von Beispielen zu gewinnen.

Abb. 2.7 fasst diese Sichtweise von Simulationen schematisch zusammen.

Abb. 2.7 Schematische Darstellung: Im Rahmen von Simulationen können Variationen sich entweder auf die Elemente und Relationen des zugrunde liegenden Modells oder auf die Rahmenbedingungen des Experiments beziehen

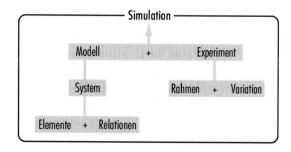

2.9   Konzept der Interaktionsmöglichkeiten

Das vorhergehende Kapitel hatte die Möglichkeit der nutzergesteuerten, systematischen Variation als zentralen Bestandteil der Simulation herausgearbeitet. Unklar bleibt bisher jedoch, woran diese Veränderungen ansetzen sollen: Was konkret wird denn in der Simulation variiert bzw. zur Laufzeit modifiziert?

Bemühen wir als Antwort auch hier einen theoretischen Ansatz: Soll die Simulationen einen Teil der (zumindest potentiellen) Realität wiedergeben, so geht es im Grund zunächst darum, ein System (im obigen Sinne) durch ein Simulationsmodell zu beschreiben. Da ein System, nach Krüger (1974, S. 14), durch „seine Ziele [...], Elemente nach Zahl und Eigenschaften, [sowie] Relationen [...] zwischen den Elementen und zu seiner Umgebung" festgelegt wird, muss das Simulationsmodell ebendiese Größen und Relationen enthalten.

Daraus ergeben sich nun sechs verschiedene Möglichkeiten, Variationen am Simulationsmodell vorzunehmen. Diese sind:

Die gezielte Variation ...

- I 1: der Anzahl der Modellelemente,
- I 2: der Eigenschaften der Modellelemente,
- I 3: der Beziehung zwischen Modellelementen,
- I 4: der Beziehung zwischen Modell und Modellumwelt,
- I 5: des Modellzwecks (also der Fragestellung) sowie
- I 6: der Modellannahmen.

Diese aus der Theorie abgeleiteten Möglichkeiten werden als **sechs Interaktionsmöglichkeiten** (Wörler 2015a, 2015b) mit dem Simulationsmodell bezeichnet. Sie resultieren direkt aus den Definitionen der Begriffe *System* und *Modell*, werden hier also normativ gesetzt.

Bevor wir näher auf das Konzept der Interaktionsmöglichkeiten eingehen, betrachten wir zunächst an einem Beispiel, wie diese sechs Möglichkeiten in einer Simulation umgesetzt werden könnten.

Beispiel: Interaktionsmöglichkeiten am Beispiel des 2000-fachen Würfelwurfs
Der Würfelwurf in der Stochastik ist eines der Themen, bei dem Simulationen im Unterricht eingesetzt werden. Im Regelfall geht es darum, das Gesetz der großen Zahlen experimentell zu veranschaulichen, indem eine große Anzahl von Würfelwürfen vorgenommen und das Ergebnis ausgewertet wird. Da das Werfen per Hand aufwändig ist, wir diese Aufgabe dem Rechner überlassen und das Experiment als wiederholtes Ziehen von Zufallszahlen implementiert. Man beachte, dass es sich also auch in diesem Beispiel um ein (physikalisches) Experiment handelt, das – im Prinzip – auch ohne Rechnernutzung real durchgeführt werden könnte. Der Computer hilft hier lediglich, indem er das Experiment quasi umgehend vollführt und die Auswertung sofort liefert.

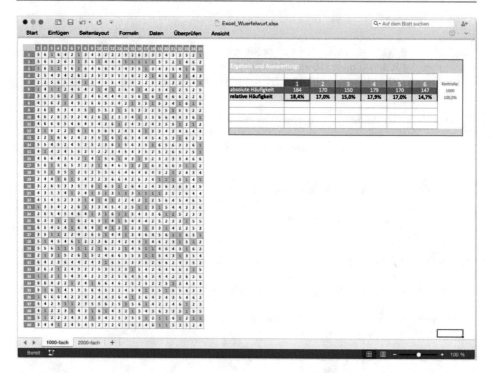

Abb. 2.8 Simulation zum Würfelwurf mittels TKP: *Links* werden in einem 40 × 25 Zellen großen Feld 1000 Zufallszahlen zwischen 1 und 6 generiert, die 1en sind farblich hervorgehoben. *Rechts* erfolgt die Auswertung. Auf einem zweiten Tabellenblatt werden analog 2000 Zahlen analysiert

In Schulbüchern wird in diesem Kontext teilweise die Umsetzung des Programmes mit dem GRT oder einem Tabellenkalkulationsprogramm vorgeschlagen. Eine entsprechende Umsetzung zeigt Abb. 2.8: Auf einem ersten Tabellenblatt werden links 1000 Zufallszahlen zwischen 1 und 6 erzeugt (TKP-Befehl: `Zufallsbereich(1;6)`), deren absolute Anzahlen dann rechts bestimmt (Befehl: `Zählen wenn(<Tabelle>;<1,2,3,4,5,6>)`) und in relative Häufigkeiten umgerechnet werden. Auf einem zweiten Tabellenblatt (Umschaltmöglichkeit siehe unten links in Abb. 2.8) ist der Aufbau analog mit 2000 Zufallszahlen realisiert. Mit dem Umschalten „erstes Tabellenblatt" ↔ „zweites Tabellenblatt" kann also – übertragen auf den Würfelwurf – die Anzahl der Würfe variiert werden, was durch die Interaktionsmöglichkeit I 1 „Variation der Anzahl von Modellelementen" beschrieben wird. Weitere Variationen sind in dieser (konkreten) Umsetzung des Würfelwurfs nicht möglich.

Gedanklich ist allerdings ohne Weiteres eine Softwareumsetzung vorstellbar, die weitere Variationen zulässt: Diese potentielle Softwareumsetzung könnte dem Nutzer beispielsweise die in der nachfolgenden Tabelle aufgezeigten Variationen erlauben:

I 1: Variation der Anzahl von Modellelementen, wenn der Anwender bspw. – die Seitenanzahl variieren (Vierseiter statt Sechsseiter), – die Anzahl der Würfe variieren (2000 statt 1000) oder/und – die Anzahl der Würfel variieren (zwei Würfel statt nur ein Würfel) kann	
I 2: Variation der Eigenschaften von Modellelementen, bspw. – Würfelgeometrie verändern, Symmetrie aufbrechen (z. B. Riemerwürfel, Riemer 1988): verschieden große Seitenflächen	
I 3: Variation der Beziehungen zwischen Modellelementen, wenn – die Anordnung der sechs gleichgroßen Seiten verändert werden kann; bspw. ließe sich ein Sechseckprisma rollen statt des üblichen Würfelwerfens	
I 4: Variation der Beziehungen zwischen Modell und Modellumwelt, also der Randbedingungen, bspw. wenn sie – das Würfeln auf verschiedenen Untergründen (Teppich, Steinboden …) abbildet oder – den Schwung beim Werfen des Würfels mit berücksichtigt	
I 5: Variation des Modell-/Simulationszecks, also der Fragestellung, etwa: – Wie weit rollt ein Würfel beim 2000-fachen Werfen? – In welche Richtungen rollt ein Würfel beim 2000-fachen Werfen?	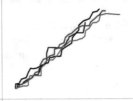
I 6: Variation der Modellannahmen, wenn sie beispielsweise die Möglichkeit bietet – bei der Masseverteilung des Würfels auch nicht-homogene Varianten auszuwählen oder – den Punkten zur Kennzeichnung der Würfelseiten (1,2, …, 6) eine positive oder negative Masse zugewiesen werden kann	

Ob all diese Variationen im jeweiligen Kontext sinnvoll sind und wie sie technisch umgesetzt werden könnten, ist an dieser Stelle nicht die Frage; es geht hier allein darum, die aus der Theorie abgeleiteten sechs Interaktionsmöglichkeiten an einem Beispiel zu illustrieren und so ihre Bedeutung am konkreten Fall kennenzulernen.

Konzept der Interaktionsmöglichkeiten als Analyse- und Planungstool

Mit Hilfe eine Analyse der (implementierten) Interaktionsmöglichkeiten hatten wir für die Umsetzung des 2000-fachen Würfelwurfes, wie sie in Abb. 2.8 vorgestellt wurde, bereits erkannt, dass dem Nutzer hier lediglich eine Art der Variation gestattet wird.

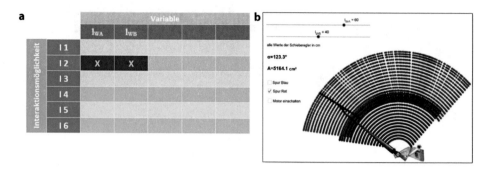

Abb. 2.9 Interaktionsmöglichkeiten (**a**), die in der Simulation zum Scheibenwischer (**b**) umgesetzt sind. (**b** www.mathematik-labor.org, erstellt mit GeoGebra)

In ähnlicher Weise kann das Konzept der Interaktionsmöglichkeiten auch allgemein zur Analyse von Simulationen bzw. speziellen Umsetzungen von Simulationen genutzt werden, indem es einen differenzierten Blick auf die jeweils möglichen Variationen erlaubt.

Zur Illustration sei ein weiteres Beispiel gestattet: In ihrem Beitrag über das Mathematiklabor stellen Baum, Beck und Weigand (Kap. 5) die Simulation eines einarmigen Scheibenwischers vor. Die Umsetzung zeigt zwei Schieberegler, mit deren Hilfe sowohl die Länge des Wischarmes (l_{WA}) als auch die des Wischblattes (l_{WB}) verändert werden können (siehe dort). Es gibt damit für den Nutzer zwei Möglichkeiten, das zu Grunde liegende mathematische Modell zu variieren. Betrachten wir, welche Interaktionsmöglichkeiten durch diese beiden Nutzerwahlen bedient werden:

Wischarm und Wischblatt sind Elemente des Modells, ihre Längen daher Eigenschaften dieser Elemente. Mithilfe der beiden Schieberegler für l_{WA} bzw. l_{WA} lassen sich also „I 2: Eigenschaften von Modellelementen" variieren (vgl. Abb. 2.9).

Die Abb. 2.9 zeigt im linken Teil eine tabellarische Darstellung der sechs Interaktionsmöglichkeiten und listet auf, welche dieser Möglichkeiten durch die konkrete Umsetzung realisiert werden. Sind Variablennamen vorhanden, so wie im vorliegenden Fall, lassen sich diese in die Tabelle eintragen.

Modifizieren wir für einen Moment gedanklich diese Simulationsumsetzung, indem wir eine Möglichkeit einfügen, den Winkel α zwischen Wischarm und Wischblatt zu verändern; auch die Wischfläche würde hierdurch eine andere. Eine solche Möglichkeit ließe sich mit Hilfe eines weiteren Schiebereglers umsetzen (Abb. 2.10b). Weil Wischblatt und -arm Modellelemente sind, würde hierdurch die „Beziehung zwischen Modellelementen", also Interaktionsmöglichkeit I 3, angesprochen und variabel gestaltet werden. In der tabellarischen Darstellung werden daher die Variable α sowie ein entsprechender Eintrag in der Zeile I 3 ergänzt (Abb. 2.10a).

Mit dem Konzept der Interaktionsgrade kann also jedes Steuerelement einer Simulationsumsetzung im Hinblick auf seine Funktion analysiert werden. Hierbei wird differenziert beleuchtet, welche Interaktion des Nutzers mit dem zu Grunde liegenden Simulationsmodell es ermöglicht und an welchen Punkten eine Variation angreift.

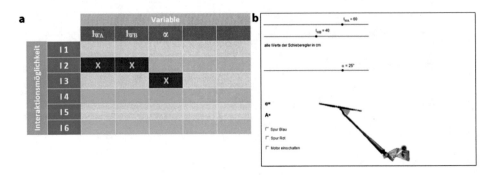

Abb. 2.10 Wird die Simulationsumsetzung um einen Schieberegler zur Steuerung des Winkels zwischen Wischarm und Wischblatt ergänzt (**b**), kann damit die Interaktionsmöglichkeit I 3 angesprochen werden (**a**). (**b** www.mathematik-labor.org, erstellt mit GeoGebra)

Wird die Betrachtungsweise umgekehrt, so ist das Konzept der Orientierung an Interaktionsmöglichkeiten auch zur Planung von Simulationsumsetzungen geeignet. Ist für eine zu untersuchende Situation oder Konfiguration eines Systems das mathematische Modell bereits formuliert und in ein Computermodell übertragen worden, so gibt das Konzept der Interaktionsmöglichkeiten Ankerpunkte vor, an denen eine Variation durch den Nutzer prinzipiell möglich ist. Jede Veränderung auf Grundlage der sechs angesprochenen Interaktionsmöglichkeiten wirft dann folgende Fragen auf:

- Wie kann diese Variation im vorliegenden Modell umgesetzt werden?
- Welche Auswirkungen ergeben sich innermathematisch, welche im Hinblick auf die Realsituation?
- Wie ist diese Variation technisch realisierbar, welche Konsequenzen folgen für die Simulationsumsetzung bzw. die Implementierung des Simulationsmodells auf einem Rechner?
- Welche neuen Einsichten im Hinblick auf die Mathematik oder im Hinblick auf die Realsituation ermöglicht diese Variationsoption? Welcher Mehrwert für das Lernen ergibt sich?

Kommen wir exemplarisch abermals auf die Simulation des Würfelwurfs zurück. Wir hatten bereits festgestellt, dass die die oben angeführte Umsetzung (Abb. 2.8) allein die Interaktionsmöglichkeit I 1, konkret die Variation der Anzahl von Würfelwürfen, über das Hin- und Herschalten der beiden Tabellenblätter ermöglicht (Abb. 2.11). Eine weiterführende Variation der Anzahl (z. B. 20, 500 oder 5000 Würfe) wäre in analoger Weise denkbar und technisch einfach umzusetzen.

In der Excel-Variante wäre es auch leicht zu bewerkstelligen, die Anwendung so zu gestalten, dass die Anzahl der Würfelseiten variiert werden kann (ebenfalls I 1); man könnte hier an den vier- oder zwölfseitigen Spielwürfel als reales Vorbild denken und das Ziehen der Zufallszahlen per TKP-Befehl entsprechend anpassen (per Befehl

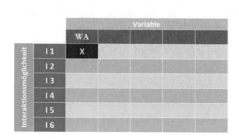

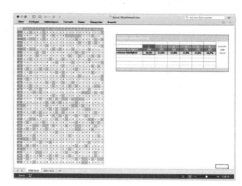

Abb. 2.11 Durch die Auswahlmöglichkeit der Anzahl von Würfelwürfen („WA" für Wurfanzahl) erhält die tabellarische Darstellung der Interaktionsmöglichkeiten einen Eintrag in Zeile I 1

`Zufallsbereich(1;4)` bzw. `Zufallsbereich(1;12)`). Auf diese Weise ließe sich mit der veränderten Simulationsumsetzung zusätzlich experimentell untersuchen, ob und ggf. wie die Stabilisierung relativer Häufigkeiten bei hoher Anzahl von Würfen mit der Mächtigkeit des Ergebnisraumes zusammenhängt.

Das in der Umsetzung gewählte mathematische Modell beschreibt das Werfen des Würfels durch das Ziehen von gleichverteilten Zufallszahlen. Um die Interaktionsmöglichkeiten I 2 bis I 6 in den oben vorgeschlagenen Blickrichtungen zu bedienen, ist dieses Modell jedoch zu starr bzw. zu weit vereinfacht. Physikalische Eigenschaften des betrachteten Würfels, des Wurfes und der Modellumwelt müssten zunächst ebenfalls im Simulationsmodell berücksichtig werden, um als Ausgangspunkte für derartige Experimente zu dienen.

Das Konzept der Interaktionsmöglichkeiten gibt hier also Hinweise darauf, welche Fragen mit der gewählten Umsetzung untersucht werden können und welche Grenzen durch die Wahl des Modells bzw. der Software gesetzt sind.

Interaktionsgrad zur Quantifizierung der Interaktionsmöglichkeiten
Offenbar unterscheiden sich Computersimulationen zu verschiedenen Systemen, aber auch Umsetzungen zu demselben System hinsichtlich der Interaktionsmöglichkeiten, die dem Nutzer der Programme durch die konkrete Umsetzung vorgegeben werden. Diese Unterschiede lassen sich, wie oben ausgeführt, mit Hilfe des Konzeptes der Interaktionsmöglichkeiten tabellarisch fassen und darstellen.

Daraus kann fernerhin der Interaktionsgrad einer Implementierung als abstraktes Maß für die Existenz und den Umfang solcher Möglichkeiten abgeleitet werden (vgl. Wörler 2015a, S. 84 ff.): Darunter soll ein ordinales, nicht-metrisches Merkmal $i \in \mathbb{N}_0$ verstanden werden, das iterativ definiert wird: Mit jedem Freiheitsgrad, den eine Umsetzung dem Benutzer zusätzlich erlaubt, erhöht sich der Interaktionsgrad um den Wert 1, also $(i \mapsto i + 1)$. Der Interaktionsgrad i zählt also im weitesten Sinne die verschiedenen Interaktionsmöglichkeiten des Nutzers mit dem Programm bzw. dem zu Grunde liegenden

Simulationsmodell. Als Referenzwert wird $i = 0$ gesetzt, wenn dem Benutzer durch die Umsetzung keinerlei Einflussmöglichkeit auf den Ablauf und die Ausgestaltung des Experiments oder des mathematischen Modells eingeräumt wird.

Mit Hilfe dieses Merkmals ist es möglich, verschiedene digitale Umsetzungen von Simulationen zu *demselben System* zu vergleichen und zu klassifizieren sowie ggf. auch hinsichtlich des Interaktionsgrades zu ordnen. Beispielsweise hat die Umsetzung der Scheibenwischersimulation aus Abb. 2.10 den Interaktionsgrad 2, wohingegen die aus Abb. 2.11 den Interaktionsgrad 3 aufweist, also eine Möglichkeit der Variation mehr bietet.

Beim Umgang mit dem Interaktionsgrad ist allerdings Vorsicht geboten: Sowohl die Umschaltmöglichkeit „1000/2000 Würfelwürfe" (Abb. 2.8) als auch eine völlig freie Wahl „n-Würfelwürfe" für beliebig wählbares $n \in \mathbb{N}$ werden im Konzept der Interaktionsmöglichkeiten und -grade gleichbehandelt. Sie führen beide – lediglich – zu einer Erhöhung des Interaktionsgrades um 1 ($i \mapsto i + 1$), obwohl die Wahl $n \in \mathbb{N}$ im Gegensatz zu $n \in \{1000, 2000\}$ dem Nutzer weiterreichende Freiheiten beim Experimentieren lässt. Demnach zählt der Interaktionsgrad zwar realisierte Interaktionsmöglichkeiten, eine Aussage über die Breite der jeweils angesprochenen Variation ist allerdings nicht ablesbar. Hierdurch sind auch Simulationen zu *verschiedenen Systemen* nur unter Vorbehalt mittels Interaktionsgrad vergleichbar.

Animationen als Simulationen ohne Interaktion

In Kap. 6 wurde die Problematik herausgearbeitet, dass es für den Betrachter bzw. Nutzer eines Programmes schwierig zu erkennen ist, ob eine Bilderfolge (Animation) aus statischen Einzelbildern besteht oder ein dynamisches Simulationsmodell zu Grunde liegt. Aus Nutzersicht erscheinen beide Fälle identisch.

Im Konzept der Interaktionsmöglichkeiten kann dieser scheinbaren Identität Rechnung getragen werden, indem beiden Varianten der Interaktionsgrad 0 (Null) zugeordnet wird. Reine Animationen werden damit solchen Simulationen gleichgestellt, die keinerlei Nutzereingaben oder -interaktion zulassen; es ist dann unerheblich, auf welche Weise die Bildfolge zustande kommt.

Sind dagegen Elemente zum Pausieren und anschließenden Fortfahren der Bildfolge oder Anwählen beliebiger Zeitpunkte innerhalb der Sequenz vorhanden („controlling", sensu Moreno und Mayer 2007), so setzt man den Interaktionsgrad per Definition auf 0,5. Die Wichtigkeit derartiger Elemente für die Aufnahme der gezeigten Inhalte durch den Rezipienten wurde ja bereits bei Kautschitsch und Metzler (1982) für den mathematischen Film (siehe oben) und auch von Schnotz (2001) betont.

Man beachte aber, dass die Existenz derartiger Steuerelemente keine Variation des Simulationsmodells im obigen Sinne darstellt, sondern lediglich die Berechnung des dynamischen Systems für einen festen Parametersatz startet oder unterbricht. Dabei kann die Dynamik entweder aus einer Zeitabhängigkeit des Systems bzw. des Modells selbst resultieren (wobei der der Parameter $t \in \mathbb{R}$ automatisiert ein Intervall durchläuft) oder

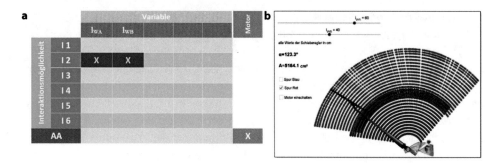

Abb. 2.12 Bei dieser Umsetzung einer Scheibenwischersimulation startet die Auswahl einer Check-box „Motor einschalten" die dynamische Darstellung des Simulationsmodells. Dies ist keine Variation im Sinne der Interaktionsmöglichkeiten, sondern ein Steuerelemet für die automatisierte Auswertung des Simulationsmodells zu einem bestimmten Satz von Parametern. Die tabellarische Darstellung (**a**) lässt sich für derartige Steuerelemente um die Kategorie AA (= Automatischer Ablauf) erweitern. (**b** www.mathematik-labor.org, erstellt mit GeoGebra)

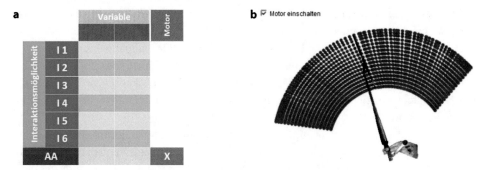

Abb. 2.13 Eine Computerprogramm zeigt den Scheibenwischer und erlaubt es, „den Motor" für einen bestimmten Parametersatz zu starten und zu stoppen. Eine Variation von Modellelementen und -relationen ist hier allerdings nicht möglich. Es handelt sich daher per definitonem um eine Simulation vom Interaktiongrad 0,5. (**b** www.mathematik-labor.org, erstellt mit GeoGebra)

aus der automatischen Variation eines anderen Systemparameters. Da diese Vorgänge allerdings vom Rechner gesteuert werden und vom Nutzer nur gestoppt oder fortgesetzt, darüber hinaus aber nicht weiter beeinflusst werden können, sind sie in der hier vorgestellten Sichtweise nicht als Variationen – im Sinne von Interaktionen des Nutzers mit dem zu Grunde liegenden Simulationsmodell – zu werten. Steuerelemente zum Pausieren und anschließenden Fortfahren eines automatisierten Ablaufes können daher auch nicht durch eine der Interaktionsmöglichkeiten I 1 bis I 6 erfasst werden.

Um diesem Element Rechnung zu tragen, lässt sich als Ergänzung zu den sechs Interaktionsmöglichkeiten in der tabellarischen Darstellung eine Kategorie AA definieren, die die Existenz von Steuerelementen für automatische Abläufe erfasst (vgl. Abb. 2.12a und 2.13).

Interaktionsgrad und tabellarische Darstellung

Ein Zusammenhang zwischen der um die Kategorie AA erweiterten tabellarischen Darstellung von Interaktionsmöglichkeiten und dem Interaktionsgrad $i \in \mathbb{N}_0$ ergibt sich schließlich wie folgt: Jede in einer Simulationsumsetzung realisierte Interaktionsmöglichkeit erhöht ihren Interaktionsgrad um 1, wird aber auch in der tabellarischen Darstellung eingetragen. Hat die erweiterte Tabelle keine Einträge, so ist der Interaktionsgrad der Umsetzung 0 (Null), andernfalls gibt die Anzahl der Einträge den Interaktionsgrad der Umsetzung wieder. Der Interaktionsgrad ist also direkt aus der erweiterten Darstellung abzulesen, indem die Summe aller Einträge gebildet wird.

2.10   Zusammenfassung und Ausblick

Die Überlegungen zeigen auf, dass speziell in Lehr-Lern-Situationen häufig solche Simulationen verwendet werden, die eine grafisch-dynamische Repräsentation des Simulationsprozesses oder der Simulationsergebnisse zeigen. In vielen Fällen ergibt sich daraus, wie etwa bei der Scheibenwischersimulation, auch eine grafische Nähe des Computerprogramms zum Realmodell. Dies gilt in gleicher Weise auch für Animationen.

Vor diesem speziellen Hintergrund ist es schwer, Animationen von Simulationen zu unterscheiden und auch eine klare Abgrenzung zwischen physikalischen Simulationen und Computersimulationen zu ziehen. All diese Spielarten verschwimmen in einer nebligtrüben Begriffswolke.

Daher wird hier ein Konzept zur Differenzierung dieser Softwarelösungen vorgeschlagen, das vom Nutzer aus gedacht ist – nicht vom Autor der Software – und die Möglichkeiten seines Zugriffs auf die modellierten Zusammenhänge in Form von Interaktionsgraden zählt. Der Interaktionsgrad einer Softwarelösung gibt dabei an, ob der Nutzer den Programmablauf steuern kann (Interaktionsgrad ≥ 1) und wenn dies der Fall ist, auch, wie viele Interaktionsmöglichkeiten dem Nutzer mit dem Modell eingeräumt werden. Es erlaubt ferner einen differenzierten Blick auf diese Möglichkeiten, indem es aus der Theorie sechs verschiedene Ankerpunkte ableitet, an denen Variationen des Nutzers prinzipiell angreifen können.

Somit können einerseits bestehende Simulationen hinsichtlich dieser Variationsmöglichkeiten analysiert und darauf aufbauend auch verglichen werden. Andererseits kann das Konzept ebenso zur (Weiter-)Entwicklung von Softwareumsetzungen einzelner Simulationen dienen.

Das Konzept wirft daneben aber auch weiterführende Fragen auf, die von der Didaktik zukünftig aufgegriffen und empirisch untersucht werden sollten. Eine der interessantesten und vielleicht auch dringlichsten ist folgende:

• Welche Interaktionsgrade sind für den unterrichtlichen Einsatz geeignet?

Zwar ist es im Hinblick auf das Experimentieren erfreulich, wenn eine Simulations-umsetzung dem Lernenden viele Einflussmöglichkeiten bietet – also einen hohen Interaktionsgrad aufweist. Es ist jedoch demgegenüber anzunehmen, dass eine hohe Anzahl an freien Variablen schnell zu einer Überforderung führt und daher der Interaktionsgrad einer Umsetzung nicht höher als zwei oder drei gewählt werden sollte. Was bedeutet „hohe Anzahl"? Wo lassen sich Grenzen ziehen? Derartige Annahmen und Fragen müssen für und durch die Didaktik aufgearbeitet und untersucht werden.

Dabei kann auch beleuchtet werden, inwieweit die Breite der Variation einzelner Variablen einen Einfluss auf das Arbeiten mit der jeweiligen Simulation hat: Ist es beispielsweise bei der Simulation des Würfelwurfs in der Stochastik vorteilhaft, wenn der Nutzer ausschließlich die Auswahl zwischen 1000 und 2000 Würfen hat oder wäre ein größeres Spektrum an Wurfzahlen $n = \{5, 50, 100, 1000, 2000, 5000\}$ oder gar $n = \{1, 2, 3, \dots\}$ im Hinblick auf das Generieren und Beantworten von Fragen besser geeignet? Lassen sich überhaupt – induktiv oder deduktiv – allgemeine Empfehlungen zu Anzahl und Breite von Interaktionsgraden aussprechen oder sind Antworten zu sehr von der Nutzergruppe, der jeweiligen Funktion im Unterrichtskontext, wie auch vom mathematischen Gegenstandsbereich abhängig?

Das im Beitrag vorgeschlagene Konzept der Interaktionsgrade und Interaktionsmöglichkeiten kann als Grundlage für die empirische und theoretische Aufarbeitung dieser Fragen dienen.

Literatur

Berger, V. (2006). Im Unterricht experimentieren. In H. F. Mikelskis & V. Berger (Hrsg.), *Physik-Didaktik. Fachdidaktik* (S. 149–167). Berlin: Cornelsen Scriptor.

Bossel, H. (1992a). *Modellbildung und Simulation: Konzepte, Verfahren und Modelle zum Verhalten dynamischer Systeme : ein Lehr- und Arbeitsbuch mit Simulations-Software*. Braunschweig: Vieweg.

Bossel, H. (1992b). *Simulation dynamischer Systeme: Grundwissen, Methoden, Programme*. Braunschweig: Vieweg.

Forrester, W. J., & Zahn, E. (1972). *Grundzüge einer Systemtheorie: Ein Lehrbuch*. Wiesbaden: Gabler.

Gächter, A. (2012). *Mathematik entlang fundamentalen Ideen* (1. Aufl.). Aufgabenkultur: Anregungen für den Mathematikunterricht. St. Gallen: MefI-Verlag.

Greefrath, G., & Weigand, H.-G. (2012). Simulieren: Mit Modellen experimentieren. *mathematik lehren, 147*, 2–6.

Henn, H.-W. (2000). Warum manchmal Katzen vom Himmel fallen … oder … von guten und von schlechten Modellen. In von Horst Hischer (Hrsg.), *Modellbildung, Computer und Mathematikunterricht* (S. 9–17). Hildesheim: Franzbecker.

Kautschitsch, H., & Metzler, W. (Hrsg.). (1982). *Visualisierung in der Mathematik*. 1. Workshop in Klagenfurt vom 29. Juni bis 3. Juli 1981. Wien, Stuttgart: Hölder-Pichler-Tempsky, Teubner.

Kircher, E., Girwidz, R., & Häußler, P. (Hrsg.). (2009). *Physikdidaktik: Theorie und Praxis* (2. Aufl.). Berlin, Heidelberg: Springer.

Krüger, S. (1974). *Simulation: Grundlagen, Techniken, Anwendungen*. Berlin, New York: De Gruyter.

Linneweber-Lammerskitten, H., & Schäfer, M. (2010). Motivating mathematical exploration through the use of video-clips: a collaborative research and development project between Switzerland and South Africa. In V. Mudaly (Hrsg.), *Proceedings of the Eighteenth Annual Meeting of the Southern African Association for Research in Mathematics, Science and Technology Education (SAARMSTE)* (S. 161–164).

Moreno, R., & Mayer, R. (2007). Interactive multimodal learning environments special issue on interactive learning environments: contemporary issues and trends. *Educ Psychol Rev, 19*, 309–326.

Phillip, K. (2016). *Experimentelles Denken – Theoretische und empirische Konkretisierung einer mathematischen Kompetenz*

Polya, G. (1995). *Schule des Denkens: Vom Lösen mathematischer Probleme* (4. Aufl.). Sammlung Dalp. Tübingen, Base: Francke.

van Randenborgh, C. (2015). Parabelzirkel real und digital: Wissensaneignung durch Modelle und Simulationen. *mathematik lehren, 174*, 11–14.

Riemer, W. (1988). *Riemer-Würfel – spannende und lehrreiche Experimente mit ungewöhnlichen Objekten*. Stuttgart: Klett.

Schneider, H.-J. (Hrsg.). (1998). *Lexikon Informatik und Datenverarbeitung*. München, Oldenburg: Oldenbourg.

Schnotz, W. (2001). Wissenserwerb mit Multimedia. *Unterrichtswissenschaft, 29*, 292–318.

Schoenfeld, A. H. (1985). *Mathematical Problem Solving*. Orlando: Academic Press.

Schumann, H. (1985). Einfache Computerfilme für den Geometrieunterricht: Ein LOGO-Arbeitsvorhaben in den Klassen 9–10. *LOG IN, 5*, 43–46.

Schupp, H. (2002). *Thema mit Variationen: Aufgabenvariation im Mathematikunterricht*. Hildesheim, Berlin: Franzbecker.

Wörler, J. F. (2015a). *Konkrete Kunst als Ausgangspunkt für mathematisches Modellieren und Simulieren*. Münster: WTM.

Wörler, J. F. (2015b). Computersimulationen im Mathematikunterricht – Ein Vorschlag der Klassifizierung durch Interaktionsgrade. In F. Caluori, H. Linneweber-Lammerskitten & C. Streit (Hrsg.), *Beiträge zum Mathematikunterricht 2015* (S. 1012–1015). Münster: WTM.

Mathematik und Simulation in berufsbezogenen Kontexten

3

Rudolf Sträßer

Zusammenfassung

Nahe an der Definition von Simulation durch den Verband Deutscher Ingenieure (VDI) wird die Rolle und Wirkung von Mathematik bei der Simulation berufsbezogener Kontexte beleuchtet. Anhand von Beispielen wie dem technischen Zeichnen, der Berechnung von Preisen wie etwa Zinsen und makro-ökonomischer Kreislaufmodelle wird insbesondere auf die dienende Rolle der Mathematik bei Simulationen berufsbezogener Kontexte sowie auf die Tatsache des Versteckens von Mathematik in schwarzen Kästen („black boxes") eingegangen. Konsequenzen für berufsbezogene Simulationen im Mathematikunterricht allgemeinbildender Schulen werden beschrieben.

3.1 Zum Beispiel: CNC-Simulation eines Türgriffes

Für ein Buch mit dem Titel „Modellieren, Computer & Simulation" ist es in der deutschsprachigen Mathematikdidaktik allgemeinbildender Schulen vergleichsweise einfach, Beiträge zu den Themen „Modellieren" oder „Computer" oder deren Verbindung „Modellieren mit Computern" zu finden oder anzuregen. Das Thema „Simulation" ist weit weniger etabliert, nicht zuletzt, weil diese Thematik eher in beruflichen Kontexten behandelt wird. Sucht man nun offensiv nach Simulationen in beruflichen Kontexten, so wird man zuerst auf die Simulation von Computer gesteuerten Werkzeug-Maschinen („CNC-Maschinen") vor allem im Metallbereich stoßen. Die Programmierung von CNC-Maschinen (vgl. schon Linke 1989) erweist sich als sehr kompliziert und mit hohem Aufwand an Maschinen und Material verbunden. Dies zeigt sich nicht zuletzt in unentdeckten Fehlern bei Produktionsaufnahme ohne vorherige Simulation. Daher wird üblicherweise mindes-

R. Sträßer (✉)
Inst.f.Did.d.Math., JLU Giessen
Münster, Deutschland

© Springer Fachmedien Wiesbaden GmbH, ein Teil von Springer Nature 2018
G. Greefrath und H.-S. Siller (Hrsg.), *Digitale Werkzeuge, Simulationen und mathematisches Modellieren*, Realitätsbezüge im Mathematikunterricht,
https://doi.org/10.1007/978-3-658-21940-6_3

Abb. 3.1 Geometrisches Modell Türgriff

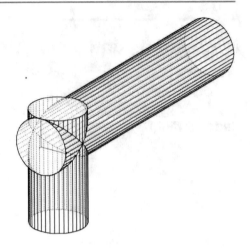

tens in der Entwicklungsphase eines Werkstücks in der Regel eine computergestützte Simulation schon vor die probeweise Produktion geschaltet. Dies soll am Beispiel eines Gegenstandes aus dem Alltagsleben, dem Türgriff, nachgezeichnet werden. Zur Vielfalt der Gestaltungsmöglichkeiten eines Türgriffs möchte ich die Lesenden bitten, einen Tag lang auf die Türgriffe zu achten, die sie beim Öffnen von Türen nutzen – oder einfach in eine Internetsuchmaschine für die Bildersuche den Begriff „Türgriff" oder „Türklinke" einzugeben.

Die geometrisch wahrscheinlich einfachste Form eines Türgriffs ergibt sich, wenn man zwei gerade Prismen mit Kreisen gleichen Durchmessers als Grundfläche im rechten Winkel zusammenfügt (siehe Abb. 3.1, erstellt mit der Schul-Software „GAM", vgl. http:// geometrie.tsn.at/content/gam). Man sieht sofort, dass für einen „handsympathischen" Türgriff beim Zusammenfügen noch Material entfernt werden muss. Hierfür bieten sich schon unter geometrischen Gesichtspunkten wiederum mehrere Möglichkeiten. Man könnte zum Beispiel die Vereinigung der Zylinder mit einer Kugel mit gleichem Radius wie die Zylinder und Mittelpunkt im Schnittpunkt der die Zylinder definierenden Mittelpunktsgeraden bewerkstelligen (vgl. Abb. 3.2, erstellt mit Cabri 3D). Als Alternative bietet sich etwa die Verbindung der zwei Zylinder durch einen „Schlauch" mit gleichem Radius wie die Zylinder an, der einem Viertelkreis folgt (der Radius des definierenden Viertelkreises ist noch wählbar, Beispiel in Abb. 3.3: Kopie aus einem Katalog für Türgriffe; die in allgemeinbildenden Schulen eingesetzte Software stößt bei der Darstellung schnell an ihre Grenzen, weshalb Abb. 3.3 mit Erlaubnis aus dem Katalog der Firma HOPPE, Modell „Bonn", stammt).

Die Beschreibungen der drei Türgriffe sind bewusst so gehalten, dass man sie (fast) als Konstruktionstext lesen kann. Dabei wurde der Einfachheit halber z. B. auf eine geeignete Anbringung an einer Tür einschließlich eines Öffnungsmechanismus verzichtet. Aus dem geometrisch definierten Modell aus dem Beispiel in Abb. 3.2 ist für eine Herstellung wahrscheinlich eine Gussform mit zwei Hälften herzustellen, wobei die Auslassungen

Abb. 3.2 Türgriff „geometrisch"

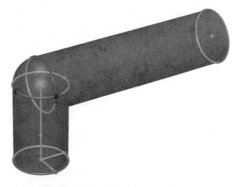

Abb. 3.3 Türgriff „Bonn" der Firma HOPPE

für den Türgriff mit einer CNC-Fräsmaschine zu produzieren wären. Dazu ist ein Steuerungsprogramm zu erzeugen, welches neben der geometrischen Form des Türgriffs die physikalischen Eigenschaften sowohl der Gussform wie auch der in der Maschine eingesetzten Fräswerkzeuge zu berücksichtigen hat. Anders geformte Türgriffe würden andere CNC-Programme erfordern, müssten aber auch solche physikalischen Eigenschaften von Gussform und Werkzeugmaschine berücksichtigen – zum Beispiel müssten Vorgaben für die Fräsgeschwindigkeit gemacht werden. Programme für kompliziertere Formen werden in dieser Simulation insbesondere auf unerwünschte Kollisionen zwischen Werkstück und Maschine hin kontrolliert, um so kostspielige Maschinenverluste zu vermeiden. Bei geeigneten Programmen zum computerunterstützten technischen Zeichnen („CAD-Programmen") lassen sich die beiden Hälften der Gussform zusammenfügen und – als Simulation des Gießvorganges – der so entstehende Hohlkörper, der Türgriff erzeugen. Wir hätten es bei der beschriebenen Herstellungsweise des Türgriffs also mit einer dreifachen Simulation zu tun. Zunächst ist die geometrische Form des Türgriffs zu bestimmen – am besten mit einer Simulation zur optischen Kontrolle des Designs. Es folgt die Erzeugung der inversen Gussformen inkl. der Programmierung für eine CNC-Maschine. Dieses Steuerungsprogramm wird (mindestens bei Großserien-Fertigung) durch eine CNC-Simulation kontrolliert[1]. Dann wird der Gießvorgang zur Gewinnung des Hohlkörpers simuliert. Entsprechend ergeben sich zwei deutlich unterscheidbare Simulationstypen: Geometrische Simulationen zur Erzeugung und Kontrolle der Körperform und eine physikalisch-mechanische Simulation der Produktion mittels der Werkzeugmaschine. Diese Unterscheidung

---

[1] Für Einzelheiten vgl. z. B. die Beschreibung unter https://de.wikipedia.org/wiki/Computerized_Numerical_Control oder http://www.precifast.de/cnc-programmierung-mit-g-code/.

entspricht im Übrigen genau der Unterscheidung von geometrischer und physikalischer Simulation, wie sie beim Einsatz von CNC-Werkzeugmaschinen üblich ist (vgl. Bouhadja und Bey 2014).

3.2   Simulation in beruflichen Kontexten

Am dargestellten Beispiel lassen sich die typischen Merkmale von Simulationen in beruflichen Kontexten erläutern. Zunächst einmal haben wir Tätigkeiten gesehen, die genau die Definition von „Simulation" durch den Verband Deutscher Ingenieure (VDI) erfüllen. Wie eingangs beschrieben, wird bei der Herstellung eines Türgriffs zunächst ein geometrisches Modell des Türgriffs hergestellt, also eine „Nachbildung eines Systems mit seinen dynamischen Prozessen [im Beispiel: der Türgriff, RS] in einem experimentierfähigen Modell [im Beispiel: das geometrische Modell], um zu Erkenntnissen zu gelangen, die auf die Wirklichkeit übertragbar sind" (zitiert nach Dangelmaier und Laroque 2014). An dieser Situation ist die Dopplung der betrachteten Systeme typisch. Ein besser handhabbares Modell ersetzt das Zielmodell, um zu Erkenntnissen zu kommen, die die Herstellung des Türgriffs erleichtern sollen. Der VDI-Definition hinzufügen möchte ich den Hinweis, dass bei dieser ersten Simulation – wie auch im obigen Beispiel – von einigen Eigenheiten des Zielsystems abgesehen wird, zum Beispiel von den Details der Befestigung des Griffs an der Tür und von der Frage, in welchem Material der Türgriff gefertigt werden soll. Lediglich die Form des herzustellenden Gegenstandes wird in der ersten Simulation genauer untersucht (und ist dann fest zu legen). In der Sprache des Modellbildungskreislaufes (vgl. Abb. 3.4) lässt sich dieser Übergang als Weg von der Realsituation zu einem Situationsmodell und Realmodell und dann zum mathematischen Modell beschrieben. Im mathematischen, im geometrischen Modell wird dann die Form des Türgriffs im Wege einer Simulation detailliert und graphisch dargestellt. Es ergeben sich geometrisch-mathematische Resultate, die nun zur Steuerung der Produktion nutzbar gemacht werden sollen. Typisch für eine Simulation ist dabei, dass verschiedene Lösungen durchgespielt werden, deren Konsequenzen in der Produktion, im „Rest der Welt" untersucht werden können.

An diese Simulation schließt sich im Beispiel eine neuerliche Simulation für die Herstellung an. Man könnte sie graphisch als neuen Kreislauf durch den „Rest der Welt" und die Mathematik (in der Grafik rechts vom mathematischen Teil des Kreislaufes) darstellen. Zur Steuerung der Produktionsmaschine wird nämlich nun ein weiteres Modell entwickelt, indem neben der Form auch mechanisch-physikalische Eigenschaften von Werkzeugmaschine und Material zu berücksichtigen sind. Dieses in einer neuen Simulation zu bestimmende Modell enthält zusätzliche geometrische Daten, um die Wege des Werkzeuges festzulegen und zu simulieren. Erst nach erfolgreicher Simulation des Herstellungsprozesses in diesem angereicherten Modell (und wahrscheinlich weiteren Vorbereitungen) wird ein so definierter Türgriff in die Serienproduktion gehen.

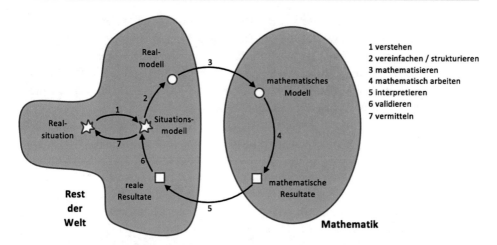

Abb. 3.4 Modellierungskreislauf. (Blum und Leiß 2005)

Schon an diesem Beispiel lassen sich weitere Eigenschaften von Simulationen erläutern, wie sie etwa in dem oben zitierten Eintrag in der „Enzyklopädie der Wirtschaftsinformatik" (VDI 2013, zitiert nach Dangelmaier und Laroque 2014) genannt werden. So ist es nicht immer so einfach wie am Beispiel des Türgriffs, die „notwendige Isomorphie zwischen dem System und dem zu bildenden Modell … zu gewährleisten" (vgl. ebenda). Trotzdem werden in ökonomischen Kontexten – insbesondere bei komplizierteren Realsituationen – Simulationen gerne eingesetzt, weil man sich „erhebliche Kostenvorteile" (ebenda) von einer der Produktion vorausgehenden Simulation erhofft.

3.3 Weitere Beispiele

Bevor allgemeiner auf Simulationen in berufsbezogenen Kontexten eingegangen wird (vgl. Abschn. 3.4), sollen noch weitere typische Beispiele solcher berufsbezogenen Simulationen beschrieben werden.

3.3.1 Technisches Zeichnen

So wie man im Geometrieunterricht die Zeichnung als eine Simulation von Situationen aus der (üblicherweise in der Schule zweidimensionalen euklidischen) Geometrie auffassen kann, kann man das technische Zeichnen als Simulation von Bauteilen oder Baugruppen auffassen, deren Herstellung geplant, angeleitet oder kontrolliert werden sollen. Bei den Zeichnungen der allgemeinbildenden Schule wie auch bei der beruflichen Nutzung von Zeichnungen geht es nämlich nicht nur um die Modellierungen einer einzelnen Situation – und damit um Modellbildung im engeren Sinne, sondern in beiden Fällen ist die Exploration einer Problemsituation im Vordergrund. Dabei wird die Klärung einer geometrischen oder beruflichen Fragestellung mit Hilfe von Zeichnungen angestrebt. Dazu sollen speziell in „einer Technischen Zeichnung … alle Informationen, die zur Herstellung eines Bauteils oder einer ganzen Baugruppe erforderlich sind, zeichnerisch dargestellt sein. Die Darstellung muss dabei eindeutig sein, so dass beim Lesen der Zeichnung keine Unklarheiten auftreten können"[2]. Das Technische Zeichnen stellt also ein Repertoire, ein Zeichensystem bereit, mit dessen Hilfe in einem kostengünstigen Experiment das Zusammenspiel von Bauteilen oder Baugruppen simuliert werden kann. Ein breit zugängliches Beispiel für diese heutzutage in der Regel Rechner-gestützten Systeme sind die Programme zur Planung von Küchen (vgl. z. B. den Küchenplaner unter http://tinyurl.com/Kuechenplaner).

Schon am Beispiel der Simulation einer Kücheneinrichtung kann man weitere Merkmale berufsbezogener Simulationen erfahren. Bei einer oberflächlichen Sichtweise geht es hier um die Nutzung räumlicher Geometrie zur Planung der „Füllung" eines am Beginn der Zeichnung zu definierenden Raumes. Einerseits werden dabei die Sätze der räumlichen euklidischen Geometrie, genauer der deskriptiven Geometrie benutzt, wie sie seit Gaspard Monge ihren Platz in der Wissenschaft Mathematik gefunden haben. Dazu gehören dann Konzepte wie Grund- und Aufriss, verschiedene Projektionsarten und Sichtbarkeitskriterien, wie sie üblicherweise mindestens in deutschen allgemeinbildenden Schulen in der Regel nicht (mehr) unterrichtet werden[3].

Über die Anforderungen der geometrischen Stimmigkeit hinaus erfordern diese Planungsprozesse (von Kücheneinrichtungen ebenso wie solche von kleineren oder größeren Bauteilen und Baugruppen in der Metall-, Elektrotechnik und in baunahen Berufen) in der Regel außer-geometrische Überlegungen mindestens zur einzuhaltenden Maßgenauigkeit, zu zulässigen Toleranzen. Schon bei diesen Überlegungen spielen dann Fragen des Herstellungsmaterials eine zentrale Rolle, weil die Eigenschaften des verwendeten Materials die bei der Herstellung erreichbare Passgenauigkeit bestimmen. Zum Beispiel können Produktionen in Holz nur mit größeren Toleranzen gefertigt werden als solche in Metall. Insbesondere in technischen Zeichnungen im Metallbereich finden sich neben den geometrischen Angaben zu Maßen und Lage im Raum aber noch eine Fülle weiterer Angaben („Codes") zur Bestimmung von Toleranzen, Oberflächengüte und weiteren technischen Vorgaben. Bei der Planung von (Küchen)Einrichtungen werden zusätzlich Farben

---

[2] Die genaue „Begriffsdefinition" dieses Online-Grundkurses zum Technischen Zeichnen: „Ziel des Technischen Zeichnens ist es eine normgerechte Darstellung eines Objektes zu erstellen. Die Zeichnung muss dabei eindeutig sein, damit mir ihrer Hilfe das dargestellte Objekt reproduzierbar ist. Typische Berufsgruppen, die mit technischem Zeichnen zu tun haben sind Ingenieure, Technische Zeichner, Konstrukteure, Architekten, Bauzeichner usw." (vgl. http://www.technisches-zeichnen.net/index.php). Vgl. auch die bündige Beschreibung dieser Tätigkeit in einem Grundkurs zum Technischen Zeichnen: http://www.technisches-zeichnen.net/technisches-zeichnen/grundkurs-01/einfuehrung.php.
[3] Das Angebot von (Wahl)Kursen in Darstellender Geometrie vor allem in süddeutschen Bundesländern und Österreich bildet hier eine Ausnahme, die aber zurzeit noch weiter reduziert wird und möglicherweise bald ganz aus den Lehrplänen deutschsprachiger allgemeinbildender Schulen verschwunden sein wird.

und andere Oberflächeneigenschaften in der Simulation ausprobiert und festgelegt, um eine möglichst detailgetreue Vorstellung von der simulierten Einrichtung eines Raumes zu erhalten.

Insbesondere im Metall- und Elektrobereich findet sich zusätzlich eine besondere Hierarchisierung der Nutzerinnen und Nutzer von Simulationen durch technisches Zeichnen: Simulationen im Sinne einer tastenden Annäherung an einen erwünschten Endzustand sind einer höheren, eher Anweisung gebenden Schicht von Berufstätigen, den „Fachleuten" (oft: den Ingenieurinnen und Ingenieuren) vorbehalten, während die ausführenden bzw. kontrollierenden Berufstätigen die Simulationsergebnisse, die fertigen technischen Zeichnungen nur noch lesen (können) müssen. Didaktisch interessant ist dabei eine in der Didaktik des technischen Zeichnens[4] ungelöste Kontroverse, in der es darum geht, wie man das Lesen von technischen Zeichnungen lernen kann. Der traditionelle Weg ist dabei, das Lesen einer Zeichnung durch das Lernen des Erstellens von Zeichnungen zu lernen, während in neueren Lehrgängen versucht wird, das Verständnis von technischen Zeichnungen direkt durch das Lesen zunehmend komplexerer Zeichnung zu erlernen (vgl. Lipsmeier 1984).

Simulationen durch technische Zeichnung stützen sich heutzutage wesentlich auf ein Hilfsmittel, nämlich auf Rechner und Software zur Erstellung technischer Zeichnung („Computer Assisted Design – CAD"). Beim Übergang von traditionellem, händischem Zeichnen zu CAD werden dann weitere Prozesse deutlich, wie sie mit dem Einsatz dieses neuen Arbeitsmittels verbunden sind. Während das traditionelle Zeichnen auf der Ebene der Zeichnungen im Wesentlichen nur die Umrisse der zeichnerisch simulierten Gegenstände abbilden konnte, also in der Zeichnung nur ein Kantenmodell entstehen konnte und Nutzerinnen und Nutzer der Zeichnung räumliches Vorstellungsvermögen einsetzen musste, um zu einem für die Herstellung und Kontrolle notwendigen Volumenmodell zu kommen, werden in neueren und entwickelteren CAD-Programmen direkt Volumenmodelle erzeugt, die im traditionellen technischen Zeichnen unzugänglich waren. Traditionell blieb für eine Simulation von verschiedenen Volumenmodellen zu Simulationszwecken nur der (z. B. im Architekturwesen durchaus übliche) Modellbau. Solche Volumenmodelle ermöglichen dann auch oft die umstandslose und variable Erzeugung verschiedener Ansichtsarten und Perspektiven auf ein Werkstück – ein Prozess, der im traditionellen technischen Zeichnen zeitaufwändig war und nur in besonderen Fällen auch durchgeführt wurde (vgl. die unterschiedlichen Darstellungen zur Planung eines Hausbaus mit Grundrissen der verschiedenen Stockwerke und in der Regel mehreren Ansichten als Aufriss in Parallelprojektion). Schon an der oben genannten Software zu Kücheneinrichtungen lässt sich erfahren, wie einfach bei CAD-Simulationen solche Variationen von Darstellungen und Blickwinkeln auf eine räumliche Situation möglich werden.

---

[4] Die Habilitationsschrift von Lipsmeier (1971) analysiert die Entwicklung dieser Fachdidaktik, Lipsmeier (1984) stellt den Zusammenhang zu einer Didaktik der Mathematik in beruflichen Schulen her. Für eine Darstellung dieser Fachdidaktik vgl. Autorenkollektiv (1977).

Gerade die einfache Variation von Ansichten und Darstellungsweisen von Werkstücken verweist noch auf eine weitere Eigenheit Mathematik-gestützter berufsbezogener Simulationen. Die aus der deskriptiven Geometrie in der Folge von Gaspard Monge stammende Mathematik zur Ausführung solcher Wechsel von Ansichten und Darstellungsweisen verschwindet nämlich in entwickelten CAD-Programmen völlig aus der Wahrnehmung der Nutzerinnen und Nutzer. Wenn im üblicherweise unsichtbaren Rechenmodul eines solchen Programms die Drehung eines Werkstückes über eine entsprechende Transformationsmatrix berechnet wird, so muss die Facharbeiterin/der Facharbeiter davon nichts wissen. Auch die Algorithmen zur Bestimmung von (nicht) sichtbaren Kanten bleiben der Wahrnehmung der/s Benutzenden der Software verborgen. Es handelt sich hier um ein geradezu klassisches Beispiel des allmählichen Verschwindens der Mathematik aus der Wahrnehmung (für eine Beschreibung dieses Prozesses am Beispiel des Wiegens und der Preisfindung für eine Verkaufsware vgl. Sträßer 1999; ausführlicher in englischer Sprache: Straesser 2002). Mathematik, insbesondere Geometrie wird hier der Wahrnehmung der Nutzerinnen und Nutzer entzogen, indem sie in eine „black box" verpackt wird, die in der Regel nicht mehr geöffnet wird und nur noch – wenn überhaupt bei der Entwicklung der CAD-Software zugänglich ist (etwas ausführlicher und allgemeiner zum Verschwinden der Mathematik in schwarzen Kästen in beruflichen Kontexten vgl. auch Damlamian u. a. 2013, S. 449 f.; für eine allgemeine Erläuterung des Begriffes „black box" vgl. Winkler 2014).

3.3.2 Kaufmännisches Rechnen und Mathematik der Banken

Die bisher angeführten Beispiele könnten den Anschein erwecken, dass nur ein Teilgebiet der Mathematik, nämlich die Geometrie bei berufsbezogenen Simulationen genutzt wird. Die kaufmännisch-verwaltenden Berufe und die Volks- und Betriebswirtschaftslehre zeigen dagegen eine Fülle von Beispielen zur Nutzung arithmetisch-algebraischer Aussagen und Gesetzmäßigkeiten. Für den kaufmännisch-verwaltenden Bereich gilt allerdings ein Unterschied zu technischen Berufsfeldern: Während in letzteren beruflichen Kontexten die Mathematik meist die Geometrie eingesetzt wird, um die *Herstellung* bestimmter Gegenstände zu planen, (oft durch Visualisierung) vorzubereiten und zu kontrollieren, *erschaffen* die arithmetisch-algebraischen Simulationen in kaufmännisch-verwaltenden Berufen oft erst diese Wirklichkeiten. Zumindest sind sie von Gesetzen der Naturwissenschaften unabhängiger als die Simulationen im technischen Bereich.

Am elementaren Beispiel des Zinses lässt sich diese Aussage gut verdeutlichen: Mit den Wirtschaftswissenschaften lässt sich der Zins auf erspartes bzw. geliehenes Geld inhaltlich deuten als der Preis für die meist zeitlich begrenzte Überlassung von Geld an Geschäftspartner oder -partnerinnen – seien es die Banken im Falle des Sparens, Privatleute im Falle des Kredites oder einer Hypothek, oder Firmen im Falle des Kreditrahmens von Banken zur Überbrückung von Cashflow-Engpässen oder zur Finanzierung von Investitionen[5]. Im Gegensatz zu islamischer Lehre[6] wird in der bei uns herrschenden Wirtschaftsform der Preis der Geldüberlassung kurzfristig als linear zum Zeitraum der Überlassung und der Höhe des überlassenen Geldbetrages definiert, sodass die klassische Zinsformel

$$\text{Zinsbetrag} = \text{Kapital} \times \text{Jahre} \times \text{Zinssatz}/100$$

entsteht. Die Linearität dieser Berechnung ist dabei die mathematisch einfachste Form einer Preisbestimmung; das Konzept des Zinseszinses zeigt sofort an, dass auch andere Modellierungen des Preises für die Geldüberlassung denkbar sind. Das islamische Zinsverbot indiziert mindestens die Beliebigkeit dieser Modellannahme. Jeder Rückzahlungsplan einer Hypothek/eines Sachdarlehens kann dann als eine Simulation des zeitlichen Verlaufes einer solchen Geldüberlassung gelesen werden, auch wenn in der Regel die strikte Linearitätsannahme noch durch feste (Bearbeitungs-)Gebühren und Abgaben verletzt wird. Die heutzutage üblichen Preisvergleiche sind auch nichts Anderes als Simulationen von Kaufakten, die dann nicht nur die Höhe des Preises, also eine arithmetisch-mathematische Größe in Betracht ziehen, sondern von der Käuferin/vom Käufer in der Regel auch unter Gebrauchswertaspekten (wie Haltbarkeit, Reparaturfreundlichkeit, Wiederverkaufswert und dergleichen) zu bewerten sind.

Eine solche Linearitätsannahme ist als grundlegende Basis der kaufmännischen Simulationen übrigens weit verbreitet. Auch Warenpreise werden (in kleineren Intervallen von Mengenangaben) in der Regel linear bestimmt. Für einige Steuern wie die Mehrwertsteuer gilt die Linearitätsannahme nach Festsetzung des Warenkorbes für einen Steuersatz sogar strikt. Lohn- und Einkommensteuer werden dagegen meist nur in Teilintervallen des zu besteuernden Geldbetrages als linear angenommen – und die politische Diskussion um die Gestaltung des Lohn- und Einkommensteuertarifes zeigt überdeutlich die logische Beliebigkeit des jeweiligen Tarifes an.

Neben den formelmäßigen Kriterien spielen im Übrigen bei der Preisgestaltung auch noch psychologische Gesichtspunkte eine Rolle. Das bekannteste Beispiel ist hier die verbreitete Praxis, Preise gerade noch unter einem psychologisch bedeutsamen Wert zu halten. Insbesondere bei abgepackter Ware wird die Linearitätsannahme gerne verletzt, um Preise nach Art von 1,99 € oder 498 € für eine Ware zu verlangen. Angeblich erniedrigt unsere psychische Ausstattung bei solcher Preisgestaltung unter bestimmten „glatten" Werten die Hemmschwelle beim Warenkauf.

---

[5] Für dieses in der gegenwärtig verbreitetsten Wirtschaftsform übliche Verständnis des Zinses vgl. z. B. das „Wirtschaftslexikon" online unter http://tinyurl.com/Geldueberlassung: „Unter Zinsen versteht man Preise, die ein Debitor dafür bezahlt, dass ihm ein Kreditor für einen befristeten Zeitraum Geld überlässt. Rechtliche Grundlage aller Zinsen ist ein Vertrag oder ein Gesetz. Wie hoch die Zinsen ausfallen, hängt von Angebot und Nachfrage der Marktwirtschaft ab. Wie hoch die gesetzlich bestimmten Zinsen sind, kann vom Gesetzgeber festgelegt werden."

[6] Aus dem Handbuch für den neuen Muslim, deutsche Fassung: „Zins ist eine im Islam streng verbotene Form des Handels, da es ein Instrument der Unterdrückung und Ausnutzung ist und zudem Schaden verursacht." (vgl. http://tinyurl.com/Muslimzins).

Andererseits ist die in der Bundesrepublik übliche Gestaltung der Einkommenssteuer sozialpolitischen Vorentscheidungen geschuldet. Personen mit niedrigem Einkommen sollen steuerlich weniger belastet werden als solche mit höherem Einkommen, wobei das Verfassungsgericht im Jahr 1955 eine Obergrenze der Steuerbelastung bei der Hälfte des Einkommens festgeschrieben hat („Halbteilungsgrundsatz"). Diese Beispiele zeigen deutlich, wie die Annahmen des jeweiligen Modells und darauf beruhenden Simulationen von außer-mathematischen Gesichtspunkten gesteuert werden, um schließlich den entsprechenden Sachverhalt festzulegen.

Der grundlegende Text von Noss und Hoyles (1996) weist auf einen weiteren Aspekt der Nutzung von Mathematik bei kaufmännischen Simulationen, im vorliegenden Fall der Simulation im Bankwesen (vgl. schon im Titel: „Mathematics of Banking"). Nicht zuletzt wegen der verbreiteten Nutzung von Computer-Technologie im Bankwesen verschwindet die Mathematik, die den Prozessen des Bankgeschäftes unterliegt, völlig von der Wahrnehmung ihrer Nutzerinnen und Nutzer, den Bankkaufleuten („Yet these models were almost entirely hidden from view. Understanding and reshaping them was the preserve of the rocket scientists"; vgl. a. a. O., S. 17). Es bestätigt sich in aller Deutlichkeit die bereits angesprochene Hierarchisierung in der Nutzung bzw. Veränderung der Simulationen mit Hilfe der Mathematik. Das Projekt der englischen Kolleginnen und Kollegen zeigt aber noch eine weitere Möglichkeit des Computer-Einsatzes bei solchen berufsbezogenen Simulationen: Dieselbe Technologie, die die Mathematik zum Verschwinden bringt, kann eingesetzt werden, um den NutzerInnen diese Mathematik wieder zugänglich und verständlich zu machen. Noss & Hoyles und ihre Arbeitsgruppe haben etwa in Programmen die Auswirkungen zeitlich verschieden gestaffelter Abrechnungen (täglich, wöchentlich, monatlich, jährlich) einer Verzinsung simuliert, wie sie sich auf eine fixe Geldsumme über die Zeit ergeben (vgl. Noss und Hoyles 1996, S. 19 ff.). Solche Schulungsprogramme zur Simulation der Praktiken in der englischen Großbank konnten den Angestellten die verborgenen Prozesse wieder vor Augen führen; „[T]he mathematical and banking ideas came to be woven together to produce a powerful synergy, making both the mathematics and the structures of banking practices more visible" (Noss und Hoyles 1996, S. 29). Neue Technologien führen also nicht notwendigerweise zum Verschwinden der Mathematik aus der Wahrnehmung ihrer NutzerInnen, sondern können durch gezielte Simulation der Berufspraktiken deren mathematischen Hintergrund wieder sichtbar machen.

3.3.3 Makro-ökonomische (Kreislauf)Modelle

Im kaufmännisch-verwaltenden Bereich sind allerdings nicht nur solche lokalen Simulationen verbreitet, die sich leicht mit einer Tabellenkalkulation durchführen lassen. In der Bundesrepublik Deutschland wandelte sich die Volkswirtschaftslehre nach dem Krieg von einer eher hermeneutisch vorgehenden Wissenschaft zu einer rechnenden Wissenschaft. Die Ökonometrie wurde in der Wissenschaftsdisziplin Volkswirtschaftslehre immer wichtiger – entsprechend wuchs die Bedeutung der Mathematik als Hilfswissenschaft. Am

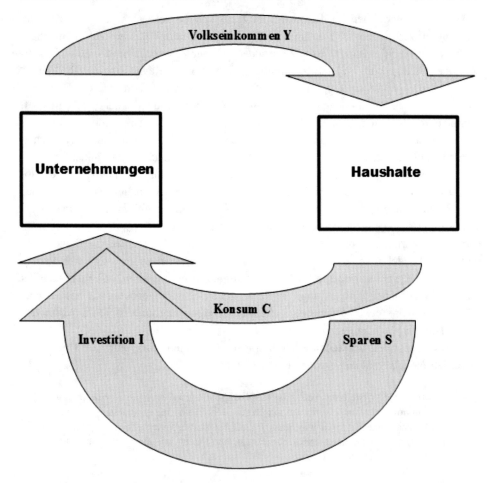

Abb. 3.5 Einfacher statischer Wirtschaftskreislauf

deutlichsten wurde diese Entwicklung auch in der Folge des Versuches, die Volkswirtschaft unter Einsatz Keynesianischer Konzepte zu steuern und dazu Rechenmodelle für die Simulation wirtschaftlicher Entwicklungen zu schaffen (siehe die nachfolgenden Erläuterungen). Die Finanzmathematik (als Teilgebiet der Wissenschaftsdisziplin Mathematik) beschäftigt sich mit der mathematischen Fundierung solcher volkswirtschaftlichen Modelle und Simulationen ökonomischer Prozesse.

In vereinfachten statischen Modellen des volkswirtschaftlichen Kreislaufes (vgl. Abb. 3.5) wird z. B. von der Existenz des Staates und des Außenhandels abstrahiert, es werden nur zwei volkswirtschaftliche Akteure, nämlich die Unternehmen (Produzenten) und die Haushalte (Konsumenten) – und zwar zunächst als einheitlicher „Sektor" – berücksichtigt. Außerdem beziehen sich solche Modelle zunächst nur auf die Geldströme, nicht auf die Warenströme.

Das Volkseinkommen (in der Regel mit Y bezeichnet) setzt sich dann aus Konsum („C") und Investitionen („I") zusammen. Die Volkswirtschaft befindet sich im Gleichgewicht, wenn die Gleichung $Y = C + I$ gilt, oder (mit der Zusatzannahme, dass nicht konsumiertes Geld gespart wird – Bezeichnung: „S"), wenn die „Keynesianische Gleichung" $I = S$ gilt, also gerade so viel von den Unternehmen investiert wird, wie die Haushalte sparen. Man sieht unmittelbar, dass dieses höchst einfache Modell einer Volkswirtschaft schnell durch die Hinzufügung weiterer Variablen (sic!!) wie Staatstätigkeit, den Bankensektor im Gegensatz zum Waren produzierenden Sektor oder Außenhandel angereichert werden kann. Außerdem ist die in der Gleichung gesetzte Gleichgewichtsannahme in der Realität nun selten erfüllt, sodass das bisher statische Modell durch ein dynamisches Modell des wirtschaftlichen Kreislaufes erweitert werden kann, indem die jeweiligen Größen mit einem Zeitindex (in der Regel: „t") versehen werden. In einer einfachen Form entsteht so etwa im Gleichgewicht eine Gleichung der Form $Y(t) = C(t) + I(t)$, die für einen „vollständigen" Wirtschaftskreislauf wiederum um Akteure wie den Staat, die Banken und den Außenhandel erweitert werden muss. Annahmen etwa über den zeitlichen Verlauf oder die Höhe einer konstanten Sparquote s[7] führen dann zu weiteren Simulationen der volkswirtschaftlichen Entwicklung, wie sie vor allem seit dem Siegeszug Keynesianischer Wirtschaftstheorie etwa ab den 60er Jahren des vorigen Jahrhunderts in der Volkswirtschaftslehre in Mode kamen.

Die Konrad-Adenauer-Stiftung beschreibt solche Simulationen unter der Überschrift „Kreislaufmodelle und ihre Bestandteile" wie folgt:

> Typisch für diese Darstellungsweisen ist die Knüpfung eines *Netzes aus Kreislaufpolen*, also aus funktionellen Transaktoren (in der Regel Märkte) und institutionellen Transaktoren (volkswirtschaftliche Sektoren wie Staat, private Haushalte, Unternehmen, gegebenenfalls Ausland). Diese Pole werden durch Kreislaufströme (Transaktionen) verbunden. Bekannt sind dafür vier Darstellungsformen:
>
> 1. Flussdiagramm- oder Graphendarstellung,
> 2. Matrix- oder Tabellendarstellung,
> 3. Gleichungsdarstellung (Budgetgleichungen der Transaktoren),
> 4. Kontendarstellung.
>
> Auf der Grundlage von (3.) werden die makroökonomischen Modelle der Wirtschaftstheorie erstellt; die statistischen Zentralämter der Welt arbeiten hauptsächlich mit (4.). Orientierung bildet dabei ein (in der Theorie mögliches oder in Buchungssystemen definitorisch gesichertes) *Kreislaufgleichgewicht*: Es herrscht, wenn bei jedem Transaktor (tatsächlich, ex post) die Summe der Zugänge mit der Summe der Abgänge pro Periode übereinstimmt, so dass sich keine positiven oder negativen Geldvermögensänderungen ergeben. Diese Art von *Strömesynchronität* wird in Systeme volkswirtschaftlicher Gesamtrechnung definitorisch eingebaut. Normal im praktischen Wirtschaftsleben sind jedoch Kreislauf-Ungleichgewichte

---

[7] Hier wird das Sparen S als proportional zum Volkseinkommen Y angesetzt, also von einer Gleichung $S = s \cdot Y$ ausgegangen. „s" wird dann als Sparquote bezeichnet.

und Geldvermögensänderungen. *Kreislauf-Ungleichgewichte* führen Periode für Periode zu *Beständeänderungen* (an Forderungen und Verbindlichkeiten).[8]

Für die Kreislaufsimulationen sind dann insbesondere die Matrix- oder Tabellendarstellung und die Gleichungsdarstellung geeignet. Hervorzuheben ist noch das „definitorisch gesicherte Kreislaufgleichgewicht", womit die zentrale Annahme „neo-klassischer" Simulationen gekennzeichnet ist – eine mathematisch formulierte Annahme, die solche Simulationen deutlich erleichtert.

Umgekehrt haben solche Simulationen selbst die genauere Untersuchung „mathematischer" Probleme initiiert. Volkswirtschaftliche Fragestellungen dieser Art führen direkt in die Simulation von Sektorenmodellen und deren Verflechtungen, die sich in einfachen Fällen durch „Gozinto-Graphen", in umfänglicheren Fällen nur mit Hilfe des Matrizenkalküls auf Verflechtungsmatrizen bearbeiten lassen. Eine knappe, aber höchst informative Darstellung hierzu findet sich schon in Tietze und Schroth (2000, S. 45 ff.). Meines Wissens haben Konzepte wie Gozinto-Graphen und Verflechtungsmatrizen immer noch nicht Eingang in den üblichen gymnasialen Oberstufenunterricht gefunden, obwohl sie gut geeignet wären, etwa in den Kursen zur Linearen Analysis und Analytischen Geometrie mehr algebraische Betrachtungsweisen und Vektorräume höherer Dimension als 3 zu bearbeiten. Schon Tietze und Schroth (2000, ebenda) zeigen, wie hier Entscheidungs- und Optimierungsprobleme der Betriebswirtschafts- und Volkswirtschaftslehre simuliert werden können, die dann in ökonomischen Kontexten unter solchen Chiffren wie Leontief-Modelle, Gozinto-Graphen und Warteschlangenprobleme (mit Hilfe von Markoff-Ketten) verhandelt werden (können). Analoge Fragen zu dynamischen linearen Systemen lassen sich auch im Kontext von Untersuchungen zur Populationsdynamik (etwa in der Biologie) behandeln.

Für den Alltag haben die oben beschriebenen volkswirtschaftlichen Simulationen des Wirtschaftskreislaufs massive Auswirkungen, weil solche Simulationen den Prognosen der Wirtschaftswissenschaftsinstitute und der Bundesregierung zugrunde liegen – natürlich mit komplizierteren Annahmen als oben in Gleichungen gefasst und hoffentlich realistischen Parametern aus der Volkswirtschaft. Aus diesen Simulationen können sich dann weitreichende Konsequenzen für die Haushaltsplanung, für die Gestaltung von Sozialleistungen, aber auch für Investitionen des staatlichen wie privaten und unternehmerischen Sektors ergeben.

3.4   Rolle der Mathematik und Wirkungen der Simulation

Schaut man zurück auf das bisher Gesagte, so ist vor allem hervorzuheben, dass sich Simulationen (auch) in berufsbezogenen Kontexten sehr gut in die Vorstellungen zur Mathematik im Modellierungskreislauf einordnen lassen. Vereinfacht formuliert sind Simu-

---

[8] Vgl. http://www.kas.de/wf/de/71.12985/.

lationen vor allem das oft auf Mathematik-gestützte Spiel mit verschiedenen Annahmen eines Kreislaufes von Modellierungen. Allerdings verdeckt die verbreitete Fassung des Modellierungskreislaufes eine wesentliche Tatsache berufsbezogener Simulationen: Solche Simulationen beziehen in der Regel schon im allerersten mathematischen Modell außer-mathematisches Wissen mit ein – oft durch die Vereinfachungen im „Realmodell". Modelle, die vollständig der „reinen" Mathematik zugerechnet werden können, bilden in berufsbezogenen Kontexten die Ausnahme. Das lässt sich schon daran ablesen, dass die in den Simulationen vorkommenden „Variablen" in der Regel Größen, also „benannte Zahlen" mit mindestens geometrischen, wenn nicht physikalischen oder ökonomischen Einheitenbezeichnungen sind. Schon im Text von Sträßer (1981) werden Möglichkeiten und Schwierigkeiten für den Umgang mit benannten Zahlen im Mathematikunterricht beschrieben, die bis heute kaum im Unterricht allgemeinbildender Schulen berücksichtigt werden. Dort ist Mathematikunterricht weiterhin meist Unterricht mit unbenannten, dimensionslosen Zahlen – und damit verbunden eine Isolierung der Mathematik vom „Rest der Welt" (vgl. schon der Hinweis auf die Unterscheidung von Mathematik und „Rest der Welt" in dem grundlegenden Gutachten von Pollak 1979 mit dem Titel „The interaction between mathematics and other school subjects").

Außer-mathematisches Wissen in solchen berufsbezogenen Simulationen mag für den Anwendungszweck in der Regel erleichternd wirken, weil der Lösungsraum so kleiner wird. Unter dem Blickwinkel des Unterrichtens von Mathematik insbesondere aus der Perspektive einer Lehrkraft impliziert dieser wesentliche Einfluss außer-mathematischen Wissens auf die Lösung die erhöhte Anforderung an die Lehrkraft, auch über dieses außer-mathematische Wissen zu verfügen oder es sonst auf irgendeine Weise verfügbar zu machen. Interessanterweise geschieht das in berufsbezogenen (Aus)Bildungsprozessen oft dadurch, dass die Lernenden über solches berufsbezogene, fachspezifische Wissen verfügen und so die Rolle des außer-mathematischen Experten übernehmen können. Allerdings ist auch im Unterricht allgemeinbildender Schulen die Authentifizierung von Ausschnitten des „Restes der Welt" von hervorragender Bedeutung, damit eine Simulation nicht als beliebiges Glasperlenspiel zur besseren Vermittlung von Mathematik angesehen wird (vgl. Vos 2015 zur Notwendigkeit der Zertifizierung – i. O.: „certification"- als Voraussetzung für Authentizität).

Zunächst einmal als Beschreibung soll noch eine andere Eigenschaft berufsbezogener Simulationen herausgestellt werden. Insbesondere am Beispiel der Türgriffsimulation wie auch der Simulation für Banken wurde deutlich, dass die Simulationen in beruflichen Kontexten einer deutlichen Hierarchisierung unterliegen. Der geometrische Anteil der Definition des Werkstückes ist dem Designer vorbehalten. Der Facharbeiter muss dann die Konsequenzen für die Herstellung des Werkstückes ziehen. Oder im Fall der Simulation für die Banken: Die Spezialisten für Software-Entwicklung definieren die Programme, während der einfache Bankangestellte diese Programme oft ohne Verständnis für den mathematischen Hintergrund einsetzt, ja oftmals nicht einmal den finanztechnischen Hintergrund durchschaut. So verschwindet die Mathematik auf niedriger Stufe der Berufshierarchie vollständig von der Wahrnehmung der Nutzerinnen und Nutzer. Die immer wieder enttäuschenden Ergebnisse von Befragungen nach der Mathematik-Nutzung am Arbeitsplatz (vgl. z. B. Duchhardt und Vollstedt 2016) werden so verständlich. Erst ab einer bestimmten Stufe der Betriebshierarchie (oder in kleinen Betrieben mit einer strukturell „flachen" Hierarchie) bemerken die Arbeitenden, dass sie Mathematik womöglich täglich benutzen. Insofern sind die Ergebnisse von Duchhardt & Vollstedt aus der Re-Analyse der PIAAC-Daten[9] keineswegs überraschend. Sie können nämlich zeigen, dass bei niedrigerer Berufsqualifikation der Anteil derer zunimmt, die angeben, im Beruf und Alltag keine Mathematik zu benutzen (vgl. Duchhardt und Vollstedt 2016[10]).

Vor allem die im Abschn. 3.3 gezeigten Beispiele kann man aber auch lesen als einen Hinweis darauf, dass man dieses Ergebnis nicht als Beleg dafür nehmen sollte, dass auf den „unteren" Stufen der beruflichen Hierarchie kaum Mathematik benutzt wird. Vor allem die kaufmännischen Beispiele in Abschn. 3.2 und 3.3 zeigen, wie Mathematik in schwarzen Kästen verschwindet („black boxing"), also von ihren NutzerInnen nicht mehr als solche wahrgenommen wird. Die unhinterfragte Bedienung von Algorithmen, die sich zum Teil wesentlich auf Mathematik gründen, wird dann nicht mehr als Mathematik-Nutzung erkannt. Lediglich die Entscheider über solche Verfahren und – heutzutage oft – die Hersteller der entsprechenden Software bemerken, dass Mathematik wesentliches Werkzeug solcher Simulationen ist.

Zum allgemeinbildenden Mathematikunterricht wird der Einsatz von digitaler Technologie wie Computern oder Taschenrechnern immer wieder unter dem negativen Vorzeichen diskutiert, dass die Nutzung dieser Technologien zum Verlernen elementarer Rechenfertigkeiten führt. In der Studie zur Mathematik im Bankwesen von Noss und Hoyles (1996) war aber noch eine andere Funktion des Technik-Einsatzes zu sehen. Dieselbe Technologie, die das Verschwinden der Mathematik in schwarzen Kästen erleichtert, kann bei geeigneten Programmen dazu genutzt werden, solche schwarzen Kästen transparenter zu machen und das Verständnis der zugrundeliegenden Algorithmen zu unterstützen. Am

---

[9] PIAAC ist das auf Erwachsene bezogene Äquivalent zu den PISA-Studien. Hinter der Abkürzung verbirgt sich das von der OECD durchgeführte **P**rogramme for the **I**nternational **A**ssessment of **A**dult **C**ompetencies mit folgender Beschreibung durch das in Deutschland verantwortliche Projektbüro: „PIAAC ist eine Studie der Organisation für wirtschaftliche Zusammenarbeit und Entwicklung (OECD), welche zum Ziel hat, Kompetenzen Erwachsener im internationalen Vergleich zu untersuchen" (vgl. http://www.gesis.org/piaac/piaac-home/). Genauer sollen im Projekt die wesentlichen kognitiven und Arbeitsplatz-bezogenen Fähigkeiten untersucht werden, die Individuen brauchen, damit sie am Gesellschaftsleben teilnehmen können und die Volkswirtschaften prosperieren können („It measures the key cognitive and workplace skills needed for individuals to participate in society and for economies to prosper" – so die offizielle Projektkurzbeschreibung auf https://www.oecd.org/site/piaac/surveyofadultskills.htm).

[10] „Eine erste deskriptive Analyse zeigt, dass die *All Zero*-Kategorie der Nutzung von Mathematik im Beruf besonders bei Personen mit niedrigem Bildungsstand (59,1 % der Personen mit ISCED 1; im Vergleich nur 3,8 % der Personen mit ISCED 5A/6) und niedriger Berufsklassifikation (73,5 % der Personen mit elementaren Berufen; im Vergleich nur 5,6 % der Personen mit qualifizierten Berufen) verbreitet ist." Anm. RS: Die „*All Zero*-Kategorie der Nutzung von Mathematik im Beruf" umfasst die Befragten, „die auf alle Fragen der entsprechenden Skala mit ‚Nie' antworteten" (beide Zitate aus Duchhardt und Vollstedt 2016).

Beispiel der üblichen Simulation komplexer Programme für CNC-Maschinen lässt sich auch im Bereich der (Metall)Technik die ambivalente Rolle der digitalen Technik zeigen. Hier wird dann visuell kontrolliert, ob die programmierten Bewegungen des Werkzeuges gegenüber dem zu bearbeitenden Rohling physikalisch möglich sind – vor allem zur Vermeidung von Kollisionen, die oft mit dem Verlust des Rohlings und des eingesetzten Werkzeuges, im schlimmsten Fall aber mit dem Verlust der CNC-Maschine einhergehen können. Auch gröbere Programmierfehler – wie Programme, die unerwünschte Ergebnisse herstellen – können so entdeckt und vermieden werden. Inzwischen gibt es eine Fülle von Programmen, die insbesondere diese geometrischen Aspekte der Steuerung von CNC-Maschinen simulieren.[11] Wie am Beispiel der Studie von Noss und Hoyles (1996) ersichtlich wird, öffnet sich hier ein weites Feld für die berufliche Fort- und Weiterbildung.

3.5   Schluss

Zum Schluss sollen noch zwei Erkenntnisse aus dem bisher Gesagten hervorgehoben werden. Zum einen ist zu betonen, dass bei berufsbezogenen Simulationen die Mathematik immer nur Dienerin zu außer-mathematischen Zwecken ist. Im Gegensatz zu Simulationen in der didaktischen Diskussion zum Unterricht in allgemeinbildenden Schulen dienen berufsbezogene Simulationen nicht dazu, eine bestimmte Mathematik oder das Modellieren zu lehren oder lernen. Die beruflichen Zwecke bestimmen und kontrollieren die jeweilige Simulation. Ein Kriterium für die Beendigung einer Simulation liegt in der Qualität der gewonnenen Antwort auf eine Frage aus dem „Rest der Welt", bei berufsbezogenen Simulationen aus der Arbeits- und Berufswelt.

Diese Zweckbestimmung, diese dominierende Rolle des „Restes der Welt" hat andererseits zur Folge, dass berufsbezogenen Simulationen für sich nicht unter dem Interesse ihrer Verallgemeinerung angestellt werden. Der Nachweis, dass eine bestimmte mathematische Aussage (zum Beispiel eine Linearitätsannahme bzgl. des Zinses) auch in anderen Modell-Situationen hilfreich sein kann (zum Beispiel zur Beschreibung eines bestimmten Typs vom Wachstum in biologischen Kontexten), tritt hinter dem Interesse an dem simulierten Kontext zurück.

Die Feststellung der Kontextgebundenheit berufsbezogener Simulationen hat für deren Nutzung im Unterricht allgemeinbildender Schulen eine begrenzende Funktion. Entweder man erhält die Kontextgebundenheit einer bestimmten Simulation (zum Beispiel bei der Simulation volkswirtschaftlicher Kreisläufe im gymnasialen Oberstufen-Unterricht zur Linearen Algebra), dann erhält man damit zwar auch die Authentizität dieser Simulation, verliert aber wahrscheinlich das Interesse einer gewissen Anzahl, wenn nicht der Mehrzahl der Lernenden, mindestens derjenigen, die sich vor allem für technische Fragen interessieren. Berufsbezogene Simulationen sind nun einmal in sich nicht allgemeinbil-

---

[11] Als Beleg lasse betrachte man nur die Ergebnisse einer Internet-Suche mit den Stichwörtern „CNC", „Maschine" und „Simulation".

dend. Es bedarf besonderer curricularer Anstrengungen, um aus einer berufsbezogenen Simulation, die durch Ansprüche des „Restes der Welt" gesteuert ist, eine für die Allgemeinbildung bedeutsame mathematische Simulation zu machen. Dies geschieht in der Regel durch eine stärkere didaktische Transposition für die Zwecke des Lehrens und Lernens, zum Beispiel durch Hervorhebung des solchen Simulationen zugrundeliegenden Matrizenkalküls. Hier wird die ursprünglich berufsbezogene Simulation für allgemeinbildende Zwecke gebraucht, verliert aber deutlich an Authentizität und Relevanz für die ökonomische, allgemeiner: gesellschaftliche Wirklichkeit.

Danksagung

Maike Vollstedt wie den Herausgebern Gilbert Grefrath und Stefan Siller danke ich für wertvolle und konstruktive Hinweise zu Vorfassungen dieses Textes. Verbliebene Fehler habe ich allein zu verantworten.

Literatur

Autorenkollektiv unter der Leitung von Wilfried Lange und Günter Nitschke (1977). *Methodik Einführung in Die Sozialistische Produktion Und Technisches Zeichnen*. Berlin: VEB Volk und Wissen.

Blum, W., & Leiß, D. (2005). Modellieren im Unterricht mit der ‚Tanken'-Aufgabe. *mathematik lehren, 128/2005*, 18–21.

Bouhadja, K., & Bey, M. (2014). *Classification of Simulation Methods in Machining on Multi-axis Machines*. World Congress on Engineering 2014 (WCE 2014), London. Bd. II.

Damlamian, A. et al. (2013). Conclusion on Educational Interfaces between Mathematics and Industry. Educational Interfaces between Mathematics and Industry (EIMI). In A. Damlamian, J.-F. Rodrigues & R. Sträßer (Hrsg.), *Report on an ICMI-ICIAM Study* (S. 447–452). Cham, Heidelberg, New York, Dordrecht, London: Springer.

Dangelmaier, W., & Laroque, C. (2014). Simulation. In: N. Gronau, J. Becker, K. Kurbel, E. Sinz & L. Suhl. Potsdam (Hrsg.). Enzyklopädie der Wirtschaftsinformatik. Online-Lexikon., © 2008–2014, Lehrstuhl für Wirtschaftsinformatik und Electronic Government, Universität Potsdam. http://www.enzyklopaedie-der-wirtschaftsinformatik.de/lexikon/technologien-methoden/Operations-Research/Simulation/. Zugegriffen: 30. Okt. 2016.

Duchhardt, C., & Vollstedt, M. (2016). *Die Rolle von Selbstberichten zur Nutzung von Mathematik im Beruf*. 50. Jahrestagung der Gesellschaft für Didaktik der Mathematik, Heidelberg. Erscheint in „Beiträge zum Mathematikunterricht 2016"

Linke, K. W. (1989). *Informationstechnik an beruflichen Schulen. Einführung in die CNC Programmierung nach DIN 66025*. Tübingen: Deutsches Institut für Fernstudien.

Lipsmeier, A. (1971). *Technik und Schule: die Ausformung des Berufsschulcurriculums unter dem Einfluß der Technik als Geschichte des Unterrichts im technischen Zeichnen*. Wiesbaden: Steiner.

Lipsmeier, A. (1984). Didaktische und methodische Grundprobleme des Unterrichts im technischen Zeichnen unter besonderer Berücksichtigung neuer Technologien. In R. Sträßer (Hrsg.), *Bausteine zu einer Didaktik der Mathematik für Berufsschulen*. Materialien und Studien des IDM, (Bd. 34, S. 70–96). Bielefeld: IDM.

Noss, R., & Hoyles, C. (1996). The visibility of meanings: modelling the mathematics of banking. *International Journal of Computers for Mathematical Learning, 1*(1), 3–31.

Pollak, H. O. (1979). *The interaction between mathematics and other school subjects.* New Trends in Mathematics Teaching. International Commission on Mathematics Instruction (ICMI), Paris. Bd. 4 (S. 232–248). United Nations Educational, Scientific and Cultural Organisation (UNESCO).

Sträßer, R. (1981). Gleichungslehre in der Berufsschule. *mathematica didactica, 4*, 105–113.

Sträßer, R. (1999). Über das allmähliche Verschwinden der Mathematik aus der gesellschaftlichen Wahrnehmung. In K.-P. Müller (Hrsg.), *Beiträge zum Mathematikunterricht 1999.* Vorträge auf der 33. Tagung für Didaktik der Mathematik, Bern, 1.–5. März 1999. (S. 528–531). Hildesheim, Berlin: Franzbecker.

Straesser, R. (2002). On the disappearance of Mathematics from society's perception. Developments in Mathematics Education in German-speaking Countries. In H.-G. Weigand, N. Neill & A. al Peter-Koopet (Hrsg.), *Selected Papers from the Annual Conference on Didactics of Mathematics.* Bern, 1999. (S. 124–133). Hildesheim, Berlin: Franzbecker.

Tietze, U.-P., & Schroth, P., et al. (2000). *Didaktik der Analytischen Geometrie und Linearen Algebra.* Didaktik des Mathematikunterrichts in der Sekundarstufe II, Bd. 2. Braunschweig: Friedrich Vieweg & Sohn.

Vos, P. (2015). Brazil. In G. Stillman, W. Blum & M. S. Biembengut (Hrsg.), *Authenticity in Extra-Curricular Mathematics Activities; Researching Authenticity as a Social Construct.* 16th International Conference on the Teaching of Mathematical Modelling and Applications (ICTMA 16). (S. 105–113). Blumenau: Springer.

Winkler, H. (2014). Black Box und Blackboxing – Zur Einführung. http://homepages.uni-paderborn.de/winkler/gk-black.pdf. Zugegriffen: 30. Aug. 2016.

Wie viel Simulieren steckt im Modellieren?

Empirische Analysen von Simulations- und Modellierungsprozessen am Computer

Corinna Hankeln

Zusammenfassung

Im Gegensatz zu Modellierungsprozessen wurden Simulationsprozesse bisher nur wenig empirisch beobachtet und beschrieben. Das vorliegende Kapitel nimmt sich diesem Forschungsdesiderat an und beschreibt eine qualitative Studie mit zwölf Schülerinnen und Schülern, in der analysiert wurde, ob bei der Bearbeitung von Modellierungsaufgaben spontane Simulationsprozesse auftreten, ohne dass die Schülerinnen und Schüler explizit zu diesen aufgefordert wurden. Anhand von fünf Fallskizzen wird aufgezeigt, dass Simulationsprozesse vor allem, aber nicht nur bei der Arbeit mit einer Dynamischen Geometrie-Software auftreten und dass ihre Effektivität unter anderem auch von der Sicherheit im Umgang mit dem Programm abhängt. Außerdem wird die Existenz verschiedener Arten der Simulation auch empirisch nachgewiesen.

4.1 Simulieren – Was ist das eigentlich?

Begriffe wie *Simulation*, *simulieren*, oder *Simulant* sind uns aus der Alltagssprache recht geläufig. Sei es, wenn der gegnerische Fußballspieler scheinbar gefoult zu Boden geht und ihm vorgeworfen wird zu simulieren, oder ob am Computer in Simulationsspielen Freizeitparks entworfen oder Krankheitsepidemien verhindert werden sollen. All diesen Fällen gemein ist die Tatsache, dass etwas nicht wirklich passiert, sondern nur nachgeahmt oder vorgetäuscht wird. Greefrath und Weigand (2012) beschreiben mathematische Simulationen als „Experimente mit Modellen, die Erkenntnisse über das im Modell dargestellte reale System oder das Modell selbst liefern sollen" (S. 2 f.). Simulation kann demnach kurz gesagt als Experiment mit oder an einem Modell verstanden werden.

C. Hankeln (✉)
Institut für Didaktik der Mathematik, Westfälische Wilhelms-Universität Münster
Münster, Deutschland

© Springer Fachmedien Wiesbaden GmbH, ein Teil von Springer Nature 2018
G. Greefrath und H.-S. Siller (Hrsg.), *Digitale Werkzeuge, Simulationen und mathematisches Modellieren*, Realitätsbezüge im Mathematikunterricht,
https://doi.org/10.1007/978-3-658-21940-6_4

Um wirklich zu verstehen, was eine Simulation ausmacht, muss geklärt werden, was die Begriffe *Experiment* und *Modell* genau meinen.

Der Begriff des Modells wurde in der Mathematik-Didaktik vor allem in der Diskussion um realitätsbezogenen Unterricht bzw. Modellierungsprozesse thematisiert. Dort wird ein Modell als „eine vereinfachende, nur gewisse, einigermaßen objektivierbare Teilaspekte berücksichtigende Darstellung der Realität" (Henn und Maaß 2003, S. 2) definiert. Ein mathematisches Modell kann als „isolierte Darstellung der Welt, die vereinfacht worden ist, dem ursprünglichen Prototyp entspricht und zur Anwendung von Mathematik geeignet ist" (Greefrath 2010, S. 43) aufgefasst werden.

Der Begriff des Experiments ist in der Mathematik-Didaktik etwas seltener anzutreffen, in anderen Naturwissenschaften wie der Physik oder Chemie dafür umso geläufiger[1]. Kircher et al. (2009) charakterisieren ein Experiment dadurch, dass „unter festgelegten und kontrollierbaren Rahmenbedingungen [...] Beobachtungen und Messungen durchgeführt [werden]; Variablen [...] systematisch verändert und Daten gesammelt [werden]" (S. 228). Berger (2006) bezeichnet ein Experiment als „objektives und wiederholbares [...] Verfahren zur Erkenntnisgewinnung" (S. 149). Philipp (2013) beschreibt verschiedene Arten von Experimenten und zeigt ihre Verbindung zu (inner-)mathematischen Tätigkeiten auf. Für sie lassen sich mathematische Experimente in vier Teilprozesse aufgliedern: Zunächst werden Beispiele generiert, diese dann strukturiert und darauf aufbauend Vermutungen über Strukturen und Zusammenhänge geäußert, die dann an weiteren Beispielen überprüft werden (Philipp 2012, S. 3).

Aus der Klärung der Begriffe „Experimentieren" sowie „Modell" ergibt sich demnach folgende Definition des Simulierens, die im Folgenden die Basis der dargestellten empirischen Erhebung bildet: Simulieren beschreibt einen Prozess, bei dem in einer vereinfachten Darstellung der Wirklichkeit für unterschiedliche Situationen Beispiele generiert werden, aus denen durch eine Strukturierung Vermutungen über allgemeine Zusammenhänge abgeleitet werden, welche an weiteren, in der vereinfachten Abbildung der Realität erzeugten Beispielen überprüft werden.

4.2   Simulieren und Modellieren

Grundvoraussetzung für eine Simulation ist die Existenz eines Modells. Ist dieses Modell nicht bereits durch eine Aufgabenstellung vorgegeben, muss es erst durch einen Modellierungsprozess erstellt werden, bevor eine simulierende Tätigkeit stattfinden kann. Es gibt verschiedene Arten von Modellen, deren Verwendung auch unterschiedliche Auswirkungen auf die Simulation hat. Zum einen können Modelle realer Natur sein, etwa verkleinerte Nachbauten eines Originals, wie beispielsweise ein Modellauto. Eine Simulation mit solch einem Modell umfasst demnach das Experimentieren mit dem greifbaren, realen Modell.

---

[1] Für eine Übersicht über Forschungsprojekte zu den Bedingungen für das Gelingen und die Wirkung von Experimentalunterricht sei auf Rieß et al. (2012) verwiesen.

Modelle können aber auch mathematisch sein, das heißt vornehmlich aus Objekten der Mathematik bestehen, wie etwa (Funktions-)Gleichungen oder geometrischen Konstruktionen. Simulationen in mathematischen Modellen beschreiben Experimente innerhalb der Welt der Mathematik im Rahmen der dort geltenden Gesetzmäßigkeiten. Die mathematischen Modelle können ebenfalls am Computer erzeugt oder dort implementiert werden. Um zu kennzeichnen, dass die Experimente im mathematischen Modell unter Verwendung eines Computers durchgeführt wurden, wird auch von Computersimulation gesprochen.

Aus naheliegenden Gründen soll an dieser Stelle nur auf Simulationen mit mathematischen Modellen mit und ohne den Einsatz eines Computers eingegangen werden, auch wenn Simulationen mit realen Modellen durchaus wichtige Anwendungen in der Technik und Wirtschaft besitzen und keinesfalls bereits vollständig von Computersimulationen abgelöst wurden[2].

In mathematischen Modellen, egal ob mit oder ohne Verwendung entsprechender Computersoftware, werden durch Veränderung bestimmter Größen verschiedene Beispiele erzeugt. Wörler (2015) unterscheidet dabei sechs verschiedene Möglichkeiten, wie die Veränderung von Größen geschehen kann. Zum einen könne die Anzahl von Modell-Elementen variiert werden, dies sei bei der Simulation eines Würfelwurfs beispielsweise die Anzahl der Würfel. Weiterhin können die Eigenschaften von Modell-Elementen (etwa die Regelmäßigkeit der Seitenflächen des Spielwürfels), die Beziehung zwischen den Modell-Elementen (Rollen eines regelmäßigen Sechseckprismas statt eines Würfels), die Randbedingungen (Variation des Untergrunds), sowie der Modell- bzw. Simulationszweck variiert werden (Betrachtung der Weite des Rollens statt der angezeigten Augenzahl). Weiterhin sei es zudem möglich, auch bei den Modellannahmen Variationen zuzulassen (etwa das Gewicht der Kennzeichnung der Augenzahlen des Würfels zu beachten statt zu vernachlässigen) (S. 1013 f.).

Besonders bei den letzten beiden Punkten verschwimmen allerdings leicht die Grenzen zwischen einer Simulation und einer Adaption des Modells. Denn auch beim Modellieren können verwendete Modelle oder getroffene Annahmen verändert werden, wenn diese in einem ersten Anlauf nicht zu einem zufriedenstellenden Ergebnis geführt haben. Mit Hilfe der veränderten Modelle oder Annahmen kann dann erneut der gesamte Modellierungskreislauf oder Teile daraus durchlaufen werden. In diesem Modellierungsprozess werden also auch durch Veränderung bestimmter Größen unterschiedliche Ergebnisse bestimmt, die dann allerdings zusätzlich auf ihre Passung zur Realsituation hin überprüft werden. Somit ergibt sich bei näherer Betrachtung eine starke Nähe der Prozesse des Simulierens zu denen des Modellierens.

Dies zeigt sich ebenfalls bei der Betrachtung verschiedener Zwecke des Simulierens. Zum einen können Simulationen dazu eingesetzt werden, um Daten zu sammeln, die wiederum Informationen über das simulierte System liefern (Greefrath und Weigand 2012, S. 3). Das simulierte System ist dabei nichts anderes als das Modell mit seinen inneren Wirkzusammenhängen. Simulieren dient an dieser Stelle dazu, etwas über das Modell

---

[2] Man denke zum Beispiel an Windkanäle oder Crash-Tests in der Automobilindustrie.

selber zu lernen. Dementsprechend wird dieser Zweck, das Gewinnen von Informationen über das simulierte System, vor allem dann verfolgt, wenn das System selbst den Lerninhalt darstellt. Keller et al. (2005) zeigen beispielweise, dass Studierende, die Eigenschaften eines Stromkreislaufs durch Experimente in einer computerbasierten Simulation erlernten, in einem entsprechenden Leistungstest zu Stromkreisläufen besser abschnitten als Studierende, die mit realem Material wirklich Stromkreise aufbauten. Die Simulations-Gruppe war erstaunlicherweise ebenfalls besser in der Lage im Anschluss an die Simulation die Systeme auch wirklich mit Strom und Kabel nachzubauen als die Studierenden, deren Schulung genau darin bestand. Scheuring und Roth (2017) finden ähnliche Ergebnisse beim Vergleich zweier Gruppen von Schülerinnen und Schülern, die entweder mit Hilfe von Simulationen oder gegenständlichem Material funktionales Denken erlernen. Auch dort war der Lernzuwachs in der Simulationsgruppe signifikant größer als in der Gruppe, die ohne Computereinsatz arbeitete.

Weiterhin kann aber auch simuliert werden, „um das verwendete Modell zu optimieren, indem die ermittelten Daten mit realen Daten abgeglichen werden" (Greefrath und Weigand 2012, S. 3)

Wird die Simulation in diesem Sinne dazu genutzt, das zu Grunde liegende Modell zu bewerten und ggf. zu überarbeiten, so schiebt sich die Simulation als eine Art Zwischenschritt in den Prozess des Modellierens. Dieser Prozess, der meist idealisiert als Kreislauf dargestellt wird, zeichnet sich dadurch aus, dass eine realweltliche Situation zunächst so weit vereinfacht wird, dass sie in einem nächsten Schritt in ein mathematisches Modell übersetzt werden kann. Mit Hilfe dieses mathematischen Modells kann dann das Problem bearbeitet werden. Wenn die zuvor getroffenen Annahmen und die genutzten Modelle angemessen waren, stellen die gefundenen mathematischen Resultate, die wieder auf die reale Situation rückbezogen wurden, eine Lösung für das Problem der realen Situation dar. Das Ziel solcher Aufgaben ist die Beantwortung einer realweltlichen Fragestellung mit Hilfe eines mathematischen Modells. Die Qualität der gefundenen Antwort ist damit abhängig von der Qualität der benutzten Modelle. An dieser Stelle können Simulationen genutzt werden, um zu überprüfen, ob ein Modell die Wirklichkeit adäquat beschreibt oder ob durch das Modell gewonnene Resultate mögliche Bedingungen oder Einschränkungen der Realsituation berücksichtigen. Durch eine Variation der Modellparameter kann demnach ein Modell überarbeitet und verändert werden, wobei die Erkenntnisse aus dieser Simulation dann genutzt werden, um das Modell oder die sich daraus ergebenden Konsequenzen zu beurteilen. Im Unterschied zu einem erneuten Durchlaufen des Modellierungsprozesses wird bei einer Simulation im Modellierungsprozess demnach das Modell nicht grundlegend verändert, sondern lediglich einzelne Parameter variiert, um Beispiele zu generieren, die die Vermutung, welches Modell das angemessenste ist, untermauern oder widerlegen. Erfolgt eine Veränderung des Modells mit Hilfe eines digitalen Werkzeugs, so sorgt die Dynamik dieses Werkzeugs häufig dafür, dass die Manipulation des Modells auch Ergebnisse liefert, die ebenfalls eine Lösung für das Ausgangsproblem darstellen können.

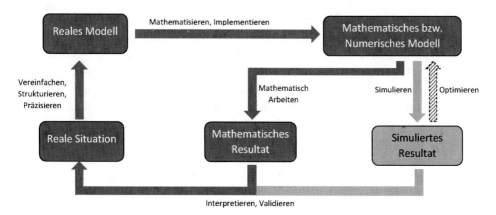

Abb. 4.1 Erweiterung des Modellierungskreislaufs um Simulationen. (In Anlehnung an Sonar 2001, S. 29)

Um diesen Zusammenhang zu veranschaulichen, kann der Modellierungskreislauf, beispielsweise der Kreislauf nach Blum und Leiß (2005), um die Möglichkeit eines Simulations-prozesses erweitert werden (vgl. Abb. 4.1).

In idealisierter Reihenfolge dargestellt wird zunächst die reale Situation soweit vereinfacht, dass sie mit mathematischen bzw. numerischen Methoden lösbar ist. Im üblichen Modellierungskreislauf wird dieses reale Modell mathematisiert, indem beispielsweise Zusammenhänge mit Formeln und Variablen ausgedrückt oder Formen durch geometrische Figuren dargestellt werden. Wenn digitale Werkzeuge diesen Schritt unterstützen, kann das mathematische Modell auch als numerisches Modell bezeichnet werden, um auf den Computer-Einsatz zu verweisen. Je nach verwendetem digitalen Werkzeug können für die Implementation des Modells auch mehr oder weniger komplexe Übersetzungsprozesse nötig sein, etwa um das gewählte mathematische Modell in der entsprechenden Programm-Syntax wiederzugeben oder um bestimmte Programm-Einschränkungen zu berücksichtigen. Andererseits kann auch der Prozess des Mathematisierens selber von dem digitalen Werkzeug unterstützt werden (vgl. Greefrath und Hertleif 2016).

Im mathematischen bzw. numerischen Modell ist im nächsten Schritt dann einerseits möglich, mathematisch zu arbeiten. Unter dem mathematischen Arbeiten sind Tätigkeiten wie das Lösen von Gleichungen, das Bestimmen von Variablen oder auch die Konstruktion spezieller geometrischer Objekte zu verstehen. Dabei können händische Tätigkeiten, wie etwa Berechnungen oder Konstruktionen, durch entsprechende Befehle an den Computer, etwa an eine dynamische Geometrie-Software, ausgelagert werden oder Rechnungen statt von Hand mittels Computer-Algebra-System oder Tabellenkalkulation gelöst werden. Dieser Prozess (in der Abbildung dunkel dargestellt) entspricht einem Modellierungskreislauf unter Berücksichtigung digitaler Werkzeuge (vgl. Siller und Greefrath 2010, S. 316).

Es ist aber andererseits auch möglich, dass nach Erstellung eines mathematischen oder numerischen Modells nicht im oben beschriebenen Sinne mathematisch gearbeitet, sondern stattdessen mit Hilfe des numerischen Modells die Realsituation simuliert wird[3]. Das ist dann der Fall, wenn verschiedene Beispiele bzw. Lösungsvorschläge für das reale Problem nachgeahmt, und die sich daraus ergebenden Konsequenzen, das heißt die simulierten Resultate, analysiert werden. Entweder wird dann mit Hilfe der simulierten Resultate das mathematische Modell so überarbeitet bzw. optimiert, dass es die Realsituation treffender beschreibt und so ein adäquateres mathematisches Arbeiten als vor der Simulation ermöglicht, oder aber die gefundenen Resultate selber werden auf die Ausgangssituation rückbezogen und auf ihre Sinnhaftigkeit hin diskutiert bzw. validiert. In diesem Fall ersetzen die simulierten Resultate somit die sonst durch mathematisches Arbeiten gefundenen mathematischen Resultate.

4.3   Zusammenfassung und Fragestellungen

Es wurde also geklärt, was unter einer Simulation zu verstehen ist und in welchem Verhältnis Modellieren und Simulieren zueinanderstehen. Eine Simulation entsteht durch die systematische Variation verschiedener Größen eines mathematischen (ggf. numerischen) Modells und kann theoretisch sowohl zur Optimierung des Modells als auch zum Finden einer Lösung des Problems genutzt werden. Somit kann das Simulieren einerseits einen zusätzlichen Teilschritt im Modellierungskreislauf beschreiben (Optimieren durch Simulieren) oder aber den Teilschritt des mathematischen Arbeitens (teilweise) ersetzen (Simulation eines Resultats).

Während die einzelnen Schritte des Modellierungskreislaufs bereits empirisch rekonstruiert werden konnten (Borromeo Ferri 2011), gibt es bisher keine Analysen dazu, ob sich die Simulationsprozesse auch tatsächlich bei der Bearbeitung von Modellierungsaufgaben so sichtbar werden wie in dem Modell oben beschrieben. Daher ergeben sich die folgenden Forschungsfragen:

(1) Lassen sich in den Bearbeitungsprozessen von Schülerinnen und Schülern, die eine Modellierungsaufgabe lösen, Simulationsprozesse erkennen?

(2) Wenn Simulationsprozesse auftreten, was sind die Auslöser, die einem Simulationsprozess jeweils vorausgehen?

(3) Gibt es Unterschiede in Bezug auf Simulationsprozesse, wenn Schülerinnen und Schüler eine Modellierungsaufgabe mit Hilfe einer dynamischen Geometrie-Software bearbeiten, gegenüber den Prozessen von Schülerinnen und Schülern, die mit Zirkel und Lineal arbeiten?

---

[3] Die begriffliche Trennung des Simulierens und des mathematischen Arbeitens soll dabei nicht bedeuten, dass Simulieren keine mathematische Tätigkeit beschreibt, sondern es soll die Abgrenzung zwischen dem im Modellierungskreislauf üblichen Schritt vom mathematischen Modell zum mathematischen Resultat und den Besonderheiten einer Simulation, bei der eben nicht im klassischen Sinne „gerechnet" wird, verdeutlichen.

4.4 Methodik

Zur Klärung dieser Fragen wurden Modellierungsprozesse von Schülerinnen und Schülern der neunten (bzw. der zehnten Klasse bei einem G9 Gymnasium) auf das Auftreten von Simulationsprozessen hin analysiert. Als Datengrundlage wurde zum einen eine Fallstudie vom Dezember 2016 genutzt, bei der 11 Schülerinnen und Schüler beim Modellieren beobachtet wurden, wobei fünf dieser Schüler mit Hilfe einer Dynamischen Geometrie-Software (DGS) arbeiteten. Um Einsicht in die Modellierungsprozesse der beobachteten Schülerinnen und Schüler zu erhalten, wurden diese zunächst im lauten Denken geschult und während der Bearbeitung darum gebeten, möglichst jeden ihrer Gedanken auch auszusprechen.

Um eine größere Datenbasis zu erhalten, wurden außerdem Videoaufnahmen von sieben Schülerpaaren einer weiteren Schule, entstanden im Frühjahr 2016, ausgewertet, die ebenfalls mit einer DGS arbeiteten. Ein Paar löste dort die gleiche Aufgabe wie in der obigen Studie unter vergleichbaren Bedingen, daher wurde auch ihr Lösungsweg in die vorliegende Darstellung mit aufgenommen. In dieser Studie wurde nicht auf die Methode des lauten Denkens zurückgegriffen, sondern es wurde die Kommunikation zwischen den gemeinsam arbeitenden Schülerinnen und Schülern genutzt, um Einblick in die ablaufenden Prozesse zu erhalten.

In beiden Studien füllten zunächst alle Schülerinnen und Schüler einen Fragebogen aus, auf dem neben demographischen Angaben auch ihre Selbsteinschätzung in Bezug auf das verwendete Programm GeoGebra sowie durch Items eines Leistungstests zu den Teilkompetenzen des Modellierens auch ihre jeweiligen Fähigkeiten im Modellieren erhoben wurden. Diese Angaben sollen helfen, die betrachteten Schülerinnen und Schüler besser einschätzen und gegebenenfalls vergleichen zu können. Die eingesetzten Tests stammten aus einem großangelegten Modellierungsprojekt, wo in einer quantitativen Studie die Entwicklung von Modellierungskompetenzen bei Einsatz einer DGS untersucht wurde (Adamek und Hankeln 2018). Dort erwies sich das Testinstrument als zuverlässig mit Reliabilitäten bei der Messung der einzelnen Teilkompetenzen zwischen $0.66 \leq \alpha \leq 0.80$ (Hankeln et al. 2018) und bei Messung der programmbezogenen Selbstwirksamkeitserwartung zwischen $0.82 \leq \alpha \leq 0.92$ zu verschiedenen Messzeitpunkten (Hertleif 2017). Da diese Werte in einem akzeptablen bis gutem Rahmen liegen, kann davon ausgegangen werden, dass die Qualität des Messinstruments ausreicht, um gewisse zusätzliche Informationen über die betrachteten Fälle zu erhalten, ohne dass deren exakte Testwerte miteinander verglichen werden sollen.

Die Schülerinnen und Schüler hatten beliebig viel Zeit zur Bearbeitung der Aufgabe zur Verfügung. Sie wurden am Ende der Bearbeitung stets nach einer endgültigen Entscheidung gefragt und ob sie mit ihrem Ergebnis zufrieden seien.

Die videografierten Bearbeitungsprozesse der Schülerinnen und Schüler dieser Aufgabe wurden transkribiert. Dabei wurden die ausgeführten Tätigkeiten am Computer oder auf Papier den entsprechenden Äußerungen zugeordnet. Anschließend wurde jeweils der Modellierungsprozess rekonstruiert und daraufhin analysiert, ob sich Simulationsprozesse im oben formulierten Sinne auffinden lassen.

4.5   Eingesetzte Aufgabe und Lösungsideen

Die Schülerinnen und Schüler bearbeiteten jeweils die „Spielplatz-Aufgabe", die in ähnlicher Form bei Barzel (2005) zu finden ist (vgl. Abb. 4.2). Den Schülerinnen und Schülern wurde eine Karte präsentiert, auf dem ein Park aus Münsters Norden abgebildet ist. Markiert waren die vier Eingänge, an denen man den Park betreten kann. Der begleitende Text forderte dazu auf, den Standort eines neuen Spielplatzes zu bestimmen, bei dem keine Familie benachteiligt werden sollte, egal an welchem Eingang sie den Park betritt. Die Schülerinnen und Schüler, die mit Hilfe der DGS GeoGebra arbeiteten, hatten zudem noch eine entsprechende Datei zur Verfügung, in der ebenfalls die Karte eingefügt wurde.

Um das Problem zu lösen, müssen die Schülerinnen und Schüler zunächst verstehen, was es bedeuten kann, dass keine Familie benachteiligt werden soll. Die naheliegende Interpretation dieser Formulierung ist, dass die Entfernung des Spielplatzes von allen vier Eingängen möglichst gleich sein soll. Um dieses Ziel zu erreichen, müssen entsprechende Vereinfachungen getroffen werden. Eine Idee könnte zum Beispiel sein, die Fläche des Spielplatzes zu vernachlässigen und diesen als Punkt zu mathematisieren. Außerdem ist die einfachste Variante wohl, die Luftlinie zu betrachten und das Wegenetz zunächst zu vernachlässigen. Dann kann das Problem derart mathematisiert werden, dass ein Punkt gesucht wird, der gleich weit von vier anderen Punkten entfernt liegt. Um diesen Punkt zu finden, sind verschiedene Möglichkeiten denkbar. Verbindet man die vier Punkte zu einem Viereck, so zeigt sich, dass es sich nur näherungsweise um ein Rechteck handelt. Bestimmt man den Schnittpunkt der Diagonalen, so liegt dieser Punkt nur ungefähr gleich weit von allen vier Außenpunkten entfernt. In einem Validierungsschritt kann man sich daher fragen, ob die gefundene Lösung trotz dieser Ungenauigkeit zufriedenstellend ist. Angesichts der Tatsache, dass der Spielplatz selber ja auch ein gewisses Flächenmaß hat, könnte man vielleicht mit der Annäherung zufrieden sein. Beispielsweise könnte um den so angenäherten Mittelpunkt ein Viereck gezeichnet werden, dessen Ecken gleich weit von allen Eingängen entfernt sind (vgl. Abb. 4.3).

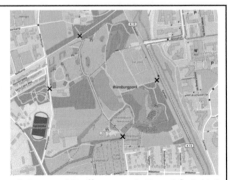

„Liebe Stadträte!

Dieses Jahr soll in den Wienburg-Park im Norden von Münster ein neuer Spielplatz gebaut werden. Unten sehen Sie eine Karte des Parks abgebildet. In der Karte markiert sind die vier Eingänge des Parks. Nur an diesen vier Stellen kann man den Park betreten und wieder verlassen. Uns als Stadtrat ist es wichtig, dass keine Familie benachteiligt wird, egal an welchem Eingang sie den Park betritt. Heute wollen wir die Frage klären:

Wo sollte der Spielplatz gebaut werden?

Karte aus: https://www.openstreetmap.de/karte.html (mit eigenen Veränderungen)

Abb. 4.2   Die Spielplatz-Aufgabe

Abb. 4.3 Lösungsidee 1.
(Erstellt mit GeoGebra)

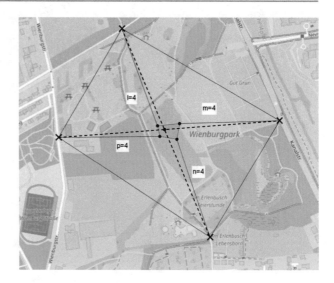

Alternativ kann man versuchen, den Mittelpunkt eines Kreises durch die vier Punkte zu bestimmen. Der Mittelpunkt eines Kreises kann in GeoGebra mit Hilfe des Werkzeugs Mittelpunkt bestimmt werden. Von Hand gelingt dies beispielsweise indem man jeweils die Mittelsenkrechte zwischen benachbarte Punkte zeichnet und die Schnittpunkte der Mittelsenkrechten bestimmt. Auch hier ist der Mittelpunkt nur dann eindeutig, wenn sich alle vier Mittelsenkrechten in einem Punkt schneiden, das heißt wenn alle vier Punkte auf einem gemeinsamen Kreis liegen.

Doch diese angenäherten Mittelpunkte führen alle zu einem Resultat, bei dem der Spielplatz mitten in den See im Park gebaut werden müsste. An dieser Stelle wird bei den Schülerinnen und Schülern ein Validierungsprozess, das heißt die Reflektion des gefundenen Ergebnisses, des verwendeten Modells sowie der getroffenen Annahmen angeregt, um herauszufinden, ob sie bereits ein zufriedenstellendes Ergebnis gefunden haben und der Spielplatz somit wirklich innerhalb des Sees gebaut werden sollte. Dazu können neben außermathematischen Überlegungen (Sicherheit, Kosten etc.) auch die getroffenen Annahmen und Modelle hinterfragt werden. Wahrscheinlich ist die Überlegung, die gegebenen Wege nicht zu benutzen zu stark vereinfacht. Möchte man diese beachten, so können die Wege durch Streckenzüge angenähert werden. Dann kann entweder versucht werden, die Wegstrecken von den Eingängen zum Spielplatz alle ungefähr gleich lang zu halten (vgl. Abb. 4.4) oder die Wegstrecke insgesamt. Dieses Vorgehen führt dann zu einem neuen Vorschlag, der am Rande des Sees, aber nicht mehr darin liegt. In dieser Aufgabe sind dementsprechend zum einen Modellierungsprozesse möglich, bei denen der gesuchte Punkt durch Konstruktionen, das heißt durch mathematisches Arbeiten gefunden wird, zum anderen aber auch Simulationen, bei denen Beispiele für unterschiedliche Bauplätze ausprobiert und auf ihre Konsequenzen in Bezug auf die Anforderungen der Aufgabenstellung überprüft werden. Diese Experimente können auch dazu genutzt werden, Aufschlüsse über adäquate Modelle zu erhalten bzw. diese zu optimieren.

Abb. 4.4 Lösungsidee 2.
(Erstellt mit GeoGebra)

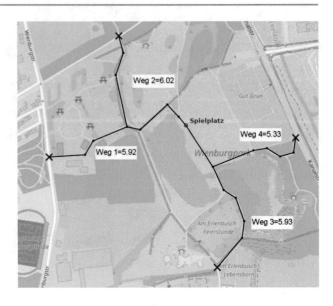

4.6   Ergebnisse

Bezogen auf die erste Forschungsfrage, ob sich bei der Bearbeitung einer Modellierungsaufgabe auch Simulationsprozesse finden lassen, macht folgendes Beispiel der DGS-Lö-
sung von Julia und Kathrin deutlich, dass dies der Fall ist.

Fallskizze 1: Julia und Kathrin
Bei Julia und Kathrin handelt es sich um zwei Schülerinnen der neunten Klasse, die
beide durchschnittliche Testwerte in den Modellierungsitems erreichten. Ihre Selbstwirksamkeitserwartung in Bezug auf das Programm liegt im unteren bis mittleren Bereich.
Dennoch treten während ihrer Bearbeitung nur selten Probleme im Umgang mit Geo-
Gebra auf, die sie jeweils schnell selber lösen können und dabei teilweise sogar sofort
einsehen, warum eine versuchte Konstruktion nicht gelingen konnte:

> KATHRIN: „Verschiebe den doch einfach.“
>
> JULIA: „Geht doch nicht.“
>
> KATHRIN: „Damit?“ [zeigt mit dem Finger auf ein Symbol in der Werkzeugleiste]
>
> JULIA: [probiert es aus] „Nein, das ist nur die Grafik. [...] Achso. Das ist also von den
>   Strecken a und b abhängig.“
>
> KATHRIN: „Ja. Okay. Sollen wir dann einfach noch einmal einen Punkt setzen?“

Die beiden Schülerinnen halten sich nach dem Lesen der Aufgabenstellung nicht lange
mit vereinfachenden Überlegungen auf, sondern beginnen direkt mit einer Mathematisierung, indem sie die gegenüberliegenden Eingangspunkte miteinander verbinden. Bei

dieser Verbindung fällt Julia bereits auf, dass sie mit diesem Modell die Wegstrecken vernachlässigen. Sie sagt: „Aber wir müssen daran denken, dass die dann extra da herumlaufen müssen, wenn wir den z. B. hier machen." Sie ignoriert diese Bedenken aber zunächst und reflektiert stattdessen das gewählte Modell und fragt „Das ist dann schon ein Rechteck, oder?" und bezieht sich auf die Figur, die entsteht, wenn man benachbarte Eingangspunkte miteinander verbindet. Kathrin erkennt, dass dies nur ungefähr der Fall ist. Sie geht zurück zum Verstehen der Aufgabe und überprüft die gegebenen Informationen („Also, das Grüne ist doch jetzt der ganze Park?") und präzisiert die Fragestellung („Und wir müssen … Das Rote sind die Eingänge. Wir müssen die Mitte finden, damit alle gleich ankommen."). Dies veranlasst Julia, mit Hilfe des *Messen*-Werkzeugs der Software die Entfernung ihres bisher konstruierten Punktes zu allen Eingängen zu überprüfen. Sie schlägt ausgehend von dieser Entfernungsmessung einen Punkt neben dem See vor. An dieser Stelle versuchen die beiden Mädchen nicht, durch das Arbeiten in einem mathematischen Modell ein neues Resultat zu finden, sondern sie beginnen, mögliche Lösungen zu simulieren. Sie setzen einen freien Punkt in die Karte und verbinden diesen mit den Eingängen. Sie konstruieren somit ein Modell, in diesem Falle ein numerisches, das ihnen bei der Findung einer Lösung helfen soll.

KATHRIN: „Ja. Okay. Sollen wir dann einfach noch einmal einen Punkt setzen, wo wir sagen würden. Wo soll ich den hinsetzen?" [zeigt mit dem Cursor den Bereich]

JULIA: „Ein bisschen weiter nach unten."

KATHRIN: „So?"

JULIA: „Unten. … Ja."

KATHRIN: „Aber du musst bedenken, dass es von da aus auch wieder kürzer wird." [zeichnet die Strecke mit dem Cursor nach]

JULIA: „Aber sonst ist es doch für den hier lang." [zeigt den Punkt mit dem Finger]

KATHRIN: „Der muss ja auch so. Wir könnten den vielleicht auch hier so hinsetzen?" [zeigt mit dem Cursor wieder rechts über den See]

JULIA: „Aber dann ist es für den ja noch kürzer … Aber sonst … "

KATHRIN: „Oder wir setzen es hier hin." [zeigt mit dem Cursor links neben den See] „Aber dann muss der da herumlaufen."

JULIA: „Warum ist da auch mitten im Park ein See?"

KATHRIN: „Ja." (Lacht) […]

KATHRIN: „Das ist jetzt sehr ungünstig." [sucht die Werkzeugleiste ab]

JULIA: „Aber guck mal, 7,2 und 7,5."

KATHRIN: „Ja."

JULIA: „Alle haben ungefähr eine Größe von 8. Nur f ist 9. Das heißt, wir müssen f kürzer kriegen. Und f kriegen wir kürzer, indem wir das mittig ein bisschen weiter nach unten schieben. Also im Prinzip so nach da, kurz unter den See."

Durch das Verschieben des Punktes und das gleichzeitige Beobachten der Veränderung in den Streckenlängen bekommen sie nach und nach ein Gefühl für die Veränderungen in den Streckenlängen abhängig von der Änderung in den Koordinaten der Punkte. Sie versuchen die Aufgabe mit Hilfe eines funktionalen Zusammenhangs zu lösen, bei dem sie ausprobieren, wie sich Veränderungen in einer Größe, nämlich der Position des Punktes, auf die Wegstrecken auswirkt. Diesen Zusammenhang können sie aber verständlicherweise in Klasse 9 noch nicht formalisieren. Sie führen also nicht im üblichen Sinne den Modellierungs-Teilschritt des mathematischen Arbeitens aus, sondern simulieren numerische Resultate, indem sie Vermutungen über geeignete Ortsvorschläge aufstellen und diese experimentell überprüfen. Dass sie an dieser Stelle nicht mathematisch arbeiten, stellen die Schülerinnen auch selber fest, wie folgender Gesprächsausschnitt zeigt:

KATHRIN: „Kann man das irgendwie mathematisch lösen? Eher nicht oder?"

JULIA: „Ich und Mathe . . . "

KATHRIN: „Ja okay. Da hast du Recht." (lacht)

JULIA: „Ich zeichne das schon einmal."

KATHRIN: „Ja. Warte. Nein. Wir müssen noch zusammen überlegen."

JULIA: „Nur dieses Rechteck, was wir schon haben. Diese Punkte verbinden. Weißt du?"

Die Schülerinnen sehen ihre Lösung nicht als „mathematisch" an, obwohl ihr Vorgehen, auch wenn es sich dem systematischen Probieren bedient, keine geringen Anteile funktionalen Denkens aufweist. Aber sie erkennen, dass sie kein mathematisches Modell außer dem Rechteck gefunden haben, mit dem sie durch eine Konstruktion oder Berechnung den gesuchten Punkt bestimmen konnten. Dennoch verfolgen sie ihre Strategie des Simulierens weiter, ohne diese zu nutzen, um das gesuchte Modell zu optimieren. Beispielsweise findet Kathrin durch geschicktes Verschieben des Punktes einen Ort, der fast ideale Abstände hat und stellt fest, dass dieser Punkt nahe an der im Viereck konstruierten Lösung liegt (JULIA: „So. Hey. Bis auf i passt das. [. . .] Also ungefähr. Es ist so ähnlich, als würden wir den mitten im See machen."). In diesem Moment bringt die simulierende Strategie keine weiteren Vorteile. Sie wird erst nützlich, wenn die getroffenen Annahmen überdacht werden. Zuvor haben die Mädchen sich beispielsweise verständigt, die Luftlinie betrachten zu wollen:

JULIA: „Aber es ist ja nicht die Luftstrecke gemeint. F muss sowieso einmal um den See herumlaufen. Das ist doch so gemeint, dass nicht die Luftstrecke?"

KATHRIN: „Luftlinie meinst du?"

JULIA: „Ja die Luftlinie." [. . .]

KATHRIN: „Also sollen wir die Luftlinie nehmen? Okay."

Eine starke Optimierung des Modells, indem statt der Luftlinie die tatsächlichen Wegstrecken rekonstruiert werden, wäre an dieser Stelle möglich gewesen, hat aber nicht stattgefunden.

Aber auch durch die Nutzung ihres bestehenden numerischen Modells (der Verbindung eines freien Punktes mit den Eingangspunkten inklusive der Streckenlängen) finden sie letztlich einen Lösungsvorschlag, der sich von der anfänglich angestrebten Exaktheit löst und dafür außermathematische Überlegungen mit aufnimmt. Nachdem sie Extremfälle der Verschiebungen erkundet haben, entschieden sie sich letztlich für einen Punkt neben dem See.

> JULIA: „Ich kann i nicht auf 8 machen, weil i die Strecke ist. Immer noch. Die Strecke kann
>   ich nicht kürzer machen. So wäre es das kürzeste, wie ich das machen kann."
>
> KATHRIN: „Ja. Dann haben wir zwei auf 8 und zwei auf 9. Dann ist das so."

Zusammenfassend lässt sich festhalten, dass Julia und Kathrin zunächst einen „herkömmlichen" Modellierungsprozess durchlaufen, mit dessen Resultat sie allerdings nicht zufrieden sind. Sie entschließen sich zu einer funktionalen Betrachtung des Problems, indem sie die Kovariation der jeweiligen Entfernungen mit Änderungen eines möglichen Bauorts in x- und y-Richtung analysieren. Für eine formale Mathematisierung fehlen ihnen noch die Mittel, sodass sie auf einen Simulationsprozess ausweichen, um dieses Defizit zu kompensieren.

Fallskizze 2: Sven

Das zweite Beispiel eines Schülers, der mit Hilfe von GeoGebra die Aufgabe bearbeitet, zeigt, dass Simulationen nicht nur als alternativer Lösungsweg genutzt werden, wenn das mathematische Arbeiten zu keinem zufriedenstellenden Ergebnis führt.

Bei Sven handelt es sich um einen relativ starken Schüler, der auch in allen Teilbereichen des Modellierens überdurchschnittlich hohe Testwerte erreichte und auf dem letzten Zeugnis auch eine sehr gute Mathematiknote erhielt. In Bezug auf das Programm GeoGebra hält er sich allerdings noch für relativ unsicher und hat noch kein großes Zutrauen in seine eigenen Fähigkeiten der Programmbedienung.

Sven beginnt nach dem Lesen der Aufgabenstellung ebenfalls ziemlich zügig mit der Mathematisierung des Problems, indem er zunächst die benachbarten Eingänge zu einem Viereck und anschließend auch gegenüberliegende Eingänge durch je eine Strecke verbindet. Er überprüft die gefundene Lösung sehr gründlich, zum einen indem er die entsprechenden Strecken zwischen Schnittpunkt und den Eingängen nachmisst und feststellt, dass er auf diese Art keinen exakten Mittelpunkt gefunden hat. Zum anderen indem er die wirklichen Mittelpunkte zwischen den gegenüberliegenden Eingängen konstruiert und feststellt, dass diese beiden Punkte nicht zusammenfallen. Dabei zeigen sich bei ihm noch leichte Unsicherheiten bezüglich der Programmbedienung:

> Wir versuchen es mal mit Geraden, vielleicht hilft das. [konstruiert Geraden zwischen benachbarten Eingängen]. Zack ... zack ... zack ... So, jetzt haben wir Geraden. Ob das wirklich hilft, werden wir sehen. Hier war doch irgendwo ein Mittelpunkt zwischen Geraden, oder? [fährt Werkzeugleiste mit Cursor ab]

> Hier ... Mittelsenkrechte, parallele Geraden ... Mittelsenkrechte ... (murmelt Werk-
> zeugbeschreibung) Text? Nein ... okay ... Oh Gott ist das lange her ... (seufzt) ... wie ging
> das denn? ...

Er kann seine Schwierigkeiten aber schnell beheben und schafft es, die gesuchten Mittelpunkte zu konstruieren. Daraufhin verwirft er das Modell und startet einen neuen Versuch der exakten Konstruktion, indem er versucht, einen Kreis durch die vier Punkte zu legen. Dabei reflektiert er richtig, dass die Konstruktion eines Kreises durch drei Punkte mit dem entsprechenden Werkzeug leicht möglich ist, die Konstruktion durch vier Punkte allerdings nicht.

> Wenn man einen Kreis durch drei Punkte zieht kann man einen Mittelpunkt dieser drei Punkte
> bestimmen. Aber wie kann man einen Mittelpunkt zwischen vier Punkten bestimmen? [Wählt
> Kreis durch drei Punkte aus, konstruiert Kreis durch oberen drei Punkte].

Er simuliert demnach die Anwendung des Modells, ohne mit diesem ein Resultat zu erzeugen. Stattdessen analysiert er die Konsequenzen aus diesem Modell, nämlich, dass der vierte Punkt nicht auf diesem Kreis liegt („Jetzt habe ich einen Kreis durch drei Punkte. Der ist sogar sehr nah an diesem Eingang, aber er ist nicht drauf [zoomt auf unteren Eingang und wieder heraus]"). Er vermutet, dass dies immer der Fall ist, egal durch welche drei Punkte er die Kreise zieht, diese Vermutung überprüft er mit einem weiteren Beispiel:

> ... Tja ... ich zieh nochmal einen Kreis durch diese drei Punkte [zieht Kreis durch rech-
> te Eingänge]. Perfekt. Also die Kreise sind gegeneinander verschoben. Also gibt es keinen
> genauen Mittelpunkt von den beiden Kreisen. Dann hilft uns das auch nicht wirklich weiter.

Er stellt fest, dass seine Vermutung stimmt („Perfekt. Also die Kreise sind gegeneinander verschoben") und schließt daraus, dass er das gewählte Modell nicht soweit optimieren kann, dass er eine exakte Lösung findet. An dieser Stelle hat die Simulation, nämlich das Experiment am Modell, zu folgender Erkenntnis geführt:

> Eigentlich geht das ja nur mit Mittelpunkt und das ist immer ein Kreis, aber das geht nicht,
> man kann keinen Kreis durch vier Punkte zu zeichnen, das ist unmöglich einen Punkt zu
> finden, der von vier Punkten gleich weit entfernt ist. Man kann nur einen Punkt nehmen, bei
> dem die Unterschiede minimal sind.

Die Simulation führt somit zu einer Lockerung der Annahmen, dass wirklich alle Wege genau gleich lang sein sollen. Gleichzeitig stellt er fest: „Oder, Moment mal ... der ungefähre Mittelpunkt liegt im See. Das kann nicht stimmen. Da kann man's eh nicht bauen.". Er kommt auf die Idee, die Wegstrecken statt der Luftlinie zu betrachten:

> Man könnte hier an jeder Kreuzung theoretisch einen Punkt machen, oder? Dann könnte man
> anhand der Wege einen Punkt finden. Okay, das ginge theoretisch. Aber das wird schwierig.
> [...]

Meine Überlegung wäre, einfach über jeden Weg Strecken zu ziehen, dann könnte ich die Länge der Strecken vergleichen, damit ließe sich ein Punkt finden, der überall über Wege gleich lang zu erreichen ist [...]

Wenn man in dem Park über Wiesen läuft, hat man aber wieder das gleiche Problem, dass es keinen Kreis durch vier Punkte gibt. Es sei denn die Punkte wollen auf dem Kreis liegen, tun sie aber nicht, das habe ich ausprobiert. Insofern haben diese vier Punkte keinen Punkt der gleich weit von ihnen entfernt ist. Also wenn ich einfach nur einen Vorschlag machen soll, würde ich ihn dahin setzten [setzt Punkt oberhalb des Sees]

Weil man da von allen ... über alle Wege relativ kurz und ohne allzu viel Abzubiegen erreichen kann. Aber das hat nichts mit einer mathematischen Lösung zu tun.

Sven formuliert die Idee, die Wege durch einen Streckenzug zu modellieren und über die Summe der Wegstrecken einen idealen Standort zu suchen. Diese Art der Mathematisierung hält er aber noch für schwierig. Er reflektiert nochmal das Ergebnis seiner ersten Simulation, um zu begründen, warum ihm die Mathematisierung über Wegstrecken statt Luftlinien erfolgsversprechender erscheint. Dann schlägt er einen konkreten Standort vor, er stellt also eine Hypothese auf, dass an diesem Ort die Wegstrecken kurz und unkompliziert sind. Interessant ist, dass er ebenfalls wie Kathrin und Julia im obigen Beispiel diese Lösung nicht als mathematische Lösung anerkennt. Durch einen Blick auf die Karte bemerkt er, dass auf der rechten Seite ein Finanzamt eingezeichnet ist:

Die Frage ist, hier ist ein Finanzamt, sind da Kinder? Kann ich da einfach nur die drei Eingänge betrachten? Das ließe sich theoretisch machen, wenn wir auf den Eingang des Finanzamts verzichten. Dann haben wir es so und dieser Kreismittelpunkt (murmelt Werkzeugbeschriftung) Da ist er doch. Mittelpunkt, zumindest wahrscheinlich, warte mal. Mittelpunkt. Mittelpunkt eines Kreises, [konstruiert den Mittelpunkt des eingezeichneten Kreises]

Das ist da, da ist wieder im See. Das bringt also überhaupt nichts, weil da kommt man immer in den See. Der vernünftigste Vorschlag wäre hier [zeigt auf Punkt oberhalb des Sees]

Er variiert somit die Voraussetzungen seines Modells und simuliert erneut den Einsatz des Kreismodells, um festzustellen, dass auch diese Variation nicht zum gewünschten Erfolg führt. Daher kehrt er zurück zu seinem als „unmathematisch" eingestuften Vorschlag und überprüft dessen Qualität, indem er den Punkt mit den Eingängen verbindet. Dabei nutzt er anders als Julia und Kathrin aber nicht nur einfache Strecken, sondern Streckenzüge. In Abb. 4.5 ist zu sehen, dass er die Verbindung des Spielplatzes mit dem rechten bzw. dem unteren Eingang nicht als Strecke modelliert, sondern zusätzliche Punkte setzt, so dass die entsprechenden Verbindungsstrecken die blaue Seefläche nicht schneiden. Sven erkennt richtig, dass er nun die einzelnen Streckenabschnitte addieren muss, um die gesamte Weglänge zu bestimmen:

Eine groß andere Lösung sehe ich eigentlich nicht, ich kann jetzt gucken, Strecke ... [verbindet Eingänge mit vorgeschlagenem Punkt] ... 7,2 von der Länge, 5,9 von der Länge, von diesem [deutet auf den unteren Eingang] ist das natürlich deutlich weiter entfernt und wenn man davon ausgeht, dass die nicht durch den See laufen können, dann addieren sich die beiden Längen [zeichnet zwei Strecken die um den See herum den unteren Eingang mit dem Punktvorschlag verbinden].

Abb. 4.5 Svens finale Lösung der Spielplatz-Aufgabe.
(Erstellt mit GeoGebra)

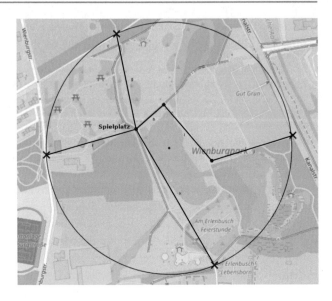

Nämlich diese hat 2,63 und diese hat 8,32; das heißt es ist 10,95 und von dem hier … [ver-
bindet vierten Eingang mit Streckenzug] … ist der kürzeste Weg so, das ist der einigermaßen
mittigste Vorschlag.

Er nutzt diese Konstruktion anschließend erneut, um zu simulieren. Allerdings diesmal
nicht, um das verwendete Modell (etwa die Einteilung der Wegstrecken) zu optimieren,
sondern um ein (simuliertes) Resultat zu erhalten:

Mal bewegen [verschiebt den vorgeschlagenen Spielplatz-Punkt etwas nach unten]. So ist auf
der anderen Seite vom Weg sogar noch etwas näher dran …
  Aber ändern tut das nichts daran, dass der ungefähre Mittelpunkt J ist [gemeint ist der
Kreismittelpunkt im See]. Das macht keinen Sinn und das ist der sinnvollste Mittelpunkt,
finde ich, meiner Meinung nach. Alternative ist hier … [zieht den Punkt I in rechtes unteres
Viertel] … aber das ist komisch. So, ja das ist meine Lösung.

An dieser Stelle hilft es ihm, verschiedene Ergebnisse, die er mit seinem Modell erhalten könnte, zu simulieren, um seinen ersten Vorschlag noch etwas zu optimieren. Eine
ganz andere Lage probiert er kurz aus, verwirft diese dann aber sofort, ohne sie tieferge-
hend zu analysieren.

Insgesamt zeigt sich, dass Sven einen ziemlich komplexen Prozess durchläuft, der
sowohl von Modellierungsschritten als auch von Simulationen geprägt ist. Er nutzt die
Simulationen aber nicht nur an Stellen, an denen er mathematisch nicht mehr weiter-
kommt, wie etwa am Ende des Prozesses, wo er statt einer (zu) komplexen Berechnung die
minimalen Wegstrecken durch eine Simulation bestimmt, sondern auch zur (versuchten)
Optimierung des verwendeten mathematischen Modells. Dies ist der Fall, wenn er mit
Kreisen durch verschiedene Punktkonstellationen experimentiert, um festzustellen, dass
es sich nicht lohnt, mit diesem mathematischen Modell ein Resultat zu erarbeiten.

Abb. 4.6 Max' Lösung der
Spielplatz-Aufgabe. (Erstellt
mit GeoGebra)

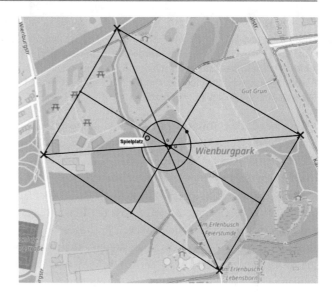

Fallskizze 3: Max

Max ist ein, bezogen auf die Modellierungsitems, durchschnittlicher bis schwacher Schüler, der noch einige Unsicherheiten im Umgang mit GeoGebra aufweist. Diese Unsicherheit spiegelt sich sowohl in seiner Selbsteinschätzung in Bezug auf das Programm wieder, aber auch darin, dass er häufig Hilfe vom Untersuchungsleiter sucht und Funktionen der Werkzeuge erklärt bekommen möchte. Seine Mathematiknote auf dem letzten Zeugnis war befriedigend.

Er beginnt damit, aus den vier Eingangspunkten ein Viereck zu konstruieren. Dann bestimmt der die Mittelpunkte der Seitenlinien dieses Vierecks und verbindet die jeweils gegenüberliegenden Mittelpunkte miteinander. Der entstehende Schnittpunkt wird von ihm als Mittelpunkt interpretiert. Da dieser aber im Wasser liegt, sucht er alternative Möglichkeiten, unter anderem verbindet er auch die gegenüberliegenden Eingänge, was wiederum zu einem Schnittpunkt im See führt. Letztlich beschließt er, einen Kreis um den Schnittpunkt zu ziehen. Den Radius dieses Kreises bestimmt er relativ willkürlich. Innerhalb des gewählten Kreises befinden sich zwei Grünflächen, die für ihn als möglicher Bauplatz in Frage kommen. Er entscheidet sich für das linke Ufer und setzt dort einen Punkt (vgl. Abb. 4.6). Auf eine Nachfrage des Untersuchungsleiters erläutert er sein Vorgehen abschließend wie folgt:

> Weil, das hier, also ich habe hier ein Viereck verbunden und hab damit den Mittelpunkt herausgefunden. Mittelpunkt ist aber mitten im See. Also habe ich einen Kreis gezogen bis zum Rand vom See und habe dann geguckt, ob der an einer Stelle über den Rand schaut. Weil das wäre dann immer noch ziemlich nahe am Mittelpunkt. Und das wäre dann hier oder hier. Und dann würde ich das davon [abhängig] machen, durch welchen Eingang die meisten Leute kommen und es auf der Uferseite bauen.

[I: Das ist schön. Die Info haben wir jetzt leider nicht, gehen wir mal davon aus alle Eingänge sind gleich, wie würdest du dich dann jetzt entscheiden?]

Ähm, für welche Seite? Ich würde den hier platzieren [zeigt auf die linke Seite, setzt dort einen freien Punkt hin], weil ich würde das hier platzieren, weil schöne Lage am See und weil hier die meisten Gebäude in der Nähe sind, wenn hier etwas ist oder hier. Also auch Restaurants oder Cafés in der Nähe.

Max zeigt keine Ansätze einer Simulation, sondern löst das Problem für ihn zufriedenstellend, indem er die Situation auf verschiedene Weisen zu mathematisieren versucht und letztlich durch das Modell des Kreises auch zwei mögliche Lösungen findet. Er entscheidet sich dann aus außermathematischen Überlegungen („schöne Lage", „die meisten Gebäude", „Restaurants oder Cafés in der Nähe") für einen Vorschlag.

Max' Bearbeitungsprozess zeigt, dass der Einsatz einer DGS nicht automatisch zu einem mehr oder weniger systematischen Probieren und damit Simulieren kommen muss. Insgesamt traten bei den sechs analysierten Prozessen in drei zumindest ansatzweise eine Simulation auf. Bei den Bearbeitungsprozessen ohne DGS war dies nur bei einer Schülerin (vgl. Fallskizze 5: Aileen) der Fall.

Fallskizze 4: Sara

Bei Sara handelt es sich um eine Schülerin, die noch ziemlich unsicher im Umgang mit dem Programm ist, was sich sowohl an vielen Suchprozessen und Nachfragen zu den Werkzeugen zeigt, sowie an einer Sprache, die von vielen Ersatzworten wie „Dingens" statt der Werkzeugbeschreibung gekennzeichnet ist. Auch mit den mathematischen Begriffen hat sie Schwierigkeiten, etwa sagt sie, als sie ein Viereck konstruiert: „Ich glaub das ist ein, nee das ist kein Rechteck. Also schon, aber nicht so ein gleiches Rechteck". Außerdem spricht sie vom Rand ihres konstruierten Kreises als Gerade. Die Werkzeugbezeichnung *Schneide* versteht sie als mathematisches Objekt („Was ist nochmal eine Schneide? Das habe ich vorhin schon versucht, glaube ich."). Bezogen auf die Modellierungsitems sowie ihrer Mathematik-Note kann sie dennoch als sonst relativ starke Schülerin eingeschätzt werden.

Aufgrund der Unsicherheiten sowohl in Bezug auf die Programmbedienung als auch in Bezug auf ihre eigenen Fähigkeiten („Okay, jetzt fühle ich mich gerade voll dumm") wirkt ihr gesamter Bearbeitungsprozess wenig stringent, da sie immer wieder neue Ansätze verfolgt, die sie aber selten zu einem zufriedenstellenden Ziel führen.

Der folgende Ausschnitt stammt von einem Zeitpunkt, bei dem sie, nachdem sie durch eine Kreiskonstruktion einen Mittelpunkt im See gefunden hat, auf der Suche nach einem alternativen Modell ist, das ihr kein Ergebnis im Wasser liefert. Sie setzt dazu an, den Bauort zu simulieren, indem sie einen Punkt H, der mit allen vier Eingängen durch Strecken verbunden ist, zu verschieben, bricht dieses Vorgehen dann aber ab und verlagert ihre Arbeit auf einen Zettel:

Kann man den Punkt auch noch bewegen? Das ist toll. [verschiebt Punkt H].

Muss man einfach gucken, wo die sich, außer da [gemeint ist der Kreismittelpunkt im See] treffen. [verschiebt H hin und her].

Mmh passt ja jetzt auch nicht so wirklich. Ich glaube ich fange von vorne an, mit dem Kreis. [löscht alle Elemente bis auf den Kreis]

Ähm, also. Sie müssen alle gleich weit weg von dem Spielplatz sein und … Darf ich das auch auf dem Blatt machen?

[I: Wenn du möchtest]

Okay. [nimmt Karo-Papier]

[I: Du kannst auch die Zeichnung hier benutzen, zeigt auf die Graphik auf dem Arbeitsblatt]

Och, nee. Ich mache das lieber ohne. So und hier ungefähr, hier ist der See, hier wäre ungefähr die Mitte und dann mache ich, von da nach da alles gleich lang, von hier nach da ist nicht gleich lang wie von da nach da. Das ist auch länger als das. Das müsste man irgendwie gucken ob man nicht. Vielleicht kann man da ein Vieleck oder so draus machen. [zeichnet sich eine Skizze auf das Papier, zeichnet vier Punkte ein, wechselt wieder an den Computer]

Sara ist sich zu Beginn unsicher über das Werkzeug *Bewegen*, erkennt aber dessen potentiellen Nutzen für ihre Bearbeitung („Das ist toll."). Da ihr relativ unsystematisches Verschieben des Punktes H nicht auf Anhieb zu einer Lösung führt, bricht sie diese Simulation wieder ab. Statt also die Auswirkungen verschiedener Positionen des Spielplatzes auf die Entfernungen am Computer auszuprobieren, wählt Sara lieber die ihr vertrauterer Bearbeitung mit Stift und Papier. Sie zeichnet an willkürlichen Orten rund um den See insgesamt vier Vorschläge ein und überprüft mit Augenmaß, welcher Eingangspunkt jeweils die größte Entfernung hätte. Dabei löst sie sich sogar von der gegebenen Karte und arbeitet mit einer groben Skizze auf kariertem Papier.

In gewissem Sinne simuliert Sara demnach ebenfalls die Situation mit Stift und Papier, indem sie verschiedene Beispiele generiert und die Konsequenzen auf die jeweiligen Entfernungen betrachtet. Allerdings gelingt ihr nicht der Übergang in das dynamische und damit funktionale Denken und somit auch nicht den Mehrwert der Simulation voll auszunutzen. Sie versucht zu keinem Zeitpunkt, ihren vorgeschlagenen Punkt so systematisch zu variieren, dass sie annähernd ähnliche Entfernungen findet.

Saras Beispiel zeigt, dass die Effektivität der genutzten Simulation auch von der Sicherheit im Umgang mit dem Programm abhängen kann.

Fallskizze 5: Aileen

Die folgende und letzte Fallskizze zeigt den Bearbeitungsprozess von Aileen, die die Aufgabe nur mit Stift, Papier, Zirkel und Geodreieck löst. Sie ist der einzige Fall der 6 beobachteten Schülerinnen und Schüler, die ohne DGS gearbeitet haben, bei der sich Ansätze einer Simulation zeigen. Es handelt sich bei Aileen um eine durchschnittliche Schülerin, was sich sowohl an ihrer letzten Mathematiknote, als auch den Modellierungsitems zeigt.

Sie beginnt damit, dass sie zunächst den Abstand benachbarter Eingänge ausmisst. Sie stellt dann aber fest, dass ihr dieser Ansatz nicht weiterhilft. Stattdessen verbindet sie die gegenüberliegenden Eingänge und bestimmt deren Schnittpunkt. Sie stellt nicht in Frage, ob sie mit dem Vorgehen den tatsächlichen Mittelpunkt gefunden hat, sondern bemerkt, dass der gefundene Punkt im Wasser liegt. Dies schließt sie aber für den Bau des

Spielplatzes aus und beginnt daher, nach einem neuen Modell zu suchen. Sie konstruiert Kreise um die vier Eingangspunkte, die sie zuvor gegen den Uhrzeigersinn beginnend am linken Eingang nummeriert hat. Die Radien der Kreise entsprechen in etwa der halben Länge der Verbindungslinien.

> Ah, hier schneidet sich das auch [zeigt auf Schnittpunkt einiger Kreise oberhalb des Sees] und das ist genau neben dem See. Und hier ist es aber noch im Wasser [überprüft andere Schnittpunkte auf ihre Lage]
> Ich gucke jetzt, wie weit dieser Punkt [zeigt auf Schnittpunkt oberhalb des Sees] von allen anderen weit weg ist. Hier ist der 4 cm, also von dem Punkt zu dem zweiten Eingang sind es 4 cm, von dem Punkt bis zum dritten Eingang sind's 3,5 cm. Von dem Punkt bis Eingang 1 sind es 3 cm und von dem Punkt bis Eingang 4 sind es 2 cm.
> [...]
> Also aber vom ..., also der Punkt ist von Eingang 2 4 cm weit entfernt und von dem Punkt bis hier sind es 2. Moment, das ist zu weit, das ist blöd. Da fühlen sich einige Menschen bestimmt benachteiligt.
> Ähm, mmh, hier ist auch noch ein Punkt [zeigt auf Schnittpunkt rechts des Sees]
> Da schneidet sich der Radius von dem Eingang 4 mit dem Eingang 2. Das rechne ich jetzt auch nochmal. [Notiert 1 =, 2 =, 3 =, 4 =, auf dem Zettel, misst Abstände zu Punkt rechts des Sees]
> So, der Punkt ist von Eingang 4 3 cm entfernt, von Eingang 3 ist der 2,5 cm entfernt. Von Eingang 1 ist der 4 cm entfernt. Und von Eingang 2 ist der 3.

Sie findet somit durch ihr mathematisches Modell, den sich schneidenden Kreisen, einen möglichen Schnittpunkt, dessen Qualität sie durch Messen überprüft. Da sie mit dem Ergebnis noch nicht zufrieden ist, sucht sie nach einem weiteren Schnittpunkt der Kreise, der als möglicher Punkt in Frage käme. Sie probiert ebenfalls systematisch verschiedene Positionen aus, bei denen sie eine gute Lage vermutet und versucht durch Abmessen ihre Hypothese zu bestätigen. Allerdings versucht sie dabei weder ihr Modell noch ihr Ergebnis zu optimieren. Denn sie hätte ja auch einfach ihren ersten Vorschlag etwas weiter nach unten verschieben können, sodass der größte Unterschied in den Abständen etwas kleiner wird. Stattdessen schlägt sie einen neuen Punkt vor, für den sie sich letztlich auch entscheidet.

> Beim ersten [Vorschlag] wäre Eingang 2 doppelt so weit weg wie Eingang 4 und da würden sich glaube ich die meisten benachteiligt fühlen. Bei [Vorschlag] 2 ist Eingang 3 und Eingang 1 schon etwas, also Eingang 3 ist schon etwas näher als bei dem ersten, da war es 4.

Aileens Beispiel zeigt, wie Ansätze einer Simulation auch bei der Bearbeitung mit Stift und Papier aufkommen können. Deren Umsetzung ist aber durch die fehlende Dynamik der Arbeitsoberfläche begrenzt. Bei Aileen führt dies dazu, dass sie ihre Beispiele nicht durch systematisches Verschieben des Punktes generiert, sondern auf Basis eines Modells, bei dem verschiedene Schnittpunkte entstehen. Auch hier tritt dieser Prozess erst dann auf, wenn durch Konstruktion keine zufriedenstellende Lösung gefunden werden konnte.

Aileens Bearbeitungsprozess ist mit ca. 16 Minuten der längste der beobachteten sechs Schüler, die ohne DGS arbeiteten. Diese brauchten zwischen 7 und 16 Minuten, im Schnitt ca. 11 Minuten. Die DGS-Gruppe hingegen arbeitete zwischen 11 und 30 Minuten an dem Problem, im Schnitt ca. 19 Minuten. Dabei war keine Tendenz zu erkennen, dass eine Simulation mit DGS auch immer mit einem kürzeren Bearbeitungsprozess einherging.

4.7 Zusammenfassung und Fazit

Die dargestellten Fallstudien zeigen, dass es bei der Bearbeitung von Modellierungsaufgaben durchaus zu Simulationsprozessen, die entweder der Optimierung des gewählten Modells oder dem Finden eines Resultats dienen, kommen kann. Natürlich ist es dazu nötig, dass die eingesetzte Aufgabe diese Prozesse auch zulässt. Dies war bei der analysierten Spielplatzaufgabe der Fall.

Die Prozesse von Kathrin und Julia, von Sven und von Sara zeigen, dass beim Arbeiten mit DGS die Simulation zum Finden einer Lösung des Problems führen kann. Dieser Weg wird vor allem dann gewählt, wenn das mathematische Arbeiten in einem mathematischen Modell nicht zum gewünschten Erfolg geführt hat. Sie treten aber nicht zwingend bei der Arbeit mit einer DGS auf, wie die Fälle ähnlich zu Max zeigen, bei denen zwar auch keine unmittelbare Lösung durch ein mathematisches Modell gefunden wurde, das Problem aber dennoch ohne eine Simulation zu einem für die Schülerinnen und Schüler zufriedenstellenden Ergebnis geführt wurde. Die Effektivität der Simulation ist, wie Saras Beispiel zeigt, dabei aber auch abhängig von der Sicherheit im Umgang mit dem Programm bzw. der Bedienkompetenz der Schülerinnen und Schüler. Erst wenn die Funktionen bis zu einem gewissen Grad bekannt sind, kann das Potential der Software in ausreichendem Maße ausgeschöpft werden. Das bedeutet allerdings nicht, dass gar keine Bedienunsicherheiten mehr auftreten dürfen, wie Svens Beispiel zeigt.

Es zeigt außerdem, dass Simulationen nicht nur eine Notlösung sind, um doch noch zu einem Ergebnis zu finden, sondern dass Schülerinnen und Schüler diese auch produktiv im Rahmen der Modellfindung bzw. -optimierung nutzen können.

Der Fall von Aileen illustriert, dass die Ansätze einer Simulation nicht nur dann auftreten können, wenn eine DGS genutzt wird. Allerdings ist die tatsächliche Realisierung einer Simulation ohne die Dynamik und Interaktivität einer Software bedeutend erschwert. Dies ist auch in der Dauer der Bearbeitungsprozesse sichtbar. Während Aileens Prozess auch die längste Bearbeitungszeit aufweist, ist dies bei den DGS-Probanden, die ebenfalls in Ansätzen oder vollständig simulieren, nicht immer der Fall.

Abschließend kann also festgehalten werden, dass Modellieren und Simulieren eng zusammenhängen können, besonders wenn mit Einsatz einer DGS gearbeitet wird. Die vorgestellte explorative Studie gibt aber erste Hinweise dazu, dass sich diese Prozesse durchaus auf beiden Ebenen qualitativ voneinander trennen lassen. Es bedarf allerdings noch weiterer Überlegungen und/oder Forschung, wie diese Prozesse besonders gewinnbringend miteinander verknüpft werden können. Insbesondere bedarf es Überlegungen dazu, wie es gelingen kann, dass die Simulation kein bloßes Ausprobieren bleibt, sondern auch bezogen auf die Tiefe der mathematischen Reflektion gewinnbringend wirken kann. Denn das Beispiel von Sven macht deutlich, dass Simulationen dieses Potential durchaus mitbringen.

Literatur

Adamek, C., & Hankeln, C. (2018). *Digitale und strategische Instrumente beim mathematischen Modellieren – Ergebnisse aus dem Projekt LIMo*. Beiträge zum Mathematikunterricht. Münster: WTM.

Barzel, B. (2005). *Computer, Internet & Co. im Mathematik-Unterricht*. Berlin: Cornelsen Scriptor.

Berger, V. (2006). Im Unterricht experimentieren. In H. F. Mikelskis & V. Berger (Hrsg.), *Physik-Didaktik* (S. 149–167). Berlin: Cornelsen Scriptor.

Blum, W., & Leiß, D. (2005). Modellieren im Unterricht mit der „Tanken"-Aufgabe. *Mathematik lehren, 128*, 18–21.

Borromeo Ferri, R. (2011). *Wege zur Innenwelt des mathematischen Modellierens: Kognitive Analysen zu Modellierungsprozessen im Mathematikunterricht*. Wiesbaden: Springer.

Finkelstein, N., Adams, W., Keller, C., Kohl, P., Perkins, K., Podolefsky, N., Reid, S., & LeMaster, R. (2005). When learning about the real world is better done virtually: A study of substituting computer simulations for laboratory equipment. *Phys. Rev. ST Phys. Educ. Res., 1*(1), 1–8.

Greefrath, G. (2010). *Didaktik des Sachrechnens in der Sekundarstufe*. Heidelberg: Spektrum Akademischer Verlag.

Greefrath, G., & Hertleif, C. (2016). *Mathematisches Modellieren mit digitalen Werkzeugen – Eine Fallstudie mit Dynamischer Geometrie-Software*. Beiträge zum Mathematikunterricht 2016. (S. 425–428). Münster: WTM.

Greefrath, G., & Weigand, H.-G. (2012). Simulieren: Mit Modellen experimentieren. *Mathematik-lehren, 174*, 2–6.

Hankeln, C., Adamek, C., & Greefrath, G. (2018). Assessing sub-competencies of mathematical modelling-development of a new test instrument. In G. Stillmann & J. Brown (Hrsg.), *Lines of Inquiry in Mathematical Modelling Research in Education*. New York: Springer.

Henn, H., & Maaß, K. (Hrsg.). (2003). *Materialien für einen realitätsbezogenen Mathematikunterricht, Standardthemen*. Schriftenreihe der Istrongruppe, 8. Hildesheim: Franzbecker.

Hertleif, C. (2017). Dynamic geometry software in mathematical modelling: About the role of programme-related self-efficacy and attitudes towards learning with the software. In G. Aldon & J. Trgalová (Hrsg.), *Proceedings of the 13th International Conference on Technology in Mathematics Teaching* (S. 124–133). Lyon: École Normale Supérieure.

Kircher, E. (2009). *Physikdidaktik: Theorie und Praxis*. Berlin: Springer.

Philipp, K. (2012). *Experimentelles Denken: Theoretische und empirische Konkretisierung einer mathematischen Kompetenz*. Wiesbaden: Springer.

Rieß, W., Wirtz, M., Barzel, B., & Schulz, A. (2012). *Experimentieren im mathematisch-naturwissenschaftlichen Unterricht: Schüler lernen wissenschaftlich denken und arbeiten*. Münster: Waxmann.

Scheuring, M., & Roth, J. (2017). Computer-Simulationen oder gegenständliche Materialien – Was fördert funktionales Denken besser? In Institut für Mathematik der Universität Potsdam (Hrsg.), *Beiträge zum Mathematikunterricht 2017* (S. 837–840). Münster: WTM.

Siller, H.-S., & Greefrath, G. (2010). Mathematical modelling in class regarding to technology. In V. Durand-Guerrier, S. Soury-Lavergne & F. Arzarello (Hrsg.), *Proceedings of the Sixth Congress of the European Society for Research in Mathematics Education*. CERME 6, Lyon. (S. 2136–2145).

Sonar, T. (2001). *Angewandte Mathematik, Modellbildung und Informatik: Eine Einführung für Lehramtsstudenten, Lehrer und Schüler*. Braunschweig: Vieweg.

Wörler, J. (2015). Computersimulationen im Mathematikunterricht – Ein Vorschlag der Klassifizierung durch Interaktionsgrade. In F. Caluori, H. Linneweber-Lammerskitten & Chr Streit (Hrsg.), *Beiträge zum Mathematikunterricht 2015* (S. 1012–1015). Münster: WTM.

Experimentieren, Mathematisieren und Simulieren im Mathematiklabor

Sabine Baum, Johannes Beck und Hans-Georg Weigand

Zusammenfassung

Im Mittelpunkt der folgenden Überlegungen steht ein Mathematiklabor an der Universität Würzburg, das es Schülerinnen und Schülern ab der 10. Jahrgangsstufe ermöglicht mit realen und virtuellen Modellen zu experimentieren, also Simulationen auszuführen und damit Entdeckungen zu generieren, Ergebnisse zu überprüfen, Sonderfälle zu untersuchen und Fragestellungen zu erweitern. Beispiele hierfür sind der Bagger, der Scheibenwischer oder das Einparken eines Autos, aber auch mathematische Instrumente wie Parabel- oder Ellipsenzirkel oder durch mathematische Ideen angeregte Modelle wie etwa „Gleichdicks" oder Origami. Dieser Artikel zeigt an Beispielen Möglichkeiten des Einsatzes eines digitalen Werkzeugs bei Simulationen inner- und außermathematischen Problemstellungen auf (Alle Simulationen finden sich auch auf http://www.mathe-labor.didaktik.mathematik.uni-wuerzburg.de/).

5.1 Das Mathematiklabor

Das Mathematiklabor an der Universität Würzburg (siehe Appell et al. 2008) ist Teil einer Lehr-Lern-Werkstatt am „M!ND-Center" – des Mathematischen, Informationstechnologischen und Naturwissenschaftlichen Didaktikzentrums.[1] Die grundlegende Idee des Labors ist es, einen Teil der (realen) Welt in ein Labor zu bringen und dort auf die zugrunde lie-

---

[1] mind.uni-wuerzburg.de.

S. Baum (✉)
Berlin, Deutschland

J. Beck · H.-G. Weigand
Julius-Maximilians-Universität Würzburg
Würzburg, Deutschland

© Springer Fachmedien Wiesbaden GmbH, ein Teil von Springer Nature 2018
G. Greefrath und H.-S. Siller (Hrsg.), *Digitale Werkzeuge, Simulationen und mathematisches Modellieren*, Realitätsbezüge im Mathematikunterricht,
https://doi.org/10.1007/978-3-658-21940-6_5

gende Mathematik zu untersuchen. Dabei wird ausgehend von Umweltsituationen und dem Experimentieren mit (realen) Modellen zunächst eine Mathematisierung durchgeführt, dann wird das mathematische Modell mit Hilfe digitaler Simulationen erkundet. Simulationen sind Experimente mit den Modellen dieser Situationen. Digitale Technologien sind dabei ein Hilfsmittel, um mit diesen Simulationen zu arbeiten (Greefrath und Weigand 2012).

Das Mathematiklabor baut auf den folgenden Grundsätzen auf:

- es ist für Schülerinnen und Schüler der Jahrgangsstufen 10 bis 12 konzipiert;
- die Schülerinnen und Schüler arbeiten in kleinen Gruppen (mit 2 oder 3 Personen) an jeder Station;
- jede Station beschäftigt sich mit *einem* Thema;
- eine Station benötigt in etwa eine Bearbeitungszeit von drei Stunden;
- es gibt Vor- und Nachbereitungsstunden in der Schule zur Vorbereitung des Mathematiklabors und Reflexion der Erfahrungen hinterher.

Die Stationen des Mathematiklabors (und dementsprechend die Simulationen) lassen sich thematisch/inhaltlich grob in vier Bereiche einteilen:

- Außermathematische und technische Simulationen: Bagger, Fahrrad, Einparken, Scheibenwischer, Regenbogen, Seifenblasen, Sonnenwärmekraftwerk
- Simulationen mathematischer Instrumente: Parabelzirkel, Ellipsenzirkel, Spirograph, Pantograph
- Simulationen innermathematischer Phänomene: Gleichdicks, Goldener Schnitt, Origami
- Stochastische Simulationen: Ziegenproblem, Verschlüsselungsmaschine Enigma

Im Folgenden werden an jeweils einem Beispiel aus diesen vier Bereichen Möglichkeiten für Simulationen im Mathematiklabor vorgestellt und ihre zentrale Funktion erläutert.

5.2 Die 3-Phasen-Idee

Der Ablauf der Arbeit an einer Station des Mathematiklabors orientiert sich vor allem bei außermathematischen Phänomenen an einem „klassischen" Modellkreislauf: Eine reale Situation wird in die „Welt der Mathematik" übertragen, mit einem mathematischen Modell werden Ergebnisse gewonnen, und diese Ergebnisse werden in der realen Welt interpretiert. Im Mathematiklabor wird dieser Kreislauf in 3 Phasen gegliedert:

- Phase 1: *Experimentieren* (mit realen Modellen)
- Phase 2: Modellieren oder Übertragen in die Welt der Mathematik (*Mathematisieren*)
- Phase 3: *Simulieren* im Sinne von Experimenten mit digitalen Modellen

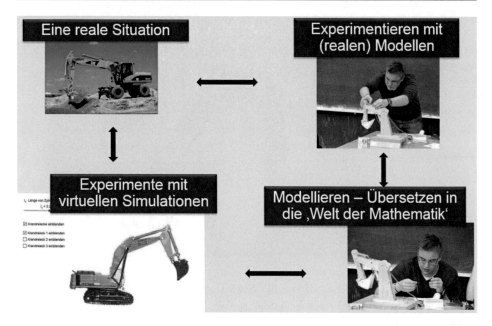

Abb. 5.1 Die drei Phasen des Mathematiklabors anhand des Beispiels „Bagger". (Erstellt mit Geo-Gebra)

Diese drei Phasen bilden – zusammen mit den Schritten von der Realität in die Welt der Mathematik und dem Weg zurück in die Welt der Realität – den Hintergrund für die im Folgenden beschriebenen Simulationen (Abb. 5.1).

Ein wesentlicher Teil der *außermathematischen Phänomene*, die in den Stationen des Mathematiklabors behandelt werden, kommt aus dem Bereich der Technik (Bagger, Scheibenwischer, Einparken, Sonnenwärmekraftwerk, Fahrrad). Bei technischen Simulationen ist ein großer Vorteil, dass sich die in den Realmodellen eigentlich unveränderlichen Größen variieren lassen. Beim Einparken wird dazu z. B. ein Bobbycar verwendet. Dieses lässt sich natürlich nicht in der Länge oder Breite verändern. In der GeoGebra-Simulation können dagegen Größen beliebig gewählt und die Auswirkungen auf die Situation beobachtet, erkundet und mathematisch beschrieben werden. Der Simulation kommt hier die Bedeutung zu, die auftretenden Abhängigkeiten – funktionale Zusammenhänge – bei dieser Situation besser erkennen und beurteilen zu können.

Für mathematische Betrachtungen sind unter den technischen Phänomenen verschiedene Getriebestrukturen, die auf unterschiedliche Arten aus Gelenken und Verbindungen aufgebaut sein können, besonders interessant. Ein Beispiel dafür findet sich in der Laborstation „Die Mathematik des Baggers", in der die Bewegung eines Baggerarms untersucht wird (vgl. Appell et al. 2008). Mithilfe von Krandreiecken, von denen jeweils eine Seite über einen Zylinder in der Länge variiert werden kann, und einem Gelenkviereck kann die Position der Baggerschaufel gesteuert werden. Die Lernenden im Mathematiklabor experimentieren mit Realmodellen, machen sich mit den entsprechenden geometrischen

Abb. 5.2 Realmodell eines
Baggers, dessen Arm sich aus
drei Krandreiecken und einem
Gelenkviereck zusammensetzt.
(Entnommen aus: Appell et al.
2008, S. 25)

Figuren vertraut, untersuchen die geometrischen sowie funktionalen Zusammenhänge der Baggerarmsteuerung und simulieren anschließend systematisch die Bewegung des Baggerarms am Computer. Die Leitfrage der Stationsarbeit lautet dabei: Wie müssen die Zylinderlängen der Krandreiecke geändert werden, damit die Baggerschaufel eine bestimmte Bewegung (z. B. senkrecht zum Erdboden) vollführt (vgl. Abb. 5.2)?

Bei den *Stationen mit mathematischen Instrumenten* verläuft die Arbeit im Mathematiklabor sehr ähnlich zu den außermathematischen Situationen ab. Ein mathematisches Instrument lässt sich insbesondere kennzeichnen durch eine zugrundeliegende mathematische Idee, seine Konstruktions- oder mechanische Idee sowie seine Nutzungsidee (Vollrath 2013). Der Prozess des Herausholens der zugrundeliegenden mathematischen Idee aus dem Gerät oder Entschlüsselns des Geräts lässt sich durchaus in Analogie zum Modellierungsprozess und damit auch im Rahmen der 3-Phasen-Idee beschreiben.

Bei *Stationen zu innermathematischen Phänomenen* sieht dieser Weg anders aus. Hier wird ausgehend von der mathematischen Idee – etwa von der Idee gleichdicker Figuren – eine Möglichkeit nach der Umsetzung in Form eines realen Modells gesucht. Damit werden die 3-Phasen des Mathematiklabors in einer anderen Reihenfolge und Gewichtung durchlaufen.

Bei *stochastischen Simulationen* wird ebenfalls eine Umweltsituation modelliert, sie wird dann aber des Öfteren wiederholt, indem die Ausgangswerte mit Hilfe eines Zufallsgenerators variiert werden. Auch diesen Stationen lassen sich gut die 3 Phasen des Mathematiklabors zuordnen.

5.3 Außermathematische Simulationen: Der Scheibenwischer

Für mathematische Betrachtungen sind unter den technischen Phänomenen verschiedene Getriebestrukturen, die für die spezifischen Bewegungsabläufe eines technischen Geräts ursächlich sind, besonders interessant. Ein Beispiel dafür findet sich in der Laborstation „Mathematik im Scheibenwischer" (vgl. Baum 2012). Das Ziel der Laborstation ist es, den

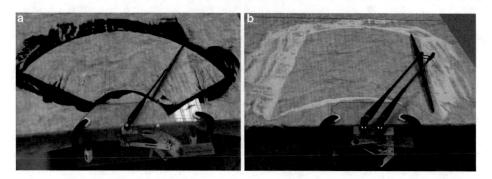

Abb. 5.3 a Realmodell des Einarmwischers im Mathematiklabor, **b** Realmodell des Parallel-
wischers im Mathematiklabor

Lernenden die notwendigen Einsichten in Funktionsweise und Zusammenhänge des Scheibenwischeraufbaus zu vermitteln, mit denen sie dann Entscheidungen für den Bau eines
eigenen Scheibenwischermodells treffen können. Die Schülerinnen und Schüler sollen unter anderem anhand von Größe und Form der Wischfläche Überlegungen zum Bau dieses Scheibenwischermodells anstellen. Dazu untersuchen sie verschiedene Einflussfakto-
ren auf die Größe der Wischfläche. In einem ersten Schritt betrachten sie nur den Wisch-
hebel des Scheibenwischeraufbaus (vgl. Abb. 5.3a,b), der sich auf dem Tisch über der Plexiglasscheibe befindet und sich aus Wischarm und Wischblatt zusammensetzt. Als Ein-
flussgrößen auf die Größe der Wischfläche sind hier die Länge des Wischblatts und des
Wischarms interessant. In einem zweiten Schritt, wird zusätzlich die Antriebseinheit untersucht, die sich unter der Plexiglasscheibe befindet. Der Scheibenwischer wird über eine
Kurbelschwinge, ein spezielles Gelenkviereck, angetrieben, das eine kreisförmige Bewegung in eine Schwingung übersetzt. Das Gelenkviereck besteht aus 4 Stäben, die in 4 beweglichen Gelenken miteinander verbunden sind. Die Länge der Stäbe hat Einfluss auf den
Auslenkwinkel des Scheibenwischers und der wiederum auf die Größe der Wischfläche.

Im Folgenden werden Simulationen aus dem technischen Bereich am Beispiel des
Scheibenwischers vorgesellt.

Simulationen „Einarmwischer" und „Parallelwischer"
Die Form der Wischfläche lernen die Schülerinnen und Schüler am Realmodell (vgl.
Abb. 5.3a,b) kennen. Sie bestreuen die Tischplatte mit farbigen Sand und betätigen den
Scheibenwischer. Eine Gruppe hat die Aufgabe eine Formel für die Berechnung der
Wischfläche des Einarmscheibenwischers aufzustellen und sie für die gemessenen Grö-
ßen am Realmodell anzuwenden. Eine andere Gruppe hat die gleiche Aufgabe für den
Parallelscheibenwischer.

$$\text{Wischfläche des Einarmwischers: } A_{\text{Einarmwischer}} = \frac{\alpha}{180°} \cdot \pi \cdot l_{\text{WA}} \cdot l_{\text{WB}}$$

$$\text{Wischfläche des Parallelwischers: } A_{\text{Parallelwischer}} = 2 \cdot l_{\text{WA}} \cdot l_{\text{WB}} \cdot \sin\frac{\alpha}{2}$$

(α Auslenkwinkel, l_{WA} Wischarmlänge, l_{WB} Wischblattlänge)

Ihre Ergebnisse können sie mit der **Simulation Einarmwischer** (vgl. Abb. 5.4 und 5.5) bzw. **Parallelwischer** überprüfen, indem sie die am Realmodell gemessen Größen für die Wischarmlänge l_{WA} und die Wischblattlänge l_{WB} über die Schieberegler einstellen. Hier wird die Simulation mit dem Ziel eingesetzt, die Mathematisierung zu überprüfen. Darüber hinaus können die Lernenden aufgrund der detailgetreuen virtuellen Abbildung des Realmodells die vorhergehenden Experimente wiederholen und vertiefen. Der Einsatz der Simulation bietet mehrere Vorteile:

- Erhöhung/Optimierung der Experimentiermöglichkeiten: Dazu gehört auf der einen Seite, dass man die Drehbewegung animieren kann, also nicht mehr händisch kurbeln muss. Auf der anderen Seite können auch deutlich mehr Fälle betrachtet werden, als beim Realexperiment. Über die Schieberegler können verschiedene Längen für Wischarm und Wischblatt gewählt werden, während sie sich am Realmodell nicht variieren lassen.
- Reduzierung des Rechenaufwands: Die Simulation übernimmt die Berechnung der Wischfläche. Das geht deutlich schneller, als verschiedene Werte immer neu in die Formel einzusetzen und diese auf herkömmlichem Weg auszurechnen.
- Systematische Variation mithilfe der Schieberegler: Der reduzierte Rechen- und Experimentieraufwand macht Beobachtungen zum Änderungsverhalten der abhängigen Größe (Wischflächeninhalt) bei einer systematischen Änderung der unabhängigen Größen (Wischblattlänge bzw. Wischarmlänge) besonders einfach. Ein systematisches Vorgehen ist für die Lernenden dadurch naheliegender als bei der Arbeit mit der Formel. Es können neue Erkenntnisse gewonnen werden und vorhandene Mathematisierungen leichter interpretiert werden. Zum Beispiel erkennen die Lernenden bei Verdopplung, Halbierung, Verdreifachung, ... der Wischblatt- bzw. Wischarmlänge, dass sich der Wischflächeninhalt entsprechend verdoppelt, halbiert, verdreifacht, ... Es besteht also ein proportionaler Zusammenhang zwischen unabhängiger und abhängiger Größe.
- Zusammenbringen von Experimenten und Mathematisierungen: Durch die dynamische und parallele Darstellung einer virtuellen Repräsentation des Realmodells mit Mathematisierungen können Zusammenhänge leichter gedeutet werden. Die Lernenden sehen zu den eingestellten bzw. berechneten Werten den entsprechenden Scheibenwischer. Sie können u. a. die Angemessenheit von Mathematisierungen in Bezug auf das Phänomen beurteilen. Zum Beispiel sollte das Wischblatt höchstens doppelt so lang sein wie der Wischarm, um eine sinnvolle Wischfläche zu erreichen. Durch farbliche Hervorhebungen wird zudem die Interpretation von Änderungsaussagen in Bezug auf das Phänomen erleichtert. Die Lernenden können die Wischflächen zu verschiedenen Wischblatt- und Wischarmlängen visuell vergleichen. In der Simulation, die in Abb. 5.5 dargestellt wird, wurden zwei Wischflächen verschiedenfarbig dargestellt. Der Wischarm bei der äußeren Fläche ist doppelt so lang und die Wischblattlänge gleich lang. Es ist zu erkennen, dass eine Verlängerung des Wischarms eine Vergrößerung des Radius des Kreisrings bedeutet, von dem die Wischfläche ein Teil ist. Bei gleichbleibender Wischblattlänge bleibt die Dicke des Kreisrings bestehen.

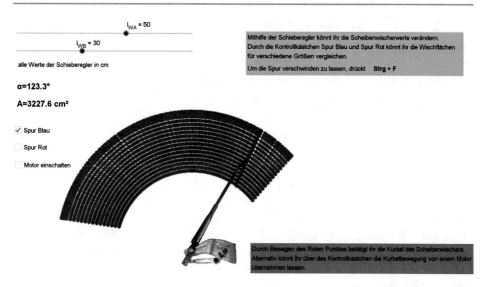

Abb. 5.4 Simulation Einarmwischer. Siehe www.mathematik-labor.org. Dort kann auch die Simulation Parallelwischer aufgerufen werden, die analog gestaltet wurde. (Erstellt mit GeoGebra)

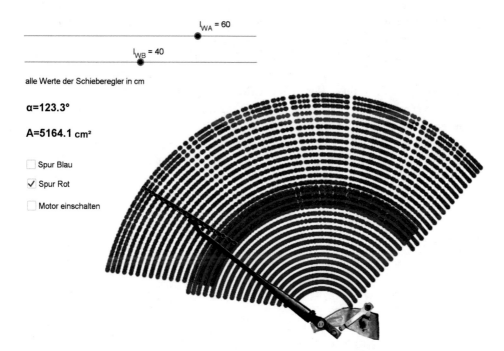

Abb. 5.5 Simulation Einarmwischer. Vergleich zweier Wischflächen. (Erstellt mit GeoGebra)

**Simulationen „Einarmwischer und Gelenkviereck"
und „Parallelwischer und Gelenkviereck"**

Im zweiten Teil der Stationsarbeit untersuchen die Schülerinnen und Schüler die Antriebseinheit des Scheibenwischers genauer. Mit Lochstangen bauen sie verschiedene Gelenkvierecke und vergleichen diese miteinander (vgl. Abb. 5.6). Wird der kürzeste Stab a bewegt und ein benachbarter Stab b oder d festgehalten, so sind je nach Verhältnis der Stablängen unterschiedliche Bewegungen möglich. Kann Stab a volle Drehungen vollführen und Stab c schwingt dadurch, handelt es sich um eine Kurbelschwinge. Können sowohl Stab a als auch Stab c lediglich Schwingungen ausführen, handelt es sich um eine Doppelschwinge. Dahinter steht der *Satz von Grashof* (Grashof 1883), der besagt, dass der kürzeste Stab genau dann voll drehbar ist, wenn die Summe aus den Längen des kürzesten und längsten Stabs höchstens so groß ist wie die Summe aus den Längen der anderen beiden Stäbe. Die Lernenden erkennen nun am Realmodell des Scheibenwischers, dass es sich bei der Antriebseinheit um eine Kurbelschwinge handelt. Der voll drehbare Stab wird Kurbel genannt und der schwingende Stab Schwinge. Die Längen der einzelnen Stäbe dieser Kurbelschwinge sind ausschlaggebend für die Größe des Schwenkwinkels, um den die Schwinge bei einer Kurbeldrehung ausschlägt. In den **Simulationen Einarmwischer und Gelenkviereck** (siehe Abb. 5.7) und **Parallelwischer und Gelenkviereck** wird die Situation veranschaulicht. Die Längen des unbeweglichen Stabs (Steg b) und des Stabs, der die Schwinge c und die Kurbel a verbindet, (Koppel d) sind zur Vereinfachung mit jeweils 12 cm vorgegeben. Um eine Kurbelschwinge zu erhalten, muss demnach $a \leq c$ gelten. Allerdings handelt es sich bei $a = c$ um ein sogenanntes laufunsicheres Getriebe und sollte entsprechend nicht gewählt werden (z. B. Hagedorn et al. 2009, S. 37). Wählen die Lernenden über die Schieberegler Werte, die kein Kurbelgetriebe mehr gewährleisten, erscheint eine Warnung mit entsprechender Erläuterung. Die Schülerinnen und Schüler untersuchen nun die Auswirkungen verschiedener Kurbel- und Schwingenlängen auf die Größe des Wischwinkels bzw. die Größe der Wischfläche. Durch die Arbeit mit der Simulation ergeben sich wieder die oben genannten Vorteile. Durch systematisches Variieren von Kurbel- und Schwingenlänge wird erkannt, dass der Wischflächeninhalt umso größer ist, desto größer a ist und umso mehr sich c „von oben" a annähert. Überprüfen die Lernenden die aus der Mathematisierung folgende Vermutung, dass es günstig ist, Schwinge und

Abb. 5.6 Gelenkviereck

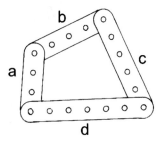

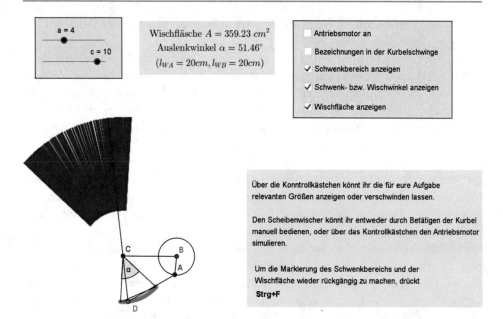

Abb. 5.7 Simulation Einarmwischer und Gelenkviereck. Die Simulation Parallelwischer und Gelenkviereck wurde analog gestaltet. (Erstellt mit GeoGebra)

Kurbel möglichst lang zu wählen, nun durch die virtuelle Betätigung des entsprechenden Scheibenwischers, fällt ihnen auf, dass er sehr ungleichmäßig läuft[2]. Damit können sie die Wahl für kürzere Stäbe begründen. An dieser Simulation zeigt sich ein zusätzlicher Vorteil, den der Einsatz von Simulationen haben kann: Die Schülerinnen und Schüler können funktionale Zusammenhänge untersuchen, ohne den Zusammenhang formal beschreiben zu müssen. Das ist insbesondere dann wichtig, wenn komplexe Phänomene untersucht werden, die sich nicht mehr auf Schulniveau formelhaft beschreiben lassen.

Nachdem die Lernenden einer Gruppe den Einarmscheibenwischer untersucht haben und die andere Gruppe den Parallelscheibenwischer, tauschen sie sich untereinander über ihre Ergebnisse aus und wägen Vor- und Nachteile des jeweiligen Scheibenwischertyps ab. Zusätzlich lernen sie gemeinsam den Zweiarmscheibenwischer kennen, bei dem zwei Einarmwischer über eine Antriebseinheit gekoppelt sind. Abschließend bauen sie auf der Grundlage ihrer in der Stationsarbeit erworbenen Kenntnisse ein eigenes Scheibenwischermodell.

---

[2] Bei der Kurbelschwinge handelt es sich um ein ungleichförmig übersetzendes Getriebe, das heißt die Schwinge kann während einer Schwingung ganz unterschiedliche Geschwindigkeiten annehmen.

5.4   Innermathematische Simulationen: Papierfalten oder Origami

Papierfalten bzw. – japanisch – Origami wurde schon verschiedentlich als eine Aktivität für den Mathematikunterricht vorgeschlagen, mit der sich zentrale Ziele des Mathematikunterrichts bzw. Kompetenzen entsprechend den KMK-Standards erreichen lassen (Flachsmeyer 2008, 2009; Schmitt-Hartmann und Herget 2013; Nedrenco 2016). Dabei geht es einerseits um das Falten von „schönen Figuren und Körpern", wie etwa eines Schwans oder Kranichs, aber auch eines Würfels, Tetraeders oder Ikosaeders. Es geht andererseits und vor allem aber um eine theoretische Beschreibung dieser enaktiven Tätigkeit. So ist Origami mittlerweile in der Fachwissenschaft Mathematik zu einem mathematischen Teilgebiet geworden, zu einer Faltgeometrie, die sich axiomatisch beschreiben lässt. Dabei ist die einfachste Form des Papierfaltens die 1-fach-Faltung oder das 1-fach-Origami, bei dem pro Faltung genau ein Falz entsteht. Dieses lässt sich durch 7 Grundfaltungen beschreiben, für die es mittlerweile ein Axiomensystem gibt (vgl. Nedrenco 2015). Diese Faltgeometrie ist reichhaltiger als die klassische euklidische Geometrie, indem sich alle Objekte, die mit Zirkel und Lineal konstruiert werden können auch mit dem 1-fach-Origami herstellen oder konstruieren lassen. Darüber hinaus lassen sich auch kubische Gleichungen lösen, Winkel dreiteilen und das Delische Problem lösen.

Die Station „Papierfalten" im Mathematiklabor ist für Schülerinnen und Schüler ab der 8. Jahrgangsstufe konzipiert und ist der 1-fach-Falt-Geometrie gewidmet. Sie hat das Ziel, den Schülern vertraute geometrische Problemstellungen im Rahmen der Faltgeometrie lösen zu lassen. Diese Problemlöseprozesse werden dabei sowohl durch enaktive Tätigkeiten – eben durch Papierfalten – als auch durch digitale Simulationen unterstützt. Im Mathematiklabor geht es also weniger darum, „schöne" Formen und Körper zu falten, als vielmehr darum, dem Wissensstand der 8. Jahrgangsstufe entsprechende mathematische Problemstellungen zu behandeln und dadurch das Verständnis von Geometrie im Hinblick auf Begründungen und Beweise weiterzuentwickeln.

Faltvielecke

Die Station beginnt mit der Frage, welche Vielecke entstehen können, wenn eine Ecke eines quadratischen Blattes zu einer beliebig festgelegten Stelle P hin gefaltet wird. Durch Nachdenken und Ausprobieren mit einem gewöhnlichen Blatt Papier findet man schnell verschiedene Möglichkeiten: Dreiecke, Vierecke und Fünfecke. Schwieriger ist die Frage zu beantworten, wie der Zusammenhang zwischen der Lage des Punktes P und der Art des Vielecks ist. Lässt sich die Ebene in Bereiche einteilen, die einem bestimmten Vieleck zugeordnet werden können? Hier hilft die Simulation „Vielecke 1", mit der man einerseits frei mit dem Punkt P und den Ecken des Quadrats experimentieren und die verschiedenen Vielecke erzeugen kann. Andererseits lassen sich über Kontrollkästchen Hilfen und schließlich auch die Lösung einblenden (vgl. Abb. 5.8a).

Bei der zweiten Frage werden nun alle vier Ecken des quadratischen Papiers auf einen Punkt gefaltet. Auch hier ist die Frage: Welche Vielecke können auf diese Art zwischen

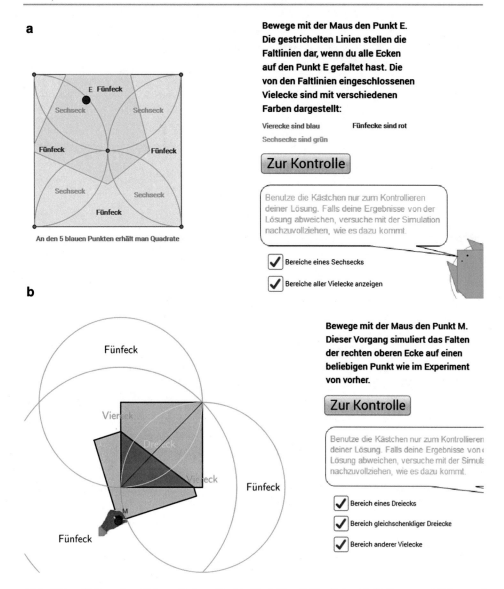

a

E Fünfeck

Sechseck   Sechseck

Fünfeck   Fünfeck

Sechseck   Sechseck

Fünfeck

An den 5 blauen Punkten erhält man Quadrate

Bewege mit der Maus den Punkt E. Die gestrichelten Linien stellen die Faltlinien dar, wenn du alle Ecken auf den Punkt E gefaltet hast. Die von den Faltlinien eingeschlossenen Vielecke sind mit verschiedenen Farben dargestellt:

Vierecke sind blau   Fünfecke sind rot
Sechsecke sind grün

Zur Kontrolle

Benutze die Kästchen nur zum Kontrollieren deiner Lösung. Falls deine Ergebnisse von der Lösung abweichen, versuche mit der Simulation nachzuvollziehen, wie es dazu kommt.

✔ Bereiche eines Sechsecks

✔ Bereiche aller Vielecke anzeigen

b

Fünfeck

Viereck

Dreieck

Viereck   Fünfeck

M

Fünfeck

Fünfeck

Bewege mit der Maus den Punkt M. Dieser Vorgang simuliert das Falten der rechten oberen Ecke auf einen beliebigen Punkt wie im Experiment von vorher.

Zur Kontrolle

Benutze die Kästchen nur zum Kontrollieren deiner Lösung. Falls deine Ergebnisse von (Lösung abweichen, versuche mit der Simula nachzuvollziehen, wie es dazu kommt.

✔ Bereich eines Dreiecks

✔ Bereich gleichschenkliger Dreiecke

✔ Bereich anderer Vielecke

Abb. 5.8 **a** Falten einer Ecke auf einen Punkt. (Erstellt mit GeoGebra) **b** Falten von 4 Ecken auf einen Punkt. (Erstellt mit GeoGebra)

den Faltlinien entstehen? Bei der Simulation dieser Situation werden neben dem Punkt, auf den die Ecken gefaltet werden (Zielpunkt), noch die Faltlinien angezeigt, die dabei entstehen: Dies sind die jeweiligen Mittelsenkrechten der Verbindungsstrecke Ecke und Punkt. Durch die fließende, dynamische Veränderung des Zielpunktes in der Simulation „Vielecke 2" ist die Betrachtung von wesentlich mehr Fällen möglich, als man dies durch das Arbeiten mit dem Papier erreichen kann. Außerdem lassen sich die Grenzlinien

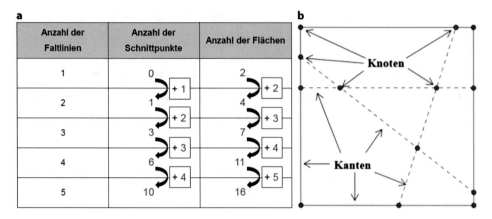

Abb. 5.9a,b Experimentelles Bestimmen der Anzahl von Schnittpunkten und Flächen

(jeweils Kreislinien) zwischen den einzelnen Bereichen „abfahren", was dabei hilft, die Mathematik hinter der Beobachtung zu untersuchen (Abb. 5.8b).

Linien – Schnittpunkte – Flächen

Faltlinien stellen in der Faltgeometrie Geraden in einer Ebene dar. Wenn diese nicht parallel zueinander sind, gibt es Schnittpunkte dieser Geraden. Die nächste und 3. Aufgabe beschäftigt sich mit der Frage, wie viele Schnittpunkte es gibt bzw. wie sich die Zahl der Schnittpunkte verändert, wenn eine weitere Faltlinie (die natürlich zu keiner der anderen Faltlinien parallel ist) hinzugefügt wird. In diesem Aufgabenteil werden dabei neben der Anzahl der Schnittpunkte auch die Anzahl der Flächenstücke untersucht. In der Simulation „Schnittpunkte" können bis zu 5 Faltlinien und deren Schnittpunkte angezeigt werden. Als zusätzliche Hilfe können die Flächen zwischen den Faltlinien farbig angezeigt werden. Die Simulation dient hier vor allem zur Gewinnung von Daten (= Anzahl der Schnittpunkte, Anzahl der Teilflächen, jeweils in Abhängigkeit der Anzahl von Falzen/Geraden, vgl. Abb. 5.9). Die Schülerinnen und Schüler erkennen leicht, wie die Anzahl der Schnittpunkte und die Anzahl der Flächen Schritt für Schritt zunehmen. Des Weiteren entdecken sie angeleitet durch entsprechende Fragen, dass: Flächen − Faltlinien − Schnittpunkte = 1 gilt, wobei die Worte jeweils für die jeweiligen Anzahlen stehen. Fasst man das Faltmuster als ebenen Graphen auf, so kann man mit den entsprechenden Begrifflichkeiten von Flächen, Knoten und Kanten die Gleichung etwas umformulieren und erhält Flächen + Knoten − Kanten = 1.

Der „Pustwürfel"

Es ist erstaunlich, dass man aus einem Blatt Papier einen aufblasbaren Würfel (genannt „Pustewürfel", vgl. Abb. 5.10a,b) falten kann, bei dem nirgends geklebt werden muss.

Mathematisch ist hier vor allem die Überlegung interessant, wie sich Oberfläche und Volumen des Pustewürfels in aufgeblasenem bzw. zusammengefaltetem Zustand zueinander verhalten. Die Simulation „Pustewürfel" hilft durch die 3D-Darstellung und die

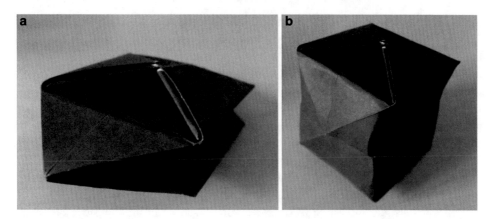

Abb. 5.10a,b Der „Pustewürfel" – flachgefaltet und aufgepustet

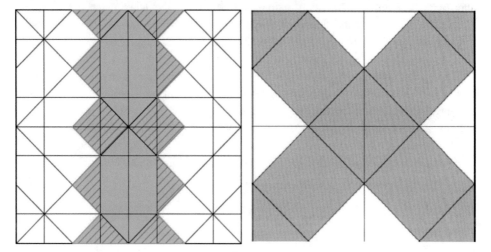

Abb. 5.11 Würfelnetze

Möglichkeit der farbigen Markierung zunächst festzustellen, welche Flächen des Faltmusters zur Oberfläche beitragen, d. h. nach außen gefaltet werden. Im Vergleich ergibt sich, dass die Oberfläche des aufgeblasenen Würfels doppelt so groß ist wie die des zusammengefalteten Würfels. Für das Volumen gilt idealisiert, dass es in zusammengefaltetem Zustand fast 0 ist, während es bei aufgeblasenem Würfel auf etwa $110\,\text{cm}^3$ kommt. Eine ähnliche Anwendung – wenn auch nicht in Würfelform – findet man im Airbag eines Autos.

Natürlich lässt sich aus einem quadratischen Stück Papier auch ein größerer Würfel herstellen als der Pustewürfel. Im Vergleich stellt sich heraus, dass der Pustewürfel in zusammengefaltetem Zustand eine größere Oberfläche und in aufgeblasenem Zustand aber ein kleineres Volumen hat als der andere Würfel (vgl. Abb. 5.11 – Faltmuster rechts). Die Vorteile des Pustewürfels sind seine Stabilität und der Verzicht auf Klebestellen.

5.5   Mathematische Instrumente – Der Parabelzirkel

In seinem 1637 herausgegebenen Werk *La Géométrie* stellte René Descartes (1596–1650) die Beziehung zwischen Algebra und Geometrie heraus, indem er durch Konstruktionen festgelegte geometrische Kurven analytisch beschreibt. Für Kegelschnitte gibt er dabei sogenannte Fadenkonstruktionen an, deren Ursprung teilweise bis in die griechische Mathematik zurückreicht (vgl. van Randenborgh, S. 36 ff.). Der niederländische Mathematiker Frans van Schooten (1615–1660), der Descartes' *La Géométrie* in das Lateinische übersetzte, entwickelte darauf aufbauend verschiedene robustere Instrumente zum Zeichnen von Kegelschnitten. U. a. entwickelte er einen Parabelzirkel (vgl. Abb. 5.12a), dem im Mathematiklabor eine eigene Station gewidmet ist.

Dem Parabelzirkel von van SCHOOTEN liegt die folgende Konstruktionsidee zugrunde (vgl. Abb. 5.12b). Von einer Gelenkraute bleibt der Punkt B fest, der Punkt G wird längs einer Schiene S verschoben. Beim Schnittpunkt der längs der Diagonalen FH gelegten Schiene und der zu S senkrechten Schiene zeichnet ein Stift die Parabel. Die gezeichnete Kurve ist eine Parabel, da FH die Mittelsenkrechte zur Strecke $[BG]$ ist, woraus sich $|DG| = |DB|$ ergibt. Dem Parabelzirkel liegt somit die Definition der Parabel als einer Ortskurve zugrunde, deren Punkte jeweils von einem gegebenen Punkt – dem Brennpunkt – und einer Geraden – der Leitgeraden – gleichweit entfernt sind. Die Gerade längs der Diagonalen FH ist dabei die Tangente an die Parabel.

Beim Zeichnen mit dem realen Instrument wird sehr schnell die begrenzte Anwendungsmöglichkeit dieses Werkzeugs deutlich. Das Zeichnen der Parabel muss unterbrochen werden, wenn D auf H oder auf F zuläuft. Bei der Computersimulation treten diese Beschränkungen dagegen nicht auf. Abb. 5.13a, b zeigen eine gegenüber dem Original-

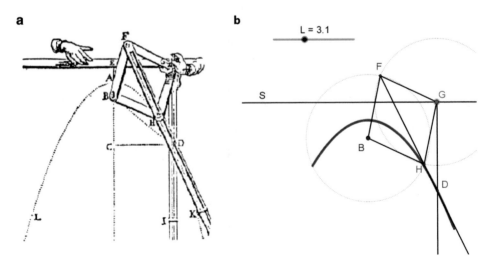

a   **b**

Abb. 5.12 a Parabelzeicheninstrument nach van Schooten, **b** Einfache digitale Simulation des Parabelzeichners. (Erstellt mit GeoGebra)

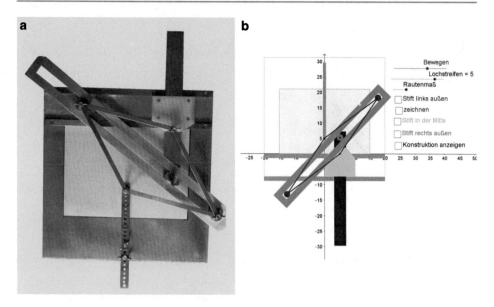

Abb. 5.13 **a** Nachbau des Parabelzirkels von van Schooten, **b** Wirklichkeitsnahe Simulation des Parabelzirkels von van Schooten. (Erstellt mit GeoGebra)

zirkel leicht abgeänderte Version, bei der insbesondere die Parabel um den Scheitelpunkt vollständig gezeichnet werden kann.

Bei der Station „Parabelzirkel" im Mathematiklabor sollen die Schülerinnen und Schüler die Funktions- und Bauweise dieses Gerätes oder Instruments entschlüsseln, indem sie seinen Zweck – das Zeichnen einer Parabel – herausfinden und erklären. Hierzu sind insbesondere die Bedeutung der Gelenkraute, die der Geraden d längs deren Diagonale und damit die Eigenschaften des Schnittpunktes von d mit einer Senkrechten zu S im Punkt G zu erkennen. Insbesondere mit der digitalen Simulation des Parabelzirkels lassen sich dann verschiedene Fragestellungen zu diesem Gerät zunächst experimentell untersuchen (vgl. Abb. 5.14a, b), etwa:

- Wie beeinflusst die Seitenlänge der Gelenkraute das Zeichnen der Parabel?
- Erläutere – zunächst qualitativ – wie die Lage des (Brenn-)Punktes B bzgl. der Leitlinie S die Form der Parabel beeinflusst!
- Welche geometrische Bedeutung hat die Gerade längs der Diagonalen FH für die Parabel? (Sie ist jeweils die Tangente an die Parabel in dem Punkt D.)
- Wie lässt sich mit dem Zirkel eine bestimmte vorgegebene Parabel zeichnen, also etwa eine Parabel, die der Gleichung $y = 2\,x^2$ genügt? (Hierzu bedarf es natürlich der Festlegung eines entsprechenden Koordinatensystems.)

In einer ausführlichen empirischen Untersuchung hat van Randenborgh (2015) den Einsatz des Parabelzirkels in mehreren 11. Klassen erprobt. Die Ergebnisse dieser Unter-

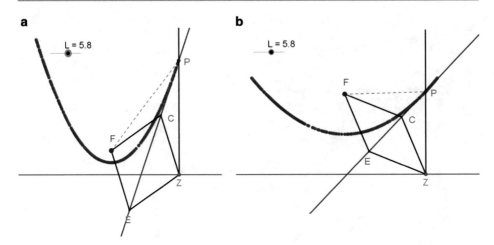

Abb. 5.14a,b Parabeln bei unterschiedlichen Abstand des Brennpunktes *B* von *S*. (Erstellt mit Geo-Gebra)

suchung bildeten eine Grundlage für die Entwicklung der Station im Mathematiklabor. Van Randenborgh hatte bei seiner Untersuchung drei Versuchsgruppen gebildet. Eine Gruppe arbeitete nur mit dem realen Zirkel, eine zweite nur mit der digitalen Simulation und eine dritte Gruppe mit realem und digitalem Zirkel. Das Ziel für die Schülerinnen und Schüler bestand jeweils gleichlautend darin, Bau- und Funktionsweise des Gerätes herauszubekommen, also Sinn und Zweck des Gerätes oder Instruments zu erkennen und zu erklären.

Es stellte sich zum einen heraus, dass dem Vorhandensein eines realen Zirkels eine entscheidende Bedeutung bei der Entschlüsselung des Gerätes und dem Erkennen seines Einsatzzweckes zukam (ebd., S. 151 ff.). Die Grenzen des realen Zirkels, also die Punkte und Einstellungen des Zirkels, bei denen sich das Zeichnen der Parabel schwierig gestaltete oder gar nicht möglich war, stellten Katalysatoren für das Verständnis der Funktionsweise des Gerätes dar. Die Gruppe, die ausschließlich mit der digitalen Simulation arbeitete, konnte nur in Ansätzen die Funktion des Gerätes erklären. Nur wenn die Schülerinnen und Schüler in dem digitalen Modell eine Simulation des realen Zeichengerätes erkannten, konnten Sie auch die in dem Gerät verborgene Mathematik aufdecken und erklären. Die Ergebnisse dieser Untersuchung sind somit ein deutlicher Beleg für die Notwendigkeit eines Arbeitens mit realen Modellen beim verständnisvollen Umgehen mit digitalen Simulationen.

Zum anderen wurde aber auch „der ,Mehrwert' des digitalen Parabelzirkels von den Schülern einerseits darin gesehen, dass sie ihre Vermutungen, die sie bei der Beschäftigung mit dem realen Modell gewonnen hatten, hier noch einmal überprüfen konnten. Andererseits ... fiel es ihnen leichter, Veränderungen am Parabelzirkel mit Hilfe der DGS (also der digitalen Simulation, die Verf.) zu verwirklichen" (S. 152 f.).

5.6 Stochastische Simulationen: Das „3-Türen-Problem" (Ziegenproblem)

Ein bekanntes und populäres Problem ist das sogenannte Ziegenproblem oder auch Drei-Türen-Problem:

> In einer Quizshow hat der Kandidat drei Türen zur Auswahl. Hinter einer Tür befindet sich als Gewinn ein Auto. Hinter den anderen beiden Türen jeweils als Niete eine Ziege. Nachdem der Kandidat eine Türe gewählt hat, öffnet der Moderator eine andere Tür, hinter der eine Ziege zum Vorschein kommt und gibt dem Kandidaten die Möglichkeit, seine Wahl der Tür zu ändern, d. h. von der ursprünglich gewählten auf die andere noch verschlossene Tür zu wechseln. Die Frage lautet nun: Soll der Kandidat wechseln, seine Wahl beibehalten oder ist es bezogen auf die Gewinnwahrscheinlichkeit nicht sogar unerheblich?

Die Schülerinnen und Schüler experimentieren zunächst anhand eines Realmodells und können die Situation erkunden (siehe Abb. 5.15)

Hierbei stellen sie Vermutungen über die Antwort auf. Die Simulationen haben dann zum Ziel, diese Vermutung mit der tatsächlichen Verteilung der Ausgänge zu vergleichen. So können sie zunächst einmal durch die Simulation zum Nachdenken angeregt werden, falls sie angenommen haben, dass die beiden Strategien – wechseln und nicht wechseln – gleichwahrscheinlich sind.

Die erste Simulation der Station – „Drei Türen" – dient vor allem dazu, die zufällige Verteilung des Gewinns (des Autos) auf die Türen darzustellen (vgl. Abb. 5.16a). Für die

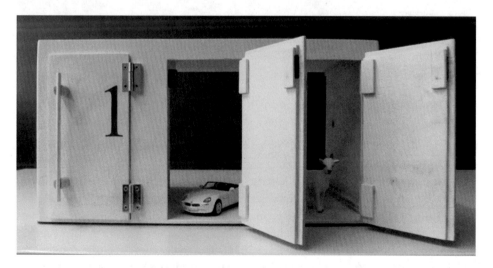

Abb. 5.15 Realmodell zum „3-Türen-Problem"

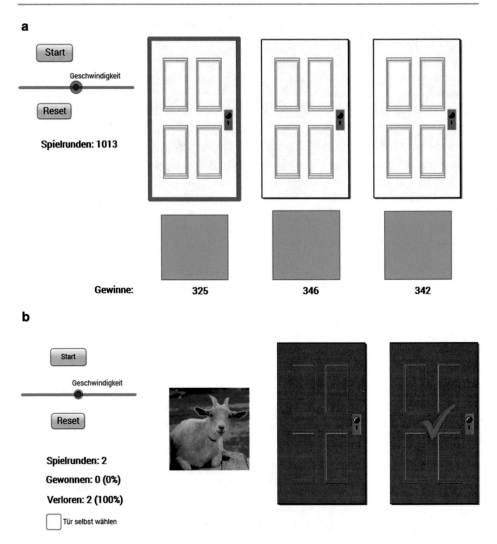

Abb. 5.16 **a** Zufällige Verteilung des Gewinns, **b** Kein Wechsel – 1. (Erstellt mit GeoGebra)

Bewertung des Drei-Türen-Problems ist es wesentlich, dass der Gewinn zufällig hinter einer Tür versteckt wird und nicht immer etwa hinter der mittleren Tür zu finden ist.

Es werden dann die beiden Möglichkeiten „Wechsel" und „Kein Wechsel" simuliert, d. h. es wird eine hohe Anzahl an Versuchsdurchführungen durchgeführt (vgl. Abb. 5.16b, 5.17b, 5.18b). Dadurch ist zunächst experimentell zu erkennen, dass sich die zweite Strategie günstiger auf die Gewinnwahrscheinlichkeit des Spielers auswirkt. Die Antwort auf die Frage, *warum* dies so ist, wird nicht in einer Simulation, sondern im Arbeitsheft erarbeitet.

Beide Simulationen werden jeweils im Anschluss an eigene Experimente und Mathematisierungsprozesse durchgeführt, so dass sie auch dazu dienen, die selbst festgestell-

a

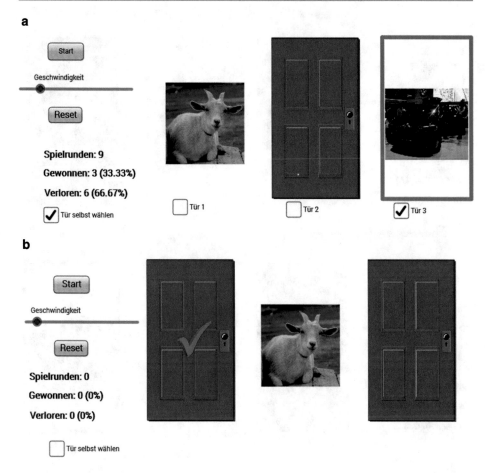

b

Abb. 5.17 **a** Kein Wechsel – 2, **b** Wechsel – 1. (Erstellt mit GeoGebra)

ten Trends (Mit welcher Wahrscheinlichkeit gewinnt ihr bei der „Bleiben-Strategie" das Auto?) zu überprüfen.

Interessant ist es nun weiterhin, Variationen des 3-Türen-Problems zu betrachten.

Das indische Pärchen – 1. Variation oder andere Situation?
Eine Variation des Drei-Türen-Problems taucht im Roman „Honig" von Ian McEwan auf:

Ehemann Terry verdächtigt seine Frau des Ehebruchs und versucht diese in einem Hotelzimmer in flagranti zu erwischen. Auf dem Flur, in den er seine Frau heimlich verfolgt hat, gibt es drei Türen (401, 402, 403). Er entscheidet sich dazu, bei Zimmer 401 die Tür einzutreten. Bevor er dies in die Tat umsetzen kann, tritt ein indisches Pärchen aus Zimmer 403.

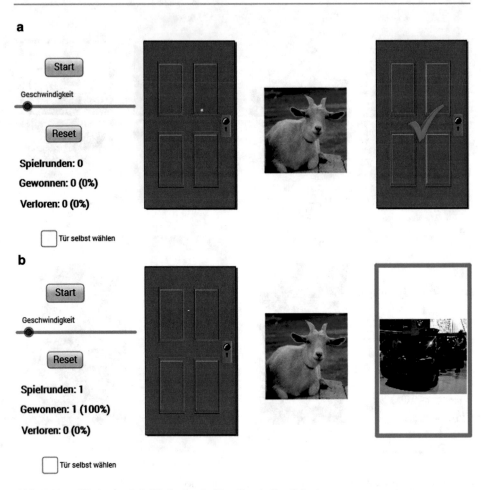

Abb. 5.18 **a** Wechsel – 2, **b** Wechsel – 3. (Erstellt mit GeoGebra)

Es geht dabei ebenfalls um die Neubewertung einer stochastischen Situation, wenn man zusätzliche Informationen erhält. Die Situation ist nun anders als beim klassischen 3-Türen-Problem. Hier wird eine Türe geöffnet, die unabhängig von der Auswahl der Türe durch den Protagonisten (Terry) ist. Es kann also durchaus sein, dass das indische Pärchen gerade aus dieser Türe kommt, die Terry zum Öffnen ausgewählt hat. Der entscheidende Unterschied liegt also im Vorhandensein eines Moderators beim 3-Türen-Problem. Er kennt die Situation und weiß insbesondere hinter welcher Türe sich der Gewinn befindet. In der Situation bei Ian McEwan gibt es keinen Moderator, der in den Versuchsablauf eingreift.

Weitere Variationen des klassischen Ziegenproblems
Weitere Variationen lassen sich erkunden, wenn man die ursprüngliche Situation verändert und anstelle von drei Türen vier oder fünf Türen erlaubt (vgl. Abb. 5.19a–5.20b). Hierbei

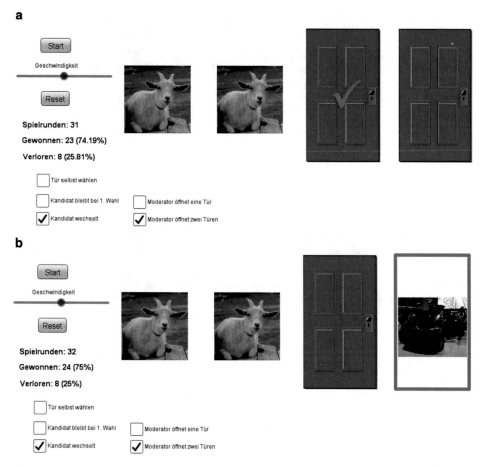

Abb. 5.19 a Vier Türen – 1, **b** Vier Türen – 2. (Erstellt mit GeoGebra)

stellt sich dann allerdings die Frage, wie viele Türen der Moderator öffnet, bevor man seine Wahl ggf. ändert.

Auch hier verfolgen die Simulationen hauptsächlich das Ziel, viele Versuchsdurchführungen und damit Beobachtungen zu ermöglichen und Denkprozesse anzustoßen. Ähnlich wie beim Scheibenwischer können mit den Simulationen Größen der Situation (Anzahl der Türen, Anzahl der geöffneten Türen), die im Realmodell fest sind, variiert werden.

Entscheidend im Rahmen der stochastischen Simulation ist es, dass die Betrachtung des Einzelfalls durch die Betrachtung der Struktur der Entscheidung ersetzt wird. Es sollte also nicht mehr um „was-tue-ich" gehen, sondern darum, was bei der Betrachtung der gesamten Situation geschieht. Durch das automatische Ausführen von Wahl, Moderatorentätigkeit und Strategie fällt es den Schülerinnen und Schüler erfahrungsgemäß leichter, den nötigen Abstand zu gewinnen.

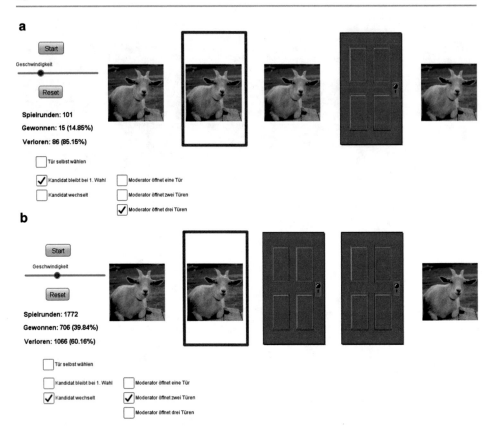

Abb. 5.20 **a** Fünf Türen – Kein Wechsel, **b** Fünf Türen – Wechsel bei zwei offenen Türen. (Erstellt mit GeoGebra)

5.7 Eine empirische Untersuchung im Mathematiklabor

Im Rahmen einer Dissertation wurden anhand verschiedener Stationen mit außermathematischen (Regenbogen und Seifenhäute) bzw. technischen (**Scheibenwischer**) Simulationen qualitative Untersuchungen zum funktionalen Denken in Mathematisierungssituationen in Verbindung mit bestimmten Simulationsstrategien durchgeführt. Dazu wurden die Handlungen der Lernenden[3] videografiert und im ersten Teil der Studie mit einem Modell zum funktionalen Denken in Mathematisierungsprozessen kategorisiert[4]. In diesem Modell werden drei für das Mathematiklabor zentrale Mathematisierungs- bzw. Modellierungsprozesse unterschieden: Zum einen interessieren die beiden Übersetzungsphasen zwischen dem Phänomen, das im Labor durch das Realmodell vertreten wird, und dem

---

[3] Die Stichprobe umfasste in der Hauptstudie 16 Schülergruppen à 2 oder 3 Schüler.
[4] Entsprechend der Typisierung qualitativer inhaltsanalytischer Techniken von Mayring (2010) handelt es sich hierbei um eine inhaltliche Strukturierung durch deduktive Kategorienanwendung.

	Phase 1 Phänomen ↓ Funktion	Phase 2 → Arbeit auf der math. Ebene der Funktionen	Phase 3 Phänomen ↑ Funktion
Zuordnungs-aspekt	Ein Phänomenzustand wird durch ein Wertepaar abstrahiert. Bsp.: Gemessene Zustandsgrößen in einer Messwertetabelle festhalten.	Mit einem oder mehreren einzeln betrachteten Wertepaaren wird ‚funktional' operiert. Bsp.: Tabelleneinträge als Punkte ins Koordinatensystem übertragen.	Ein Wertepaar wird im Hinblick auf einen bestimmten Phänomenzustand interpretiert. Bsp.: Welche Bedeutung hat der Extrempunkt auf einem Funktionsgraphen?
Änderungs-aspekt	Eine Änderung am Phänomen wird durch eine unter dem Änderungsaspekt generierte bzw. gelesene funktionale Darstellung abstrahiert.	Die Auswirkungen von Größenänderungen einer unabhängigen Variablen auf die Größe der abhängigen Variable werden untersucht.	Ein funktionaler Zusammenhang wird bezüglich des Änderungsverhaltens betrachtet, um damit Veränderungen am Phänomen zu erklären.
Objekt-aspekt	Zuordnung einer Funktion bzw. funktionalen Darstellung, die als Ganzes betrachtet wird, zu einem Phänomen. Bsp.: Welcher Funktionsgraph abstrahiert die Phänomensituation?	Arbeit mit der Funktion als eigenständigem Objekt. Bsp.: Finden einer Funktionsgleichung zu einem qualitativ skizzierten Graphen.	Interpretation einer Funktion als Ganzes in Bezug auf einen Phänomenzusammenhang. Bsp.: Erfinden von Phänomensituationen zu vorgegebenen Funktionen.

Abb. 5.21 Beschreibungsmodell zum funktionalen Denken in Mathematisierungsprozessen

mathematischen Modell, wobei der Fokus der Untersuchung auf funktionalen Darstellungen liegt. Zum anderen wird das innermathematische Arbeiten mit den Funktionen in den Blick genommen. Für jeden dieser drei Prozesse können die drei Aspekte des funktionalen Denkens (vgl. Vollrath 1989) unterschieden werden: Zuordnungs-, Änderungs- und Objektaspekt. Daraus ergibt sich eine 9-Felder-Matrix, mit deren Hilfe sich Lösungsprozesse im Mathematiklabor kategorisieren lassen (Abb. 5.21):

Eine in allen Stationen wiederholt vorkommende Fragestellung lautet: Beschreibt den Zusammenhang zwischen unabhängiger und abhängiger Größe. Es hat sich gezeigt, dass die Fragestellung hinreichend offen ist, um ein breites Spektrum von Äußerungen hinsichtlich des Beschreibungsmodells zum funktionalen Denken in Mathematisierungsprozessen zu erhalten.

In der Scheibenwischerstation lautet eine entsprechende Aufgabenstellung: Beschreibt den Zusammenhang zwischen Wischarmlänge und Größe der Wischfläche. Daraufhin betrachten einige Schüler bestimmte Phänomenzustände bzw. Wertepaare unter dem Zuordnungsaspekt (Abb. 5.22a):

Hier wurde für die unabhängige Variable (Wischarmlänge l_{WA}) bzw. den Parameter (Wischblattlänge l_{WB}) einen Extremwert eingestellt und am Phänomen erkannt, dass dies keiner sinnvollen Wischfläche entspricht (vgl. Abb. 5.22b).

a   **b**

Schüler a: ((Zieht Schieberegler l_{WB} ans Intervallende auf $l_{WB}=80cm$ und Schieberegler l_{WA} an den Intervallanfang auf $l_{WA}=0cm$.)) ((lachen))
Schüler a: He, das ist geil, aber sinnlos.
Schüler b: He, sag bloß.

Abb. 5.22 **a** Transkriptausschnitt 1: Station Einarmscheibenwischer, **b** Wischfläche zu Transkript-ausschnitt 1. (Erstellt mit GeoGebra)

Schüler b:	Die Wischarmlänge ist - obere - mach die mal größer.
Schüler a:	((Zieht den Schieberegler l_{WA} langsam von $l_{WA}=35cm$ ans Intervallende auf $l_{WA}=80cm$.))
Schüler b:	Ja genau, da ist er dann einfach weiter außen.
Schüler a:	Aber /
Schüler b:	Die Größe der Wischfläche wird dann natürlich auch ein Stück größer.
[...]	
Schüler b:	((zieht Schieberegler l_{WA} auf 25,4cm))
Schüler a:	Aber /
Schüler b:	Ja, die Fläche wird aber nach außen verschoben und deswegen größer. Ja, der Radius wird halt größer von der Fläche.
Schüler b:	Oder der ((zieht l_{WA} langsam nach rechts und wieder ein kleines Stück nach links auf l_{WA} =35,4cm)) ja der Winkel bleibt gleich, aber der Radius wird größer, deswegen wird es nach außen verschoben.

Abb. 5.23 Transkriptausschnitt 2: Station Einarmscheibenwischer

Der Zusammenhang wird ebenso unter dem Änderungsaspekt betrachtet (Abb. 5.23):

Die Lernenden betrachten in dieser Sequenz, wie sich die Form der Wischfläche verändert, wenn der Wischarm verlängert wird. Sie beobachten eine Änderung am Phänomen, die auf eine funktionale Änderungsaussage führt. Auch hier stützt sich die Argumentation wieder auf die virtuelle Repräsentation des Realmodells in der Simulation und konkrete Werte für den Wischflächeninhalt werden nicht betrachtet. Die Sequenz fällt demnach unter die Kategorie der Mathematisierungen vom Phänomen zu den Funktionen unter dem Änderungsaspekt.

Häufig folgen auf Änderungsaussagen auch Objekthypothesen und deren Überprüfung (Abb. 5.24):

Für den Gesamtzusammenhang zwischen Wischarmlänge und Wischflächeninhalt wird hier Proportionalität vermutet. Um diese Objekthypothese zu überprüfen, vergleichen die Lernenden zwei Wertepaare $(l_{WA(1)}, A(l_{WA(1)}))$ und $(l_{WA(2)}, A(l_{WA(2)}))$ mit $l_{WA(2)} = 2 \cdot l_{WA(1)}$. Die Proportionalität sehen sie wegen $A(l_{WA(2)}) = 2 \cdot A(l_{WA(1)})$ bestätigt. Zur Überprüfung werden also Änderungen auf mathematischer Ebene untersucht, indem Wertepaare vergli-

Schüler z:	Wir hatten eigentlich schon / Je größer äh länger der Wischarm, größer die Wischfläche.
Schüler x:	((Schieberegler l_{WA} wurde vorher auf 50cm eingestellt)) Vielleicht gibt es ja noch eine Proportionalität? Jetzt machen wir mal 100. ((fährt mit der Maus zum Schieberegler l_{WA}))
Schüler y:	Warte ich schreib auf.
[...]	
Schüler z:	A 3 5 8 7. Ok.
Schüler x:	((Zieht Schieberegler l_{WA} auf 100cm.)) ((Schaltet Kontrollkästchen, Motor ein-schalten' an.))
Schüler x:	((Fährt mit der Maus zum Wert für die Wischflächengröße A.)) Das hat sich verdoppelt und die Zahl hat sich eigentlich auch verdoppelt.
[...]	
Schüler y:	((Gibt in den Taschenrechner seines Handys die Rechnung 2*3587 ein und liest.)) 7 1 7 4.
Schüler x:	Oh exakt, exactly Proportionalität.

Abb. 5.24 Transkriptausschnitt 3: Station Parallelscheibenwischer

chen werden. Dabei ist nun nicht mehr nur die Richtung der Änderung, die auf Monotonieaussagen führt, sondern auch die Qualität der Änderung interessant.

Im zweiten Teil der Studie wurde das Video- bzw. Transkriptmaterial mit dem Ziel zusammengefasst, ein induktives Kategoriensystem zur Beschreibung unterschiedlicher Simulationsstrategien zu extrahieren[5]. Diese Strategien beziehen sich im Wesentlichen auf den Umgang mit dem Schieberegler, der ein Hauptmerkmal der untersuchten Simulationen darstellt und über den die Lernenden fast ausschließlich Variationen vornehmen. Zentral ist dabei, dass in der Simulation, wie oben beschrieben, immer sowohl die Phänomenebene als auch die mathematische Ebene dargestellt ist. Das heißt, wenn die Schüler einen bestimmten Wert einstellen, können sie sowohl einen bestimmten Phänomenzustand als auch eine innermathematische Abstraktion dessen, z. B. durch ein bestimmtes Wertepaar aus unabhängiger und abhängiger Variable, betrachten. Die Auswertung ergab vier Hauptkategorien:

1. **Es wird spontan ein Beispiel betrachtet:** Die Lernenden verändern die Simulation für die aktuelle Arbeitssituation nicht, sondern beziehen ihre Argumentationen bzw. Handlungen auf einen voreingestellten Phänomenzustand bzw. Wert.

---

[5] Auch bei der Zusammenfassung bzw. induktiven Kategorienbildung handelt es sich um eine Technik qualitativer Inhaltsanalyse, für die Mayring (2010) ein Ablaufmodell mit Analyserichtlinien vorschlägt, dem hier im Wesentlichen gefolgt wurde.

2. **Ein einzelnes Beispiel wird nach bestimmtem Kriterien bewusst gewählt:** Die Wahl dieses Beispiels kann ganz unterschiedlich motiviert sein: Zum Beispiel wird ein bestimmter Wert eingestellt, um Mess- oder Rechenwerte mit Simulationsergebnissen zu vergleichen. Oder in der Simulation wird ein Phänomenzustand hergestellt, der im Realexperiment besonders interessant erschien. Zudem werden häufig Extremwerte betrachtet, also z. B. der größt- oder kleinstmögliche Wert (vgl. Transkriptausschnitt 1). Weiter kann die Wahl eines Beispiels auch durch verschiedenste Randbedingungen oder Phänomeneigenschaften vorgegeben bzw. motiviert werden.

3. Beispiele **werden mit dem Ziel gewählt, sie mit anderen in Beziehung zu setzen:** Zu unterscheiden ist hierbei, ob zwei Werte bzw. Zustände gewählt werden, die lediglich unterschiedlich sein sollen oder, ob sie in einer engeren Beziehung zu einander stehen (vgl. Transkriptausschnitt 3 ($l_{WA(2)} = 2 \cdot l_{WA(1)}$)). Besonders häufig wurden hier Reihenfolgebeispiele, z. B. mehrere immer größer werdende Werte, gewählt. Und diese häufig auch mit äquidistanten Abständen zueinander.

4. **Kein konkretes Beispiel wird gewählt:** Bei dieser Strategie wird „quasistetig" variiert. Das heißt der Schieberegler wird nach links oder rechts gezogen, um die unabhängige Größe zu verkleinern oder zu vergrößern und Auswirkungen auf das Phänomen bzw. die abhängige Größe zu beobachten. Die eigentlich diskret definierten Werte des Schiebereglers werden dabei häufig als stetig interpretiert und einzelne konkrete Werte interessieren nicht (vgl. Transkriptausschnitt 2).

Die vier Hauptkategorien lassen sich in zwei Oberkategorien zusammenfassen: **Statische Strategien** (1 und 2) und **Variationsstrategien** (3 und 4).

Im dritten Teil der empirischen Untersuchung geht es um das Aufdecken von Zusammenhängen zwischen den Aspekten des funktionalen Denkens in Mathematisierungsprozessen und den Simulationsstrategien. Ziel ist es Hypothesen zum Einfluss des Simulierens im Mathematiklabor auf das funktionale Denken in Mathematisierungsprozessen zu generieren. Allgemein zeigte sich, dass die Schüler keine Schwierigkeiten beim Umgang mit den Simulationen haben. Es werden immer sofort oder nach sehr kurzer Testphase systematische Experimente mit der Simulation begonnen und Simulationsstrategien bewusst eingesetzt. Die Transkriptausschnitte 1 bis 3 sind Beispiele für die allgemeine Feststellung, dass Strategien der Statik Zuordnungsbetrachtungen und Strategien der Variation Änderungs- und Objekthypothesen anregen. Zudem ermutigt die virtuelle Repräsentation des Realmodells die Schüler, funktionale Darstellungen auf die Phänomenebene zu beziehen und sie insbesondere auf ihre Angemessenheit zu überprüfen.

5.8   Abschließende Bemerkung

Das Drei-Phasen-Konzept des Mathemathematiklabors basiert auf der Hypothese, dass das Arbeiten mit Simulationen und das Lernen von mathematischen Beziehungen, die in diesen Simulationen enthalten sind, effektiver erfolgt, wenn die Schülerinnen und Schüler zunächst mit realen Modellen arbeiten und experimentieren. Dies kann durchaus empirisch gestützt werden, siehe etwa van Randenborgh (2015), Baum (2013) oder Roth und Weigand (2013).

Nun ist es weiterhin das Ziel, die Stationen im Mathematiklabor in den „normalen" Mathematikunterricht einzuordnen. Derzeit arbeiten wir an der Entwicklung von Unterrichtseinheiten, die die Schülerinnen und Schüler zum einen auf den Besuch im Mathematiklabor vorbereiten, indem sie sich mit den Ideen des Experimentierens, dem Modellieren und der Simulation kleinerer Problemstellungen vertraut machen. So gibt es beispielsweise das Problem des maximalen Volumens einer Schachtel, das mit einem gegebenen Blatt Papier konstruiert werden kann. Dieses Problem kann experimentell gelöst werden und darüber hinaus werden die Schülerinnen und Schüler dadurch mit Simulationen (in GeoGebra) vertraut. In einer oder zwei Unterrichtsstunden kann dieses Problem bearbeitet werden. Zum anderen findet nach dem Besuch im Mathelabor eine Nachbereitungsstunde statt, die die mathematischen Konzepte wiederholt, die an den Stationen erarbeitet wurden. Dadurch, dass die Schülerinnen und Schüler im Labor an verschiedenen Stationen gearbeitet haben, gestalten sich diese Einheiten aber wesentlich schwieriger. Augenblicklich konzentrieren wir uns auf das Erstellen von Unterrichtseinheiten, in denen Funktionen und deren Repräsentationen aufgearbeitet werden, da lineare, quadratische und trigonometrische Funktionen an vielen Stationen benötigt werden und die Schülerinnen und Schüler somit weitere (oder neue) Beispiele für das Arbeiten mit Funktionen kennengelernt haben. Hier ist es also das Ziel, die im Mathematiklabor und insbesondere in den Simulationen erkannten funktionalen Zusammenhänge auf das Arbeiten mit elementaren Funktionen im Mathematikunterricht zu übertragen.

Literatur

Appell, K., Roth, J., & Weigand, H.-G. (2008). Experimentieren, Mathematisieren, Simulieren – Konzeption eines Mathematik-Labors. In E. Vásárhelyi (Hrsg.), *Beiträge zum Mathematikunterricht 2008* (S. 25–28). Münster: WTM.

Baum, S. (2012). Mathematik im Scheibenwischer. Wie Simulieren das Mathematisieren unterstützt. *mathematik lehren, 174/2012*, 15–19.

Baum, S. (2013). Simulieren im Mathematiklabor – ein Beitrag zur Förderung des funktionalen Denkens. *Beiträge zum Mathematikunterricht, 2013*, 100–103.

Flachsmeyer, J. (2008). *Origami und Mathematik: Papier falten – Formen gestalten*. Berliner Studienreihe zur Mathematik. Lemgo: Heldermann Verlag.

Flachsmeyer, J. (2009). Eine kleine mathematische Tour mittels einfacher Origami-Gebilde. *Der Mathematikunterricht, 55*(6), 3–11.

Grashof, F. (1883). *Theoretische Maschinenlehre*. Bd. 2. Hamburg: Leopold Voss.

Greefrath, G., & Weigand, H.-G. (2012). Simulieren: Mit Modellen experimentieren. *Mathematiklehren, 174*, 2–6.

Hagedorn, L., Thonfeld, W., & Rankers, A. (2009). *Konstruktive Getriebelehre*. Berlin, Heidelberg: Springer.

Mayring, P. (2010). *Qualitative Inhaltsanalyse. Grundlagen und Techniken*. Weinheim, Basel: Beltz.

Nedrenco, D. (2015). Beiträge zum Mathematikunterricht. In *Axiomatisieren lernen mit Papierfalten* (S. 656–659).

Nedrenco, D. (2016). *Mehr Papierfalten braucht das Land. Mitteilungen der Gesellschaft für Didaktik der Mathematik.* (S. 31–34).

van Randenborgh, C. (2015). *Instrumente der Wissensvermittlung im Mathematikunterricht.* Wiesbaden: Springer Spektrum.

Roth, J., & Weigand, H.-G. (Hrsg.). (2013). Schülerlabore Mathematik. *Der Mathematikunterricht, 59*(5)

Schmitt-Hartmann, R., & Herget, W. (2013). Papierfalten im Mathematikunterricht. In *Moderner Mathematikunterricht* (S. 5–13). Stuttgart: Klett.

Vollrath, H.-J. (1989). Funktionales Denken. *Journal der Mathematikdidaktik,* 3–37.

Vollrath, H.-J. (2013). *Verborgene Ideen: Historische mathematische Instrumente.* Wiesbaden: Springer Spektrum.

Teil II
Erfahrungen aus der Praxis

Modellierung und Simulation von Krankheitsausbreitungen

6

Wolfgang Bock und Martin Bracke

Zusammenfassung

In diesem Artikel zeigen wir auf, wie eine räumliche und zeitliche Krankheitsdynamik in der Sekundarstufe 2 behandelt werden kann. Wir beschränken uns hier auf Krankheiten, die von Mensch zu Mensch übertragbar sind, wie etwa Grippe und Ebola. Dabei spielt die Simulation am Computer eine zentrale Rolle. Die benutzten Methoden hierbei sind zelluläre Automaten und explizite Euler-Algorithmen zur Lösung von Differentialgleichungen.

6.1 Einleitung

Krankheiten sind allgegenwärtig. In den letzten Jahren traten immer wieder Nachrichten über verschiedenste Formen von Epidemien auf. Der Schutz vor Krankheiten und die Eindämmung ihrer Ausbreitung ist seit Jahrhunderten ein fester Bestandteil des Gesundheitssystems. Die Eindämmung von Krankheiten birgt natürlich für ein Land auch finanzielle und humanitäre Risiken. So kam es etwa bei der Ebola-Epidemie 2014 in Westafrika vermehrt zu Schließungen von Flughäfen und Abschottung von Grenzen. Solch drastische Maßnahmen sind sicherlich oft von Nutzen, allerdings möchte ein Staat bzw. eine Gesundheitsorganisation wie etwa die WHO nicht unnötig darauf zurückgreifen bzw. Empfehlungen dafür aussprechen. Der erste Schritt zu einer begründeten Empfehlung ist es daher, den Verlauf der Krankheitsausbreitung sowohl räumlich als auch zeitlich zu modellieren. Auf der Basis dieser Modelle können dann Rückschlüsse auf Strategien zur Eindämmung gezogen werden.

W. Bock (✉) · M. Bracke
FB Mathematik, TU Kaiserslautern
Kaiserslautern, Deutschland

© Springer Fachmedien Wiesbaden GmbH, ein Teil von Springer Nature 2018
G. Greefrath und H.-S. Siller (Hrsg.), *Digitale Werkzeuge, Simulationen und mathematisches Modellieren*, Realitätsbezüge im Mathematikunterricht,
https://doi.org/10.1007/978-3-658-21940-6_6

Die Ausbreitung von Krankheiten und deren Analyse mit Hilfe mathematischer Werkzeuge fällt in den Bereich der Epidemiologie. In den vergangenen Jahren ist es immer wieder zu größeren Ausbreitungen verschiedener Krankheiten gekommen. Oft treten hierbei die Begriffe wie Epidemie und Pandemie, also die Ausbreitung auf eine große Bevölkerungsgruppe bzw. die weltweite Ausbreitung auf eine Bevölkerungsgruppe auf. Dies geht oft mit Fehlinformationen und sehr drastischen Maßnahmen einher. Die Studie von Ausbreitungen kann genutzt werden, um Effekte wie Hygiene und Impfungen, deren Wirkungen gut abgeschätzt werden können, in die Modelle zu übertragen und etwa eine Impfquote festzusetzen. Ebenfalls können ökonomische Aspekte, wie die Schließung von Hühnerfarmen bei der Vogelgrippe und die Schließung der Flughäfen bei der Ebola-Epidemie thematisiert werden. Sicherlich bietet das Thema Anknüfungspunkte im Rahmen der Biologie, gerade in der Vorbeugung von Keimen. Aber auch Geographie und Geschichte, etwa die Studie der Pestepidemie im Mittelalter, bieten Möglichkeiten interdiszipinärer Verknüpfung.

Wir betrachten die räumliche und zeitliche Krankheitsdynamik und beschränken uns auf Krankheiten, die von Mensch zu Mensch übertragbar sind, wie etwa Grippe und Ebola. Dabei spielt die Simulation am Computer eine zentrale Rolle. Zelluläre Automaten und explizite Euler-Algorithmen zur Lösung von Differentialgleichungen, die hier verendet werden, sind in nahezu jeder Programmiersprache, auch in Tabellenkalkulationsprogrammen umsetzbar. Für einen zellulären Automaten ist es sicherlich bequemer auf Programmiersprachen wie Python, C, C++, Java oder Pascal etc. zurückzugreifen, da die Ausbreitung in zwei Raum- und einer Zeitdimension stattfindet, was in Excel schwieriger darzustellen ist. In diesem Artikel haben wir als Software FreeMat bzw. MATLAB verwendet. Der Grund hierfür ist, dass mit diesen Programmen sehr nahe am Pseudocode programmiert werden kann und die Vektorisierung, welche für Differentialgleichungssysteme Vorteile hat, gut ausgenutzt werden kann. Der MATLAB-Code kann somit auch leicht auf vektorisierte Sprachen, wie etwa Python übertragen werden. Ein anderer Vorteil von MATLAB ist, dass die Definition der Variablen vorab nicht von Nöten ist. Dies hat für den Mathematikunterricht den Vorteil sich nur auf den Algorithmus selbst konzentrieren zu können.

6.2   Zeitlicher Verlauf – Populationsbilanzmodelle

6.2.1   Anforderungen an die Schülerinnen und Schüler

Computerkenntnisse Für die Modellierung des Krankheitsausbreitungsmodells müssen in der Regel Differentialgleichungen numerisch gelöst werden. Hierzu kann entweder auf eine gängige Programmiersprache oder auf eine Tabellenkalkulation zurückgegriffen werden. Für die Parameteranalyse kann man dann etwa Schieberegler einsetzen und die geeigneten Parametersätze durch Ausprobieren finden. Es ist daher ausreichend, gute Kenntnisse in Tabellenkalkulation und rudimentäre Kenntnisse (Schleifen, if/else-Verzweigungen) einer Programmiersprache bei den Schülerinnen und Schülern vorauszusetzen.

Mathematikkenntnisse Populationsbilanzmodelle basieren darauf, den diskretisierten Zeitverlauf einer Krankheitsausbreitung mittels der Beschreibung von Zuwächsen in einem Zeitschritt zu modellieren. Im Prinzip ist dies bereits ohne den Begriff der Differenzierbarkeit möglich. Allerdings ist es von Vorteil, wenn die Schülerinnen und Schüler bereits Grundkenntnisse in der Differentialrechnung bzw. der Interpretation der Ableitung besitzen. Dies macht die Motivation des Euler-Verfahrens später einfacher. Der Algorithmus kann dann als Vertiefungsthema im Bereich der Differentialrechnung verwendet werden.

6.2.2 Modellierung

Zunächst sollte man mit den Schülerinnen und Schülern erörtern, wie genau ein Krankheitsverlauf aussieht, d. h. welche Stadien wichtig für den Verlauf bzw. die Modellierung einer Ausbreitung sind. Recht schnell kann man erkennen, dass am Anfang mindestens zwei Personengruppen stehen müssen: die für die Krankheit empfänglichen (S für susceptibles) und die infizierten bzw. infektiösen Personen (I für infected). Der zeitliche Verlauf ist dann: trifft eine empfängliche Person auf eine infizierte, dann wird sie mit einer gewissen Rate/Wahrscheinlichkeit infiziert. Der Einfachheit halber kann man ebenfalls annehmen, dass eine infizierte Person wieder mit einer gewissen Rate gesundet und zur empfänglichen Person wird.

Um nun irgendetwas über den zeitlichen Verlauf sagen zu können, sehen wir uns die Krankheit zu veschiedenen Zeitpunkten an. Dazu zerteilen wir ein vorgegebenes Zeitintervall $[0, T)$ äquidistant in kleine Intervalle:

$$[0, T) = \bigcup_k [t_0, t_k), \quad k = 1 : N,$$

wobei $t_0 = 0$ und $t_k = t_{k-1} + \frac{1}{N} T$, sodass $t_N = T$. Wählt man die Intervalle klein genug, kann man annehmen, dass die Rate der Neuinfektionen pro Zeitintervall konstant ist. Vernachlässigt man Geburt und Tod der Individuen im Modell erhält man folgendes zeitliches System für die Änderung der Personenanzahl in den einzelnen Gruppen:

$$S(t_k) = S(t_{k-1}) + (-\beta S(t_{k-1})I(t_{k-1}) + \gamma I(t_k)) (t_k - t_{k-1})$$
$$I(t_k) = I(t_{k-1}) + (\beta S(t_{k-1})I(t_{k-1}) - \gamma I(t_k)) (t_k - t_{k-1}).$$

Oder kürzer:

$$\frac{\Delta S(t_k)}{\Delta t} = -\beta S(t_{k-1})I(t_{k-1}) + \gamma I(t_k)$$
$$\frac{\Delta I(t_k)}{\Delta t} = \beta S(t_{k-1})I(t_{k-1}) - \gamma I(t_k). \tag{6.1}$$

Lässt man die Intervalllänge gegen Null streben, so erhält man das System von Differentialgleichungen:

$$S'(t) = -\beta S(t)I(t) + \gamma I(t), \quad I'(t) = \beta S(t)I(t) - \gamma I(t).$$

Dies ist das sogenannte SIS-Modell. Es ist ein Modell für Krankheiten, für die keine Immunität entwickelt wird. Die gesundeten Menschen gehen wieder zurück in die Personengruppe der für die Krankheit empfänglichen. Die Konstante γ gibt dabei an, wieviele Infizierte pro Zeiteinheit gesunden, während β die Infektionskonstante ist, d. h. wieviele Infizierte können Personen aus der Gruppe S pro Zeiteinheit infizieren.

Der Vorteil des SIS-Modells ist die Möglichkeit der modularen Erweiterung. So können vielseitig Aspekte einfach durch zusätzliche Terme in das Modell eingebracht werden. Zunächst soll – wie bei vielen Krankheiten, z. B. Grippe – eine Immunisierung der Bevölkerung nach Infektion beachtet werden. Im Modell heißt das, dass nach einer Infektion die gesundeten Infizierten nicht zurück in die Gruppe der Susceptibles übertragen werden, sondern eine neue Personengruppe R für Recovered angelegt werden muss. Personen in dieser Gruppe sind nicht mehr infektiös. Man erhält dadurch das SIR-Modell, welches bereits 1927 von Kermack und McKendrick (1927) untersucht wurde:

$$\begin{aligned}
S'(t) &= -\beta S(t)I(t) \\
I'(t) &= \beta S(t)I(t) - \gamma I(t) \\
R'(t) &= +\gamma I(t).
\end{aligned} \qquad (6.2)$$

Bisher haben wir bei den Populationsbilanzmodellen SIS und SIR noch nicht über Geburt oder Tod von Individuen gesprochen. Die Modelle sind daher nur für nichttödliche Krankheiten geeignet und gelten auch nur für Zeiträume, in denen Tod und Geburt vernachlässigbar sind. Da keine Individuen verloren gehen bzw. erschaffen werden nennt man die Modelle konservativ. Es gilt: $S(t) + I(t) + R(t) = N$, wobei die Gesamtzahl der Individuen N im Modell konstant ist.

Für große Zeiten, d. h. $t \to \infty$ werden im SIR-Modell – sofern infizierte und empfängliche Personen zu Anfang gegeben sind – alle Personen den Krankheitszyklus einmal durchlaufen haben. Es ist daher zu erwarten, dass alle Personen in Gruppe R zu finden sind.

Um eine realistischere Dynamik zu erhalten sollte daher Geburt und Tod in das Modell eingebracht werden. Die geborenen Personen sollen zunächst nicht infiziert sein. Um die Einfachheit des Modells zu gewährleisten machen wir die Modellannahme, dass Personen nach der Geburt sofort infiziert werden können. Möchte man dies umgehen, so müsste man einen neuen Typ, der erst nach einer gewissen Zeit von der Gruppe der Neugeborenen in die Gruppe der empfänglichen Personen wechselt. Aus Gründen der Verständlichkeit vernachlässigen wir dies und verweisen auf entsprechende Modelle (Martcheva 2015).

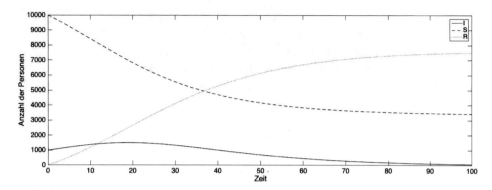

Abb. 6.1 Zeitlicher Verlauf des SIR-Modells, Zeit in Tagen

Die Geburtenrate μ kann in einem ersten Modell konstant über alle Personengruppen angenommen werden. Die erste Zeile in (6.2) modifiziert sich dann zu

$$S'(t) = -\beta S(t)I(t) + \mu(S(t) + I(t) + R(t)).$$

Eine ähnliche Überlegung gilt für die Todesrate ν, sodass man das System

$$S'(t) = -\beta S(t)I(t) + \mu(S(t) + I(t) + R(t)) - \nu S(t)$$
$$I'(t) = \beta S(t)I(t) - \gamma I(t) - \nu I(t) \tag{6.3}$$
$$R'(t) = \gamma I(t) - \nu R(t),$$

erhält. Wählt man in diesem System $\nu = \mu$, so ist das System wieder konservativ. Durch die Einführung von Geburt und Tod kann der Fall auftreten, dass die Krankheit über alle Zeiten im System bleibt, also nicht ausstirbt. Im System 6.2 ist dies nicht möglich, da für große Zeiten, alle Personen einmal einen Krankheitszyklus durchlaufen haben und somit nicht mehr infiziert werden können. In der Regel gilt jedoch $\nu \neq \mu$. Dies hat zur Folge, dass entweder die Population ausstirbt oder wächst. Der zeitliche Verlauf des SIR-Modells ist in Abb. 6.1 zu sehen.

6.2.3 Implementierung – Die Euler-Methode

Die Auswahl an Näherungsverfahren für Systeme wie (6.3) ist vielfältig, siehe z. B. Deuflhard und Bornemann (2002). Alle diese Verfahren berechnen eine Näherung der Lösung $X(t_i)$ zu diskreten Zeitpunkten $t_0, t_1, \ldots, t_n$. Die diskrete Auswertung kommt nun daher, dass eine kontinuierliche Beschreibung des Systems und desses explizite Lösung auf Grund der Nicht-Linearität in der Regel nicht möglich ist. Hierbei ist es wichtig den Schülerinnen und Schülern klar zu machen, dass der Computer auch wirklich nur eine

Näherungslösung liefert. Diese kann aber durch Verfeinerung der Diskretisierung genau genug gewählt werden, um den Funktionsverlauf detailliert wiederzugeben. Eine explizite Lösung der Differentialgleichung kann jedoch nicht angegeben werden.

Das wahrscheinlich einfachste und am leichtesten umzusetzende Verfahren ist die Euler-Methode. Sei $t_{i+1} - t_i = \tau$ unsere feste Schrittweite für alle $i = 0, 1, 2, \ldots, n - 1$ und X_i die Näherung des tatsächlichen Wertes $X(t_i)$, dann berechnen wir X_{i+1} zum nächsten Zeitpunkt über

$$X_{i+1} = X_i + \tau \cdot f'(X_i) \tag{6.4}$$

Ausgehend von der bekannten Startbedingung X_0 können wir dann iterativ X an allen Zeitpunkten t_i nähern. Im Allgemeinen ist hier f diejenige Funktion, die die rechte Seite der zugrunde liegenden Differentialgleichung (bzw. des Differentialgleichungssystems) beschreibt. Im speziellen Fall unseres Systems (6.3) fassen wir die Variablen S, I und R im Vektor $X = (S, I, R)$ zusammen und $f(X)$ ist gerade die rechte Seite von (6.3). Die Qualität der Näherung hängt dabei entscheidend von der Schrittweite τ, und damit von der Feinheit der Auflösung des Zeitintervalls durch die t_i ab. Für zu große Schrittweiten wird die Näherung beliebig schlecht, für kleinere Schrittweiten immer exakter.

Das Euler-Verfahren approximiert für genügend kleine Schrittweiten eine exakte Lösung von (6.3). Da aufgrund der Gestalt von (6.3) sichergestellt ist, dass eine eindeutige exakte Lösung auch existiert, können wir davon ausgehen, dass dies auch die Lösung sein muss, an die wir uns mit dem Euler-Verfahren annähern. Für ein gegebenes numerisch zu lösendes Problem müssen diese beiden Komponenten immer zusammen vorhanden sein, da sonst keine Aussagen über Korrektheit und Genauigkeit der numerischen Lösung möglich sind.

Listing 6.1 Euler-Methode für das SIR System

```
%Anfangsbedingungen
S(1)=10000;
I(1)=1000;
R(1)=0;
beta=1/70000;
mu=1/(65*365);
gamma=1/10;
nu=mu;

%Festlegung der Schrittweite und des Endzeitpunkts T
deltat=0.1;
T=100;
N=T/deltat;
x=0:deltat:T;

%Schleife für die Berechnung des zeitlichen Verlaufs von S,I und R
for k=1:N
    S(k+1)=S(k)+(-beta*S(k)*I(k)+mu*(S(k)+I(k)+R(k))-nu*S(k))*deltat;
    I(k+1)= I(k) +(beta*S(k)*I(k) -gamma*I(k)-nu*I(k))*deltat;
```

```
   R(k+1)=R(k)+(gamma*I(k)-nu*R(k))*deltat;
 end
%Plotten des zeitlichen Verlaufs der Krankheit
plot(x,I);
```

6.2.4 Wahl der Parameter

Die Wahl der Parameter im System (6.3) hat natürlich deutliche Auswirkungen auf den simulierten Verlauf der Krankheit. Der Parameter β gibt an, wieviele Infizierte pro Zeiteinheit
andere Personen anstecken können. Sieht man sich aber die physikalischen Dimensionen
an, so bemerkt man, dass β die Dimension 1/Personen haben muss. In der Tat muss durch
die Gesamtzahl der Personen geteilt werden. Wenn man in Tagen rechnet so kann man $\mu =$
$1/(65 \cdot 365)$ setzen. Das bedeutet, dass sich die Population in 65 Jahren reproduziert.

6.2.5 Umsetzung im Unterricht – Chancen und Risiken

Für eine Umsetzung im Unterricht ist es sicherlich zunächst ratsam Modelle wie in (6.1)
zu betrachten. Der Übergang zu Differetialgleichungen kann aber gut vollzogen werden,
sofern bereits der Übergang vom Differenzenquotient zum Differentialquotient vollzogen
wurde. Für die Schülerinnen und Schüler ist es oft schwer mit Systemen umzugehen, deren Verlauf durch eine Vorschrift gegeben ist, bei der die Ableitung der Funktion von der
Funktion selbst abhängt. Oftmals wird im Rahmen der Physikausbildung eine erste kleine
Einführung in die Konzepte bzw. Berechnung von Differentialgleichungen im Zusammenhang mit radioaktivem Zerfall vermittelt. Hier liegt jedoch ein nicht-lineares System
gewöhnlicher Differentialgleichungen vor. Von der Diskussion analytischer Lösungsverfahren im Unterricht ist daher abzuraten. Andererseits lassen sich die Modelle sehr gut
simulieren. Hierzu kann entweder Excel verwendet werden oder eine Simulation mit der
Euler-Methode in Programmen wie Matlab oder FreeMat.

6.3 Räumlich-zeitliche Modelle

Im Gegensatz zu den Modellen im ersten Abschnitt ist man in der Anwendung oft an
der räumlichen Dynamik interessiert. So stellen sich oft Fragen wie „Wann schliesst
man am Besten welche Flughäfen bei der Ausbreitung einer Krankheit wie etwa Ebola?". Natürlich geht es dabei auch darum, den volkswirtschaftlichen Schaden möglichst
zu minimieren.
    In der Mathematik führen diese Fragestellungen zu partiellen Differentialgleichungen,
die natürlich nicht Teil des Schulstoffes sind und Schülerinnen und Schülern im Gegensatz
zum vorherigen Modell auch nur sehr schwer zu vermitteln sind. Wir stellen im Folgenden
zwei Möglichkeiten vor, dennoch eine räumlich zeitliche Dynamik zu betrachten.

Abb. 6.2 Zellulärer Automat in Graustufen, Größe des
Feldes 20 × 20 mit 60 Agenten

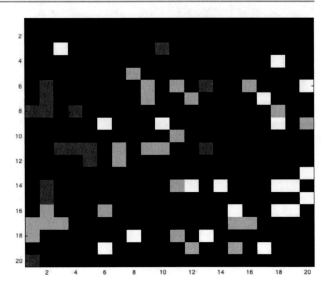

6.3.1 Zelluläre Automaten

Die erste Möglichkeit der Umsetzung, die bereits ohne die Kenntnis der Differentialrechnung durchgeführt werden kann, ist der sogenannte zelluläre Automat. Ein zellulärer
Automat basiert auf Partikeln oder Agenten, die sich durch den Raum bewegen und miteinander interagieren. Der Interaktion und der Bewegung sind hierbei nur sehr wenige
Grenzen gesetzt. Die Idee ist es nun, eine möglichst große Anzahl von Konfigurationen
zu simulieren und dabei statistische Daten zu erheben. Somit ergibt sich ein statistischer
Zugang zur Krankheitsausbreitung. Dabei ist zu beachten, dass die Aussagekraft des Modells begrenzt ist. Will man also sehr detaillierte Aussagen über eine bestimmte Krankheit
treffen, dann ist es wichtig, dass sich dies in der Interaktion der Partikel/Agenten wirklich
widerspiegelt. Es geht also dabei vor allem zunächst darum eine gute Recherche durchzu-
führen, um möglichst detaillierte Aussagen über den Krankheitsverlauf treffen zu können.
Ein Bespiel für einen zellulären Automaten ist in Abb. 6.2 zu sehen.

6.3.1.1 Setting
Der Raum auf der die Bewegung stattfindet ist eine $n \times m$-Matrix bzw. ein Rechteck
aufgeteilt in n Zeilen und m Spalten.

Nun brauchen wir verschiedene Typen von Individuen. Hierzu können wir verschiedene Zahlen benutzen. So können wir ein unbesetztes Feld eben mit dem Eintrag 0 in der
Matrix beschreiben. Ein Feld mit einer für die Krankheit empfängliche Person kann auf 1,
eines mit einer infizierten Person kann mit 2 beschrieben werden, usw.

Zu Beginn müssen wir nun Personen auf die Felder setzen, dies tun wir, indem wir
angeben, wieviele Personen wir ingesamt haben wollen und wieviele davon jeweils von
welcher Personen-/Attributgruppe stammen.

Danach verteilen wir die Personen entweder nach einer vorgegebenen Anfangsbedingung oder zufällig auf die Felder.

Listing 6.2 Setting

```
%Anzahl Zeilen
n=100;
%Anzahl Spalten
m=50;
% Feld
M=zeros(n,m);
%Anzahl der gesunden Personen
S=100;
%Anzahl der infizierten Personen
I=10;
%Setze S Felder in M auf 1 und I Felder auf 2
M(1:S)=1;
M(S+1:S+I)=2;
%Permutiere die Einträge zufällig
idx=randperm(n*m);
M=M(idx);
```

Die Funktion `randperm` wird dabei genutzt, um die Felder der Matrix M zu permutieren. Es ergibt sich eine Zufallsmatrix mit S Personen aus der Gruppe 1 und I Personen aus der Gruppe 2.

6.3.1.2 Bewegungen

Zunächst nehmen wir an, dass sich ein Individuum in 5 verschiedene Richtungen bewegen. Man kann also auf seinem Platz verweilen bzw. nach oben, unten, links, oder rechts gehen. Sicherlich kann man überlegen auch die Diagonalen mit einzubeziehen, das gibt in der Programmierung für die Bewegung lediglich 4 Fälle mehr, die mittels `if`-Abfragen bearbeitet werden müssen. Von der Ausgangsposition 5 ergibt sich die folgende Bewegungsrose:

0	1	0
2	5	3
0	4	0

Nun kann man mit Hilfe gleichverteilter Zufallsvariablen in der Menge {1, 2, 3, 4, 5} Bewegungen simulieren. Durch Ziehen der Zufallszahlen wird dabei die Richtung gewählt, in welche sich der Agent bewegt.

Beim Implementieren sind dabei zwei grundsätzliche Dinge zu beachten. Zunächst einmal muss klar sein, was ein Individuum macht, welches über den Rand hinausgeht. Dabei kann entweder eine neue Zufallszahl gezogen werden, bis ein Feld getroffen wird, welches kein Randfeld ist oder das Feld auf dem sich der Partikel bewegt wird periodisch fortgesetzt. Periodisch heißt hierbei, dass ein Partikel welches das Feld nach unten verlässt genau gegenüber oben wieder auf das Feld tritt. Selbiges gilt für die anderen Fälle.

Beide Randbedingungen periodisch sowie reflektierend führen bei großen Partikelzahlen zu einer mehr oder weniger realistischen Dynamik. Allerdings kann es durch die periodischen Randbedingungen später dazu kommen, dass die Krankheit nicht ausstirbt, wenn sie etwa durch Rand und geheilte bzw. immune Individuen umgeben ist, sondern einfach auf die andere Seite übertragen werden kann.

Eine andere Sache, über die man sich Gedanken machen muss ist was passiert, wenn ein Partikel auf ein Feld ziehen soll, auf dem bereits ein anderer Partikel sitzt. Hierbei kann man ebenfalls sagen, dass entweder noch eimal eine Zufallszahl gezogen wird, bis ein freies Feld getroffen wird oder der Partikel bleibt stehen, sofern er ein besetztes Feld träfe.

Hat man viele Partikel, ist obige Prozedur natürlich davon abhängig, in welcher Reihenfolge die Bewegung der Partikel gewürfelt wird. Im Prinzip kann man infizierte und gesunde Personen verschieden schnell modellieren. Davon soll aber hier der Einfachheit halber zunächst abgesehen werden.

Um die Bewegungen zu simulieren wählen wir hier folgende Regel: Trifft eine gewürfelte Bewegung auf ein bereits besetztes Feld, so bleibt die Person stehen. Dies lässt ich in MATLAB folgendermaßen umsetzen. Zunächst sucht man sich alle besetzten Felder. Dies lässt sich mit der Funktion find schnell erledigen. Das Problem bei der Funktion ist, dass die Indizes der Matrix als ganze Zahl und nicht in der Form Zeile,Spalte angegeben sind. Abhilfe schafft die Nutzung der Funktion ind2sub. Nun zieht man für jeden Partikel eine Zufallszahl und führt die Bewegungen aus.

Listing 6.3 Bewegung

```
function M=Bewegung(M)

%Alle besetzen Felder finden
index=find(M>0);
%Umrechnen auf Indizes in der Form Zeile, Spalte
[I,J]=ind2sub(size(M),index);
idx=size(I,1);
%Ziehe für alle Individuen eine ganze Zahl zwischen 1 und 5
test=randi(4,idx,1);

for k=1:idx
    if(test(k)=1 && I(k)-1>0 && M(I(k)-1,J(k)-1)==0)
        M(I(k)-1,J(k))=M(I(k),J(k));
        M(I(k),J(k))=0;
    end
        if(test(k)=2 && J(k)-1>0 && M(I(k),J(k)-1)==0)
        M(I(k),J(k)-1)=M(I(k),J(k));
        M(I(k),J(k))=0;
        end
        if(test(k)=3 && J(k)+1<m+1 && M(I(k)1,J(k)+1)==0)
            M(I(k)-1,J(k)+1)=M(I(k),J(k));
```

```
        M(I(k),J(k))=0;
    end
    if(test(k)=4 && I(k)+1<n+1 && M(I(k),J(k)+1)==0)
        M(I(k),J(k)+1)=M(I(k),J(k));
        M(I(k),J(k))=0;
end
```

6.3.1.3 Infektion

Um eine Krankheitsausbreitung zu simulieren brauchen wir wieder mindestens zwei Typen von Individuen, nämlich infizierte/infektiöse und empfängliche. Nun müssen wir den Infektionsvorgang festlegen. Zunächst einmal können wir überlegen, dass sofern eine infizierte Person auf dem Feld neben einer empfänglichen Person steht, eine Infektion mit einer gewissen Wahrscheinlichkeit p stattfinden kann. Nun geht man folgendermaßen vor. Zunächst lässt man sich alle empfänglichen Personen ausgeben. Dann beschreibt man den Abschnitt der Matrix um diese Personen herum. Wir gehen davon aus, dass auf einem umliegenden Feld eine infizierte Person stehen muss, damit die empfängliche Person infiziert werden kann. Nun suchen wir mittels des *find* Befehls diesen neuen Abschnitt der Matrix nach Infizierten ab. Dann ziehen wir so viele Zufallszahlen, wie Infizierte in dieser Matrix sind. Nun vergleichen wir alle diese Zufallszahlen mit der Wahrscheinlichkeit p. Je kleiner p desto größer ist die Wahrscheinlichkeit einer Infektion.

Natürlich müssen wir darauf achten, dass wir nicht auf Felder ausserhalb des Randes zugreifen. Da wir bereits oben reflektierende Randbedingungen gewählt haben, werden wir hier dasselbe tun. Eine einfache Möglichkeit dies zu tun, ist es alle Punkte zu inneren Punkten zu machen und den Rand aussen frei zu lassen, bzw. auf eine andere Zahl etwa -1 zu setzen.

Listing 6.4 Infektion

```
function M=infektion(M,p)
% Setze Rand auf -1
R=-ones(n+2,m+2);
R(2:n+1,2:m+1)=M;
%Alle besetzen Felder finden
index=find(R==1);
%Umrechnen auf Indizes in der Form Zeile, Spalte
[I,J]=ind2sub(size(R),index)
K=size(I,1);
for k=1:K
    A=R(I(k)-1:I(k)+1,J(k)-1:J(k)-1);
    idx=find(R==2);
    l=size(idx);
    if(l>0)
        test=rand(l,1);
        test2=find(test>p);
            if size(test2,1)>0;
```

```
            R(I(k),J(k))=2;
        end
    end
    M=R(2:n+1,2:m+1);
end
```

Nun kann man aus beiden Programme einen einfachen zellulären Automat zusammen-
setzen. Die Schülerinnen und Schüler können hierbei beim Programmieren und Modellieren sehr kreativ werden. So kann über eine Abänderung der Bewegungsrose für eine
Personengruppe etwa die Geschwindigkeit der Personen pro Zeitschritt abgeändert werden.

6.3.1.4 Erholung und Immunisierung

Wir haben im Moment ein Modell implementiert, das die Bewegungen und Infektionen
der Partikel simuliert. Nun wollen wir in diesem Modell auch berücksichtigen, dass die
Partikel nach einer gewissen Zeit heilen und danach immun gegen die Krankheit sind. Man
könnte an dieser Stelle natürlich auch modellieren, dass die Partikel dann wieder emp-
fänglich gegenüber der Krankheit sind. Hierzu müssen wir einen zusätzlichen Parameter
einführen, die Krankheitsdauer t_{inf}. Ein infizierter Partikel soll nach dieser Zeit wieder heilen und immun werden. Hierzu müssen wir nun entweder eine zweite Matrix anlegen, die
uns angibt, wie lange die infizierten Partikel bereits infiziert sind oder wir nehmen in der
Matrix eine Dimension hinzu und schreiben dort bei jedem Partikel die Zeit der Infektion
in die 3. Komponente. Ist nun ein Partikel länger als t_{inf} infiziert, geht er in die Gruppe der
immunen Personen über. Natürlich müssen wir auch den Code für die Bewegungen und
die Infektion nun auf Tensoren der Größe $n \times m \times 2$ umschreiben.

Es ergibt sich folgender Code:

Listing 6.5 SIR cellular

```
%Anzahl Zeilen
n=100;
%Anzahl Spalten
m=50;
% Feld
M=zeros(n,m);
%Anzahl der gesunden Personen
S=100;
%Anzahl der infizierten Personen
I=10;
%Setze S Felder in M auf 1 und I Felder auf 2
M(1:S)=1;
M(S+1:S+I)=2;
%Setze die Infektionszeiten der Infizierten auf 1
M(S+1:S+I,2)=1;
```

```
%Permutiere die Einträge zufällig
idx=randperm(n*m);
M=M(idx);

function M=Bewegung(M)

%Die n\times m Matrix A aus M definieren

A=M(:,:,1);
%Alle besetzen Felder finden
index=find(M>0);
%Umrechnen auf Indizes in der Form Zeile, Spalte
[I,J]=ind2sub(size(A),index);
idx=size(I,1);
%Ziehe für alle Individuen eine ganze Zahl zwischen 1 und 4
test=randi(4,idx,1);

for k=1:idx
if(test(k)=1 && I(k)-1>0 && A(I(k)-1,J(k)-1)==0)
M(I(k)-1,J(k),:)=M(I(k),J(k),:);
M(I(k),J(k),:)=0;
end
if(test(k)=2 && J(k)-1>0 && A(I(k),J(k)-1)==0)
M(I(k),J(k)-1,:)=M(I(k),J(k),:);
M(I(k),J(k),:)=0;
end
if(test(k)=3 && J(k)+1<m+1 && A(I(k),J(k)+1)==0)
M(I(k)-1,J(k)+1,:)=M(I(k),J(k),:);
M(I(k),J(k),:)=0;
end
if(test(k)=4 && I(k)+1<n+1 && A(I(k)+1,J(k))==0)
M(I(k),J(k)+1,:)=M(I(k),J(k),:);
M(I(k),J(k),:)=0;
end
end

function V=infektion(V,p,exttime)
V=M(:,:,1)
% Setze Rand auf -1
R=-ones(n+2,m+2);
R(2:n+1,2:m+1)=V;
%Alle besetzen Felder finden
index=find(R==1);
%Umrechnen auf Indizes in der Form Zeile, Spalte
[I,J]=ind2sub(size(R),index)
K=size(I,1);
for k=1:K
```

```
A=R(I(k)-1:I(k)+1,J(k)-1:J(k)-1);
idx=find(R==2);
l=size(idx);
if(l>0)
test=rand(l,1);
test2=find(test>p);
if size(test2,1)>0;
M(I(k)-1,J(k)-1,1)=2;
M(I(k)-1,J(k)-1,2)=M(I(k)-1,J(k)-1,2)+1;
end
end
V=M(:,:,2);
idx=find(V==exttime);
[I,J]=ind2sub(size(V),idx);
for k=1:size(I,1)
M(I(k),J(k),1)=3;
M(I(k),J(k),2)=0;
end

end
```

6.3.2   Auswertung der zellulären Automaten

Ein zellulärer Automat selbst stellt kein mathematisches Objekt dar, sondern dient dazu, sich selbst Daten zu simulieren bzw. die Dynamik von Partikeln unter einer gegebenen Wechselwirkung zu beobachten. Hierbei können verschiedene Observablen beobachtet werden, je nachdem, wie die Fragestellung vorgegeben ist. Zusätzlich kann durch die Veränderung verschiedener Parameter der Einfluss dieser numerisch gut abgeschätzt werden.

Die Mathematik startet daher mit den vom zellulären Automat generierten Daten. Zuerst muss verstanden werden, dass eine einzige Simulation nur ein zufälliges Ereignis darstellt. Für die Bewegung, sowie auch für die Infektion werden Zufallszahlen genutzt. Um eine Aussage über das Modell bzw. Strategien zu treffen, ist es daher notwendig, die Simulation möglichst oft zu wiederholen und die zu beobachtenden Größen zu mitteln. Der Mittelwert gibt dann einen Hinweis auf das Verhalten des Modells. Die Berechnung der Varianz dieser Größen sagt dann etwas darüber aus, wie sehr das Resultat vom Mittelwert abweichen kann.

Dennoch kann sich der qualitative Verlauf eines Krankheitsausbruchs gut mit Hilfe eines zellulären Automaten darstellen lassen. Hierzu ist es notwendig die zu untersuchende Größe, d. h. in diesem Fall die Gesamtanzahl der Infizierten im zeitlichen Verlauf zu betrachten. Man sieht, dass die Anzahl der Infizierten Personen zunächst rapide ansteigt, dann aber auch – wie bereits zuvor beim SIR-Modell gesehen – auf Null zurückgeht. Dies lässt sich mit dem Verlauf einer Grippewelle sehr gut vergleichen. Daten hierfür findet man etwa auf den Webseiten des Robert-Koch-Instituts. Ein entsprechendes Beispiel zeigt Abb. 6.3.

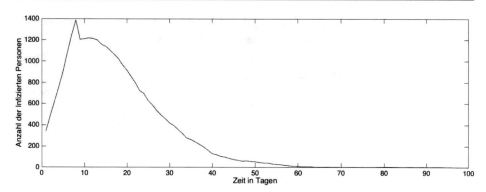

Abb. 6.3 Anzahl der Infizierten im Zeitverlauf, Dauer der Infektion 10 Tage, Anfangsbedingung 200 Infizierte, 2000 Empfängliche Personen

6.4 Vergleich beider Modelle und Ausblick

Die beiden betrachteten Modelle eignen sich sehr gut zur Umsetzung im Unterricht. So kann etwa die Euler-Methode zur Lösung der Differentialgleichung für das SIR-Modell auch gut im Excel implementiert werden. Für die mathematische Motivation des Modells ist es jedoch sicherlich ratsam, bereits in einem ausreichenden Maße die Differentialrechnung behandelt zu haben. Das SIR-Modell ist auch heute noch Teil der aktuellen Forschung von Krankheitsausbreitungen, siehe etwa Martcheva (2015). Des Weiteren existieren viele Erweiterungen, wie etwa Immunisierung, Impfung oder auch die Hinzunahme von zusätzlichen Kompartments etwa für die Untersuchung von Dengue-Fieber oder Malaria. So wird beispielsweise ein SIS-System für die Mücken zu dem SIR-System hinzugefügt und man erhält ein sogenanntes SIRUV-System, vgl. Aguiar et al. 2008.

Trotz großer Flexibilität bei der Modellierung ist die fehlende räumliche Auflösung im SIR-Modell ein Nachteil. Dies und die Konsequenzen sollte man im Unterricht nach Möglichkeit darstellen. Durch Nutzung des SIR-Modells nimmt man implizit an, dass alle Personen miteinander wechselwirken können. Überspitzt formuliert nimmt man bei der Untersuchung eines Grippeausbruchs weltweit durch die Nutzung des SIR-Modells also an, dass Personen in Skandinavien mit Personen in Australien wechselwirken bzw. zumindest dies nicht verboten ist. Ebenfalls geht das Modell von einer gleichmäßigen Durchmischung der Gesellschaft mit Kranken, Empfänglichen und Erholten Personen aus. Wirkliche Krankheitsherde lassen sich hiermit leider nicht abbilden.

Um diesem entgegen zu wirken und zumindest etwas räumliche Auflösung abbilden zu können, kann man mehrere SIR-Systeme räumlich auf einem Gitter anordnen und Übergänge von einem Gitterpunkt zu einem anderen zulassen. Die Gitterpunkte spielen dann die Rolle von Regionen. Nun kann man die einzelnen Parameter und auch die Anfangsbedingungen für die verschiedenen Regionen verschiednen wählen und bekommt so eine räumlich-zeitliche Dynamik, die sogar als gute Approximation einer partiellen Differentialgleichung angesehen werden kann. Sicherlich ist hierbei noch die Dynamik auf dem Rand der Welt geeignet zu wählen. In der Regel kann man wieder auf periodische oder reflektierende Randbedingungen zurückgreifen.

Zelluläre Automaten können bereits ohne Differentialrechnung im Unterricht implementiert werden. Hierzu ist lediglich ein wenig Programmiererfahrung der Schülerinnen und Schüler von Nöten. Mit Hilfe eines vorgegebenen Programmgerüsts können diese Grundlagen sogar im Rahmen des Unterrichts vermittelt werden. Der zelluläre Automat sollte allerdings von Beginn an als Werkzeug zur Simulation vorgestellt werden. Es sollte auch geklärt werden, dass ein bestimmter Durchlauf eben nicht genau der Realität entsprechen muss, da im Hintergrund viele Prozesse zufällig ablaufen. Vielmehr kann man sich hier dem Bild des Würfelns der Krankheitsausbreitung bedienen. Eine Auswertung bedarf dann Kenntnisse über stochastische Größen wie etwa dem Mittelwert und der Streuung bzw. Varianz.

Der Nachteil der Methode besteht darin, dass die Mathematik oft etwas in den Hintergrund tritt und auf den ersten Blick durch Simulation ersetzt wird. Zelluläre Automaten werden auch heute in der Forschung noch benutzt, gerade im Bezug auf agenten-basiertes Modellieren. Der Vorteil ist, dass man viele verschiedene Informationen, die man über die Agenten bereits weiß, in den Automaten implementieren kann. Dies kann etwa, wie im Fall der Krankheiten, die mittlere Inkubationszeit, die mittlere Zeit der Heilung und die mittlere Geschwindigkeit der Personen sein. Es können aber auch komplexere Strukturen, wie die Altersstruktur und deren Wirkung auf die Krankheitsausbreitung, die Immunisierung einzelner, Kreuzreaktionen mit anderen Krankheiten, Angst vor Epidemien etc. implementiert werden. Hierzu muss man verschiedene Attribute an die einzelnen Agenten bringen und die Bewegung bzw. den Infektionsvorgang danach auswürfeln. Es sind also relativ einfach sehr komplexe Vorgänge behandelbar.

Der zelluläre Automat kann auch gut benutzt werden, um Parameter für das SIR-System zu finden. So weiß man, etwa aus Daten des Robert-Koch-Institus, welche Kenngrößen auf dem mikroskopischen Level der Agenten wichtig für eine Infektion sind. Lässt man nun den zellülären Automaten laufen, so kann man durch Vergleich der resultierenden Kurven für die Zahl der Infizierten, Empfänglichen und Gesundeten mit den entsprechenden Kurven im SIR-Modell geeignete Parameter bestimmen.

Literatur

Aguiar, M., Kooi, B., & Stollenwerk, N. (2008). Epidemiology of dengue fever: A model with temporary cross-immunity and possible secondary infection shows bifurcations and chaotic behaviour in wide parameter regions. *Mathematical Modelling of Natural Phenomena, 3*, 48–70.

Deuflhard, P., & Bornemann, F. (2002). *Scientific Computing with Ordinary Differential Equations*. Springer.

Kermack, W. O., & McKendrick, A. G. (1927). *A contribution to the mathematical theory of epidemics*. Proceedings of the Royal Society of London A: Mathematical, Physical and Engineering Sciences, Bd. 115 (S. 700–721). The Royal Society.

Martcheva, M. (2015). *Introduction to Mathematical Epidemiology* (61. Aufl.). Springer.

Wie funktioniert eigentlich GPS? – ein computergestützter Modellierungsworkshop

7

Martin Frank, Pascal Richter, Christina Roeckerath und Sarah Schönbrodt

Zusammenfassung

GPS ist ein globales Satellitennavigationssystem zur Positionsbestimmung, bei dem vielfältige mathematischen Methoden angewandt werden. Genutzt wird es fast alltäglich: Sei es beim Pokémon Go-Spielen, im Straßenverkehr oder um die nächste Haltestelle samt Busverbindung zu finden. Die Fragestellung, wie die GPS-Positionsbestimmung funktioniert, dürfte also für Schülerinnen und Schüler aufgrund dieses starken Lebensweltbezugs relevant sein. Weiter handelt es sich um eine realistische Problemstellung, die die Anwendung von Mathematik erfordert und somit authentisch ist. Ihre Behandlung bemüht von Pythagoras über Gleichungssysteme bis hin zu Winkelfunktionen einiges an Schulmathematik. Im vorliegenden Artikel werden die mathematischen Hintergründe der Positionsbestimmung mittels GPS und eine konkrete didaktisch-methodische Umsetzung im Rahmen eines computergestützten Workshops für Schülerinnen und Schüler der Oberstufe vorgestellt. Die Schülerinnen und Schüler arbeiten mit echten vor Ort aufgenommenen Satellitendaten und erleben sehr anschaulich, wie sich ein Modell immer weiter verbessert. Die Modellverbesserung wird sichtbar, indem sich die ermittelte Position auf einer Karte immer weiter der tatsächlichen Position der Datenaufnahme annähert. Zur Beschreibung dieses Modellbildungsprozesses wird das Bild einer computergestützten Modellierungsspirale verwendet, was die Annäherung an eine optimale Lösung durch Wiederholung der Modellierungsschritte betont. Die Workshop-Materialien (Arbeitsblätter, MATLAB-Skripte) sind zum Download verfügbar.

M. Frank (✉)
Steinbuch Centre for Computing, Karlsruher Institut für Technologie
Eggenstein-Leopoldshafen, Deutschland

P. Richter · C. Roeckerath · S. Schönbrodt
RWTH Aachen
Aachen, Deutschland

© Springer Fachmedien Wiesbaden GmbH, ein Teil von Springer Nature 2018
G. Greefrath und H.-S. Siller (Hrsg.), *Digitale Werkzeuge, Simulationen und mathematisches Modellieren*, Realitätsbezüge im Mathematikunterricht,
https://doi.org/10.1007/978-3-658-21940-6_7

7.1   GPS als relevantes und authentisches mathematisches Modell

Mathematik hat eine enorme Relevanz für unser alltägliches Leben, sowie für Wissenschaft, Industrie und Wirtschaft. Mathematische Fragestellungen zur Funktionsweise populärer Anwendungen, wie Suchmaschinen, Musikerkennungsprogrammen oder Audiokompressionsverfahren, haben das Potential Schülerinnen und Schülern diese Relevanz zu vermitteln. Es handelt es sich um realistische Problemstellungen, die nur mit Hilfe mathematischer Methoden gelöst werden können, und einen hohen Lebensweltbezug für Schülerinnen und Schüler haben. Somit erfüllen sie sowohl das Kriterium der Authentizität als auch das Kriterium der (Schüler-)Relevanz für Modellierungsaufgaben (vgl. Maaß 2010; Eichler 2015). Viele Beispiele dieser Art wurden in der ISTRON-Schriftenreihe vorgestellt (vgl. Haubrock 2000). Das Satellitennavigationssystem GPS ist eine solche Anwendung und spielt in der Alltagswelt der Schülerinnen und Schüler ebenfalls eine bedeutende Rolle. Sie aktivieren es im Smartphone zur Navigation, beim Nutzen der neusten Fitness-App oder um die Abfahrtszeiten der fußläufig erreichbaren Bushaltestellen zu erhalten. Einige verbringen vielleicht auch ihre Freizeit mit Geocaching. Aber wie bestimmt ein GPS-Gerät die eigene Position auf der Erde? Somit dürfte auch diese Fragestellung gemäß Maaß (2010) eine aus Schülersicht relevante und authentische Modellierungsaufgabe sein.

Im Folgenden wird vielfach erprobtes und detailliert ausgearbeitetes Unterrichtsmaterial vorgestellt, welches regelmäßig im Rahmen von eintägigen Workshops mit Schülergruppen der Oberstufe behandelt wird. Die Materialien führen durch einen Modellierungsprozess, bei dem der Computereinsatz (vgl. Greefrath 2011) und die Annäherung an eine gute Lösung durch iterative Verfeinerung des Modells (vgl. Haines et al. 2001) eine entscheidende Rolle spielen. Sie wurden am Lehr-Lern-Labor CAMMP[1] für mathematische Modellierung der RWTH Aachen entwickelt. Alle im Rahmen von CAMMP behandelten Problemstellungen sind in dem Sinne authentisch, als dass es sich stets um reale (also nicht ausgedachte) Problemstellungen aus Alltag, Industrie und Wissenschaft handelt, für deren Lösung der Einsatz von Mathematik und Computer unerlässlich ist. Weiter wird besonderer Wert daraufgelegt, dass die Lösung der Problemstellungen Relevanz für die Schülerinnen und Schüler selbst oder die Gesellschaft hat.

Auch das interdisziplinäre Arbeiten bei der Entwicklung eines Modells zur Positionsbestimmung unterstreicht die Authentizität der Problemstellung. So müssen die Schülerinnen und Schüler im Verlauf des Modellierungsprozesses u. a. physikalische Überlegungen, wie bspw. relativistische Effekte berücksichtigen, und den Computer als Werkzeug zur Realisierung aufwendiger mathematischer Berechnungen einsetzen. Diese so erfahrene Interdisziplinarität durch Verknüpfung von Mathematik, Informatik und Physik spiegelt aus unserer Sicht ein realistisches Bild der Arbeitsweise beim modernen Problemlösen durch mathematische Modellierung wider. Ein Blick über den rein mathematischen Tellerrand hinaus ist meist unumgänglich, um reale Probleme in ihrer Gänze zu erfassen.

---

[1] Computational and Mathematical Modeling Program, www.cammp.rwth-aachen.de.

Es gibt (vor allem in der englischsprachigen Literatur) vielzählige Quellen, welche die Mathematik hinter GPS erläutern. Unsere Darstellung basiert hauptsächlich auf Strang und Borre (2012) und den dort genannten weiterführenden Referenzen. Auch in den ISTRON-Bänden sind einzelne Aspekte der Funktionsweise von GPS beleuchtet worden (vgl. Haubrock 2000; Schiller 2011; Meyer 2014). Es gibt weitere, mit Schulmathematik zugängliche Aspekte von GPS, die an dieser Stelle nicht behandelt werden. Dazu zählt insbesondere die Codierung der Satellitensignale, die an anderer Stelle (vgl. Meyer 2014) schon beschrieben wurden. Auch Differential-GPS, sowie die Benutzung des Kalman-Filters sind nicht Gegenstand dieses Artikels. Einzelne Abschnitte sind den Abschlussarbeiten (Schönbrodt 2015; Wiener 2015) entnommen. Für den Unterrichtseinsatz aufgearbeitete Fragestellungen, welche die Anwendung der Positionsbestimmung mit GPS beinhalten, wurden von Greefrath und Riemer (2013) vorgestellt.

7.2 Die computergestützte Modellierungsspirale

Mit dem im Folgenden beschriebenen Material erleben Schülerinnen und Schüler sehr anschaulich, wie sich ein Modell im Laufe des Modellbildungsprozesses immer weiter verbessert. In insgesamt fünf Durchläufen durch den Modellierungskreislauf nähert sich Schritt für Schritt der mathematisch bestimmte Ort dem tatsächlichen Ort der Schülerinnen und Schüler an. Zur Veranschaulichung für die Schülerinnen und Schüler ist die von der Initiative Computer-Based Math[2] eingeführte Solution Helix of Math ein schönes Bild, die sich in ähnlicher Form auch bei Büchter und Leuders (2005) wiederfindet. Sie erweitert das in der gängigen didaktischen Diskussion bekannte Bild des Modellierungskreislaufs (vgl. z. B. Blum und Leiss 2007) um den Aspekt der Annäherung an eine optimale Lösung durch Wiederholung der Modellierungsschritte. Die Modellierungsschritte der Solution Helix of Math entsprechen, abgesehen von der Betonung des Computereinsatzes, im Wesentlichen denen des frühen Modellierungskreislaufs von Blum (1985). Dieser beschränkt sich entgegen späterer Versionen (vgl. Blum und Leiss 2007) noch auf vier Schritte (vgl. Abb. 7.1). Durch die Anpassung an die in der didaktischen Diskussion gängige Terminologie erhalten wir die in Abb. 7.2 dargestellte computergestützte Modellierungsspirale mit den folgenden Schritten:

1. Vereinfachen und Strukturieren der Realität bezüglich der realen Problemstellung bzw. später Präzisierung des realen Modells
2. Mathematisieren des realen Modells
3. Computergestütztes Arbeiten mit dem mathematischen Modell
4. Interpretieren und Validieren der mathematischen Lösung in Bezug auf das reale Problem

---

[2] www.computerbasedmath.org.

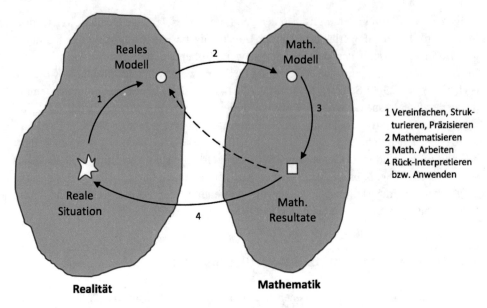

Abb. 7.1 Der Modellierungskreislauf nach Blum. (Blum 1985)

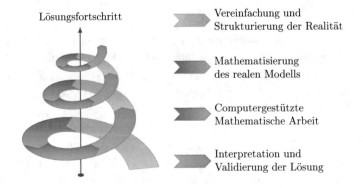

Abb. 7.2 Computergestützte Modellierungsspirale

Da unser Fokus nicht wie bei Blum und Leiss (2007) auf der Untersuchung kogni-tiver Prozesse beim Modellieren liegt, sondern konkretes Unterrichtsmaterial vorgestellt werden soll, beschränken wir uns auf die angegebenen vier Schritte.

Wie von Greefrath und Siller vorgeschlagen wird bei der computergestützten Modellie-rungsspirale zur Bearbeitung des mathematischen Modells ein digitales Werkzeug einge-setzt (vgl. Greefrath und Siller 2009; Greefrath 2011). Ziel der Computerunterstützung ist es, dass sich die Schülerinnen und Schüler weniger mit dem mathematischen Arbeiten be-schäftigen, sondern sich auf die anderen (kreativeren) Schritte des Modellierungsprozesses konzentrieren können. Durch die Verwendung einer Computersoftware (in unserem Fall MATLAB) wird der Fokus des Lernmoduls somit auf die problemorientierte Bearbeitung der Aufgaben durch die Schülerinnen und Schüler gelegt und weniger auf die Schulung formaler Fertigkeiten, da kalkülhafte Berechnungen oder Lösungsverfahren für Standardprobleme vom Computer übernommen werden. Damit soll insbesondere die Förderung der prozessbezogenen Kompetenz des Modellierens, aber auch die des Problemlösens in den Mittelpunkt rücken. Dass der Rechenaufwand ohne Computereinsatz bei einem Großteil der Aufgaben, welche die Schülerinnen und Schüler im Rahmen des Lernmoduls bearbeiten, zu zeitaufwendig und damit nicht zu leisten wäre, ist ein weiteres Argument, das den Einsatz des Computers bei diesem Workshop begründet. Besondere Merkmale der im Workshop verwendeten MATLAB-Skripte sind neben der Verwendung eines Lernassistenten, der den Schülerinnen und Schülern Hinweise auf mögliche Fehler bzw. eine Rückmeldung über die Korrektheit ihrer Lösung liefert, auch das Einbinden von Google Maps. Die Annäherung der mathematisch bestimmten Lösung an die tatsächliche Position der Datenaufnahme, die sich durch ein wiederholtes Durchlaufen des Modellierungsprozesses ergibt, wird auf diese Weise auf der digitalen Karte auch geographisch visualisiert.

Der Computereinsatz erlaubt darüber hinaus, dass viele komplexe reale Problemstellungen mit gängiger Schulmathematik bearbeitet werden können, wenn die über den Schulstoff hinausgehenden mathematischen Inhalte vom Computer übernommen werden (vgl. Greefrath und Weitendorf 2013). Dieser Punkt trifft auf die hier vorgestellte Problemstellung zu GPS zu.

7.3 Reale Situation und Problemstellung

Das Global Positioning System ist der Nachfolger des ersten Satellitensystems Transit, welches von 1964 bis 1996 von der US-Marine betrieben wurde. GPS wird seit 1973 vom US Verteidigungsministerium entwickelt und ist seit 1993 in Betrieb. Das System wurde 1995 für voll funktionsfähig erklärt und steht seitdem für militärische und zivile Nutzung zur Verfügung. Für den Betrieb von GPS werden mindestens 24 funktionsfähige Satelliten benötigt, die in einer Höhe von 20.200 km die Erde auf einer leicht ellipsenförmigen Bahn im mittleren Erdorbit umkreisen. Auf sechs verschiedenen Bahnen (alle mit einem Neigungswinkel von 55° bezüglich der Äquatorebene) befinden sich jeweils mindestens vier Satelliten in gleichen Abständen (vgl. Abb. 7.3). Durch diese Anordnung der Satellitenbahnen können von jedem Ort der Erde zu jedem Zeitpunkt mindestens vier Satellitensignale empfangen werden.

Für GPS wird das geozentrische Koordinatensystem ECEF (Earth-Centered, Earth-Fixed) verwendet, welches sich mit der Erde mit dreht (vgl. Abb. 7.4). Der Ursprung dieses Koordinatensystems liegt im Schwerpunkt der Erde und die z-Achse zeigt entlang der mittleren Rotationsachse nach Norden. Die x-Achse wird durch den Äquator und durch den Nullmeridian festgelegt und die y-Achse vervollständigt die beiden Achsen in Höhe des Äquators zu einem Rechtssystem. In diesem Koordinatensystem hat ein auf der Erde ruhender Empfänger zu allen Zeiten dieselben kartesischen Koordinaten.

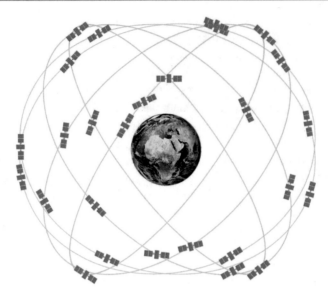

Abb. 7.3 Die sechs Umlaufbahnen der GPS Satelliten (Abstände sind maßstabsgetreu)

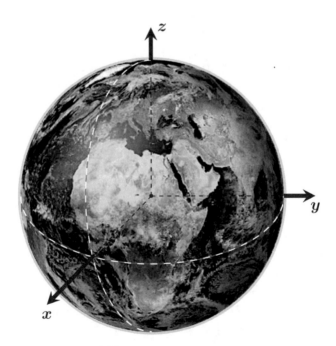

Abb. 7.4 Das ECEF-Koordinatensystem, das für GPS verwendet wird

In jedem GPS Satelliten ist eine Atomuhr vorhanden. Die GPS Satelliten senden jede Millisekunde Nachrichten zur Erde, welche die Sendezeit und weitere Daten zum Orbit enthalten. Der Orbit eines Satelliten wird durch 16 Parameter beschrieben, die alle zwei Stunden von einer Bodenstation aktualisiert werden. Aus verschiedenen Gründen muss die Satellitenzeit auch immer wieder auf die Erdzeit angepasst werden (siehe Abschn. 7.5.1 Modellverbesserungen für weitere Details). Die Zeit und die zeitliche Anpassung werden mittels vierer Parameter beschrieben. Zusammen mit einer Identifikationsnummer eines jeden Satelliten werden somit für jeden Satelliten genau 21 Parameter benötigt, welche als *Ephemeriden* bezeichnet werden. Mittels dieser Ephemeriden lassen sich die Positionen der Satelliten im Weltall bestimmen. In den nachfolgenden Abschnitten werden die einzelnen Schritte vorgestellt, die die Schülerinnen und Schüler bei der Beantwortung der Frage, wie ein GPS-Gerät seine eigene Position auf der Erde bestimmt, durchlaufen. Dabei wird exemplarisch mit den Messwerten gearbeitet[3], die am 18. Juli 2013 um 12:11 Uhr in der Nähe des Schülerlabors CAMMP in Aachen aufgenommen wurden. Zu dem Zeitpunkt wurden acht Satellitensignale empfangen.

7.4   Erste Lösung des Problems

In diesem Abschnitt wird eine erste vollständige Runde der Modellierungsspirale durchschritten und somit eine erste, einfache Lösung des Problems hergeleitet. Anhand von Modellverbesserungen werden in den darauffolgenden Abschnitten mit weiteren Runden durch die Modellierungsspirale immer bessere Lösungen erzielt.

Zunächst werden nur die Daten der ersten drei Satelliten im Datensatz verwendet. Es ist zu bemerken, dass die errechneten Positionen sehr stark von den gewählten Satellitendaten abhängen. Die Auswahl der Satelliten wird in Abschn. 7.5.4 genauer thematisiert. Die erhaltene erste Lösung für die Empfängerposition auf der Erde wird schließlich mit der tatsächlichen Lage des Workshoportes abgeglichen.

7.4.1   Vereinfachung und Strukturierung der Realität

Zur Strukturierung der Realität kann das Problem in folgende aufeinander aufbauende Teilprobleme zerlegt werden:

---

[3] Die Messwerte liegen im RINEX Format vor (vgl. Gurtner und Estey 2007). Zur Aufnahme haben wir den GNSS Rohdatenlogger mit NEO-6 P-Schnittstelle der Firma OptimalSystem verwendet. Der Vorteil eines solchen Geräts ist, dass dieses den Zugriff auf die Rohdaten ermöglicht, während Handys typischerweise spezialisierte Chips besitzen, die die GPS-Berechnungen durchführen und nur berechnete Koordinaten ausgeben.

- Wie erhält man die Satellitenpositionen?
- Wie lassen sich die sogenannten Pseudoentfernungen des Empfängers zu den Satelliten bestimmen?
- Wie können wir die kartesischen Koordinaten des Empfängers bestimmen?
- Wie können wir daraus die geographischen Koordinaten des Empfängers ableiten, um die berechnete Position auf einer digitalen Landkarte (z. B. Google Maps) zu überprüfen?

Für gewöhnlich werden zu jedem Zeitpunkt auf der Erde die Signale von mindestens vier Satelliten, meist jedoch von sogar acht bis zwölf Satelliten gleichzeitig empfangen. Um zu einem ersten Modell zu gelangen, werden verschiedene Vereinfachungen und Annahmen getroffen. Als erster Modellansatz wird angenommen, dass die Form der Erde einer Kugel entspricht, dass die Empfängeruhr auf der Erde die gleiche Genauigkeit aufweist, wie die Atomuhren in den Satelliten und zudem auch die Satellitenuhr keinen anderen Effekten unterliegt. Ausgehend von der so erhaltenen vereinfachten Situation soll nun die Position (x_E, y_E, z_E) des Empfängers auf der Erde aus drei Satellitensignalen ermittelt werden.

7.4.2 Mathematisierung des realen Modells

Im nächsten Modellierungsschritt müssen die Teilprobleme derart in mathematische Modelle überführt werden, dass sie von einem Computer bearbeitet werden können. Aus allen empfangenen Satellitendaten werden dazu die Daten von genau drei Satelliten ausgewählt. Neben den Ephemeridenvektoren E_{ph_1}, E_{ph_2} und E_{ph_3}, welche die Sendezeiten t_{S_1}, t_{S_2}, und t_{S_3} in Sekunden enthalten, sind außerdem auch die Empfangszeiten t_{E_1}, t_{E_2}, und t_{E_3} in Sekunden auf der Erde bekannt.

Mit Hilfe dieser Daten können wir schrittweise mathematische Modelle für die oben beschriebenen Teilprobleme entwickeln: Zunächst leiten wir Formeln für die *Satellitenkoordinaten* aus den Ephermeridendaten, und die *Pseudoentfernungen* der einzelnen Satelliten aus den Sende- und den Empfangszeiten her. Damit lässt sich ein Gleichungssystem für die Bestimmung der *Empfängerposition* im ECEF Koordinatensystem aufstellen, welche anschließend noch in *geographische Koordinaten* umgeformt wird.

Satellitenposition im ECEF Koordinatensystem
Die Koordinaten des k-ten Satelliten, der die Erde wie in Abschn. 7.3 beschrieben auf einer ellipsenförmigen Bahn in 20.200 km Höhe umkreist, ergibt sich aus der Kepler-Gleichung. Durch die Ephemeriden E_{ph_k} liegen für jeden Satelliten bereits die nötigen Parameter vor, aus denen die ECEF Koordinaten (x_k, y_k, z_k) des k-ten Satelliten durch Anwendung eines mehrschrittigen Algorithmus berechnet werden können. Auf die einzelnen Parameter sowie auf die einzelnen Schritte des Algorithmus wird hier nicht weiter eingegangen, sondern stattdessen auf die Interface Spezifikation IS-GPS-200 (vgl. Dunn

2013) verwiesen. Die Berechnung der Satellitenkoordinaten wird im Workshop ebenfalls dem Computer überlassen.

Pseudoentfernungen der Satelliten zum Empfänger

Neben der Position der Satelliten lässt sich zudem deren Distanz zum Empfänger ermitteln. Eine erste Näherung kann man aus der Laufzeit des Funksignals erhalten. Ausgehend davon, dass sich die Satellitensignale mit Lichtgeschwindigkeit c ausbreiten, lässt sich die Distanz zum Empfänger durch die Zeitdifferenz der Empfangszeiten t_{E_k} und Sendezeiten t_{S_k} bestimmen:

$$d_{S_k} = c(t_{E_k} - t_{S_k}) \tag{7.1}$$

Man beachte, dass bei extrem großen Geschwindigkeiten bereits kleinste Fehler bei der Zeitmessung zu sehr großen Abweichungen der Entfernung führen können. Die Satellitensignale erreichen für gewöhnlich nach bereits etwa 70 bis 90 Millisekunden den Empfänger auf der Erde. Will man die Pseudoentfernung auf etwa 3 m genau bestimmen, so wird sofort klar, dass die Zeitdifferenz dann bis auf 10 Nano-Sekunden genau zu bestimmen ist. Da wir später einzelne Fehlerquellen in das Modell aufnehmen, verwenden wir den Begriff *Pseudo*entfernung.

Im Workshop liegen den Schülerinnen und Schülern die Empfangs- und Sendezeiten der drei ausgewählten Satelliten vor, so dass sie die Übertragungsdauer eines Satellitensignals als Differenz dieser beiden Zeiten eigenständig bestimmen können. Zudem erhalten die Schülerinnen und Schüler sowohl bei einer kurzen Einführung in die Problemstellung des Workshops, als auch auf den Arbeitsmaterialien zu den einzelnen Modellschritten die Information, dass die Signale mit Lichtgeschwindigkeit übertragen werden. Haben die Schülerinnen und Schüler dennoch Schwierigkeiten, die endgültige Formel aus den gegeben Informationen aufzustellen, so kann als Hilfestellung die Betrachtung der physikalischen Einheiten angeregt werden: Gegeben ist die Zeitdifferenz in Sekunden und die Geschwindigkeit in Metern pro Sekunde. Gesucht wird der Weg, also eine Strecke in Metern. Durch Verrechnen der Einheiten erhalten die Schülerinnen und Schüler die gesuchte Formel.

Empfängerposition im ECEF Koordinatensystem

Mit Kenntnis der Satellitenpositionen und deren Pseudoentfernungen lässt sich ein Gleichungssystem für die Bestimmung der *Empfängerposition* im ECEF Koordinatensystem aufstellen.

Es ist bereits bekannt, dass der Empfänger eine gewisse Distanz d_{S_k} von dem k-ten Satelliten entfernt ist. Stellt man sich um den k-ten Satelliten eine Kugel mit Radius d_{S_k} vor, so befindet sich der Empfänger irgendwo auf der Oberfläche dieser Kugel. Da dies für alle drei Satelliten bzw. Kugeln gilt, muss die Position des Empfängers in einem Schnittpunkt aller drei Kugeln liegen. Da sich zwei Kugeln i. A. in einem Kreis schneiden und dieser Kreis in unserem Fall mit der dritten Kugel genau zwei Schnittpunkte hat, gibt es nur zwei mögliche Empfängerpositionen A und B (vgl. Abb. 7.5). Selbstverständlich gibt es

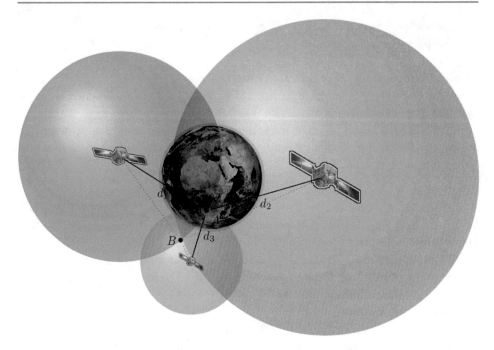

Abb. 7.5 Aufstellen eines Gleichungssystems zur Bestimmung der Empfängerposition

auch pathologische Fälle (kein Schnittpunkt oder weniger Schnittpunkte). Diese kommen in der Praxis jedoch nicht vor. Von diesen beiden Positionen befindet sich eine nahe der Erdoberfläche (A) und die andere weiter von der Erde entfernt im Weltall (B). Für jeden Satelliten k lässt sich eine Gleichung aufstellen, die den Abstand von Empfängerposition und Satellitenposition beschreibt:

$$\sqrt{\left(x_{S_k} - x_E\right)^2 + \left(y_{S_k} - y_E\right)^2 + \left(z_{S_k} - z_E\right)^2} = d_{S_k} \tag{7.2}$$

Insgesamt ergibt sich für die gesuchten Empfängerkoordinaten x_E, y_E und z_E mit Hilfe von allen drei Satelliten das folgende nichtlineare Gleichungssystem:

$$\begin{aligned}
\sqrt{\left(x_{S_1} - x_E\right)^2 + \left(y_{S_1} - y_E\right)^2 + \left(z_{S_1} - z_E\right)^2} &= d_{S_1} \\
\sqrt{\left(x_{S_2} - x_E\right)^2 + \left(y_{S_2} - y_E\right)^2 + \left(z_{S_2} - z_E\right)^2} &= d_{S_2} \\
\sqrt{\left(x_{S_3} - x_E\right)^2 + \left(y_{S_3} - y_E\right)^2 + \left(z_{S_3} - z_E\right)^2} &= d_{S_3}
\end{aligned} \tag{7.3}$$

Wie wir gerade gezeigt haben, hat dieses nichtlineare Gleichungssystem im Allgemeinen genau zwei Lösungen. Man kann das System Gl. 7.3 mit Hilfe des Bancroft-Algorithmus (vgl. Bancroft 1985) in eine skalare quadratische Gleichung überführen und explizit lö-

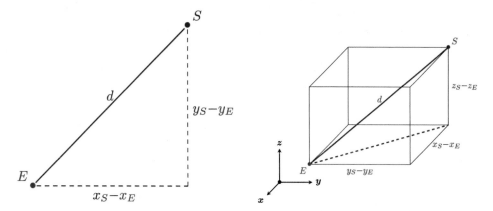

Abb. 7.6 Hilfekarten zur Visualisierung der Problemstellung im zwei- und dreidimensionalen Fall

sen. Allgemein bietet sich die Verwendung eines numerischen Lösungsverfahrens an. Unserer Ansicht nach spiegelt dies die allgemeine Vorgehensweise der modernen Mathematik wider: Ein Problem wird analysiert und Existenz, Eindeutigkeit und Eigenschaften der Lösung bewiesen. Zur tatsächlichen Berechnung wird ein numerisches Verfahren verwendet.

Standardverfahren zur numerischen Lösung nichtlinearer Gleichungssysteme mit gleich vielen Gleichungen wie Unbekannten basieren auf dem Newton-Verfahren, welches einen Startpunkt benötigt. Je nach Startpunkt konvergiert das Verfahren gegen eine der beiden Lösungen. Man kann zeigen, dass das Verfahren gegen die erdnähere Lösung A konvergiert, falls als Startpunkt der Erdmittelpunkt (0,0,0) gewählt wird.

Die Gleichungen, die zur Bestimmung der Empfängerkoordinaten aufgestellt werden müssen, sollen von den Schülerinnen und Schülern selbständig hergeleitet werden. Indem zunächst nur ein Satellit betrachtet wird, lässt sich die Herleitung einer Gleichung durch die Übertragung des bekannten *Satzes des Pythagoras* im zweidimensionalen Fall auf die gegebene dreidimensionale Situation leisten. Als Hilfestellung für Schülerinnen und Schüler, die Schwierigkeiten haben einen Ansatz zur Lösung dieses Modellschrittes zu finden, kommen bei dem Workshop Hilfekarten zum Einsatz, auf denen die Problemstellung zunächst im zweidimensionalen Fall visualisiert und bei weiterem Hilfebedarf auf den dreidimensionalen Fall übertragen wird (vgl. Abb. 7.6).

Neben der Bestimmung der Gleichungen ausgehend vom Satz des Pythagoras, der bereits seit der Mittelstufe geläufig ist, kann auch ein Ansatz über die *Vektorrechnung* gewählt werden. Dazu wird zunächst der Verbindungsvektor zwischen Satellit und Empfänger aufgestellt, der sich aus der Differenz der beiden Ortsvektoren von Ursprung zum Satelliten bzw. zum Empfänger ergibt. Die Länge dieses Verbindungsvektors entspricht der bereits berechneten Pseudoentfernung. Durch Anwendung der bekannten Abstandsformel zur Berechnung des euklidischen Abstandes gelangen die Schülerinnen und Schüler damit ebenfalls zu dem besagten Gleichungssystem. Auch für die Schülerinnen und Schüler die diesen Ansatz wählen steht bei Bedarf eine Hilfekarte zur Verfügung.

Abb. 7.7 Geographische Koordinaten des Empfängers

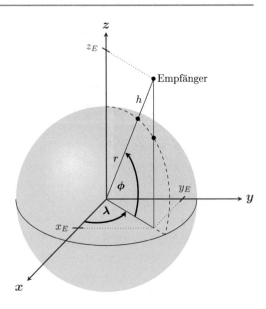

Umformung in geographische Koordinaten

Auf der Erde werden Positionen in geographischen Koordinaten und nicht in kartesischen Koordinaten angegeben. Somit müssen die Koordinaten (x_E, y_E, z_E) noch in Längen- und Breitengrad ausgedrückt werden[4].

In diesem ersten Modell wurde angenommen (wie in den Modellvereinfachungen Abschn. 7.4.1 beschrieben), dass die Erde eine perfekte Kugel ist, deren Radius durch den Äquatorradius r gegeben ist. Die geographische Höhe h gibt die Höhe in Metern über der Kugeloberfläche an (vgl. Abb. 7.7).

Durch Verwendung von trigonometrischen Funktionen ergeben sich die folgenden Formeln:

$$h = \sqrt{x_E^2 + y_E^2 + z_E^2} - r \tag{7.4}$$

$$\phi = \arctan(z_E / \sqrt{x_E^2 + y_E^2}) \tag{7.5}$$

$$\lambda = \arctan(y_E / x_E) \tag{7.6}$$

Dabei haben wir angenommen, dass $x_E, y_E > 0$ gilt, d. h. dass wir uns zwischen 0 Grad und 90 Grad östlicher Länge befinden. In den anderen Teilen der Erde müsste man in Gl. 7.6 zusätzliche Fälle unterscheiden, oder die in vielen Computersystemen vorhandene

---

[4] Die geographische Breite ϕ ist die im Winkelmaß Grad angegebene nördliche oder südliche Entfernung eines Punktes der Erdoberfläche vom Äquator und nimmt Werte von $-90°$ am Südpol bis $90°$ am Nordpol an. Die geographische Länge λ ist die in Grad angegebene östliche oder westliche Entfernung eines Punktes der Erdoberfläche vom Nullmeridian und nimmt Werte von $-180°$ in westlicher Richtung bis $180°$ in östlicher Richtung an.

Abb. 7.8 Abbildung auf dem Arbeitsblatt zur Veranschaulichung von Längen- und Breitengrad

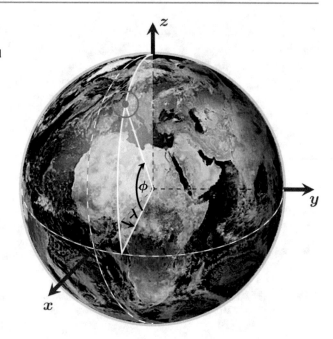

Funktion atan2 verwenden. Die Winkel ϕ und λ sind im Bogenmaß angegeben und müssen schließlich noch ins Gradmaß umgeformt werden, da sie Längen- und Breitengrad beschreiben sollen.

Die Umrechnung der kartesischen Koordinaten in geographische Koordinaten erfolgt von den Schülerinnen und Schüler selbstständig. Zur Unterstützung dient bei dem Workshop eine Abbildung auf den Arbeitsmaterialien, auf der geographische Höhe sowie Längen- und Breitengrad auf der Erde eingezeichnet sind (vgl. Abb. 7.8).

Zur Bestimmung der Höhe h greifen die Schülerinnen und Schüler wie bei der Bestimmung der Empfängerkoordinaten auf den Satz des Pythagoras bzw. auf die Berechnung der Länge des Verbindungsvektors zwischen Erdmittelpunkt und Empfänger zurück. Indem sie die aus der Schule bekannten *trigonometrischen Funktionen* Sinus, Cosinus und Tangens in geeigneten rechtwinkligen Dreiecken anwenden, können zudem Umrechnungsformeln für Breiten- und Längengrad aufgestellt werden. Bei Bedarf liegt die in Abb. 7.7 visualisierte Darstellung der Erde mit eingezeichnetem Längen- und Breitengrad bei dem Workshop als Hilfekarte bereit, um das Erkennen geeigneter rechtwinkliger Dreiecke zu erleichtern.

7.4.3 Interpretation und Validierung der Lösung

Haben die Schülerinnen und Schüler alle Modellierungsschritte erfolgreich bearbeitet ruft das MATLAB-Skript zur Interpretation der Lösung automatisch Google Maps auf, und die von den Schülerinnen und Schülern berechnete Position wird auf der digita-

Abb. 7.9 Berechnung der Position mit GPS Daten: Die mit dem vereinfachten Modell berechnete Position auf der Erdoberfläche (*rot*) und die tatsächliche Position bei der Aufnahme der Satellitensignale in Aachen (*blau*)

len Karte visualisiert (vgl. Abb. 7.9). Auf diese Weise wird eindrücklich veranschaulicht, dass die berechnete Position mit mehr als 300 km stark von dem Workshop-Ort, an dem die Satellitendaten tatsächlichen aufgenommen wurden, abweicht. Das vereinfachte Modell liefert somit keine zufriedenstellende Lösung der realen Problemstellung. Der Weg durch die *Modellierungsspirale* muss folglich fortgesetzt werden. Damit wird die Reflexion verschiedener Fehlerquellen im Modellierungsprozess angeregt und zur gemeinsamen Diskussion möglicher Präzisierungen des realen Modells mit den Schülerinnen und Schülern und damit zum zweiten Abschnitt des Modellierungsworkshops übergeleitet.

7.5 Annäherung an eine optimale Lösung

Anhand der berechneten Lösung lässt sich erkennen, dass das hergeleitete Modell zu stark vereinfacht war. In einer gemeinsamen Diskussion werden mögliche Modellverbesserungen besprochen. Dabei werden von den Schülerinnen und Schülern zumeist die folgenden Verbesserungen aufgedeckt:

1. Berücksichtigung der Zeitdilatation der Satellitenuhren[5].
2. Berücksichtigung der Ungenauigkeiten in der Empfängeruhr.
3. Form der Erde als Ellipsoid.
4. Verwendung aller empfangenen Satellitensignale.

Im Workshop werden nacheinander diese vier Modellverbesserungen vorgenommen und bei jeder Verbesserung eine weitere Runde in der *Modellierungsspirale* durchschritten. Dabei nähern wir uns bildlich in der Spirale, und real auf der Google Maps Karte immer weiter dem tatsächlichen Ort an.

Die Schülerinnen und Schüler arbeiten mit einem Arbeitsblatt, welches die Umsetzung der einzelnen Modellverbesserungen anleitet. Die Reihenfolge der Bearbeitung der Modellverbesserungen ist den Schülerinnen und Schülern dabei freigestellt. Nachfolgend werden die einzelnen Durchläufe durch die *Modellierungsspirale* bei der Bearbeitung der Modellverbesserungen beschrieben. Dabei ist die Reihenfolge der Verbesserungen prinzipiell beliebig, da diese unabhängig voneinander sind. Wir ordnen sie im Folgenden jedoch so an, dass wir uns dem tatsächlichen Ort annähern.

7.5.1 Modellverbesserung: Berücksichtigung der Zeitdilatation der Satellitenuhren

In den Satelliten befinden sich präzise Atomuhren mit einer Gangungenauigkeit von wenigen Nanosekunden pro Monat. Man sollte somit annehmen, dass die Fehler der Satellitenuhren vernachlässigbar wären. Allerdings unterliegt die Zeit in den Satelliten den Effekten der Relativitätstheorie. Sie hängt einerseits vom Gravitationsfeld der Erde und andererseits von der Geschwindigkeit der Satelliten ab. Zum einen kommt es durch die Bewegung der Satelliten zu einer Zeitverzögerung (spezielle Relativitätstheorie), zum anderen jedoch lässt ein geringeres Gravitationsfeld die Zeit schneller vergehen als auf der Erde (allgemeine Relativitätstheorie).

Dabei überwiegt der gravitative Effekt (also die allgemeine Relativitätstheorie) um mehr als das sechsfache, wodurch die Zeit in den Satelliten insgesamt schneller vergeht als auf der Erde. Um den Schülerinnen und Schülern diese relativistischen Effekte und deren

---

[5] Diese Verbesserung wird interessanterweise seit dem Weltraumfilm *Interstellar* (2015) sehr häufig von den Schülerinnen und Schülern angesprochen.

Einfluss auf die Sendezeit und damit auf das entwickelte mathematische Modell zu verdeutlichen, wird nach der Diskussion zu möglichen Modellverbesserungen ein Kurzfilm des Südwestrundfunks[6] gezeigt. Dieser erklärt den Einfluss von Einsteins Relativitätstheorie auf unsere heutige Satellitentechnik in anschaulicher Weise.

Zur Korrektur der Satellitenuhrfehler finden sich in den Ephemeriden drei Parameter a_{f_0}, a_{f_1} und a_{f_2} und die Referenzzeit t_{oc}. Der Zeitfehler Δt einer Satellitenuhr hängt dabei von der Zeit t ab und ergibt sich nach den Interface Spezifikationen IS-GPS-200 (vgl. Dunn 2013) wie folgt:

$$\Delta t = a_{f_0} + a_{f_1} (t - t_{oc}) + a_{f_2} (t - t_{oc})^2 + \Delta t_r \qquad (7.7)$$

Δt_r ist ein relativistischer Korrekturterm, der die Ellipsenbahn des Satelliten berücksichtigt. Würde der Satellit die Erde auf einer Kreisbahn mit konstanter Geschwindigkeit umkreisen, wäre das Verhältnis von Zeitbeschleunigung aufgrund des Gravitationsfeldes zu Zeitverzögerung aufgrund der Bewegung immer konstant. Auf einer Ellipsenbahn ist dieses Verhältnis jedoch niemals konstant, da sich einerseits die Geschwindigkeit des Satelliten und andererseits der Abstand zur Erde ständig verändert. Die Veränderung des Verhältnisses von Zeitbeschleunigung zu Zeitverzögerung wird durch den Term Δt_r berücksichtigt. Dieser hängt ebenfalls von der Zeit t ab und wird wie folgt berechnet:

$$\Delta t_r = F e \sqrt{A} \sin E_k \qquad (7.8)$$

Die Konstante

$$F = -2\sqrt{\mu}/c^2 \qquad (7.9)$$

kann aus dem Gravitationsparameter μ und der Lichtgeschwindigkeit c berechnet werden. Die numerische Exzentrizität e und die Wurzel der großen Halbachse $\sqrt{A}$ sind in den Ephemeriden hinterlegt, die zeitabhängige exzentrische Anomalie E_k muss wie bei der Berechnung der Satellitenkoordinaten aus der Kepler-Gleichung ermittelt werden.

Der Fehler der Satellitenuhr sollte zur Sendezeit der Nachricht berechnet werden. Da der Fehler vom Sendezeitpunkt abhängt und der Sendezeitpunkt fehlerbehaftet ist, muss der Satellitenuhrfehler iterativ bestimmt werden. Um das zu veranschaulichen wird die Gl. 7.7 zur Berechnung der Satellitenuhrfehler durch eine Funktion f in Abhängigkeit der Zeit t dargestellt:

$$f(t) = a_{f_0} + a_{f_1} (t - t_{oc}) + a_{f_2} (t - t_{oc})^2 + \Delta t_r(t) \qquad (7.10)$$

---

[6] Frank Wittig (2013): GPS-Satelliten – Wie Einstein unseren Alltag beeinflusst [Kurzfilm des Südwestrundfunks], veröffentlicht am 05.06.2013, online unter: http://www.swr.de/odysso/wie-einstein-unseren-alltag-beeinflusst/-/id=1046894/did=11343438/nid=1046894/131feqm/, abgerufen am 31.10.2016.

Weiterhin werden folgende Bezeichnungen eingeführt:

t_S: Falsche Sendezeit des Satelliten (bekannt)

$\Delta t_S = f(t_S)$:   Fehler der Satellitenuhr zur falschen Sendezeit t_S (bekannt)

t_S^*:   Wahre Sendezeit des Satelliten (unbekannt)

$\Delta t_S^* = f(t_S^*)$: Fehler der Satellitenuhr zur wahren Sendezeit t_S^* (unbekannt)

Der Zusammenhang zwischen der falschen Sendezeit t_S und der wahren Sendezeit t_S^* ist $t_S = t_S^* + \Delta t_S^*$. Somit ergibt sich für den Fehler Δt_S^* der Satellitenuhr die implizite Gleichung

$$\Delta t_S^* = f(t_S - \Delta t_S^*) \tag{7.11}$$

Diese Gleichung kann durch die einfache Rekursion

$$\Delta t_S^* = f(t_S - f(t_S)) \tag{7.12}$$

annähernd gelöst werden.

Von den Schülerinnen und Schülern wird nicht erwartet, dass sie diese recht komplexe Berechnung des tatsächlichen Satellitenuhrfehlers eigenständig leisten. Die Berechnung dieses Fehlers wird stattdessen dem Computer überlassen. In der ersten Runde der *Modellierungsspirale* in Abschn. 7.4 wurden die Satellitenkoordinaten und die Pseudoentfernung Gl. 7.1 auf Grundlage der fehlerbehafteten Zeit t_{S_k} bestimmt. Die Schülerinnen und Schüler müssen den Einfluss des Fehlers auf diese beiden Größen erkennen und dann die korrigierte Satellitenzeit $(t_{S_k} - \Delta t_{S_k})$ bei der Berechnung der Satellitenkoordinaten sowie bei der Berechnung der Pseudoentfernung berücksichtigen.

Durch die Berücksichtigung der ersten Modellverbesserung in ihrem Modell durchschreiten die Schülerinnen und Schüler den gesamten Modellierungsprozess ein zweites Mal. Sie schreiten auf der Modellierungsspirale näher an die Lösung heran, was im Workshop geographisch auf der digitalen Karte veranschaulicht wird. Die erhaltene neue Empfängerposition liegt nun knapp 215 km näher an der tatsächlichen Position als die mit dem vereinfachten Modell berechnete Position (vgl. Abb. 7.10). Dennoch weicht die erhaltene Lösung weiterhin stark von der eigentlichen Position ab, was zu einer weiteren Verbesserung des Modells motiviert.

7.5.2 Modellverbesserung: Berücksichtigung der Ungenauigkeiten in der Empfängeruhr

In der Empfängeruhr ist für gewöhnlich eine einfache Quarzuhr mit einer Ungenauigkeit von einigen Sekunden pro Monat verbaut. Aus den vorangegangenen Überlegungen wird deutlich (vgl. Abschn. 7.4), dass auch eine Funkuhr unter Umständen zu ungenau für die GPS-Positionsbestimmung ist. Hauptidee ist es, diesen Fehler in der Zeitmessung als eine (vierte) Unbekannte zu berücksichtigen, und einen vierten Satelliten hinzuzuziehen.

Abb. 7.10 Berechnung der Position mit GPS Daten: Die mit dem vereinfachten Modell berechnete Position auf der Erdoberfläche (*0*), die mit Modellverbesserung (Zeitdilatation) berechnete Position (*A*), und die tatsächliche Position der Aufnahme der Satellitensignale in Aachen (*blau*)

Aufgrund des unbekannten Zeitfehlers von Δt_E entspricht die Entfernung der Satelliten nicht wie in Gl. 7.1 ermittelt und in der ersten Modellverbesserung in Abschn. 7.5.1 korrigiert

$$d_{S_k} = \left(t_{E_k} - \left(t_{S_k} - \Delta t_{S_k}\right)\right) \cdot c \tag{7.13}$$

sondern sie ergibt sich gemäß

$$\left(d_{S_k} - c\Delta t_E\right) = \left(\left(t_{E_k} - \Delta t_E\right) - \left(t_{S_k} - \Delta t_{S_k}\right)\right) \cdot c \tag{7.14}$$

Unter Berücksichtigung dieser Distanzkorrektur ändern sich die in Gl. 7.3 aufgestellten Formeln folgendermaßen:

$$\sqrt{\left(x_{S_1} - x_E\right)^2 + \left(y_{S_1} - y_E\right)^2 + \left(z_{S_1} - z_E\right)^2} = d_{S_1} - c\Delta t_E$$
$$\sqrt{\left(x_{S_2} - x_E\right)^2 + \left(y_{S_2} - y_E\right)^2 + \left(z_{S_2} - z_E\right)^2} = d_{S_2} - c\Delta t_E \qquad (7.15)$$
$$\sqrt{\left(x_{S_3} - x_E\right)^2 + \left(y_{S_3} - y_E\right)^2 + \left(z_{S_3} - z_E\right)^2} = d_{S_3} - c\Delta t_E$$

Da hier nun vier Unbekannte ($x_E, y_E, z_E, \Delta t_E$) vorliegen, wird zur Lösung des Gleichungssystems noch eine weitere Gleichung, die eines vierten Satelliten, benötigt.

$$\sqrt{\left(x_{S_4} - x_E\right)^2 + \left(y_{S_4} - y_E\right)^2 + \left(z_{S_4} - z_E\right)^2} = d_{S_4} - c\Delta t_E \qquad (7.16)$$

Wie in Abschn. 7.4 handelt es sich hierbei um ein nichtlineares Gleichungssystem mit gleich vielen Gleichungen wie Unbekannten. Erneut kann hier das Newton-Verfahren verwendet werden, um das Problem numerisch zu lösen, wobei sich der Erdmittelpunkt $(0,0,0)$ und ein Zeitfehler von 0 als Startpunkt anbietet. Die Benutzung des Bancroft-Algorithmus (vgl. Bancroft 1985) ist ebenfalls möglich.

Die Schülerinnen und Schüler erhalten auf dem Arbeitsblatt zu diesem Abschnitt des Workshops lediglich den Hinweis, dass der unbekannte Zeitfehler Δt_E bei der Berechnung der Empfängerkoordinaten zu berücksichtigen ist. Zunächst ist von den Schülerinnen und Schüler somit der Einfluss des Zeitfehlers auf die Pseudoentfernung zu erkennen. Die sich nach der Korrektur ergebende neue Pseudoentfernung ($d_{S_k} - c\Delta t_E$) müssen sie schließlich in ihr bestehendes Gleichungssystem einbauen. Im letzten Schritt gilt es dann zu erkennen, dass es sich bei dem Zeitfehler Δt_E um eine weitere Unbekannte handelt. Es liegen somit vier Unbekannte aber bisher nur drei Gleichungen vor. Zur eindeutigen Lösung dieses Gleichungssystems müssen die Schülerinnen und Schüler folglich eine weitere Gleichung und damit die Daten eines vierten Satelliten einbeziehen. Um Schülerinnen und Schülern, die Schwierigkeiten haben zu erkennen an welcher Stelle ihrer mathematischen Beschreibungen der Zeitfehler Einfluss nimmt, dennoch die Bearbeitung dieser Modellverbesserung möglich zu machen, liegt eine Hilfekarte mit den folgenden Hinweisen bereit:

- *Überlegt euch, welche Auswirkung es für die Pseudoentfernungen hat, wenn die Uhr im Empfänger um eine Sekunde vorgeht (das wäre ein Zeitfehler von +1 Sekunde).*
- *Verallgemeinert: Wie müssen die Pseudoentfernungen korrigiert werden, wenn der Fehler der Empfängeruhr t Sekunden beträgt?*
- *Überlegt: Wie muss das Gleichungssystem verändert werden, wenn der Fehler der Empfängeruhr unbekannt ist?*

Abb. 7.11 Berechnung der Position mit GPS Daten: Die mit dem vereinfachten Modell berechnete Position auf der Erdoberfläche (*0*), die mit Modellverbesserung (Zeitdilatation) berechnete Position (*A*), die mit Modellverbesserungen (Zeitdilatation und Empfängeruhr) berechnete Position (*B*) und die tatsächliche Position der Aufnahme der Satellitensignale in Aachen (*blau*)

Die Schülerinnen und Schüler können sich so ausgehend von einem konkreten Beispiel schrittweise den Einfluss des Zeitfehlers auf die Entfernung und damit auch auf das Gleichungssystem herleiten.

Das Lösen des nichtlinearen Gleichungssystems erfolgt im Workshop erneut unter Verwendung des Computers. Von den Schülerinnen und Schülern ist dazu die voreingestellte Auswahl der Satelliten im MATLAB-Skript von nur 3 Satelliten auf 4 Satelliten zu erweitern, der Zeitfehler der Empfängeruhr als Unbekannte einzubauen und der Startwert für das Newton-Verfahren um eine weitere Komponente zu ergänzen. Die durch das nun dritte

Durchschreiten sämtlicher Modellierungsschritte erhaltene neue Empfängerposition ist in Abb. 7.11 dargestellt. Es ergibt sich erneut eine Verbesserung um etwas mehr als 66 km. Die berechnete Empfängerposition liegt im belgischen Teil des Nationalparks Eifel und damit nur noch 21 km von der tatsächlichen Position des Empfängers entfernt. Dennoch stellt dies kein zufriedenstellendes Ergebnis dar. Der Einbau weiterer Modellverbesserungen ist notwendig.

7.5.3 Modellverbesserung: Form der Erde als Ellipsoid

Aufgrund der Fliehkraft der Erdrotation weicht die Form der Erde von der bisher angenommenen perfekten Kugelform ab. Die Form der Erde lässt sich vielmehr durch die eines abgeplatteten Rotationsellipsoiden beschreiben (was jedoch weiterhin nur einer Approximation der tatsächlichen Form entspricht).

Der Abstand vom Mittelpunkt zum Äquator wird durch die große Halbachse a, der Abstand vom Mittelpunkt zu den beiden Polen durch die kleine Halbachse b beschrieben. Die Abplattung f und die numerische Exzentrizität ε lassen sich aus den beiden Halbachsen a und b berechnen und sind wie folgt definiert:

$$f = (a - b)/a \tag{7.17}$$

$$\varepsilon = \sqrt{a^2 - b^2}/a \tag{7.18}$$

Beim Referenzellipsoiden WGS 84 des World Geodetic Systems aus dem Jahre 1984 werden folgende Werte benutzt:

$a = 6.378.137$ m: große Halbachse

$b = 6.356.752{,}3$ m: kleine Halbachse

$f = 1/298{,}257223563$: Abplattung

$\varepsilon = 8{,}181919 \cdot 10^{-2}$: Exzentrizität

Der Zusammenhang zwischen den kartesischen Koordinaten x, y, z und den geographischen Koordinaten ϕ, λ und h bei einem Rotationsellipsoid wird in Abb. 7.12 veranschaulicht und lautet:

$$\begin{aligned} x_E &= (N_\phi + h) \cdot \cos(\phi) \cdot \cos(\lambda) \\ y_E &= (N_\phi + h) \cdot \cos(\phi) \cdot \sin(\lambda) \\ z_E &= (N_\phi(1 - \varepsilon^2) + h) \cdot \sin(\phi) \end{aligned} \tag{7.19}$$

Dabei gilt für den Krümmungsradius des ersten Vertikals N_ϕ, dem Abstand des Lotfußpunktes vom Schnittpunkt des verlängerten Lots mit der z-Achse, folgender Zusammenhang:

$$N_\phi = a/\sqrt{1 - \varepsilon^2 \sin^2(\phi)} \tag{7.20}$$

Abb. 7.12 Form der Erde als Rotationsellipsoid. Das Lot auf die Oberfläche des Ellipsoids geht nicht notwendigerweise durch den Erdmittelpunkt

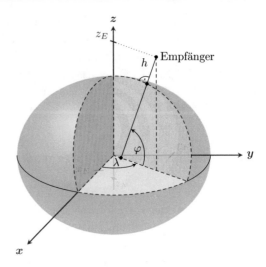

Das Gleichungssystem lässt sich nicht ohne Weiteres nach den Unbekannten ϕ, λ und h auflösen. Da es sich hier um ein nichtlineares Gleichungssystem mit gleich vielen Gleichungen wie Unbekannten handelt, kann hier erneut das Newton-Verfahren verwendet werden. Als Startwert sollte ein Wert gewählt werden der bereits sehr nah an der exakten Lösung liegt. Daher bietet es sich an, die in Gl. 7.4 bestimmte Lösung, die unter Annahme einer perfekten Kugelform ermittelt wurde, zu verwenden.

Im Workshop liefert die Aufgabenstellung zu dieser Modellverbesserung den Schülerinnen und Schülern bereits den Hinweis, sich über den Referenzellipsoiden WGS 84 zu informieren. Unter Verwendung des Internets als Informationsmedium gelangen sie schnell zu den Umrechnungsformeln Gl. 7.19[7]. Von den Schülerinnen und Schülern muss nun erfasst werden, dass sich durch Umstellung dieser Gleichungen keine expliziten Formeln für die Winkel ϕ und λ sowie die Höhe h ergeben. Ein direktes Berechnen dieser ist damit nicht mehr wie bisher möglich. Die Schwierigkeit ist somit zu erkennen, dass wie bei der Berechnung der Empfängerkoordinaten ein nichtlineares Gleichungssystem vorliegt, das analog zu lösen ist.

Die neue Empfängerposition, die nur noch ca. 27 m von der tatsächlichen Position abweicht, ist in Abb. 7.13 dargestellt. Im Vergleich zu dem Ergebnis, welches die Schülerinnen und Schüler mit dem ersten Modell erhalten haben, ist dies bereits eine bemerkenswerte Verbesserung. Stellt man sich jedoch vor, dass man mit einem Navigationsgerät Auto fährt, dessen Positionsangabe um mehr als 25 m abweicht, so würde man an der einen oder anderen Stelle sicherlich eine falsche Abbiegung nehmen! Dies motiviert auch den Einbau der letzten im Rahmen des Workshops durchgeführten Modellverbesserung und ein weiteres Fortschreiten auf der Modellierungsspirale.

---

[7] Zum Beispiel auf Wikipedia lassen sich schnell die notwendigen Formeln finden https://de.wikipedia.org/wiki/Referenzellipsoid, abgerufen am 07.03.2017.

Abb. 7.13 Berechnung der Position mit GPS Daten: (*0*) Vereinfachtes Modell, (*A*) Modellverbesserung (Zeitdilatation), (*B*) Modellverbesserungen (Zeitdilatation und Empfängeruhr), und (*C*) Modellverbesserungen (Zeitdilatation, Empfängeruhr, Ellipsoid)

7.5.4 Modellverbesserung: Verwendung aller empfangener Satellitensignale und Gewichtung

Bisher wurden die Daten von lediglich drei bzw. nach Berücksichtigung der Modellverbesserung Abschn. 7.5.2 vier Satelliten genutzt, da mit den Koordinaten des Empfängers zunächst nur drei bzw. nach Berücksichtigung des Fehlers der Empfängeruhr vier Unbekannte vorliegen. Auf der Erde empfängt man jedoch zu jedem Zeitpunkt acht oder mehr Satellitensignale. Was passiert mit der Lösung, wenn nun nicht drei oder vier, sondern alle Satellitensignale verwendet werden?

Das Gleichungssystem für alle *n* empfangenen Daten lautet:

$$\sqrt{\left(x_{S_1} - x_E\right)^2 + \left(y_{S_1} - y_E\right)^2 + \left(z_{S_1} - z_E\right)^2} = d_{S_1} - c\Delta t_E$$

$$\sqrt{\left(x_{S_2} - x_E\right)^2 + \left(y_{S_2} - y_E\right)^2 + \left(z_{S_2} - z_E\right)^2} = d_{S_2} - c\Delta t_E$$

$$\sqrt{\left(x_{S_3} - x_E\right)^2 + \left(y_{S_3} - y_E\right)^2 + \left(z_{S_3} - z_E\right)^2} = d_{S_3} - c\Delta t_E \qquad (7.21)$$

$$\vdots$$

$$\sqrt{\left(x_{S_n} - x_E\right)^2 + \left(y_{S_n} - y_E\right)^2 + \left(z_{S_n} - z_E\right)^2} = d_{S_n} - c\Delta t_E$$

Es liegen nun mehr Gleichungen als Unbekannte, und somit ein überbestimmtes Gleichungssystem vor. Da die Satellitendaten durch kleine Fehler gestört sind, wird sich dieses

Gleichungssystem nicht eindeutig lösen lassen. Daher verwendet man die Ideen der linearen Ausgleichsrechnung. Man betrachtet diejenige Lösung als die bestmögliche, die das Residuum, also die Differenz aus linker und rechter Seite, minimiert.

Ein bekanntes Verfahren zur Lösung nichtlinearer Ausgleichsprobleme ist das *Gauß-Newton-Verfahren*, welches einen Abkömmling des Newton-Verfahrens darstellt. Für dieses bietet sich erneut der Erdmittelpunkt (0,0,0) und ein Zeitfehler von 0 als Startpunkt an.

Man beachte, dass die Satellitensignale durch die Erdatmosphäre abgebremst werden, und zwar je mehr, desto länger der Weg der Signale durch die Atmosphäre ist. Signale von Satelliten, die im Zenit über dem Empfänger stehen, werden somit etwas weniger abgebremst als Nachrichten, die schräg einfallen. Da vor allem die schräg einfallenden Signale zu größeren Fehlern führen, wäre es sinnvoll, diese Signale auszusortieren oder aber weniger stark zu berücksichtigen. Dafür wird in der Praxis ein Kalman-Filterverfahren verwendet (vgl. Strang und Borre 2012). Als einfaches Modell für eine Atmosphärenkorrektur kann man den Nachrichten mit großer Signalstärke eine höhere Gewichtung geben als den Nachrichten mit kleiner Signalstärke. Somit ergibt sich ein neues Gleichungssystem, welches die Signalstärke g_k des k-ten Satelliten berücksichtigt:

$$g_1 \cdot \sqrt{\left(x_{S_1} - x_E\right)^2 + \left(y_{S_1} - y_E\right)^2 + \left(z_{S_1} - z_E\right)^2} = g_1 \cdot (d_{S_1} - c\Delta t_E)$$

$$g_2 \cdot \sqrt{\left(x_{S_2} - x_E\right)^2 + \left(y_{S_2} - y_E\right)^2 + \left(z_{S_2} - z_E\right)^2} = g_2 \cdot (d_{S_2} - c\Delta t_E)$$

$$g_3 \cdot \sqrt{\left(x_{S_3} - x_E\right)^2 + \left(y_{S_3} - y_E\right)^2 + \left(z_{S_3} - z_E\right)^2} = g_3 \cdot (d_{S_3} - c\Delta t_E) \qquad (7.22)$$

$$\vdots$$

$$g_n \cdot \sqrt{\left(x_{S_n} - x_E\right)^2 + \left(y_{S_n} - y_E\right)^2 + \left(z_{S_n} - z_E\right)^2} = g_n \cdot (d_{S_n} - c\Delta t_E)$$

Berechnen die Schülerinnen und Schüler die Empfängerposition über das in Abschn. 7.4 beschriebene erste Modell mit verschiedenen Satellitenkombinationen (z. B. S_1, S_2, S_3 oder S_5, S_7, S_8) so stellen sie schnell fest, dass sich damit unterschiedliche Positionen auf der Erde ergeben. Um die Frage zu umgehen, welche dieser Satellitensignale nun verwendet werden sollen, um mit diesen die tatsächliche Position zu berechnen, beziehen die Schülerinnen und Schüler bei dieser Modellverbesserung alle acht empfangenen Satellitensignale in das Modell ein. Dazu müssen sie das Gleichungssystem 7.3 zur Berechnung der Empfängerkoordinaten auf acht Gleichungen erweitern. Die Lösung des so erhaltenen *überbestimmten nichtlinearen Gleichungssystems* kann nicht als *Schulwissen* vorausgesetzt werden. Deswegen erhalten die Schülerinnen und Schüler bereits auf den Arbeitsmaterialien den Hinweis, dass sich dieses Gleichungssystem nicht mehr exakt lösen lässt und ein alternatives Lösungsverfahren notwendig ist. Die Einbeziehung der oben beschriebenen Gewichtung der Satellitensignale in das Modell wird in dem Workshop in der Regel nicht durchgeführt. Es kann jedoch als *Zusatzprogramm* betrachtet werden, welches

Abb. 7.14 Berechnung der Position mit GPS Daten: Die mit den Modellverbesserungen (Zeitdilatation, Empfänger-uhr, Ellipsoid) berechnete Position (*C*), die mit den Modellverbesserungen berechnete Position (*D*), und die tatsächliche Position der Aufnahme der Satellitensignale in Aachen (*blau*)

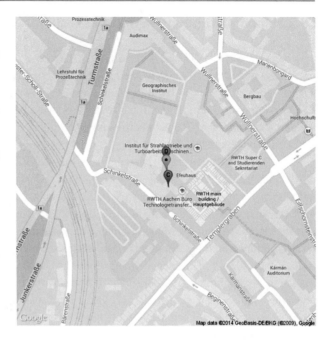

die Schülerinnen und Schüler bearbeiten, die alle bisherigen Verbesserungen erfolgreich in ihr Modell eingebaut haben. Dazu liegt ein Arbeitsblatt bereit, welches die Idee der Gewichtung erläutert und deren Umsetzung anleitet.

Wendet man das Verfahren ohne Gewichtung an, so ergibt sich die in Abb. 7.14 dargestellte Lösung, die nur noch wenige Meter von der gemessenen Position abweicht. Eine im Vergleich zu der Lösung, die mit dem ersten entwickelten Modell erhalten wurde, doch bemerkenswerte Verbesserung, die den Schülerinnen und Schülern durch die Visualisierung auf der digitalen Karte eindrücklich veranschaulicht wird.

Die Schülerinnen und Schüler erleben im Workshop bei diesen insgesamt fünf Durchläufen durch sämtliche Modellierungsschritte, wie sich ihr Modell immer weiter verbessert und sich ihre berechnete Lösung immer mehr der tatsächlichen Position des Empfängers annähert. Dabei lernen sie den Computer als nützliches Werkzeug kennen und erfassen durch die Berücksichtigung physikalischer Phänomene bei der Bearbeitung der Problemstellung, dass reales Problemlösen vielfach ein interdisziplinäres Arbeiten notwendig macht. Dass jedoch weiterhin eine, wenn auch geringere, Abweichung zwischen berechneter und tatsächlicher Position vorliegt, zeigt den Schülerinnen und Schülern auf, dass die *Modellierungsspirale* durchaus noch weitere Male durchschritten werden kann. Weitere getroffene Modellannahmen können überdacht und andere Verbesserungen vorgenommen werden, um so der tatsächlichen Lösung noch näher zu kommen und der realen Situation damit mehr und mehr zu entsprechen.

7.6 Rahmenbedingungen und Ausblick

Der in diesem Artikel vorgestellte Schülerworkshop „Wie funktioniert eigentlich GPS und was hat das mit Mathe zu tun?" wurde am Schülerlabor CAMMP der RWTH Aachen von Wiener im Rahmen seiner Abschlussarbeit als eintägige Veranstaltung für Schülergruppen der Oberstufe konzipiert. Seitdem wurde der Workshop bereits mit über 20 Schülergruppen und insgesamt über 300 Schülerinnen und Schülern durchgeführt und wird fortwährend weiterentwickelt.

Workshops (CAMMP days) beginnen stets mit einem Vortrag, der die Schülerinnen und Schüler in das Themenfeld *Mathematische Modellierung und Simulation* einführt und dessen Bedeutung für Lebenswelt, Industrie und Wissenschaft anhand von ausgewählten Beispielen veranschaulicht. Im Zuge dessen werden auch die in Abschn. 7.2 beschriebenen Schritte des Modellbildungsprozesses thematisiert. Anschließend werden die Schülerinnen und Schüler durch einen weiteren Vortrag und eine anschließende Diskussion in die jeweilige Problemstellung eingeführt. Begleitet durch Plenumsdiskussionen und unter Verwendung von Arbeitsblättern sowie vorbereiteten MATLAB-Skripten erarbeiten die Schülerinnen und Schüler weitgehend selbständig ein erstes Modell zur Lösung der Problemstellung und nehmen anschließend entsprechende Modellverbesserungen vor.

Unser längerfristiges Ziel ist es, die für die außerschulischen Unterrichtseinheiten am Lehr-Lern-Labor konzipierten Materialien für den Einsatz im regulären Mathematikunterricht in der Schule aufzuarbeiten und Fortbildungen für Lehrkräfte dazu anzubieten. Teile des hier vorgestellten Materials wurden in knapp vier Schulstunden in einem Leistungskurs der gymnasialen Oberstufe im Rahmen einer Unterrichtsreihe zur Relativitätstheorie eingesetzt. Dabei wurden die Satellitenkoordinaten vorgegeben. Alle weiteren in den Abschn. 7.4 und 7.5 beschriebenen Schritte konnten von den Schülerinnen und Schülern selbstständig mit einem grafikfähigen Taschenrechner erarbeitet werden. Das eingesetzte Taschenrechnermodell verfügte dabei über die Funktionalität, nichtlineare Gleichungssysteme lösen zu können. Alternativ wäre jedoch auch hier die Bearbeitung mithilfe des Programms GeoGebra im CAS-Modus möglich.

Danksagung

Die Autoren bedanken sich bei Markus Wiener und Maren Hattebuhr für Unterstützung bei der Entwicklung des Materials, sowie beim Schreiben dieses Artikels. Diese Arbeit ist im Rahmen des Projekts LeBiAC entstanden. Das Projekt „LeBiAC – Gemeinsam verschieden sein" wird im Rahmen der gemeinsamen „Qualitätsoffensive Lehrerbildung" von Bund und Ländern aus Mitteln des Bundesministeriums für Bildung und Forschung gefördert.

Literatur

Bancroft, S. (1985). An algebraic solution of the GPS equations. *IEEE Transactions on Aerospace and Electronic Systems, 21*, 56–59.

Blum, W. (1985). Anwendungsorientierter Mathematikunterricht in der didaktischen Diskussion. *Mathematische Semesterberichte, 32*(2), 195–232.

Blum, W., & Leiss, D. (2007). How do students and teachers deal with modelling problems. In C. Haines, P. Galbraith, W. Blum & S. Khan (Hrsg.), *Mathematical Modelling (ICTMA 12): Education, Engineering and Economics* (S. 222–231). Chichester: Horwood.

Büchter, A., & Leuders, T. (2005). *Mathematikaufgaben selbst entwickeln. Lernen fördern – Leistung überprüfen.* Berlin: Cornelsen Scriptor.

Dunn, M. (2013). *Interface Specification IS GPS 200 Revision H, Navstar GPS Space Segment/Navigation User Interfaces (IS GPS 200G).* Technical report, Global Positioning Systems Directorate, Systems Engineering and Integration.

Eichler, A. (2015). Zur Authentizität realitätsorientierter Aufgaben im Mathematikunterricht. In *Werner Blum und seine Beiträge zum Modellieren im Mathematikunterricht* (S. 105–118). Berlin, Heidelberg: Springer.

Greefrath, G. (2011). Using technologies: new possibilities of teaching and learning modelling-overview. In K. Gabriele, W. Blum, R. Borromeo Ferri & G. Stillman (Hrsg.), *Trends in Teaching and Learning of Mathematical Modeling* (S. 301–304). Dordrecht: Springer.

Greefrath, G., & Riemer, W. (2013). Mit Positionen rechnen – GPS im Mathematikunterricht nutzen. *Praxis der Mathematik in der Schule, 55*(53), 2–9.

Greefrath, G., & Siller, H.-S. (2009). *Mathematical modelling in class regarding to technology.* CERME-post-conference-proceedings, Lyon.

Greefrath, G., & Weitendorf, J. (2013). Modellieren mit digitalen Werkzeugen. In R. Borromeo Ferri, G. Greefrath & G. Kaiser (Hrsg.), *Mathematisches Modellieren für Schule und Hochschule* (S. 181–201). Wiesbaden: Springer.

Gurtner, W., & Estey, L. (2007). *Rinex-the receiver independent exchange format-version 3.00.* Boulder: Astronomical Institute, University of Bern and UNAVCO.

Haines, C. R., Crouch, R. M., & Davis, J. (2001). Understanding Students' Modelling Skills. In J. F. Matos, W. Blum, K. Houston & S. P. Carreira (Hrsg.), *Modelling and mathematics education: ICTMA9 applications in science and technology* (S. 366–380). Chichester: Horwood.

Haubrock, D. (2000). GPS in der analytischen Geometrie. In F. Förster, H.-W. Henn & J. Meyer (Hrsg.), *Materialien für einen realitätsbezogenen Mathematikunterricht (Schriftenreihe der ISTRON-Gruppe)* (Bd. 6, S. 86–103). Hildesheim: Franzbecker.

Maaß, K. (2010). Classification scheme for modelling tasks. *Journal für Mathematik-Didaktik, 31*(2), 285–311.

Meyer, J. (2014). Skalarprodukt und GPS. In H.-W. Henn & J. Meyer (Hrsg.), *Neue Materialien für einen realitätsbezogenen Mathematikunterricht 1.* ISTRON-Schriftenreihe. (S. 45–52). Wiesbaden: Springer.

Schiller, T. (2011). GPS-Beispiele im Mathematikunterricht – Das Global Positioning System und dessen Genauigkeit in der Schule. In G. Greefrath, J. Maaß & H.-S. Siller (Hrsg.), *Materialien für einen realitätsbezogenen Mathematikunterricht.* Schriftenreihe der ISTRON-Gruppe. (S. 143–160). Hildesheim: Franzbecker.

Schönbrodt, S. (2015). Didaktisch-methodische Ausarbeitung eines Lernmoduls zum Thema Google im Rahmen eines Modellierungstages für Schülerinnen und Schüler der Sekundarstufe II. Bachelorarbeit, RWTH Aachen University.

Strang, G., & Borre, K. (2012). *Algorithms for global positioning.* Cambridge: Wellesley-Cambridge Press.

Wiener, M. (2015). Didaktisch-methodische Ausarbeitung eines Lernmoduls zum Thema GPS mit Hilfe von Matlab im Rahmen eines Modellierungstages für Schülerinnen und Schüler der Sekundarstufe II. Schriftliche Hausarbeit im Rahmen der Ersten Staatsprüfung für das Lehramt an Gymnasien und Gesamtschulen, RWTH Aachen University.

Schnelles Boarding leichtgemacht: Eine Simulationsstudie mit zellulären Automaten

8

Simone Göttlich

Zusammenfassung

Im vorliegenden Beitrag wird eine Modellierungsaufgabe vorgestellt, die während des Bachelor-und Masterseminars *Modellierung und Simulation* von einer Gruppe Studierender im Herbst-Winter-Semester 2012/13 an der Universität Mannheim bearbeitet wurde. Ziel dieser Aufgabe war es, das Einstiegsverhalten von Passagieren in ein Flugzeug hinsichtlich der Boarding-Zeiten zu analysieren. Es wurden verschiedene Strategien entwickelt und mit Hilfe von sogenannten zellulären Automaten simuliert und miteinander verglichen. Das Thema ist an der Schnittstelle Mathematik/Informatik verankert und bietet sich im Rahmen eines projektorientierten Unterrichts an.

8.1 Einleitung: Motivation der Aufgabenstellung

In unserer heutigen globalisierten Welt spielt Mobilität eine große Rolle. Das Flugzeug als Transportmittel ist ein Verkehrsmittel, das die Globalisierung stark unterstützt, da man innerhalb nur eines Tages die ganze Welt bereisen kann. Ebenso sind die Fluggesellschaften bestrebt, ihre Kunden schnellstmöglich an den Zielort zu bringen. Dabei stehen sie allerdings in starker Konkurrenz zu anderen Airlines und sollen dem Ziel des Unternehmens, mehr Profit durch effizientere Prozesse zu erreichen, genügen. Daher kommt die Idee auf, den Einstieg in ein Flugzeug, das sogenannte Boarding, so schnell wie nur möglich zu gestalten, um unnötige Wartezeiten am Flugsteig (Gate) zu vermeiden.

Die betrachtete Ausgangssituation ist also, dass mehrere Hundert Fluggäste am Gate auf ihr Boarding warten (s. Abb. 8.1). Sie sind sehr ungeduldig und können es nicht erwarten, das Flugzeug zu betreten.

S. Göttlich (✉)
Institut für Mathematik, Universität Mannheim
Mannheim, Deutschland

© Springer Fachmedien Wiesbaden GmbH, ein Teil von Springer Nature 2018
G. Greefrath und H.-S. Siller (Hrsg.), *Digitale Werkzeuge, Simulationen und mathematisches Modellieren*, Realitätsbezüge im Mathematikunterricht,
https://doi.org/10.1007/978-3-658-21940-6_8

Abb. 8.1 Passagiere beim Einsteigen: Wie lässt sich dieser
Vorgang verkürzen?

Beim Boarding eines Flugzeuges fällt – womöglich aus eigener Erfahrung – auf, dass sich Menschen häufig nicht rational verhalten. Das heißt, sie stellen sich beim Einsteigen ungern in einer Warteschlange an, sondern möchten vielmehr als erster[1] im Flugzeug Platz nehmen. Außerdem ist die individuelle Geschwindigkeit der Passagiere ein Problem, d. h. alle Passagiere sind unterschiedlich schnell. Ein Geschäftsmann ist beispielsweise um einiges schneller beim Handgepäck verstauen als eine Familie, da er meist wenig (oder kein) Gepäck dabei hat. Ein Vielflieger ist mit den Gepflogenheiten beim Einsteigen besser vertraut als ein Urlaubsreisender, der nur selten fliegt. Verzögerungen beim Einsteigen kommen offensichtlich durch die Unterbringung des Gepäcks zustande. Dadurch, dass die Person, die gerade ihr Handgepäck verstauen will, den Gang blockiert, kommt es meist zum Stau. Diesen gilt es also zu vermeiden, denn je schneller ein Flugzeug flugbereit ist, desto häufiger kann es fliegen und macht mehr Umsatz. Das bringt Vorteile für die Fluggesellschaft sowie die Passagiere: Die Fluggesellschaft macht mehr Gewinn und die Kosten für die Passagiere sinken. Auf der anderen Seite reduziert sich der Stressfaktor der Passagiere. Langfristig wird dadurch die Kundenzufriedenheit steigen.

Ziel dieser Projektarbeit ist es, ein eigenes Modell zu entwickeln, das verschiedene Einstiegsstrategien miteinander vergleicht und bezüglich ihrer Effizienz bewertet. Konkrete Aufhänger sind hierbei zwei Artikel, die in den Jahren 2008 und 2012 auf Spiegel Online erschienen sind. So liest man in einem Artikel aus dem Jahr 2008[2], dass der Astrophysiker Jason Steffen eine Strategie entwickelt hat, bei der Passagiere in Zehnergruppen ins Flugzeug einsteigen. Dabei sollte insbesondere darauf geachtet werden, dass zwischen

---

[1] Aus Gründen der Lesbarkeit wird im Folgenden nur die männliche Sprachform verwendet. Alle personenbezogenen Aussagen gelten jedoch stets für Frauen und Männer.
[2] http://www.spiegel.de/wissenschaft/mensch/schnelleres-boarding-nie-mehr-stau-am-flieger-a-538970.html.

zwei zeitgleich einsteigenden Fluggästen eine Reihe frei bleibt, um genügend Zeit für das Verstauen von Handgepäck zu lassen. Außerdem sollten Fensterplätze eher belegt werden als Gangplätze. In seinen Simulationen benutzte er einen Markov Chain Monte Carlo Algorithmus (Metropolis et al. 1953) und konnte eine Verbesserung der Einstiegszeit um den Faktor 7 im Vergleich zur herkömmlichen, zufälligen Methode erzielen.

In einem zweiten Artikel[3] wird von einem chinesisch-australisches Mathematikerteam berichtet, die vorschlagen, die Passagiere vor dem Einsteigen zu sortieren (schnelle Personen bitte zuerst) und dann das Flugzeug von hinten nach vorne zu befüllen. Im Vergleich zum zufälligen Boarding dauerte der Einstiegsprozess in einem Mittelstreckenflieger mit 150 Plätzen nur vier statt ursprünglich 10 min, siehe Tang et al. (2012).

Es stellt sich zunächst die Frage, welche Informationen nötig sind, um ein geeignetes Modell aufzustellen. Wie verhalten sich verschiedene Strategien im direkten Vergleich? Was sind überhaupt praktikable Strategien? Um diese Fragen zu beantworten, wird in den folgenden Abschnitten ein alternativer und leicht zugänglicher Ansatz vorgestellt, die Dauer des Boarding-Prozesses zu analysieren. Dieser basiert auf der Methode der zellulären Automaten, einem weit verbreiteten Ansatz, um dynamische Modelle am Computer zu simulieren.

8.2   Modellierung mit zellulären Automaten

Zelluläre Automaten dienen der Modellierung räumlich diskreter zeitabhängiger Systeme, wobei die Entwicklung einzelner Zellen zum nächsten Zeitpunkt vom eigenen Zustand zum aktuellen Zeitpunkt sowie von Zellzuständen in einer vorgegebenen Nachbarschaft abhängt, siehe Bungartz et al. (2009), Scholz (2014).

Ein zellulärer Automat ist insbesondere durch die folgenden Eigenschaften gekennzeichnet (Bungartz 2009):

- Zellraum: Der Zellraum kann ein- oder zweidimensional sein. Er ist in einzelne Zellen aufgeteilt, wobei alle Zellen die gleiche Geometrie besitzen, d. h. ein zellulärer Automat ist ein reguläres, uniformes Zellgitter.
- Zellzustand: Jede Zelle kann nur einen diskreten Zustand annehmen, d. h. eine Zelle ist entweder frei oder besetzt.
- Nachbarschaftsbeziehungen: Es muss festgelegt werden, wie viele Nachbarn eine Zelle haben soll. Jede Zelle kann nur den Zustand der Zellen in der direkten Nachbarschaft wahrnehmen. Bei zweidimensionalen kartesischen Zellgittern ist die Moore-Nachbarschaft (alle 8 angrenzenden Zellen) oder die von-Neumann-Nachbarschaft (nur die 4 Nachbarn mit gemeinsamer Grenze) möglich.

---

[3] http://www.spiegel.de/wissenschaft/mensch/schneller-sitzen-mathematiker-optimieren-flugzeug-boarding-a-868089.html.

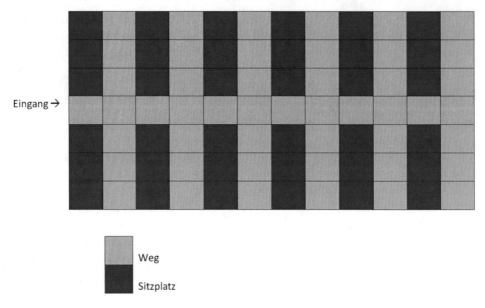

Eingang →

☐ Weg
■ Sitzplatz

Abb. 8.2 Zellraum des Flugzeugs

- Diskrete Zeit: Der Zustand des zellulären Automaten ändert sich in diskreten Zeitschritten Δt. Der neue Zustand wird für alle Zellen parallel berechnet.
- Übergangsregeln: Die Übergangsregeln definieren die Zustandsentwicklung der Zellen in Abhängigkeit des Zustands der Zelle selbst und der Zustände der Zellen in der festgelegten Nachbarschaft.

8.2.1 Anwendung auf das Boarding-Problem

Der Zellraum eines Flugzeuges kann als zweidimensionale Matrix aufgefasst werden. So sind in Abb. 8.2 sechs Reihen mit jeweils sechs Sitzplätzen pro Reihe und einem Mittelgang zu sehen. Die grauen Felder markieren den begehbaren Weg und die blauen Zellen stellen Sitzplätze dar. Der Einstieg ist links und die Passagiere können sich von dort aus nach links oder rechts und nach vorne bewegen. Eine Rückwärtsbewegung wird vernachlässigt. Außerdem sollen sich die Passagiere nicht überholen.

Der Zellzustand ist entweder durch 0 (frei) oder 1 (besetzt) charakterisiert. Weiterhin ist die Geschwindigkeit in Zellen pro Zeitschritt gegeben, d. h. die Passagiere bewegen sich mit einer diskreten Geschwindigkeit fort. Somit können sie auch nicht zwischen zwei Zellen zum Stehen kommen, sondern nur genau auf einer Zelle. In diesem Modell wird angenommen, dass jeder Passagier sich eine Zelle pro Zeitschritt fortbewegt, sofern möglich. Die Zellgröße entspricht dem Platzbedarf eines Passagiers und die Zeitschrittlänge Δt gibt an wie lange der Passagier braucht, um sich eine Zelle fortzubewegen. Die Nachbarschaftsbeziehungen jedes einzelnen Passagiers sind dadurch gekennzeichnet, dass dieser die maximale Schrittweite in seine Laufrichtung vorausschauen kann. Der Passagier achtet nur also darauf, ob die Zelle vor ihm frei ist oder nicht. Er achtet nicht auf die Passagiere hinter ihm oder auf Passagiere, die über seine maximale Schrittweite hinausgehen. Außerdem herrscht Kollisionsfreiheit, d. h. zwei Passagiere dürfen innerhalb eines Zeitschrittes oder zwischen zwei Zeitschritten nicht dieselbe Zelle benutzen.

8.2.2 Modellannahmen

Es wird ein ausgebuchtes Flugzeug mit 30 Reihen mit insgesamt 180 Sitzplätzen betrachtet, z. B. ein Mittelstreckenflugzeug der Klasse Airbus-A320-200[4]. Es gibt nur eine Sitzklasse. Das Flugzeug wird also nicht in Economy, Business und First Class aufgeteilt. Das Flugzeug darf nur durch die vordere Türe betreten werden. Dadurch wird Gegenverkehr vermieden. Die Gepäckablage befindet sich direkt über dem Sitz eines jeden Passagiers. Das Handgepäck muss hier verstaut werden. Das Gepäckverstauen unter dem Sitz des Vordermanns wird vernachlässigt.

Ein Flugzeugsitz hat die Maße $0,5\,\mathrm{m} \times 0,5\,\mathrm{m}^5$. Somit hat jede Zelle im vorliegenden Modell diese Maße, da im zellulären Automaten jede Zelle gleich groß sein muss. Die Geschwindigkeit, mit der sich die Passagiere fortbewegen, liegt dementsprechend bei 1 s/Zelle. Kann sich ein Mensch frei fortbewegen, hat er eine Endgeschwindigkeit von 0,3 s/Zelle. Daraus kann man ableiten, dass die im Flugzeug benötigte Fortbewegungsgeschwindigkeit größer ist, da das Handgepäck verstauen und die schmalen Gänge keine höhere Geschwindigkeit zulassen.

Eine Grundannahme ist, dass alle Passagiere als gleich zu betrachten sind, d. h. die Menge der Passagiere ist homogen und es gibt keine Unterscheidung in z. B. schnell oder langsam. Des Weiteren sind keine Gruppen vorhanden, also keine Familien oder Freunde, die das Boarding zusätzlich behindern. Die Reihenfolge, in welcher die Passagiere das Flugzeug betreten wird vor dem Betreten des Flugzeuges festgelegt.

Der sogenannte Trödelfaktor wird eingeführt, um den Vorgang des individuellen Gepäckverstauens abzubilden. Es gibt Passagiere, die länger brauchen ihr Gepäck zu verstauen aber auch Individualreisende, die überhaupt kein Handgepäck haben, das sie verstauen müssen. Die Zeit für das Verstauen des Handgepäcks in die Ablage variiert offensichtlich stark. Der Trödelfaktor wird also entsprechend einer geeigneten Wahrscheinlichkeitsverteilung dargestellt. Eine mögliche Verteilung ist die Beta-Verteilung[6], die über zwei positive Parameter $a, b > 0$ bestimmt wird, siehe Abb. 8.3. Im Fall $a = b = 1$ fällt die Beta-Verteilung mit der stetigen Gleichverteilung zusammen, für $a = b = 2$ ähnelt sie der Normalverteilung. Da die Beta-Verteilung auf dem Einheitsintervall $[0, 1]$ stetig ist,

---

[4] https://www.condor.com/de/fliegen-geniessen/condor-partner/unsere-flotte/airbus-a320-200.jsp.
[5] http://www.spiegel.de/reise/aktuell/airbus-studie-sitzbreite-im-flugzeug-a-931677.html.
[6] http://de.mathworks.com/help/stats/beta-distribution.html.

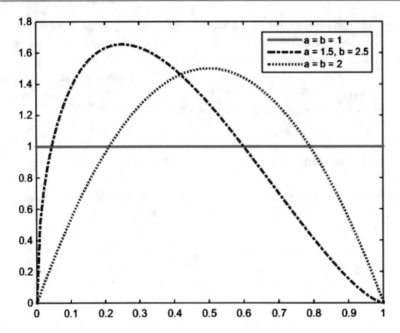

Abb. 8.3 Dichte von Beta-Verteilungen für verschiedene Parameter a, b

erhält man durch die Skalierung mit der maximalen Gepäckzeit bag_{max} somit Werte im Intervall $[0, bag_{max}]$.

8.2.3 System der Platzeinnahme

Die Interaktion zwischen den Passagieren wird in diesem Modell durch die Wartezeit dargestellt. Diese wird erst initialisiert, sobald eine Person an einer bereits sitzenden Person vorbei möchte. Während der Wartezeit machen die betroffenen Passagiere aus, wie sie aneinander vorbeikommen. Entweder die sitzende Person steht auf, geht in den Gang und steht dort etwas gedrängter als üblich mit den anderen wartenden Passagieren. Oder die sitzende Person bleibt sitzen, wenn eine weitere Person in der Reihe Platz nehmen möchte, siehe Abb. 8.4.

All dies wird vereinfacht durch die Wartezeit dargestellt. Für die Wartezeit wird eine Poisson-Verteilung zugrunde gelegt mit einem Erwartungswert von 20 s. Dass heißt, kleine (<10 s) sowie größere Wartezeiten (>30 s) kommen eher selten vor.

8.2.4 Warteschlange

Die Warteschlange bestimmt, in welcher Reihenfolge die Passagiere das Flugzeug betreten. Sie wird vor dem Betreten des Flugzeuges bestimmt, und es gibt keine Abweichungen

Abb. 8.4 Weg zur Platzeinnahme. Durch die *roten Pfeile* wird der Weg markiert, den ein Passagier läuft, um seinen Sitzplatz einzunehmen

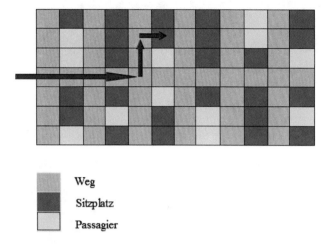

Weg

Sitzplatz

Passagier

von der vordefinierten Reihenfolge. Die Bildung der Warteschlange hängt maßgeblich von der Boarding-Strategie ab, wie man später noch sehen wird.

8.2.5 Algorithmus zellulärer Automat

Unabhängig von einer konkreten Boarding-Strategie lässt sich der hier vorgestellte zelluläre Automat im folgenden Algorithmus zusammenfassen:

1. Zelle im Gang vor Passagier frei: laufen
2. Sitzreihe erreicht: links oder rechts?
3. Handgepäck verstauen: Zeit herunterzählen
4. Gang zum Sitz betrachten:
   - Gang belegt: warten
   - Gang frei und niemand sitzt auf dem Platz, an dem man vorbei muss: durchrücken
   - Gang frei und jemand sitzt auf dem Platz, an dem man vorbei muss:
     – Falls Wartezeit schon initialisiert: warten, bis diese abgelaufen ist
     – Falls Wartezeit abgelaufen ist: durchrücken
     – Falls Wartezeit noch nicht initialisiert: Initialisierung der Wartezeit
5. Platz einnehmen

8.3 Die verschiedenen Boardingstrategien

Im folgenden Abschnitt werden verschiedene Boardingstrategien eingeführt und erläutert. Nur wenige Strategien finden in der Praxis tatsächlich Anwendung und dienen an dieser Stelle dem akademischen Vergleich. Der Farbverlauf der einzelnen Passagiere spiegelt die Reihenfolge des Flugzeugbetretens wieder. So sind die ersten Personen, die in das Flugzeug einsteigen, in rot dargestellt, die letzten Personen in gelb; alle Personen dazwischen entsprechend dem dynamischen Farbübergang.

8.3.1 Random-Boarding

Beim Random-Boarding betreten die Passagiere das Flugzeug in zufälliger Reihenfolge. Eine Einteilung nach Sitzreihe oder Fensterplatz wird nicht vorgenommen.

8.3.2 Back-to-front-Boarding

Beim Back-to-front-Boarding wird das Flugzeug in drei Bereiche eingeteilt. Passagiere mit einem Sitzplatz im letzten Drittel betreten das Flugzeug als erstes, gefolgt vom mittleren und dem vorderen Drittel. Innerhalb der drei Gruppen ist die Anordnung zufällig.

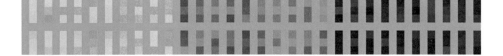

8.3.3 Strict back-to-front-Boarding

Beim Strict back-to-front-Boarding wird das Flugzeug reihenweise von hinten nach vorne befüllt. Folglich werden aus den drei Gruppen beim Back-to-front-Boarding so viele Gruppen, wie es Reihen im Flugzeug gibt. Innerhalb einer Reihe ist die Anordnung wieder zufällig.

8.3.4   Front-to-back-Boarding

Das Front-to-back-Boarding ist das Gegenteil von Back-to-front-Boarding. Bei dieser Strategie betritt die vordere Gruppe als erstes und die hintere Gruppe als letztes das Flugzeug.

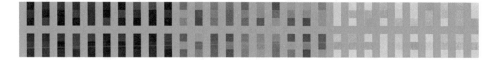

8.3.5   Outside-in-Boarding

Für das Outside-in-Boarding wird das Flugzeug wieder in drei Gruppen eingeteilt, die sich hierbei nach dem Sitzplatz gliedern. Die erste Gruppe setzt sich aus den Passagieren zusammen, die einen Fensterplatz haben, die zweite Gruppe aus den Passagieren mit einem Mittelplatz und die letzte Gruppe aus den Passagieren mit einem Gangplatz. Bei dieser Strategie werden also bewusst Platztausch-Situationen vermieden. Innerhalb der Gruppen sind die Passagiere wieder zufällig, unabhängig von ihrer Sitzreihe, angeordnet.

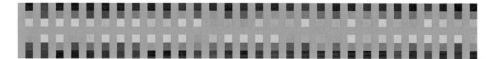

8.3.6   Inside-out-Boarding

Das Inside-out-Boarding beschreibt den gegenteiligen Ablauf der Outside-in-Strategie. Als erste Gruppe dürfen die Gangplätze das Flugzeug betreten, gefolgt von den Mittelplatz- und letztlich den Fensterplatz-Passagieren. Bei dieser Strategie ist die Anzahl an notwendigen Platzwechseln maximal.

8.3.7   Reverse-pyramid-Boarding

Das Reverse-pyramid-Boarding ist eine Kombination aus den Strategien back-to-front und outside-in. Die Passagiere werden beispielsweise in vier Gruppen eingeteilt: zur ersten Gruppe gehören die Fensterplätze des hinteren Flugzeugteils, die zweite Gruppe setzt sich aus den Mittelplätzen des hinteren Flugzeugteils und den Fensterplätzen des vorderen Flugzeugteils zusammen. In die dritte Gruppe gehören die Gangplätze des hinteren Flugzeugteils sowie die Mittelplätze des vorderen Flugzeugteils. Als letzte Gruppen formieren sich die Gangplätze des vorderen Flugzeugabschnittes. Folglich gleicht das Boarding bildlich einem Trichter: das Flugzeug wird von hinten nach vorne innen gefüllt.

8.4   Simulation und Auswertung der Boardingstrategien

Die nun folgenden Berechnungen wurden mit Hilfe von Matlab[7] auf einem Standard-Laptop angefertigt. Dabei wurden in der Beta-Verteilung die Parameter $a = 1,5$ und $b = 2,5$ gewählt (vgl. Abb. 8.3) sowie $bag_{max} = 60$ gesetzt, d. h. es wird davon ausgegangen, dass maximal 60 s pro Person für das Gepäckverstauen benötigt werden.

In Abb. 8.5 werden zunächst die Boardingzeiten der verschiedenen Strategien gegenübergestellt. Für diese Auswertung wurden 300 Durchläufe bei gleichen Parametern für das Gepäckverstauen gemittelt. Auffällig ist die sehr hohe Boardingzeit der Strict back-to-front-Strategie. Diese resultiert aus dem deterministischen Ablauf des Boardings: die sechs Passagiere der letzten Reihe betreten zuerst das Flugzeug und erreichen direkt hintereinander die letzte Reihe, an dieser die erste Person das Gepäck verstaut. Dabei müssen die fünf weiteren Personen dahinter warten und blockieren die vorletzte Reihe und somit die aufrückenden Passagiere. Bei diesem reihenbasierten Ansatz entstehen somit viele Staus, die die gesamte Boardingzeit auf über 40 min erhöhen.

Die Strategie front-to-back erreicht ebenfalls längere Boardingzeiten (>25 min), da die Passagiere der vorderen Reihen den Gang blockieren und der hintere Teil des Flugzeugs nicht gefüllt werden kann. Gute Boardingzeiten (ca. 15 min) werden durch das Outside-in-Boarding erreicht. Hier wird nämlich keine zusätzliche Zeit für den Platztausch benötigt. Im Gegenteil dazu dauert die Inside-out-Strategie etwa fünf Minuten länger, da hier die Anzahl der möglichen Platzwechsel maximal ist. Trotzdem bewegt sich diese Boardingzeit in etwa auf dem Niveau der Boardingzeit des in der Praxis häufig angewendeten

---

[7] http://de.mathworks.com/.

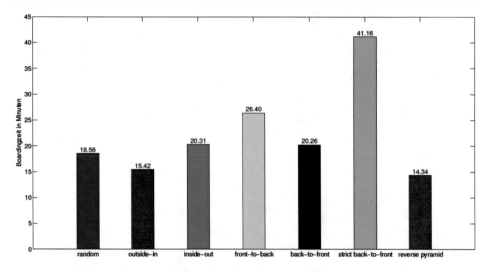

Abb. 8.5 Boardingzeiten verschiedener Strategien im Vergleich

Random oder Back-to-front-Boardings (ca. 20 min). Als beste Strategie zeigt sich allerdings die Kombination des Back-to-front- und Outside-in-Boardings, das sogenannte Reverse-pyramid-Boarding. Hier werden Staus auf dem Gang reduziert und gleichzeitig der Platztausch innerhalb einer Reihe vermieden.

Um nun eine optimale Boardingstrategie aus den Simulationsergebnissen abzuleiten, sollten weitere Aspekte berücksichtigt werden. Betrachtet man nur den eigentlichen Boardingprozess, so ist die Strategie reverse-pyramid offensichtlich am effizientesten. Bezieht man bei der qualitativen Auswertung aber den erhöhten organisatorischen Aufwand vor dem Einsteigen in das Flugzeug am Gate mit ein, so ist diese Boardingstrategie nur schwer umsetzbar. Hier ist offensichtlich das ohne Aufwand durchführbare Random-Boarding konkurrenzlos.

Inwieweit diese Ergebnisse der Realität entsprechen, ist schwer abzuschätzen. Der Faktor Mensch und das individuelle Verhalten lässt sich nur bedingt in einem mathematischen Modell abbilden. Jedoch liefern die vorgestellten Simulationsergebnisse einen guten Eindruck, wie sich verschiedene Strategien im direkten Vergleich bezogen auf die gemittelte Boardingzeit verhalten.

8.4.1   Analyse der Ergebnisse

Im folgenden soll nun untersucht werden, welchen Einfluss die Variation der maximalen Zeit für das Gepäckverstauen und die Dauer des Platztausches auf die Boardingzeit der vorgestellten Strategien haben.

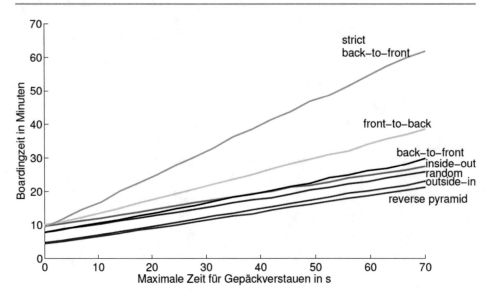

Abb. 8.6 Einfluss der Dauer für das Gepäckverstauen auf die Boardingzeit

8.4.1.1   Einfluss der Dauer für das Gepäckverstauen

Bei der Variation der maximalen Zeit für das Gepäckverstauen bag_{max} lässt sich beobachten, dass bei zunehmender Gepäckverstauungszeit die Boardingzeit bei allen Strategien linear ansteigt (vgl. Abb. 8.6). Vor allem die beiden Strategien strict back-to-front und front-to-back verzeichnen einen starken Anstieg. Von den übrigen Strategien fällt nur das Back-to-front-Boarding durch einen stärkeren Anstieg als vergleichbare Strategien auf. Insbesondere im Vergleich zum Random-Boarding ist das Back-to-front-Boarding ineffizienter für größer werdende Gepäckverstauungszeiten.

8.4.1.2   Einfluss der Dauer für den Platztausch

In den bisherigen Experimenten wurde die Wartezeit bei einem Platztausch durch eine Poisson-Verteilung mit einem Erwartungswert von 20 s beschrieben, siehe Abschn. 8.2.3. Bei der Analyse variierender Erwartungswerte auf die Gesamt-Boardingzeit fällt sofort auf, dass die beiden Strategien outside-in und reverse-pyramid einen annähernd konstanten Verlauf aufweisen, da hier keine Platzwechsel vorgesehen sind (vgl. Abb. 8.7). Das Front-to-back-Boarding hingegen fällt durch größere Boardingzeiten auf. Das ist nicht weiter verwunderlich, da dies die Boardingstrategie mit der maximalen Anzahl an Platzwechseln ist. Die übrigen Strategien verzeichnen leichte Anstiege in den jeweiligen Boardingzeiten.

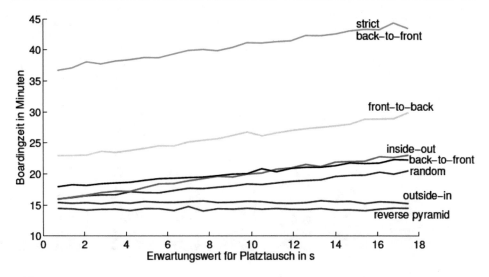

Abb. 8.7   Einfluss der Dauer für den Platztausch auf die Boardingzeit

8.5   Mögliche Modellerweiterungen

Es werden nun zwei Modellerweiterungen vorgestellt, die in das bisher vorhandene Modell direkt integriert werden können.

8.5.1   Modellerweiterung Überholvorgang

Als erstes soll die Erweiterung des Überholvorganges im Flugzeuggang, der bisher stark vereinfacht dargestellt wurde, diskutiert werden. In den bisherigen Annahmen war es nämlich nicht möglich, Passagiere, die gerade Gepäck verstauen, zu überholen. Möchte man nun einen solchen Überholvorgang zulassen, kann man dies durch Hinzufügen einer festen Verzögerungszeit erreichen. Abb. 8.8 zeigt den Vergleich der Boardingzeiten mit (grün) und ohne (rot) überholen. Wie erwartet sind alle Boardingzeiten ohne überholen niedriger als mit überholen. Lediglich die Strict back-to-front-Strategie bleibt unverändert. Hier ist durch die reihenweise Anordnung der Passagiere ein Überholvorgang nicht möglich bzw. notwendig. Bei allen anderen Strategien sind die Boardingzeiten mit überholen um etwa 25 % geringer, wobei sich für die Reihenfolge der schnellsten Boardingstrategien so gut wie keine Änderungen ergeben. Lediglich die beiden Strategien inside-out und back-to-front tauschen die Positionen.

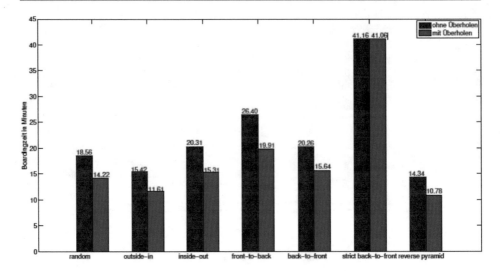

Abb. 8.8 Boardingzeiten mit und ohne Überholvorgänge im Vergleich

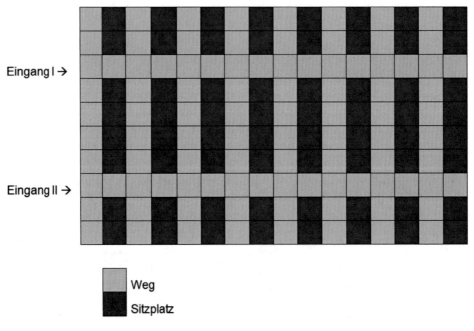

Abb. 8.9 Aufbau 2-Gang-Modell

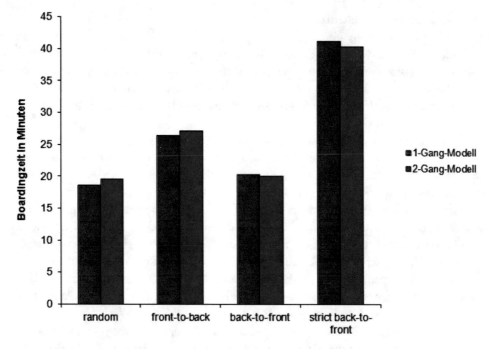

Abb. 8.10   Boardingzeiten im Vergleich für das 1-Gang und 2-Gang Modell

8.5.2   Modellerweiterung 2-Gang-Modell

Bisher lag der Schwerpunkt der vorgestellten Simulationen auf einem Mittelstreckenflugzeug mit 180 Sitzplätzen und einem Gang. Der Zelluläre Automat ist jedoch problemlos auch auf andere Flugzeug-Geometrien übertragbar und somit beliebig in der Anzahl an Sitzplätzen bzw. Reihen und Gängen erweiterbar, siehe Abb. 8.9.

Das ermöglicht wiederum Boardingstrategien in größeren Flugzeugen mit zwei und mehr Gängen zu erproben. Der Ablauf der einzelnen Schritte verläuft nach den gleichen Regeln wie beim 1-Gang-Modell. Folgendes Experiment vergleicht die Ergebnisse des 1-Gang Modells aus Abb. 8.5 mit den Boardingzeiten einiger Strategien angewendet auf ein Großraumflugzeug mit zwei Gängen, das Platz für insgesamt 300 Passagiere bietet, z. B. ein Airbus A340-600[8]. Gut zu erkennen ist, dass sich die Zeiten für das Boarden eines Großraumflugzeuges nur geringfügig verändern, trotz einer fast doppelt so großen Anzahl an Passagieren, die nun transportiert werden sollen (siehe Abb. 8.10).

---

[8] http://www.lufthansa.com/de/de/Sitzplaene_A340-600.

8.6 Zusammenfassung

Ziel dieses Projektes war, eine optimale Boardingstrategie zu finden, die ein schnellst-möglichstes Einsteigen in ein Flugzeug ermöglicht. Ein erster intuitiver Ansatz hierfür stellt die Methode der zellulären Automaten dar. In diesem zellbasierten Modell lässt sich durch einfache Regeln der Boardingsprozess algorithmisch beschreiben und numerisch simulieren.

Aufgrund der gewählten Annahmen war in den Simulationsergebnissen zu beobachten, dass der Vorgang des Gepäckverstauens und des Aufrückens Staus hervorrufen, die schließlich die Boardingzeit um ein Vielfaches erhöhen können. Auf der Suche nach einer optimalen Strategie sind dies wichtige Bestandteile, die es zu reduzieren oder gar zu vermeiden gilt. Der Fokus wurde dabei nicht nur auf die gängigen Boardingstrategien (random und back-to-front) gelegt, sondern auch um unorthodoxe Methoden erweitert. Das Ergebnis war überraschend: Die Strategie reverse-pyramid war, mit kleinem Abstand vor outside-in, die schnellste Methode. Das entspricht auch in etwa den Resultaten, die eingangs von den beiden Wissenschaftlergruppen auf Spiegel Online präsentiert wurden. Danach folgte schon die Strategie random und erst an vierter Stelle die in der Praxis oftmals angewendete Back-to-front-Strategie.

Bei der Bewertung der Strategien ist die zeitliche Komponente ein wichtiger Faktor, jedoch sollte man auch organisatorische Belange nicht außer Acht lassen. Die Anordnung der Passagiere vor dem Einsteigen zur Umsetzung der jeweiligen Strategie ist unter Umständen sehr aufwändig. Zum Beispiel steht die Random-Strategie, bei dem die totale Selbstorganisation der Passagiere herrscht, der Reverse-pyramid Strategie gegenüber, die einen erheblichen Mehraufwand vor dem Einstieg in das Flugzeug darstellt. Der Aufwand für das Outside-in Boarding hält sich dahingegen verhältnismäßig in Grenzen, was bei dieser Art der Betrachtung eine optimale Strategie rechtfertigt.

8.7 Didaktische Bemerkungen

Die vorgestellte Modellierungsaufgabe hat aus didaktischer Sicht Potenzial in vielerlei Hinsicht.

Die Bearbeitung der vorgestellten Problemstellung liegt an der Schnittstelle Mathematik/Informatik und erfordert zum einen die Anwendung mathematischer Werkzeuge (nämlich das Arbeiten mit Wahrscheinlichkeitsverteilungen) und zum anderen das Vertiefen von Programmierkenntnissen (z. B. durch den Einsatz von Matlab oder frei verfügbaren Klonen[9]).

Aus Sicht der mathematischen Modellierung hat man es mit einer Aufgabenstellung zu tun, die jeder kennt bzw. bereits selbst erlebt hat. Die Identifikation mit dem Problem fällt daher leicht und führt zu einer hohen Motivation bei der Durchführung. Neben Zei-

---

[9] http://dspguru.com/dsp/links/matlab-clones.

tungsartikeln, wissenschaftlichen Abhandlungen und konkreten Daten/Kennzahlen, die im Internet zu finden sind, bekommt man (unter Umständen) gute Vergleichsmöglichkeiten sowie Impulse für den eigenen Modellierungsansatz. So findet man z. B. auf welt.de einen Artikel[10], in dem Daten eines realen Experiments mit 173 Passagieren angegeben sind. Die Boardungszeiten variierten hier zwischen 14:12 min (random-Strategie) bis hin zu 24:48 min bei der Back-to-front Strategie. Eine Bewertung der Praxistauglichkeit einiger Strategien ist ebenfalls zu finden[11].

Es hat sich bei der Modellierung des Problems herausgestellt, dass es ganz verschiedene Modellansätze von der Warteschlangentheorie bis hin zu gewöhnlichen Differentialgleichungen geben kann. Die Studierenden haben sich für den Ansatz der zellulären Automaten entschieden, der auch in anderen Anwendungsbereichen (vor allem Straßenverkehr[12] und Evakuierung[13]) erfolgreich eingesetzt wird. Dieser Ansatz ist leicht zugänglich, lässt sich direkt umsetzen und ist gut für den Einsatz in der Schule bzw. Projektarbeiten an der Schnittstelle Mathematik/Informatik geeignet. Der Vergleich der erzielten Ergebnisse in Abb. 8.5 im Vergleich mit den Werten aus der Praxisstudie können sich auf jeden Fall sehen lassen. Zusammenfassend lässt sich sagen, dass die Bearbeitung allen Beteiligten viel Freude bereitet hat.

Danksagung
An dieser Stelle möchte ich mich bei den Studierenden Kim-Mai Do, Sinan Keskin, Sonja Schmidt und Martin Trautmann für die gute Zusammenarbeit während des Seminars bedanken.

Literatur

Bungartz, H.-J., Zimmer, S., Buchholz, M., & Pflüger, D. (2009). *Modellbildung und Simulation: Eine anwendungsorientierte Einführung*. Berlin, Heidelberg: Springer.

Metropolis, N., Rosenbluth, A. W., Rosenbluth, M. N., Teller, A. H., & Teller, E. (1953). Equation of State Calculations by Fast Computing Machines. *Journal of Chemical Physics*, *21*(6), 1087–1092.

Scholz, D. (2014). *Pixelspiele: Modellieren und Simulieren mit zellulären Automaten*. Berlin, Heidelberg: Springer.

Tang, T.-Q., Wu, Y.-H., Huang, H.-J., & Caccetta, L. (2012). An aircraft boarding model accounting for passengers' individual properties. *Transportation Research Part C*, *22*, 1–16.

---

[10] https://www.welt.de/reise/article127666701/Boarding-koennte-viel-schneller-und-effizienter-sein.html.

[11] http://www.spiegel.de/reise/aktuell/air-berlin-fuehrt-boarding-in-gruppen-ein-a-910678.html.

[12] http://www.nzz.ch/article88KTD-1.424642.

[13] http://zet-evakuierung.de/.

Finanzanalyse eines Klimaschutzprojektes

Realitätsnähe statt didaktischer Reduktion

9

Heiner Lendzian und Henning Körner

Zusammenfassung

Die didaktische Reduktion fachlicher Inhalte ist eines der wirksamsten Mittel, um komplexe Themen schülergerecht unterrichten zu können. Oftmals sind neue mathematische Strukturen im Unterricht nur vermittelbar, wenn die Lernumgebung einfach ist. Zusätzliche Informationen, die für die Vermittlung des neuen Fachinhaltes nicht unbedingt erforderlich sind, werden daher meist bewusst vermieden, um die Konzentration der Schülerinnen und Schüler auf das Wesentliche zu ermöglichen. Im Leben außerhalb der Schule sind mathematische Probleme jedoch selten didaktisch aufbereitet. Können weniger stark reduzierte Lernumgebungen einen Beitrag leisten, Schülerinnen und Schüler besser auf die Mathematik nach dem Schulabschluss vorzubereiten?

Im vorliegenden Unterrichtsprojekt übernehmen Schülerinnen und Schüler die Arbeit einer Firma, die Klimaschutzprojekte durchführt. Schülerinnen und Schüler einer zehnten Klasse sollten ein Klimaschutzprojekt von ihrem fiktiven Vorgänger übernehmen und dieses zunächst mit Hilfe einer Finanzkalkulation evaluieren. Das erstellte numerische Modell der finanziellen Entwicklung des Projektes basiert dabei auf Informationen aus diversen Quellen, darunter E-Mails, Archivdateien, ein Kreditangebot, u. v. m. Die größte mathematische Schwierigkeit beschränkte sich auf einfache Zinsrechnung. Aufgabe der Schülerinnen und Schüler war es also nicht, in einer didaktisch reduzierten Lernumgebung neue Fachinhalte kennen zu lernen oder zu üben, sondern in einer inhaltlich erweiterten Lernumgebung Fachkompetenzen vergangener Jahrgangsstufen realitätsnah anzuwenden. Zur Umsetzung wurde ein numerisches Modell gewählt, da dieses einfach erweiterbar und damit binnendifferenzierend ist und durch individuelle Schätzungen unterschiedliche Schülerlösungen erlaubt.

H. Lendzian (✉) · H. Körner
Oldenburg, Deutschland

© Springer Fachmedien Wiesbaden GmbH, ein Teil von Springer Nature 2018
G. Greefrath und H.-S. Siller (Hrsg.), *Digitale Werkzeuge, Simulationen und mathematisches Modellieren*, Realitätsbezüge im Mathematikunterricht,
https://doi.org/10.1007/978-3-658-21940-6_9

9.1 Einleitung

9.1.1 Fachimmanente Chronologie

Viele mathematische Fachinhalte bauen direkt aufeinander auf und sind entsprechend in die Chronologie des Kerncurriculums eingeordnet. In der Unterrichtspraxis dominiert daher ein kleinschrittiges Vorgehen in einer „fachimmanenten" Reihenfolge. Oft wird den Schülerinnen und Schülern in einer Lernphase etwas Neues vermittelt, um in einer anschließenden Übungsphase das Gelernte zu verinnerlichen. Dieser Unterrichtsverlauf stellt einerseits sicher, dass Übungsphasen die Schülerinnen und Schüler inhaltlich nicht überfordern, andererseits lässt sich an die zuletzt geübten Inhalte in der darauffolgenden Lernphase wieder gut anknüpfen. Wie kleine Kinder beim Treppensteigen erklimmen die Schülerinnen und Schüler an der Hand der Lehrperson so Schritt für Schritt eine lange Treppe voller Fachinhalte, die sie schließlich bis zum Schulabschluss führen soll.

In Unterrichtspraxis und Fachwissenschaft gibt es gute Gründe für einen derart chronologisch strukturierten Unterricht. In Alltag und Beruf sieht die Anwendung von Mathematik jedoch ganz anders aus.

9.1.2 Didaktische Erweiterung und realitätsimmanente Achronologie

Außerhalb der Schule gibt es keine klare Chronologie, die auftauchenden Probleme beschränken sich naturgemäß nicht auf den zuletzt erlernten Fachinhalt. Vor allem aber sind die Probleme nicht derart didaktisch reduziert, dass sie besonders gut zugänglich sind. Stattdessen verstecken Sie sich in Datenwüsten oder Tariftabellen. Nur wer sie entdeckt, entschlüsselt und zu lösen weiß, zieht einen Vorteil aus seinen mathematischen Fähigkeiten und profitiert in Alltag und Beruf.

Die beiden Konsequenzen für wirksamen Mathematikunterricht im obigen Sinne liegen damit auf der Hand.

- Erstens muss der Unterricht häufig unangekündigte inhaltliche Rückgriffe beinhalten, um Schülerinnen und Schülern auch die Beherrschung mathematischer Werkzeuge aus vergangenen Klassenstufen auf hohem Niveau zu ermöglichen.
- Zweitens sollte gelegentlich von einer starken „Didaktisierung" der Lerninhalte durch den Lehrer bewusst abgesehen werden, um authentischen Problemen Raum im Unterricht zu geben.

Die mathematische Modellierung und Simulation wird ebenfalls häufig nach dem obigen Muster unterrichtet. So werden beispielsweise in der siebten bzw. achten Klasse zunächst lineare Funktionen im Unterricht eingeführt. Dabei nutzen die Schülerinnen und Schüler lineare Funktionen zur Modellierung didaktisch reduzierter Beispielprobleme. Gern werden zwei vereinfachte Handytarife miteinander verglichen, der eine mit größerer monatlicher Grundgebühr, der andere mit größeren Kosten für jede Gesprächsminute. Je nach Telefongewohnheiten stellt sich schnell Tarif A bzw. B als der günstigere Tarif heraus.

Jedoch kommen wohl nur wenige Lehrpersonen auf die Idee, mit einer Klasse oberhalb des 8. Jahrgangs vor Weihnachten für mehrere Schülerinnen und Schüler den optimalen Handyvertrag zu recherchieren. Im Unterricht kämen dann Handyverträge ohne und mit Handy, Daten-, SMS- und Gesprächsflatrates, jeweils unterschiedliche Volumenverträge, sowie diverse Prepaid-Angebote vor. Dies alles wäre für viele Anbieter zu vergleichen, eventuelle Anschlussgebühren wären zu berücksichtigen, der Restwert des neuen Handys bei Wiederverkauf abzuschätzen, usw. Obwohl dieses Problem direkt aus der Alltagswelt der Schülerinnen und Schüler stammt, kann seine authentische Behandlung im Mathematikunterricht Probleme bereiten. Nur wenn die Schülerinnen und Schüler in die Lage versetzt werden selbstständig das Problem zu reduzieren und ihre Rechenmodelle durch kompetente Schätzungen zu ergänzen, ist eine zielführende Behandlung im Unterricht überhaupt möglich. Die wichtigste Kompetenz ist in diesem Fall das Vereinfachen des Problems. Sicherlich eine der wichtigsten mathematischen Fähigkeiten in Alltag wie Beruf. Diese Kompetenz soll im Rahmen des folgenden Problems besonders gefördert werden. Im Folgenden wird zunächst die konkrete Unterrichtssequenz dargestellt. Darauf aufbauend werden im anschließenden Kapitel einige Überlegungen und konkrete Empfehlungen bzgl. ähnlicher Unterrichtssequenzen formuliert.

9.2   Das Beispiel „Holzkocher in Nigeria"

In dem vorliegenden Unterrichtsprojekt haben Schülerinnen und Schüler einer 10. Klasse ein relativ einfaches numerisches Modell innerhalb einer möglichst authentischen und komplexen Lernumgebung erstellt. Die dargestellte Sequenz ist der erste Teil einer größeren Unterrichtseinheit (vgl. Lendzian 2014). Die Einheit wurde vom ersten Autor durchgeführt.

9.2.1   Projektidee

Im Rahmen des „Mechanismus zur umweltverträglichen Entwicklung" (CDM) unter dem Kyoto-Protokoll der Vereinten Nationen, finden weltweit eine Vielzahl von Klimaschutzprojekten statt, deren Daten auf den Internetseiten des UN-Klimasekretariats (http://cdm. unfccc.int/) einsehbar sind. Der erstgenannte Autor hat zwei Jahre als Gutachter für derartige Projekte gearbeitet und kennt die Arbeitsabläufe in diesem Bereich. Daher wurde ein Projekt ausgewählt, das der Autor selbst begutachtet hat (Atmosfair 2010, 2013) und auf Basis der öffentlich verfügbaren Informationen (UNFCCC 2016) eine Lernumgebung für die Schülerinnen und Schüler einer 10. Klasse in Niedersachsen geformt.

9.2.2 Aufbau der Lernumgebung

9.2.2.1 Vorstellung des Projektes

Da die behandelten mathematischen Inhalte Wiederholungen aus vergangenen Klassenstufen darstellen, sollte das Projekt lediglich zwei Doppelstunden in Anspruch nehmen. In dieser Zeit sollten die Schülerinnen und Schüler möglichst selbstständig in der Rolle eines Projektentwicklers agieren.

Zu Beginn wurden die Schülerinnen und Schüler in einem kurzen Lehrervortrag mit den notwendigen Informationen zum CDM versorgt. Vor allem drei Punkte waren hier wesentlich:

1. Projektentwickler erhalten für vermiedene CO_2-Emissionen Zertifikate. Für jede Tonne CO_2 gibt es ein Zertifikat.
2. Diese Zertifikate können an einer Börse verkauft werden. Der Zertifikatswert schwankt.
3. Das vorgestellte Projekt hat neben dem Zertifikatsverkauf keine weiteren Einnahmequellen.

Anschließend wird das Projekt „Holzkocher in Nigeria" kurz vorgestellt. Auch hier sind wieder drei Punkte entscheidend:

1. In Nigeria kochen viele Haushalte über offenem Holzfeuer.
2. Erhalten solche Haushalte einen effizienten Holzkocher (s. Abb. 9.1), so lässt sich viel Holz einsparen und CO_2-Emissionen werden vermieden.
3. In dem Projekt werden die Holzkocher verschenkt.

Der letzte Punkt weicht zu Gunsten einer übersichtlicheren Finanzkalkulation von dem realen Vorbildprojekt ab.

9.2.2.2 Erste Aufgabe – Finanzielle Prognose

In der Arbeitsphase schlüpften die Schülerinnen und Schüler in die Rolle der Krankheitsvertretung eines Mitarbeiters (Nikolas Kaltmann) bei der fiktiven „Fair Project GmbH". Jede leistungsheterogene Zweiergruppe erhielt einen digitalen Projektordner. Außerdem erhielt jede Gruppe eine E-Mail der Vorstandsvorsitzenden Elisabeth Warde, die die Schülerinnen und Schüler mit ihrer ersten Aufgabe vertraut macht:

Hallo,

ihr kennt das Holzkocher-Projekt von Niko. Er hat das Projekt letzte Woche auf dem Team-Meeting in Hamburg vorgestellt. Heute ist das zugehörige Kreditangebot von der Bank gekommen. Leider fällt Niko aus gesundheitlichen Gründen für längere Zeit aus. Deshalb möchte ich, dass ihr das Projekt während Nikos Abwesenheit übernehmt.

Abb. 9.1 Effizienter Holzkocher mit versenkbarem Topf und abgeschlossener Brennkammer

Bitte sichtet den Projektordner. Niko hat schon eine Tabelle für die Finanzkalkulation vorbereitet. Ohne das Angebot von der Bank konnte er die Finanzen des Projekts aber noch nicht bewerten.

Bitte stellt die Finanzkalkulation fertig. Schickt mir anschließend eine E-Mail mit eurer Meinung zur finanziellen Machbarkeit des Projekts.

Schönen Gruß,
Ella

P.S.: Schickt mir im Anhang bitte auch eure Finanzkalkulation.

P.P.S.: Der aktuelle Stundensatz unserer Mitarbeiter liegt bei 80 €.

Die Schülerinnen und Schüler fanden im Projektordner verschiedene Unterordner und Dateien (s. Abb. 9.2), darunter auch die zu vervollständigende Tabellenkalkulation (s. Abb. 9.3). Die Tabellenkalkulation enthielt eine Titelseite mit vielen Zusatzinformationen, darunter z. B. der zeitliche Plan für die Verteilung der Holzkocher. Die eigentliche Tabelle zur Evaluation des Projektes enthielt lediglich Formatvorgaben, um eine vergleichbare Struktur der Schülerergebnisse zu gewährleisten.

Die Aufgabe der Schülerinnen und Schüler bestand darin, aus den vorhandenen Dokumenten die notwendigen Informationen über Kreditausgaben, Lohnausgaben, etc. herauszusuchen und zu interpretieren. Insbesondere die ersten Jahre des Projektes haben dabei variierende Daten, da die Holzkocher zunächst verteilt werden müssen und so die Anzahl

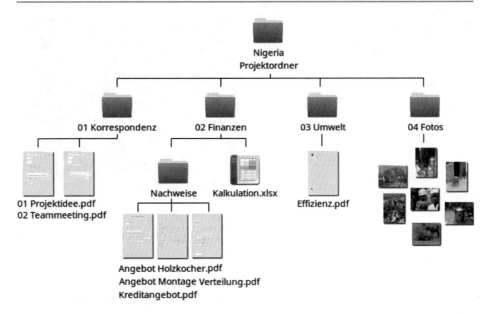

Abb. 9.2 Ordnerstruktur der zur Verfügung gestellten Materialien

	2007	2008	2009	...	2021	2022
Erlös aus Zertifikatsverkauf						
Jährliche Einnahmen						
.						
.						
Kreditausgaben						
Lohnausgaben						
Reisekosten						
Jährliche Ausgaben						
Jahresergebnis (€)						
Rendite (%)						

Abb. 9.3 Formatvorlage für die Finanzkalkulation

der jährlich ausgeschütteten Zertifikate erst langsam anwächst. Außerdem ist zu erwarten, dass die Lohnkosten zu Beginn höher sind als im späteren Verlauf des Projektes usw.

Abb. 9.4 stellt dar, an welcher Stelle die Schülerinnen und Schüler benötigte Informationen finden konnten. Schwarze Pfeile stellen notwendige Informationen dar, während graue Pfeile für mögliche ergänzende Informationen stehen.

Sobald die Schülerinnen und Schüler die Tabellenkalkulation fertig gestellt hatten, schickten sie diese mit ihrer persönlichen Einschätzung des Projektes an eine zuvor eingerichtet E-Mailadresse von Elisabeth Warde. Von dieser E-Mail-Adresse erhielten die Schülerinnen und Schüler daraufhin automatisch eine Antwort mit ihrer nächsten Aufgabe.

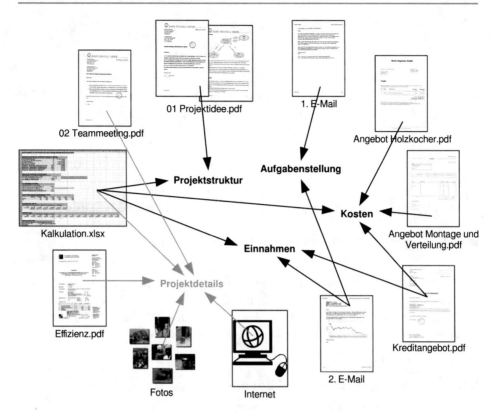

Abb. 9.4 Darstellung der wichtigsten Dokumente und deren Informationsgehalt

9.2.2.3 Zweite Aufgabe – Korrektur einer Prognose

Hallo,

das Projekt läuft jetzt schon seit etwa fünf Jahren. Die Geschäftszahlen sehen bisher gut aus. Allerdings gab es 2011 einen kleinen Gewinneinbruch. Die Geschäftszahlen für 2012 habe ich mir noch nicht angeguckt.
Ich habe diese Grafik zur Entwicklung der Zertifikatspreise gefunden (s. Abb. 9.5). Was bedeutet das für unser Projekt?

Schönen Gruß,
Ella

Nach einem Zeitsprung von fünf Jahren stellte sich die finanzielle Situation des Projektes anders dar als prognostiziert. Daher sollten die Schülerinnen und Schüler den Einfluss des neuen Zertifikatspreises auf die Rentabilität des Projektes untersuchen. Bei dieser zweiten Aufgabe hatten schnelle Schülergruppen die Möglichkeit, unterschiedliche Sze-

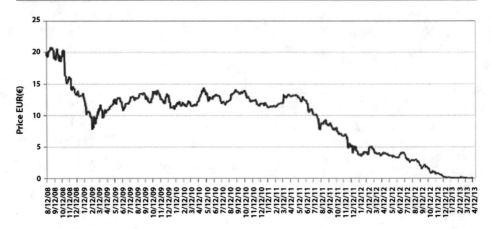

Abb. 9.5 Entwicklung des CO2-Zertifikatpreises von 2008 bis 2013

narien zur Rettung oder Abwicklung des Projektes durchzurechnen. Alle anderen Gruppen begnügten sich mit der Anpassung der Zertifikatspreise in der von ihnen erstellten Finanzkalkulation. Abschließend wurde wieder eine E-Mail an Elisabeth verfasst, die die Einschätzung der neuen finanziellen Rahmenbedingungen enthielt.

9.2.3 Anmerkungen zur Durchführung

Die Lerngruppe hatte vor diesem Projekt in keiner vergleichbaren Lernumgebung gearbeitet. Außerdem waren die Vorkenntnisse der Schülerinnen und Schüler im Umgang mit Tabellenkalkulationen sehr unterschiedlich. Alle Schülerinnen und Schüler hatten zwar in der sechsten Klasse eine mehrstündige Einführung in die Software erhalten, einzelnen Schülerinnen und Schülern war jedoch die Eingabe von Formeln und die Nutzung von Zellenverweisen nicht mehr bekannt. Entsprechend sind die Schülerlösungen einzuordnen. Das vorliegende Unterrichtsprojekt diente also durchaus auch als grundlegende Übung im Umgang mit Tabellenkalkulationssoftware. Ggf. ließen sich bei Verwendung eines von den Schülerinnen und Schülern verinnerlichten Werkzeugs auch komplexere Zusammenhänge untersuchen.

9.2.4 Schülerlösungen

Im Folgenden wurden von den insgesamt 14 Schülerpaarungen drei ausgewählt, bei denen für die Lerngruppe typische Arbeitsweisen besonders deutlich sichtbar werden oder interessante individuelle Ansätze vorliegen.

	2008	2009	2010	...	2021	2022
	24,188.84 €	37,534.41 €	37,534.41 €	...	37,534.41 €	37,534.41 €
Geld pro eingsp Tonne	13.31 €	13.31 €	13.31 €	...	13.31 €	13.31 €
Erlös aus Zertifikatsverkauf	321,953.46 €	499,583.00 €	499,583.00 €	...	499,583.00 €	499,583.00 €
Kredit (einmalig)	1,500,000.00 €	0.00 €	0.00 €	...	0.00 €	0.00 €
Jährliche Einnahmen	1,821,953.46 €	499,583.00 €	499,583.00 €	...	499,583.00 €	499,583.00 €
Kreditausgaben	100,000.00 €	100,000.00 €	100,000.00 €	...	100,000.00 €	100,000.00 €
Zinsen	80,250.00 €	74,900.00 €	69,550.00 €	...	10,700.00 €	5,350.00 €
Lohnausgaben	56,000.00 €	56,000.00 €	56,000.00 €	...	56,000.00 €	56,000.00 €
Reisekosten	19,510.00 €	19,510.00 €	19,510.00 €	...	19,510.00 €	19,510.00 €
Beschaffung Holzkocher	1,050,000.00 €					
Montage Holzkocher	300,000.00 €					
Verteilung Holzkocher	150,000.00 €					
Jährliche Ausgaben	1,755,760.00 €	250,410.00 €	245,060.00 €		186,210.00 €	180,860.00 €
Jahresergebnis (€)	66,193.46 €	249,173.00 €	254,523.00 €	...	313,373.00 €	318,723.00 €
Rendite (%)						

Abb. 9.6 Finanzkalkulation von Gruppe 1 zu Aufgabe 1

9.2.4.1 Gruppe 1

Diese Gruppe bestand aus zwei Schülern, die im täglichen Unterricht befriedigende bis ausreichende Ergebnisse lieferten.

Erste Aufgabe – Finanzielle Prognose (s. Abb. 9.6):

Guten Tag Ella,

wir haben in den letzten Tagen die Finanzkalkulation für das Nigeriaprojekt durchgerechnet und haben interessante Ergebnisse erhalten. Ab dem ersten Jahr hat man, mit Berücksichtigung des Kredits, schon Gewinn. 2022 ist der Kredit dann abbezahlt und man hat bis dahin einen Gewinn von ca. 4.000.000,00 €.

Liebe Grüße,
das Arbeitsteam

Zweite Aufgabe – Korrektur einer Prognose:

Hallo Ella,

nach diesen [sic] haben wir uns dafür entschlossen ab 2013 das Projekt einzufrieren. Leider dauert es noch bis 2022 bis der Kredit abbezahlt ist und [sic] hätten dann 1.600.000,00 € Schulden. Wir können das Projekt wieder aufnehmen sobald der Preis der Zertifikate wieder steigt.

Liebe Grüße,
das Arbeitsteam

	2008	2009	2010	...	2021	2022
	24,188.84 €	37,534.41 €	37,534.41 €	...	37,534.41 €	37,534.41 €
Geld pro eingsp Tonne	13.31 €	11.00 €	12.00 €	...	0.00 €	0.00 €
Erlös aus Zertifikatsverkauf	266,077.24 €	450,412.92 €	450,412.92 €	...	0.00 €	0.00 €
Kredit (einmalig)	1,500,000.00 €	0.00 €	0.00 €	...	0.00 €	0.00 €
Jährliche Einnahmen	1,766,077.24 €	450,412.92 €	450,412.92 €	...	0.00 €	0.00 €
Kreditausgaben	100,000.00 €	100,000.00 €	100,000.00 €	...	100,000.00 €	100,000.00 €
Zinsen	80,250.00 €	74,900.00 €	69,550.00 €	...	10,700.00 €	5,350.00 €
Lohnausgaben	56,000.00 €	56,000.00 €	56,000.00 €	...	0.00 €	0.00 €
Reisekosten	19,510.00 €	19,510.00 €	19,510.00 €	...	0.00 €	0.00 €
Beschaffung Holzkocher	1,050,000.00 €					
Montage Holzkocher	300,000.00 €					
Verteilung Holzkocher	150,000.00 €					
Jährliche Ausgaben	1,755,760.00 €	250,410.00 €	245,060.00 €	...	110,700.00 €	105,350.00 €
Jahresergebnis (€) Rendite (%)	10,317.24 €	200,002.92 €	205,352.92 €	...	-110,700.00 €	-105,350.00 €

Abb. 9.7 Finanzkalkulation von Gruppe 1 zu Aufgabe 2

	2008	2009	...	2013	...	2022
	24,188.84 €	37,534.41 €	...	37,534.41 €	...	37,534.41 €
Geld pro eingsp Tonne	13.31 €	11.00 €	...	0.00 €	...	0.00 €
Erlös aus Zertifikatsverkauf	266,077.24 €	450,412.92 €	...	0.00 €	...	0.00 €
Kredit (einmalig)	1,500,000.00 €	0.00 €	...	0.00 €	...	0.00 €
				120,000.00 €		120,000.00 €
Jährliche Einnahmen	1,766,077.24 €	450,412.92 €	...	120,000.00 €	...	120,000.00 €
Kreditausgaben	100,000.00 €	100,000.00 €	...	100,000.00 €	...	100,000.00 €
Zinsen	80,250.00 €	74,900.00 €	...	53,500.00 €	...	5,350.00 €
Lohnausgaben	56,000.00 €	56,000.00 €	...	0.00 €	...	0.00 €
Reisekosten	19,510.00 €	19,510.00 €	...	0.00 €	...	0.00 €
Beschaffung Holzkocher	1,050,000.00 €					
Montage Holzkocher	300,000.00 €					
Verteilung Holzkocher	150,000.00 €					
Jährliche Ausgaben	1,755,760.00 €	250,410.00 €	...	153,500.00 €	...	105,350.00 €
Jahresergebnis (€) Rendite (%)	10,317.24 €	200,002.92 €	...	-33,500.00 €	...	14,650.00 €

Abb. 9.8 Ergänzende Finanzkalkulation von Gruppe 1 zu Aufgabe 2

Nachdem die neuen Zertifikatspreise in die Tabelle (s. Abb. 9.8) übertragen waren, kam „das Arbeitsteam" schnell zu dem Ergebnis, dass das Projekt nun große Schulden erwirtschaftete. Als Konsequenz wurde das Projekt „eingefroren", womit die Schüler meinten, dass die Arbeit an dem Projekt komplett eingestellt wird (s. Abb. 9.7 dort Zeilen „Lohnausgaben" und „Reisekosten"), lediglich der Kredit verursacht in diesem Fall weiterhin laufende Kosten.

Gruppe 1 hatte anschließend die Idee, das Projekt über Werbegelder zu retten. Dazu haben die Schüler einen holländischen Wohnwagenhersteller „gewonnen", der mit den positiven Aspekten des Holzkocherprojektes sein Image aufbessern wollte.

Guten Tage Ella,

wir haben einen Weg gefunden, um aus den „roten Zahlen" zu kommen und das Projekt nicht einfrieren zu müssen.

Mich erreichte ein Anruf eines holländischen Investors, der von unserem Projekt gehört hat. Nach langen Gesprächen sind wir zusammen zu dem Entschluss gekommen, dass er Investor unseres Projekts werden wird. Er stellt uns 10.000,00 € im Monat zur Verfügung, wenn wir ihn im Gegenzug als offiziellen Investor nennen und ein wenig Reklame für ihn betreiben. Da Herr van der Most ein guter Bekannter meiner Wenigkeit ist, wird es keine Meinungsverschiedenheiten während des Investorauftrags geben. Ich freue mich, dass ich Ihnen eine solche Nachricht überbringen konnte.

Mit freundlichen Grüßen
Das Arbeitsteam

„Das Arbeitsteam" hat die Rettung des Projektes mit einem Augenzwinkern durchgeführt. Beiden Schülern war klar, dass in Wirklichkeit wohl kaum ein Investor das Projekt in dieser Form retten würde. Die meisten realen Holzkocherprojekte wurden dennoch durch ein ähnliches Szenario finanziell entlastet. Allerdings waren es nicht holländische Investoren, sondern vor Ort aktive Großkonzerne, die ihr Image damit aufgebessert haben – darunter Shell und Deutsche Bank. Mittlerweile sind die meisten derartigen Projekte in der „Global Alliance for Clean Cookstoves" (http://cleancookstoves.org/) zusammengeschlossen, die sich durch eine Vielzahl von Spenden aus der Wirtschaft und dem öffentlichen Bereich trägt.

Die Gruppe kam auf Basis der ersten und zweiten Tabelle zu sinnvollen Bewertungen des Projektes. Trotz der versteckten Informationen in diversen Dokumenten und E-Mails gelang ein plausibler Überblick über die finanzielle Struktur des Holzkocherprojektes. Die Berechnung der Kreditausgaben ist korrekt durchgeführt worden, Reisekosten wurden im Internet recherchiert und daraufhin geschätzt. Die benötigten Funktionen der Tabellenkalkulationssoftware beherrschte die Gruppe nach kurzem Suchen und Ausprobieren.

Allerdings hat die Gruppe vergessen, in der dritten Tabelle wieder die Lohn- und Reisekosten mit aufzunehmen. Der Investor würde sich wohl kaum an der Rettung des Projektes beteiligen, wenn es weiterhin eingefroren bliebe.

9.2.4.2 Gruppe 2

Diese Gruppe bestand aus einer Schülerin, die im täglichen Unterricht teilweise herausragende Ergebnisse liefert, die Leistung der anderen Schülerin bewegte sich im ausreichenden Bereich.

	2007	2008	2009	...	2021	2022
offene Kreditzurückzahlung	1,500,000.00 €	1,400,000.00 €	1,300,000.00 €	...	100,000.00 €	0.00 €
Zinsen	80,250.00 €	74,900.00 €	69,550.00 €	...	5,350.00 €	0.00 €
Erlös aus Zertifikatsverkauf		499,582.94 €	499,582.94 €	...	499,582.94 €	499,582.94 €
Jährliche Einnahmen		499,582.94 €	499,582.94 €	...	499,582.94 €	499,582.94 €
Kreditausgaben	180,250.00 €	174,900.00 €	169,550.00 €	...	105,350.00 €	0.00 €
Lohnausgaben	40,000.00 €	10,000.00 €	7,000.00 €	...	7,000.00 €	7,000.00 €
Reisekosten	5,000.00 €	4,000.00 €	2,500.00 €	...	2,500.00 €	2,500.00 €
Beschaffung Holzkocher	105,000.00 €	0.00 €	0.00 €	...	0.00 €	0.00 €
Montage Holzkocher	30,000.00 €	0.00 €	0.00 €	...	0.00 €	0.00 €
Verteilung Holzkocher	15,000.00 €	0.00 €	0.00 €	...	0.00 €	0.00 €
Jährliche Ausgaben	375,250.00 €	188,900.00 €	179,050.00 €	...	114,850.00 €	9,500.00 €
Jahresergebnis (€)	-375.250,00 €	310.682,94 €	320.532,94 €	...	384.732,94 €	490.082,94 €
Rendite (%)	-375,250.00 €	-64,567.06 €	255,965.88 €	...	4,519,661.16 €	5,009,744.10 €

Abb. 9.9 Finanzkalkulation von Gruppe 2 zu Aufgabe 1

Erste Aufgabe – Finanzielle Prognose

Hallo Ella,

Wir sind grade mit der Kalkulation zu dem Projekt fertiggeworden.
Im Anhang findest du die Datei (s. Abb. 9.9).
Wir haben zuerst die Kredithöhe und die Zinsen für jedes Jahr bis 2022 berechnet und
die Tilgung abgezogen.
In der nächsten Spalte stehen die jährlichen Einnahmen des Zertifikatsverkaufs.
Ganz unten steht das Jahresergebnis. Es setzt sich aus den jährlichen Einnahmen (Zer-
tifikatsverkauf) und den jährlichen Ausgaben zusammen.
Die Ausgaben sind zusammengesetzt aus dem Gesamtpreis der Holzkocher, den Lohn-
ausgaben, den Reisekosten der Gutachter und den Kreditausgaben.

Mit freundlichen Grüßen
S. und A.

Zweite Aufgabe – Korrektur einer Prognose (s. Abb. 9.10):

Hallo Ella,

Es sieht nicht gut aus... spätestens 2018 sind wir im Minus, wenn nicht sogar schon
früher. Das Projekt wird, wenn wir uns nichts Alternatives überlegen, scheitern!

Liebe Grüße
S. und A.

	2007	2008	2009	...	2021	2022
offene Kreditzurückzahlung	1.500.000,00 €	1.400.000,00 €	1.300.000,00 €	...	100.000,00 €	0,00 €
Zinsen	80.250,00 €	74.900,00 €	69.550,00 €	...	5.350,00 €	0,00 €
Erlös aus Zertifikatsverkauf		638.084,97 €	412.878,51 €	...	18.767,21 €	18.767,21 €
Jährliche Einnahmen		638.084,97 €	412.878,51 €	...	18.767,21 €	18.767,21 €
Börsenwert		17,00 €	11,00 €	...	0,50 €	0,50 €
Kreditausgaben	180.250,00 €	174.900,00 €	169.550,00 €	...	105.350,00 €	0,00 €
Lohnausgaben	40.000,00 €	10.000,00 €	7.000,00 €	...	7.000,00 €	7.000,00 €
Reisekosten	5.000,00 €	4.000,00 €	2.500,00 €	...	2.500,00 €	2.500,00 €
Beschaffung Holzkocher	105.000,00 €	0,00 €	0,00 €	...	0,00 €	0,00 €
Montage Holzkocher	30.000,00 €	0,00 €	0,00 €	...	0,00 €	0,00 €
Verteilung Holzkocher	15.000,00 €	0,00 €	0,00 €	...	0,00 €	0,00 €
Jährliche Ausgaben	375.250,00 €	188.900,00 €	179.050,00 €	...	114.850,00 €	9.500,00 €
Jahresergebnis (€)	-375.250,00 €	449.184,97 €	233.828,51 €	...	-96.082,80 €	9.267,21 €
Rendite (%)	-375.250,00 €	73.934,97 €	307.763,48 €	...	-372.573,04 €	-363.305,84 €

Abb. 9.10 Finanzkalkulation von Gruppe 2 zu Aufgabe 2

Gegenüber Gruppe 1 tat sich diese Gruppe weitaus schwerer im Umgang mit dem verwendeten Programm. Einige Werte wurden zunächst mit dem Taschenrechner berechnet und dann per Hand in die Tabellenkalkulation eingefügt.

Außerdem wurden wesentliche Fehler bei der Eingabe der Daten und in der Berechnung gemacht. So wurde die Zuteilung des Kredits im ersten Jahr nicht als Einnahme verbucht, die schleppende Verteilung der Holzkocher im Jahr 2008 nicht berücksichtigt und bei den Posten zur Anschaffung, Montage und Verteilung der Holzkocher wurde jeweils eine Stelle übersehen, wodurch diese Ausgaben um 1,35 Mio. € zu niedrig angesetzt sind.

Das Scheitern des Projektes nach dem Einbruch der Zertifikatspreise wurde zwar erkannt, eine mögliche Reaktion darauf nannte die Gruppe aber nicht.

9.2.4.3 Gruppe 3

Diese Gruppe bestand aus einer sehr guten Schülerin und einer Schülerin mit mangelhaften Leistungen.

Erste Aufgabe – Finanzielle Prognose:

Hallo Ella,

im Anhang findest du die Idealfallkalkulation (s. Abb. 9.11). Wie du siehst sind die Einnahmen groß (zwischen 100.000 € und 300.000 €), aber Probleme und Risiken sind nicht mit einberechnet. Deshalb würde ich sagen, dass es den Versuch auf alle Fälle wert ist.

Das wäre meine Meinung zu dem Thema und ich hoffe Sie sind davon sehr angetan!

Mit freundlichen Grüßen!
Niko

	2007	2008	2009	...	2021	2022
Kredit	1500000					
Jährlicher Verdienst	1500000	321711.56	499207.60	...	499207.60	499207.60
Erlös aus Zertifikatsverkauf		321711.56	499207.60	...	499207.60	499207.60
Restschuld	150000	1400000	1300000	...	100000	0
Zinssatz	5.35%	5.35%	5.35%	...	5.35%	
Tiluung	100000	100000	100000	...	100000	100000
Zinsen	8025	74900	69550	...	5350	
Kreditausgaben	108,025.00 €	174,900.00 €	169,550.00 €	...	105,350.00 €	
Lohnausgaben	40000	10000	7000	...	7000	7000
Reisekosten	2500	2000	1000	...	1000	1000
Beschaffung Holzkocher	1050000	0	0	...	0	0
Montage Holzkocher	150000	0	0	...	0	0
Verteilung Holzkocher	30000	0	0	...	0	0
Jährliche Ausgaben	1,350,525.00 €	186,900.00 €	177,550.00 €	...	113,350.00 €	8,000.00 €
Jahresergebnis (€)	149,475.00 €	134,811.56 €	321,657.60 €	...	385,857.60 €	491,207.60 €
Rendite (%)						

Abb. 9.11 Finanzkalkulation von Gruppe 3 zu Aufgabe 1

Zweite Aufgabe – Korrektur einer Prognose:

Hallo Ella!

Das tut mir sehr leid. Du bist im minus… Das wird schwer die Schulden zu bezahlen!
Ich freue mich im Projekt mitarbeiten zu dürfen und wünsche weiterhin alles Gute für
dich und deinem Projekt!

Liebe Grüße,
Niko

Diese Gruppe hat unterschiedliche Abwicklungen des Projektes durchgerechnet. Hier
dargestellt ist das Szenario mit sofortiger Einstellung des Projektes und vollständiger Kre-
ditrückzahlung (s. Abb. 9.12). Diese Lösung ist weitgehend plausibel, die Rechnung ist
frei von Fehlern und das vollständige Ergebnis des Projektes nach der Abwicklung wurde
ebenfalls berücksichtigt.

Interessanterweise hat sich diese Gruppe für die vollständige Soforttilgung des Kredites entschieden, um die Zinslast zu verringern. Diese Möglichkeit war im vorliegenden
Kreditvertrag nicht vorgesehen, in der Realität wären zumindest Vorfälligkeitszinsen fäl-
lig und die steuerliche Attraktivität einer derartigen Maßnahme zu untersuchen. Beides
konnten die Schülerinnen jedoch nicht wissen. Daher zeigt die Soforttilgung vor allem,
dass sich bei der Gruppe ein selbstsicherer Umgang mit der Tabelle eingestellt hat und die
Zusammensetzung der Zinslast gut verstanden wurde.

Zu Beginn der Arbeitsphase hatte diese Gruppe zunächst Probleme im Umgang mit
der verwendeten Software. Durch Ausprobieren wurden die wesentlichen Funktionen je-

	2007	2008	2009	...	2012	2013	2014	...
Kredit	1500000							
Jährlicher Verdienst	1500000	362832.59	487947.27	...	112603.22	0	0	...
Erlös aus Zertifikatsverkauf		362832.59	487947.27	...	112603.22	0	0	...
Restschuld	150000	1400000	1300000	...	1000000	900000	0	...
Zinssatz	5.35%	5.35%	5.35%	...	5.35%	5.35%	5.35%	...
Tiluung	100000	100000	100000	...	100000	900000	0	...
Zinsen	8025	74900	69550	...	53500	48150	0	...
Kreditausgaben	108,025.00 €	174,900.00 €	169,550.00 €	...	153,500.00 €	948,150.00 €	0.00 €	...
Lohnausgaben	40000	10000	7000	...	7000	0	0	...
Reisekosten	2500	2000	1000	...	1000	0	0	...
Beschaffung Holzkocher	1050000	0	0	...	0	0	0	...
Montage Holzkocher	150000	0	0	...	0	0	0	...
Verteilung Holzkocher	30000	0	0	...	0	0	0	...
Jährliche Ausgaben	1,350,525.00 €	186,900.00 €	177,550.00 €	...	161,500.00 €	948,150.00 €	0.00 €	...
Jahresergebnis (€)	149,475.00 €	175,932.59 €	310,397.27 €	...	-48,896.78 €	-948,150.00 €	0.00 €	...
Insgesamt am Ende	183,245.06 €							

Abb. 9.12   Finanzkalkulation von Gruppe 3 zu Aufgabe 2

doch schnell entdeckt. Letztlich beinhalten die Ergebnisse von Gruppe 3 die geschickteste Verwendung von Zellenverweisen, da sogar auf Rohdaten auf dem ersten Tabellenblatt verwiesen wird.

9.2.5   Analyse der Schülerlösungen

Auf den ersten Blick wird deutlich, dass die Lösungen keine für den zehnten Jahrgang typischen Fachinhalte aufweisen. Die E-Mails sollten nach einem Hinweis des Lehrers kurz formuliert werden, da eine gut aufgebaute Tabelle weitgehend selbsterklärend sein sollte. Insgesamt standen den Schülerinnen und Schülern für die Bearbeitung der Aufgaben etwa 120 Minuten zur Verfügung. Bei der Einordnung der Schülerleistungen ist zu beachten, dass die Informationen von den Schülerinnen und Schülern zunächst zusammengetragen und interpretiert werden mussten (siehe Abb. 9.4). Außerdem haben die bereitgestellten Fotos und die Möglichkeit der Internetrecherche Zeit gekostet, die sich nicht direkt im Arbeitsergebnis der Schülerinnen und Schüler widerspiegelt. Beides führte jedoch zu einer intensiveren Auseinandersetzung mit dem zu analysierenden Projekt.

Da versäumt wurde, den Begriff der Rendite einzuführen, wusste keine der Schülergruppen mit dieser Vokabel aus der Formatvorlage etwas anzufangen. Alle Gruppen haben die letzte Zeile ihres Tabellenblattes daher leer gelassen oder, wie Gruppe 2 und 3, umfunktioniert. Auf eine eingeschobene Erläuterung des Begriffes wurde verzichtet, weil dies die Arbeitsphase unnötig gestört hätte.

Bei allen 14 Schülergruppen konnte beobachtet werden, dass im ersten Moment aufgrund der ungewohnten Lernumgebung eine gewisse Verunsicherung herrschte. Nach kurzer Zeit entwickelte jedoch jedes Schülerpaar eine eigene Vorgehensweise. In Bezug auf die Motivation und den Umgang mit den bereitgestellten Materialien ließen sich zwei Stereotypen beobachten. Es gab Gruppen, die hauptsächlich um die Lösung der gestellten Aufgabe bemüht waren (Problemlöser) und Gruppen, deren Interesse vor allem darin bestand, das vorliegende Projekt bestmöglich zu verstehen (Entdecker).

9.2.5.1 Die Problemlöser

Einige Schülerinnen und Schüler waren vor allem durch die Aufgabenstellung motiviert und strebten eine möglichst schnelle Problemlösung an. Zu diesem Arbeitstyp gehörten die Gruppen 2 und 3.

Gruppen mit dieser Arbeitsweise begannen schnell mit der Arbeit an der Tabelle und suchten in der vorhandenen Ordnerstruktur gezielt nach den benötigten Informationen. Den Schülerinnen und Schülern ging es dabei augenscheinlich darum, die gestellte Aufgabe möglichst schnell zu erledigen. Die aufwendige Lernumgebung wurde daher kaum frei erkundet, sondern gezielt nach Informationen durchsucht. Laut der zugehörigen Dateiinformation haben zwei Gruppen mit dieser Vorgehensweise das Dokument „Effizienz.pdf" nie gelesen, da es für die Erstellung der Tabelle nicht benötigt wurde. Den Ordner mit Fotos hingegen haben alle Gruppen, unabhängig von ihrer Arbeitsweise, gesichtet.

Zwei Gruppen, die diesen Arbeitsansatz verfolgten, haben sich die Arbeit eigenständig in einer Form aufgeteilt, die alltäglichem Unterricht nah kam. In diesen Gruppen wurden zunächst die Kreditraten mit Hilfe des Taschenrechners berechnet. Die zugehörigen Rechnungen wurden auf ein Notizblatt geschrieben, zum Teil beinhalteten diese Lösungen Antwortsätze. Die Ergebnisse wurden anschließend direkt und ohne Zellenverweis oder Formelverwendung in die jeweilige Tabellenzelle übertragen.

9.2.5.2 Die Entdecker

Die Bezeichnung dieses Arbeitstyps soll nicht bedeuten, dass die entsprechenden Gruppen nicht an einer Lösung des gestellten Problems arbeiteten. Er verweist vielmehr darauf, dass der zielgerichteten Problemlösung zunächst eine Phase der freien Erkundung der Projektunterlagen voranging. Gruppe 1 steht exemplarisch für diesen Arbeitstyp.

Die Entdecker-Gruppen lasen zunächst aufmerksam alle zur Verfügung stehenden Dokumente. Einige Schülerinnen und Schüler notierten dabei die gefundenen Informationen handschriftlich auf einem Notizblatt, um anschließend relevante Informationen schnell verfügbar zu haben. Aus Neugierde wurde von zwei Gruppen sogar das echte Holzkocher-Projekt im Internet recherchiert. Selbst ein Online-Video einer Projektpräsentation in Nigeria wurde von einer Gruppe entdeckt. Eine Lehrerintervention sorgte an dieser Stelle für eine gezieltere Bearbeitung der Aufgabenstellung.

Diese Arbeitsweise brachte mit sich, dass einige Gruppen erst nach mehr als 30 Minuten mit der Arbeit an der Tabellenkalkulation begannen. In der Arbeitswelt außerhalb der Schule wäre dies sicherlich völlig normal, im Unterricht war jedoch bei einigen Beteiligten zu spüren, dass diese Situation ungewohnt war. Im alltäglichen Mathematikunterricht war es für die beteiligten Schülerinnen und Schüler durchaus nicht üblich, dass sie über einen derart langen Zeitraum Informationen aufnehmen, evaluieren und diskutieren bevor diese zur Lösung eines Problems herangezogen werden.

Da die beschriebene Unterrichtssequenz mit nur einer Lerngruppe durchgeführt wurde, lässt sich nicht seriös bewerten, ob die Arbeitsweise der „Entdecker" oder der „Problemlöser" bessere Ergebnisse liefert. Sicherlich werden beide Vorgehensweisen auch in anderen ähnlich umfangreichen bzw. authentischen Lernumgebungen in Erscheinung treten. Auch sind beide in der Arbeitswelt wiederzufinden.

Es stellt sich jedoch die Frage, ob alltäglicher Unterricht die „Problemlöser" stärker fördert und ihrer Arbeitsweise zugutekommt. Sie fühlen sich in überschaubaren Sachzusammenhängen wohl, da Informationen schneller eingeordnet und verwertet werden können. Bei den „Entdeckern" rührt die Motivation hingegen aus einem möglichst anregenden Sachzusammenhang. Sie nehmen die Suche nach Informationen nicht als Hürde auf dem Weg zu einer Problemlösung war, sondern mögen es sich zunächst umfangreich zu informieren, auch wenn am Ende nur ein Teil der aufgenommenen Daten zur Problemlösung benötigt wird. Ein Umstand, dem in der Schule oft nicht Rechnung getragen werden kann.

9.2.5.3 Verunsicherung und Begeisterung

Für gewöhnlich dient die Lernumgebung als Medium zwischen Lernenden und Fachinhalt. Die von mir beschriebene Lernumgebung wird dieser Rolle nicht gerecht. Anstatt möglichst klar didaktisch reduzierte Lerninhalte in einem motivierenden Gewand zu präsentieren, erwächst ihre Struktur direkt aus der Arbeitswelt, der sie entstammt. Dabei wird nicht nur die didaktische Reduktion, sondern auch die isolierte Funktion als Medium teilweise aufgegeben. Die hier dargestellte Lernumgebung vermengt Fachinhalte mit überflüssigen Informationen. Das behandelte Klimaschutzprojekt macht sich in den Köpfen breit und wird zum tragenden Stundeninhalt, die Mathematik rückt in der Schülerwahrnehmung in den Hintergrund.

Einige Schülerinnen und Schüler durchsuchten die gebotene Lernumgebung interessiert, während andere durch sie verunsichert waren oder die Fülle an Informationen als zusätzlichen inhaltlichen Ballast wahrnahmen. Interessanterweise zeigte sich gesteigertes Interesse vor allem bei Schülerinnen und Schülern, die im alltäglichen Unterricht weniger Begeisterung zeigten, während die Verunsicherung auch einige leistungsstarke Schülerinnen und Schüler betrafen, die ihre sonst erfolgreichen Arbeitsweisen in Frage gestellt sahen.

Sowohl die Verunsicherung von Schülerinnen und Schülern, die sich ihrer Heuristiken sicher sind, als auch die Begeisterung von Schülern, denen starke didaktische Reduktion zu realitätsfern scheint, stellt einen nicht zu unterschätzenden Mehrwert der dargestellten Unterrichtsform dar.

9.3   Auswahl authentischer Lernumgebungen

Durch die Auseinandersetzung mit dem dargestellten Unterrichtsprojekt lassen sich einige
Empfehlungen für die Umsetzung vergleichbarer Unterrichtssequenzen festhalten.

Anregungen für umfangreiche authentische Lernumgebungen findet man häufig. Die
meisten von uns bewegen sich morgens auf dem Weg zur Arbeit durch eine Vielzahl
von mathematisch analysierbaren Sachzusammenhängen, und wer auf jegliche „Didaktisierung" verzichtet, könnte diese vollkommen authentisch direkt in den Unterricht übernehmen. Wie bewegen sich Autos im stockenden Verkehr im Vergleich zu Rad fahren-
den Schülerinnen und Schülern? Gibt es einen Zusammenhang zwischen einem flachen
Sonnenstand, der Verkehrsteilnehmer blendet, und der Unfallhäufigkeit an bestimmten
Kreuzungen? Wie breit muss die Fahrbahn sein, damit ein LKW mit 8 Metern Radstand
problemlos im 90°-Winkel abbiegen kann? Mit geschultem Auge ließen sich wohl für die
meisten Lernbereiche des Kerncurriculums passende Fragestellungen finden. Allerdings
macht es auch bei einer möglichst realitätsnahen Problembehandlung keinen Sinn, das
nächstbeste Problem im Unterricht zu behandeln. Vielmehr sollten eine Reihe von Kriterien berücksichtigt werden, um eine sinnvolle Auswahl für die jeweilige Lerngruppe und
Lehrperson zu treffen.

9.3.1   Drei Hauptmerkmale

Bei der Auswahl einer klassischen, stark didaktisch reduzierten Lernumgebung gibt es
eine Vielzahl etablierter Kriterien, deren Beachtung nützlich ist. Das Vorwissen der Lerngruppe und deren methodische Kompetenzen sind nur zwei der Faktoren, die zu berücksichtigen sind und an dieser Stelle nicht näher erläutert werden. All diese etablierten
Kriterien sollten auch bei der Auswahl einer „authentischen Lernumgebung" Berücksichtigung finden. Es gibt jedoch aus Sicht der Autoren drei relevante Aspekte, die durch den
Facettenreichtum einer authentischen Lernumgebung gesondert betrachtet werden sollten.

1. Die Lernumgebung sollte nicht zu umfangreich sein, um vor allem leistungsschwache
    Schülerinnen und Schüler nicht zu demotivieren.

Dieser Aspekt scheint zumindest teilweise im Widerspruch mit dem Anspruch der
Realitätsnähe zu stehen. In der Praxis werden die Schülerinnen und Schüler durch eine
realitätsnahe Lernumgebung jedoch mit einer Fülle von Material konfrontiert. Gerade bei
leistungsschwachen Lernenden kann dies zu einer Überforderung führen. Umgekehrt können leistungsstarke Schülerinnen und Schüler im Material oft schnell die für sie relevanten
Informationen ausfindig machen. Die Arbeitsgeschwindigkeit der einzelnen Schülerinnen und Schüler unterscheidet sich in dieser Unterrichtsform also stärker als gewöhnlich.
Es bietet sich daher an, eine halboffene Lernumgebung zu wählen, die Lernenden eine

selbstständige binnendifferenzierende Erweiterung der Inhalte ermöglicht. Die Lehrperson stellt den Schülerinnen und Schüler also ein Gerüst aus Unterrichtsmaterialien zur Verfügung, welches leistungsschwache Schülerinnen und Schüler nicht überfordert und von findigen Schülerinnen und Schülern selbstständig erweitert wird. Der offene Teil der Lernumgebung kann zum Beispiel aus selbst ausgedachten Experimenten, Erhebungen oder Datenrecherchen bestehen und kann im Unterricht und/oder als Hausaufgabe bearbeitet werden.

2. Aufgrund des inhaltlichen Umfangs und der ggf. halboffenen Lernumgebung ist es zwingend notwendig, dass die Lehrperson sich in dem ausgewählten Themenkomplex sehr gut auskennt.

Die Schülerfragen und -ideen sind bei der dargestellten Unterrichtsform wesentlich schlechter antizipierbar als im Rahmen einer didaktisch reduzierten abgeschlossenen Lernumgebung. Es bietet sich also an, ein Themengebiet aus der Schnittmenge der persönlichen Interessen der Lehrperson und der Schülerinnen und Schüler zu wählen. So wird einerseits die Motivation der Schülerinnen und Schüler bewahrt und zugleich sichergestellt, dass die Lehrperson den Themenbereich überblickt. Wenn Lernende sich mit viel Material auseinandersetzen sollen, kommt der Lehrperson als kompetentem Ansprechpartner eine besondere Bedeutung zu.

3. Neben der Realitätsnähe der behandelten Inhalte bietet es sich an, auch die methodische Umsetzung möglichst authentisch zu gestalten, und an der Welt außerhalb der Schule zu orientieren.

Die Schule bietet Lernenden eine Vielzahl sinnvoller Werkzeuge, die den mathematischen Kompetenzerwerb fördern, darunter Stift und Papier, Tafel und Kreide, GTR/CAS, Geodreieck, Zirkel, Tabellenkalkulation, Geometriesoftware, usw. All diese Hilfsmittel haben sich in der Unterrichtspraxis als essentiell erwiesen, um Lernenden mathematische Kompetenzen zu vermitteln. Dennoch werden in der Welt außerhalb der Schule viele dieser Hilfsmittel kaum genutzt. Es macht wenig Sinn eine authentische Lernumgebung nicht auch mit den Hilfsmitteln zu behandeln, die hierfür außerhalb der Schule für gewöhnlich zum Einsatz kommen. Je nach Lernumgebung könnten sich lasergestützte Entfernungsmesser, Musikaufnahme- oder Bildbearbeitungssoftware, uvm. anbieten. Ich habe die Erfahrung gemacht, dass das Internet und die Tabellenkalkulation in Alltag und Beruf einen weitaus größeren Stellenwert haben, als in der Schule. Sie bieten sich aufgrund ihrer Verfügbarkeit in der Schule und ihrer universellen Verwendbarkeit für viele Lernumgebungen mit einem Schwerpunkt im Modellieren besonders an.

Es ließen sich weitere Kriterien finden und beschreiben, die aufgeführten Punkte decken jedoch die wichtigsten Aspekte ab. Jedes einzelne Kriterium führt dabei zu einer starken Einschränkung der geeigneten Sachzusammenhänge. In der Praxis sollte jede Lehrperson wohl das zweite Kriterium als erstes ausleuchten. Sobald ein persönliches

Expertenthema der jeweiligen Lehrperson gefunden ist, fällt es leicht die methodische Umsetzung und den inhaltlichen Umfang auszuloten.

9.4   Reflexion

Mathematik wird in der Berufswelt von Handwerkern, Künstlern, Politikberatern, Historikern, Soziologen und Linguisten gleichermaßen verwendet. Außer in den Naturwissenschaften tauchen mathematische Inhalte jedoch in den meisten anderen Unterrichtsfächern nicht explizit im Kerncurriculum auf.

Mathematisches Modellieren ist ein fächerübergreifendes Werkzeug des Erkenntnisgewinns und sollte als solches erkannt und genutzt werden. Dazu ist es erforderlich, auch fächerübergreifend zu denken. Die quantitative Evaluierung unterschiedlicher Gesetzesvorschläge im Politikunterricht etwa ist nicht in erster Linie aus mathematikdidaktischer Sicht zu beurteilen. Wichtig ist aber, dass die Schülerinnen und Schüler befähigt werden weitgehend selbstständig in unterschiedlichen Sachzusammenhängen mathematische Modelle zu erstellen. Nur wer mathematische Modelle in einem möglichst breiten Spektrum von Sachzusammenhängen erstellen kann, wird die große Bedeutung der mathematischen Modellierung erkennen und sie als wichtiges geistiges Werkzeug verinnerlichen.

Im Rahmen eines solchen Zugangs können fächerübergreifend auch mathematische Modelle entstehen, die gegenüber einem strikt mathematischen Fokus stark erweitert sind. Über ihre jeweiligen Bezugsdisziplinen benutzen die einzelnen Unterrichtsfächer spezifische Formen des Modellierens. Tendenziell sind dies bei den Naturwissenschaften explanatorische, den klassischen Geisteswissenschaften hermeneutische und bei den Sozialwissenschaften Mischformen davon. Integriert man in den Unterricht Projekte wie das in diesem Beitrag beschriebene mathematische Modell, dann schafft man Schülerinnen und Schüler die Möglichkeit denselben Gegenstand mit verschiedenen Brillen begutachten, analysieren und modellieren zu können. Solche Lernumgebungen sind damit hochgradig sinnstiftend und ermöglichen besonders gut einen fächerübergreifenden Diskurs. Der fächerübergreifende Blick gelingt, wenn die Grenzen fachspezifischer Methoden und Kenntnisse erfasst werden und „Hilfe" im anderen Fach gesucht wird. Der Erfolg des Projekts „Holzkocher" wird sicher nicht nur von der betriebswirtschaftlichen Kalkulation abhängen, sondern auch von geographischen Randbedingungen, Mentalitäten usw., aber ohne Kenntnis des quantitativ messbaren Beziehungsgefüges ist vermutlich keine angemessene Einschätzung und Bewertung des Projektes möglich. Umgekehrt blendet eine rein finanzielle Evaluation politische und kulturelle Rahmenbedingungen weitgehend aus. Eine wirklich authentische Behandlung komplexer Sachzusammenhänge wird daher in der Regel nach einem inhaltlichen und methodischen fächerübergreifenden Blick verlangen.

Projekte wie das hier dargestellte führen Lernende im Mathematikunterricht ausgehend vom Fach Mathematik in die Welt, in anderen Fächern möglicherweise eher von einem Blick auf die Welt auf den Pfad der Mathematik. Beide Erfahrungen sollten Lernenden nicht vorenthalten werden, zusammen haben sie synergetische Wirkungen und überwinden die Separierung in Unterrichtsfächer.

Unterrichtsgänge wie der hier dargestellte können somit im Mathematikunterricht eine Abwechslung und Bereicherung darstellen und vor allem sinnstiftend auf Mathematikunterricht als Ganzes wirken. Gelingt es, sie mit anderen Schulfächern zu verknüpfen, entstehen Inseln projektartiger, sachbezogener Lernerfahrungen, die Schülerinnen und Schüler auf der pragmatischen Ebene auf die Zeit nach der Schule vorbereiten, so dass sie sich hinterher nicht über „die ganze Geometrie" in vielen handwerklichen Ausbildungen oder „die komplizierte Statistik" in vielen geisteswissenschaftlichen Studiengängen wundern. Auf der erkenntnisorientierten Ebene liefern sie eindrückliche Möglichkeiten, das anthropologische Grundprinzip des Modellierens in vielfältiger Weise zu erfahren.

Literatur

Atmosfair (2010). Efficient fuel woodstoves for Nigeria, monitoring report. https://cdm.unfccc.int/UserManagement/FileStorage/ZP0XU2GNA5WY36DQROK41MHJTC8V9L. Zugegriffen: 9. Sept. 2016.

Atmosfair (2013). Efficient fuel woodstoves for Nigeria, project design document. https://cdm.unfccc.int/UserManagement/FileStorage/23VFX68ADZ9LMN1RU4WPEIOSYGB5H7. Zugegriffen: 9. Sept. 2016.

Lendzian, H. (2014). *Analyse realer Sachzusammenhänge in Klasse 10 – ein Klimaschutzprojekt in Nigeria*. Oldenburg: Studienseminar Oldenburg.

UNFCCC (2016). Überblick über die Projektdokumentation des CDM-Projektes: Efficient Fuel Woodstoves For Nigeria. https://cdm.unfccc.int/Projects/DB/RWTUV1245685309.5/view. Zugegriffen: 9. Sept. 2016.

Statistik verstehen

10

Wahrscheinlichkeiten als Modelle, Simulationen und das „Konzept des Bezweifelns"

Wolfgang Riemer

Zusammenfassung

Oft stehen beschreibende Statistik, Wahrscheinlichkeitsrechnung und beurteilende Statistik auf verschiedenen Curriculumstufen unverbunden nebeneinander. Insbesondere werden Werkzeuge der beschreibenden Statistik (wie Median, Boxplot, Quartilabstand) in der Wahrscheinlichkeitsrechnung nicht mehr genutzt. Sie finden aber auch in der beurteilenden Statistik keine Fortsetzung. Der folgende Beitrag zeigt, wie man diese Gebiete durch Experimentieren und Simulieren von Anfang an so miteinander vernetzen kann, dass zentrale Grundvorstellungen beurteilender Statistik früh angelegt und kontinuierlich ausgebaut werden.

Besonders gut gelingt dies, wenn man ab Klasse 7 einen hypothetisch-prognostischen Wahrscheinlichkeitsbegriff pflegt, der sowohl den Laplaceschen wie auch den frequentistischen umfasst. Zufallsschwankungen und aktives Modellieren werden hier – anders als beim Laplaceschen Wahrscheinlichkeitsbegriff – als integraler Bestandteil des Wahrscheinlichkeitskonzepts erlebt.

Wenn Lernende anschließend Zufallsschwankungen untersuchen und versuchen, diese der Größe nach zu ordnen, erfinden sie Abweichungsmaße, die durch Festlegen von Schranken mithilfe von Simulationen zu Testgrößen werden und den Grund legen für das „Konzept des Bezweifelns". Darunter wird eine intuitiv eingängige Vorstufe des Testens von Hypothesen verstanden, welche durch vorläufigen Verzicht auf die Begriffe Nullhypothese und Signifikanzniveau zentrale Ideen beurteilender Statistik schon in der Sekundarstufe I hervortreten lässt.

W. Riemer (✉)
ZfsL Köln
Pulheim, Deutschland

© Springer Fachmedien Wiesbaden GmbH, ein Teil von Springer Nature 2018
G. Greefrath und H.-S. Siller (Hrsg.), *Digitale Werkzeuge, Simulationen und mathematisches Modellieren*, Realitätsbezüge im Mathematikunterricht,
https://doi.org/10.1007/978-3-658-21940-6_10

10.1 Der klassische Weg in die Stochastik

10.1.1 Vom Laplaceschen zum frequentistischen Wahrscheinlichkeitsbegriff – das starke Gesetz der großen Zahl

„Wahrscheinlichkeit" gehört zu den schwierigeren Begriffen der Schulmathematik. Klassisch beginnt man mit dem Laplaceschen Konzept, in dem Wahrscheinlichkeiten für Experimente mit Münzen, Würfeln, Glücksrädern und Urnen als Anteile eindeutig festgelegt werden.

Man kann in diesem Konzept unmittelbar – ohne die Experimente durchführen zu müssen – mathematische Ergebnisse erhalten, interessante Glücksspielsstrategien miteinander vergleichen und auch anspruchsvolle kombinatorische Fragestellungen erschließen.

Beispiel 1
Auf dem Tisch liegen verdeckt drei Spielkarten: zwei schwarze und eine rote (Abb. 10.1).

Abb. 10.1 Es werden zufällig zwei der drei Spielkarten gezogen. Man achtet auf die Farben

Max wird zufällig zwei der drei Karten ziehen. Du darfst tippen (a) auf gleiche oder (b) verschiedene Farben. Bei einem richtigen Tipp gewinnst du. Untersuche, ob es günstiger ist, auf gleiche oder verschiedene Farben zu tippen. Untersuche, wie sich die Lage verändert, wenn Max aus vier Karten zieht, von denen zwei rot und zwei schwarz (oder drei rot, eine schwarz) sind.

Beispiel 2
Ein Beutel enthält drei Buchstaben O, P und A (Abb. 10.2).

Abb. 10.2 Drei Buchstaben
werden zufällig gezogen und
in der gezogenen Reihenfolge
zu einem Wort zusammenge-
legt

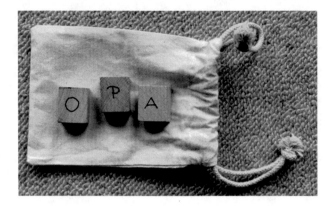

Berechne die Wahrscheinlichkeit, dass du beim Ziehen ohne Zurücklegen das Wort
„OPA" erhältst. Untersuche, wie sich die Wahrscheinlichkeit verändert, wenn der Beutel
jeden der drei Buchstaben zweimal enthält.

In einem zweiten Schritt erweitert man den Wahrscheinlichkeitsbegriff auf nicht Laplace-
sche Situationen (Experimente mit Reißzwecken, Kronkorken, asymmetrischen Würfeln
etc. vgl. Abb. 10.3a, b), indem man feststellt, dass Wahrscheinlichkeiten auch als Grenz-
werte relativer Häufigkeiten betrachtet werden können. Dahinter steckt das **starke Gesetz
der großen Zahl**.

Es besagt: Die Folge der relativen Häufigkeiten konvergiert mit der Wahrscheinlichkeit 1 (also sicher) gegen den Wert der Wahrscheinlichkeit. Wenn man das im Unterricht

Abb. 10.3a,b Die Wahrscheinlichkeit dafür, dass Reißzwecken auf dem Kopf landen, lässt sich
ebensowenig nach Laplace berechnen wie die Wahrscheinlichketen der Seiten „unsymmetrischer
Würfel". Wegen der ausgeprägten Bohrlöcher ist Seite 1 schwerer als Seite 6. Man erwartet auf sehr
lange Sicht etwas mehr Sechser als Einser

dokumentieren möchte, lässt man Lernende eine Münze sehr oft werfen und die Folge der relativen Häufigkeiten protokollieren.

Leider ist die Durchführung solcher Münzwurfserien wenig motivierend, weil (im besten Falle) etwas herauskommt, was niemand bezweifelt. Auch die Formulierung eines Gesetzes über *unendlich lange* Folgen, die es nur in der Vorstellung, nicht aber real gibt, führt ohne Grenzwertbegriff schnell zu Schwierigkeiten, wenn sie kurz und verständlich sein soll. Hier zwei Beispiele (vgl. auch Abb. 10.4):

Beispiel 3
„Wird ein Zufallsexperiment sehr oft durchgeführt, so stabilisieren sich die relativen Häufigkeiten in der Nähe ihrer Wahrscheinlichkeit" (Pallack 2014, S. 100).

Beispiel 4
„Die in einer langen Versuchsreihe beobachtete relative Häufigkeit ist ein Schätzwert für die Wahrscheinlichkeit des Ergebnisses. Er ist umso genauer, je länger die Versuchsreihe ist" (Herd 2014, S. 62).

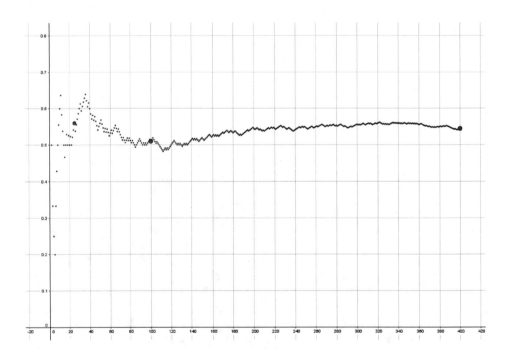

Abb. 10.4 400 Münzwürfe, Protokoll der relativen Häufigkeit der Seite „Zahl". Der Widerspruch von Schülerseite ist vorprogrammiert: „Die relativen Häufigkeiten stabilisieren sich nicht bei 0,5 sondern bei 0,55 und man ist nach 400 Münzwürfen weiter von 0,5 entfernt als nach 100 Würfen". (Erstellt mit GeoGebra)

Wäre es in Beispiel 3 nicht fatal, wenn sich die relativen Häufigkeiten *nur in der Nähe* der Wahrscheinlichkeit stabilisieren würden – und passiert es in Beispiel 4 nicht viel häufiger als man glaubt, dass sich die relative Häufigkeit bei Erhöhung des Versuchsumfanges von der Wahrscheinlichkeit *entfernt*?

10.1.2   Zufallsschwankungen unter der Lupe – das schwache Gesetz der großen Zahl

Im Zusammenhang mit Zufallsschwankungen haben viele Lernende intuitiv die Vorstellung „Je mehr desto genauer", d. h. je häufiger ein Zufallsexperiment ausgeführt wird, desto näher liegt die relative Häufigkeit bei der Wahrscheinlichkeit. Die Grundlage dieser Vorstellung quantitativ zu untersuchen ist sehr interessant und *deutlich spannender* als die Konvergenz von Folgen relativer Häufigkeiten in unendlichen Versuchsreihen.

Wir erforschen also statt der Konvergenz *einer* die Abnahme von Zufallsschwankungen *mehrerer* relativer Häufigkeiten bei Vervierfachung der Versuchszahl von 25 auf 100.

Wenn man dazu Boxplots nutzt und die Boxenlänge (den Quartilabstand) als Streuungsmaß verwendet, schlägt man gleichzeitig eine Brücke zur beschreibenden Statistik, die, wie die Beispiele 1 und 2 zeigen, ansonsten recht unverbunden neben der Wahrscheinlichkeitsrechnung stehen bleibt.

Vor Computer-Simulationen beginnt man *händisch,* damit die Lernenden besser nachvollziehen können, worum es in den Computersimulationen geht. Jeder wirft seine Münze 25 mal und notiert seine relative Häufigkeit h_{25}. Die Verlängerung des Versuchs um weitere 75 Würfe liefert die relative Häufigkeit h_{100}. Bei ca. 3/4 der Schülerinnen und Schüler liegt h_{100} näher bei 0,5, in 1/4 aller Fälle jedoch weiter weg, vgl. Abb. 10.4. Damit erhält man eine sinnvolle Interpretation der ansonsten bedenklichen Aussage aus Beispiel 4.

Händische Auswertung
Die relativen Häufigkeiten h_{25} einer Lerngruppe werden auf *Klebezetteln* notiert, gemeinsam an der Tafel sortiert und nach Ablesen der Kennwerte als Boxplot dargestellt. Ebenso für h_{100}, vgl. Abb. 10.5.

Der Median liegt beide Male in der Nähe von 0,5, je etwa die Hälfte der relativen Häufigkeiten liegt über bzw. unterhalb der Wahrscheinlichkeit.

Die relativen Häufigkeiten streuen also um die Wahrscheinlichkeit und die Streuung wird mit wachsendem Versuchsumfang kleiner. Dies passt zur Intuition.

Abb. 10.5 Boxplots zur
Verteilung von relativen Häu-
figkeiten nach 25 bzw. 100
Münzwürfen

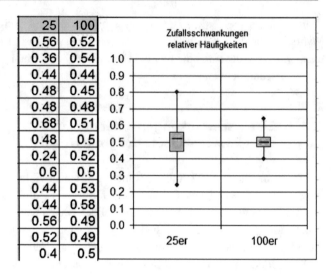

25	100
0.56	0.52
0.36	0.54
0.44	0.44
0.48	0.45
0.48	0.48
0.68	0.51
0.48	0.5
0.24	0.52
0.6	0.5
0.44	0.53
0.44	0.58
0.56	0.49
0.52	0.49
0.4	0.5

10.1.3 Computersimulation

Nach diesen händischen Vorerfahrungen sichert eine Computersimulation (Abb. 10.6) die
Ergebnisse quantitativ ab. Jeder Klick auf den Schalter mit der Bezeichnung „los" protokolliert eine neue Serie aus 400 Münzwürfen, die relativen Häufigkeiten nach 25, 100
und 400 Würfen werden markiert und im linken Teil der Grafik durch Spuraufzeichnung
festgehalten.

Im rechten Teil der Grafik entstehen die zugehörigen Boxplots. (In GeoGebra werden
Boxplots nur horizontal gezeichnet, daher ist die rechte Grafik gegenüber der linken ge-
kippt.)

Aktualisiert werden nach jedem Simulationsschritt:

- die Mediane der in den bisherigen Serien aufgetretenen relativen Häufigkeiten
  h_{25}, h_{100} und h_{400} (in Abb. 10.6 sind dies 0,52 bzw. 0,5 bzw. 0,5)
- der Faktor ($\approx 1/2$), um den sich die Längen der Boxen jeweils verkürzen (hier 0,57
  bzw. 0,47)
- der Anteil der Serien, bei denen h_{100} näher bei 0,5 liegt als h_{25} (hier 78 %)
- der Anteil der Serien, bei denen h_{400} näher bei 0,5 liegt als h_{100} (hier 69 %).

Die Beobachtungen, die man den Simulationen wie in Abb. 10.6 entnehmen kann,
werden festgehalten:

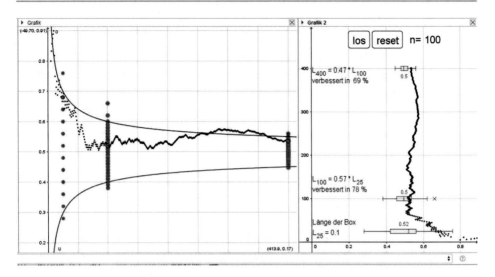

Abb. 10.6 Protokoll der relativen Häufigkeiten bei einer Serie aus 400 Münzwürfen. Die relativen Häufigkeiten nach 25, 100 und 400 Würfen hinterlassen in GeoGebra Spurpunkte. Im rechten Teil der Abbildung entstehen die Boxplots der (hier 100) relativen Häufigkeiten. Im linken Teil ist zusätzlich der $1/\sqrt{n}$-Trichter eingeblendet, der die 2σ-Intervalle um $p = 0{,}5$ markiert, in denen die relativen Häufigkeiten mit ca. 95,4 % iger Wahrscheinlichkeit liegen. Wenn man den Versuchsumfang vervierfacht, dann halbiert sich die Länge der Box und die relativen Häufigkeiten liegen in etwa 2/3 aller Fälle näher bei 0,5. (Erstellt mit GeoGebra)

(a) Die Mediane der relativen Häufigkeiten der Seite „Zahl" liegen stets nahe bei 0,5. Die relativen Häufigkeiten streuen um die Wahrscheinlichkeit 0,5.

(b) Die Streuung der relativen Häufigkeit – gemessen als Quartilabstand – halbiert sich bei Verfierfachung des Versuchsumfangs. Kurz: Viermal so viel – doppelt so genau.

(c) In scheinbarem Widerspruch zu (b) gilt aber: *In ca. 30 % aller Münzwurfserien, verbessert man sich nicht* bei Vervierfachung des Versuchsumfangs.[1]

---

[1] Wenn man 25 Münzwürfe durch 75 weitere zu 100 ergänzt, ist der Beitrag der ersten 25 Würfe an der Gesamtvarianz 1/4 (Bestimmtheitsmaß r^2). Die Korrelation zwischen h_{25} und h_{100} ist dann $r = 0{,}5$.

10.1.4 Exkurs: das $1/\sqrt{n}$ – Gesetz

In der Sekundarstufe II wird man dem Spiralprinzip entsprechend diese Bebachtungen mit der Binomialverteilung und der 2σ-Regel, hinter der der Satz von de Moivre-Laplace steckt, vertiefen, indem man festhält:

$1/\sqrt{n}$-Gesetz
Beim n-fachen Wurf einer fairen Münze liegt die relative Häufigkeit h_n fast immer (mit ca. 95,4 % Sicherheit) im Intervall $\left[0,5 - \frac{1}{\sqrt{n}}; 0,5 + \frac{1}{\sqrt{n}}\right]$.

Das wurde in Abb. 10.6 durch Einzeichnen des Wurzeltrichters visualisiert. Wegen der Wurzel im Nenner halbiert sich auch die Länge des 95,4 %-Intervalls bei Vervierfachung des Versuchsumfanges und das experimentelle Ergebnis der Simulation wird so theoretisch unterfüttert.

Man braucht nur an den Vorzeichentest zu denken um zu erkennen, dass die Bedeutung dieses Gesetzes weit über das Münzenwerfen hinausweist (vgl. Riemer 1991). Das Konzept des Bezweifelns (Abschn. 10.3) deckt genau das ab, was die Bildungsstandards für das Fach Mathematik (KMK 2012) mit dem Schließen von einer Stichprobe auf die Grundgesamtheit für das Abitur einfordern, ohne dass man formal auf die Theorie des Hypothesentestens (mit den Begriffen Nullhypothese, Signifikanzniveau, Verwerfungsbereich ...) eingehen muss.

Beispiel 5 – Vorzeichentest
Nach der Fertigverpackungsrichtlinie muss bei Verpackungen, die das Eichzeichen e (vgl. Abb. 10.7) tragen, das aufgedruckte Gewicht g im Mittel stimmen.

Das prüft man mit dem Vorzeichentest, indem man eine größere Anzahl dieser Produkte (netto) nachwiegt und ein „+" notiert, wenn das gemessene Gewicht über, ein „–" wenn es unter dem angegebenen Gewicht liegt. (Dass man genau den angegebenen Wert enthält kommt praktisch nicht vor, wenn die Waage genau genug wiegt.) Beim Einhalten der Richtlinie, wenn der Median der Produktgewichte also tatsächlich g wäre, wären die Vorzeichen + und – verteilt wie die Seiten Kopf und Zahl einer fairen Münze. Die relative Häufigkeit von + müsste „fast immer" im Intervall

$$\left[0,5 - \frac{1}{\sqrt{n}}; 0,5 + \frac{1}{\sqrt{n}}\right]$$

liegen. Wenn sie außerhalb liegt, *bezweifelt* man, dass die Gewichtsangabe g im Mittel eingehalten wird.

Abb. 10.7 Das Eichzeichen
findet sich auf Marmeladen,
Schokoladen, Gummibären,
Milchtüten …

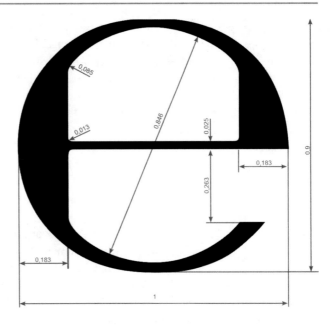

Signifikanz-Relevanz

Auch den für ein Verständnis statistischer Aussagen fundamentalen aber selten themati-
sierten Unterschied zwischen *Signifikanz* und *Relevanz* offenbart das $1/\sqrt{n}$-Gesetz präg-
nant:

Bei sehr großem Stichprobenumfang n werden völlig unbedeutende Unterschiede signifikant erkennbar: Angenommen, die tatsächliche Trefferwahrscheinlich hat den Wert
$p = 0{,}51$, dann wird man bei sehr großem Stichprobenumfang ($n > 40.000$) die Hypothese $p = 0{,}5$ fast immer bezweifeln. Die zu $p = 0{,}51$ gehörige relative Häufigkeit wird dann
nämlich fast immer außerhalb des Wurzeltrichters zu $p = 0{,}5$ liegen. Der Unterschied zwischen $p = 0{,}5$ und $0{,}51$ wird dann als signifikant nachgewiesen, obwohl er i. d. R. praktisch
völlig irrelevant ist, weil auch $p = 0{,}5$ die Realität ausgezeichnet beschreibt.

Hypothesentests sind eben nicht für extrem große Stichproben gemacht.

10.2   Wahrscheinlichkeiten als Modelle

10.2.1   Der hypothetisch – prognostische Wahrscheinlichkeitsbegriff

Als Einstieg in die Stochastik bewährt sich das Anknüpfen an intuitive subjektivistische
Grundvorstellungen, so dass das Durchlaufen des *Modellierungskreislaufs in idealtypi-
scher Weise realisiert wird*. Beim Schätzen und Verbessern von Wahrscheinlichkeiten wird
deren hypothetischer Charakter erfahrbar. So erleben Schülerinnen und Schüler die Verrin-
gerung von Zufallsschwankungen durch Zusammenfassen relativer Häufigkeiten, indem

sie in Gruppen zusammenarbeiten. Im Hintergrund dieses Zuganges steht von Anfang an das schwache, nicht das starke Gesetz der großen Zahl und die Grundvorstellung dass *Wahrscheinlichkeiten vom Menschen gesetzte Modelle* sind.

Schon Grundschülerinnen und -schüler besitzen nämlich ein präforrmales subjektivistisches Wahrscheinlichkeitskonzept, das noch nicht quantitativ arbeitet. Sie sprechen von „**Chancen**" (Wittmann und Müller 2013, S. 14). Ereignissen, die selten vorkommen und die man eher nicht erwartet (wie im Rheinland: Schnee zu Weihnachten) spricht man „kleine Chancen" zu. Die Chancen werden auch schon auf einer Skala (unmöglich – unwahrscheinlich – fifty/fifty – wahrscheinlich – sicher) eingeordnet. Mit dem Prozentbegriff in Klasse 5/6 werden Chancen quantifizierbar.

Kinder nutzen dann Sprechweisen wie „das ist 100 % sicher" oder „du hast 0 % Chance".

Wie der in Abschn. 10.2.2 skizzierte Unterrichtsgang zeigt, kann man mithilfe teilsymmetrischer Zufallsgeräte (Quader, Schraubenmuttern, Legosteine) diese präformalen Grundvorstellungen spekulierend und handelnd erweitern und mit beobachtbaren relativen Häufigkeiten verknüpfen. Der subjektivistische Wahrscheinlichkeitsbegriff lässt sich mit frequentistischen Vorstellungen zu einem auch für die beurteilende Statistik tragfähigen **hypothetisch-prognostischen** Wahrscheinlichkeitsbegriff ausbauen, der den **Laplaceschen** Wahrscheinlichkeitsbegriff als **Spezialfall** enthält.

10.2.2 Modellbildung – Unterrichtsgang konkret

Erste Stunde zur Wahrscheinlichkeitsrechung: Man kommt in die Klasse und startet mit „Kopfrechnen zu Prozentzahlen". Anschließend erhält jedes Kind einen Quader (Abb. 10.8), dessen Seiten mit 1 bis 6 so beschriftet sind, dass sich die Augenzahlen der Gegenseiten zu 7 addieren – wie bei einem richtigen Spielwürfel.

Abb. 10.8 Quader mit den Maßen $1,3 \times 2,0 \times 2,3\,\text{cm}^3$

10.2.2.1   Impuls

Natürlich wollen die Schülerinnen und Schüler mit den interessanten Objekten sofort experimentieren. Wenn man das zulässt vergibt man eine große Chance zur Begriffsbildung: Die Chance nämlich, dass die Lernenden den Unterschied zwischen Modell- und Realitätsebene tatsächlich erleben. Ein Impuls der folgenden Form bringt den Unterschied auf den Punkt:

„Schaut euch die Quader genau an und **schätzt** die **Chancen** der sechs Augenzahlen in Prozent – bevor ihr experimentiert: Ungefähr! Nach Gefühl!"

10.2.2.2   Reaktion

Die Schülerinnen und Schüler akzeptieren das Würfelverbot, kneifen Augen zusammen, tuscheln miteinander und nennen bereitwillig „Prozentzahlen", von denen man einige an der Tafel festhält (Abb. 10.9). Dabei beachten sie intuitiv:

a) Gegenseiten haben gleiche Chancen.
b) Große Seiten haben große Chancen.
c) Alle Chancen addieren sich zu 100 %.

10.2.2.3   Begriffsbildung

Das Missachten eines der drei Punkte (Johanna hatte erst die Chancen für 1 und 3 geschätzt und zu spät bemerkt, dass dann für 2 zu viel übrig bleibt; Alexa dachte an einen realen Versuchsausgang, nicht an Chancen) führt zu sehr fruchtbaren Diskussionen, in deren Verlauf der Unterschied zwischen Modellebene (Chance, Wahrscheinlichkeit, **vor** dem Versuch gefühlt) und Realitätsebene (Häufigkeit, **nach** einem Versuch) greifbar wird. Die geschätzten Chancen in den Tabellenzeilen drücken Erwartungen aus. Wir nennen sie „hypothetische" **Wahrscheinlichkeitsverteilungen**. „Verteilungen" deswegen, weil sich die 100 % auf alle möglichen Seiten verteilen, „hypothetisch", weil wir nicht sicher sind.

Oft messen einige Schülerinnen und Schüler die Quader aus und richten die Wahrscheinlichkeiten so ein, dass sich die 100 % proportional zu den Flächen auf die Quaderseiten verteilen (Abb. 10.9, Zeilen 8–10). Die Diskussion kann abgeschlossen werden durch eine Abstimmung über die Glaubwürdigkeit der notierten Verteilungen, wobei viele Schülerinnen und Schüler an der „genau berechneten" Hypothese (Abb. 10.9, Zeile 10) zweifeln, weil ihnen die Werte für 1 und 2 zu nahe beieinander liegen und für 3 zu wenig übrig bleibt. Tatsächlich zeigt sich, dass die Quaderwahrscheinlichkeiten *nicht* proportional zu den Seitenflächen sind.

Man beachte: Die intuitiv vertraute Glaubwürdigkeit gehört in den Bereich der subjektiven Wahrscheinlichkeiten, die im Laplaceschen Konzept keinen Raum haben.

10.2.2.4   Experimentieren

Nach der Phase des Vermutens erwartet man die Ergebnisse eines Experiments – anders als beim Münzen werfen in 1.1 – mit Spannung. Jeder würfelt 100-mal. Die Ergebnisse

	A	B	C	D	E	F	G	H	I
1	Würfeln mit Quadern	0,2l Würfelbecher auf den Tisch gestülpt							Glaub-
2	einige Schätzungen	1	2	3	4	5	6	Σ	würdigk.
3	Rene'	10%	5%	35%	35%	5%	10%	100%	30%
4	Stefan	15%	10%	25%	25%	10%	15%	100%	10%
5	Alexa	10%	12%	35%	20%	15%	8%	100%	0%
6	Joanna	15%	15%	20%	20%	15%	15%	100%	0%
7	Jasmin	15%	5%	30%	30%	5%	15%	100%	50%
8	Kantenlängen (Breite x Länge x Tiefe) in cm			2.3	2	1.3			
9	Fläche in cm²	2.99	2.6	4.6	4.6	2.6	2.99	20.38	
10	Fläche in %	14.67	12.76	22.57	22.57	12.76	14.67	100	10%
11	Schätzungen und "berechnete Propotionalitätshypothese"								
12									
13	Patrick	10	6	28	41	4	11	100	
14	Daniel	6	7	35	45	4	3	100	
15	Binoy	7	4	37	34	1	17	100	
16	Tobias	3	6	48	33	6	4	100	
17	Michael	12	0	28	42	7	11	100	
18	abs. H.	38	23	176	195	22	46	500	
19	%	7.6%	4.6%	35.2%	39.0%	4.4%	9.2%	100%	
20									
21	Paula	11	6	34	32	7	10	100	
22	Elaine	14	10	28	24	9	15	100	
23	Marie	4	6	41	32	11	6	100	
24	Marga	10	6	34	29	7	14	100	
25	Sandra	7	4	30	37	4	18	100	
26	abs. H.	46	32	167	154	38	63	500	
27	%	9.2%	6.4%	33.4%	30.8%	7.6%	12.6%	100%	
36									
57	Summe (27 Kinder)	279	207	834	883	204	293	2700	
58	%	10.3%	7.7%	30.9%	32.7%	7.6%	10.9%	100%	
59									
60	Geschätzte Wahrscheinlichkeiten								
61	brauchbare "Hypothese"	11.0%	8.0%	31.0%	31.0%	8.0%	11.0%	100%	
62	brauchbare "Hypothese"	10.5%	8.0%	31.5%	31.5%	8.0%	10.5%	100%	
63	Würfelergebnisse einiger 5er-Gruppen, konsensfähige Wahrscheinlichkeiten								

Abb. 10.9 Wahrscheinlichkeiten als Chancen schätzen und im Modellbildungskreislauf verbessern

werden in 5er-Gruppen zusammengefasst (Abb. 10.9, Zeilen 18 und 26, weitere Gruppenergebnisse sind ausgeblendet), dann langsam zum Mitschreiben ins Heft diktiert und simultan am Beamer kontrolliert. *Durch die Verlangsamung beim Mitschreiben entsteht ein Gefühl für die Zufallsschwankungen, die dann ganz bewusst wahrgenommen werden. Man erlebt, dass sie sich durch Bilden von 5er-Gruppen verkleinern, aber nie ganz verschwinden!* Als Abschluss einigt man sich auf brauchbare (symmetrische) Wahrscheinlichkeitsverteilungen, in die man sehr viel mehr Vertrauen hat als in die zuvor „aus dem hohlen Bauch heraus geschätzten" (Zeilen 61–62 von Abb. 10.9). *Die Wahrscheinlichkeiten bleiben aber vom Menschen gesetzte Hypothesen, die gut zur Wirklichkeit passen* ... und im Sinne des Modellierungskreislaufs möglicherweise durch weitere Versuche noch verbessert werden können. Das „Erlebte" fasst man wie folgt zusammenfassen:

10.2.2.5   Das bleibt hängen („Merksatz in Schülersprache")

(a) Wahrscheinlichkeiten sagen relative Häufigkeiten voraus. Sie sind gut **festgelegt**, wenn die (durch Zufallseinflüsse schwankenden) relativen Häufigkeiten gleichmäßig um die Wahrscheinlichkeit streuen, also etwa gleich oft über wie unter der Wahrscheinlichkeit liegen.

(b) **Wahrscheinlichkeiten** „leben" *vor* der Datenerhebung als *Modelle* der Wirklichkeit „im Kopf". Sie spiegeln *Symmetrien genau* wider. **Relative Häufigkeiten** entstehen erst *nach* der Datenerhebung, sie „leben" in der „*Realitätsebene*". Sie spiegeln wegen der Zufallsschwankungen *Symmetrien nur näherungsweise* wider.

Diese Modellierungssicht auf Wahrscheinlichkeit hat im Hinblick auf die Förderung von Grundvorstellungen beurteilender Statistik (vgl. Abschn. 10.3) Vorteile gegenüber einer „Definition" als Grenzwert relativer Häufigkeiten unendlich langer Versuchsserien, die es real nicht gibt. Die Schülerinnen und Schüler haben erlebt, dass Modelle, die nicht passen, bezweifelt und anschließend verbessert werden. Zumindest sollte man dem Laplaceschen dieses hypothetisch-prognostische Modellierungskonzept als Erweiterung an die Seite stellen.

10.3   Wenn die Abweichungen zu groß werden, beginnt man zu zweifeln

Würfel und Münze: Wer sie wirft, der spielt mit wichtigen Modellen (Sachs 1999, S. 6).

Das Bezweifeln von Behauptungen ist aus dem Alltag geläufig. Immer dann, wenn Beobachtungen nicht zu ihnen passen, beginnt man, an diesen Behauptungen zu zweifeln. Dieser Zusammenhang ist der Schlüssel zum Verständnis beurteilender Statistik. Nur dass die Behauptungen dort Hypothesen heißen und das Bezweifeln Verwerfen genannt wird. Wenn man statt Verteilungen von Testgrößen zu berechnen, Simulationen nutzt und deren Ergebnisse deutet, lässt sich Bruners Paradigma auch für die beurteilende Statistik hervorragend einlösen:

„Jedem Kind kann auf jeder Entwicklungsstufe jeder Lehrgegenstand in einer intellektuell ehrlichen Form gelehrt werden" (Bruner 1973, S. 44).

In der Tat haben Schülerinnen und Schüler, die nach der Konzeption aus Abschn. 10.2 in die Stochastik eingestiegen sind (oder die das $1/\sqrt{n}$-Gesetz gemäß 1.4 genutzt haben), intuitiv schon beurteilende Statistik erlebt: Die Gültigkeit der Quaderhypothesen von Alexa, Johanna und Stefan wurde angezweifelt, genau wie die Hypothese der Proportionalität zwischen Wahrscheinlichkeiten und Flächeninhalten. Die Abweichungen zwischen den erwarteten und den beobachteten Häufigkeiten waren gefühlsmäßig einfach zu groß. Dieser Gedankengang wird nun mithilfe von Simulationen – über das Gefühl hinaus – auf eine sichere Basis gestellt.

Dabei dient der Würfel, nicht die Münze, als Untersuchungsgegenstand, weil er zum Entdecken, Erforschen und Vergleichen vieler interessanter Testgrößen einlädt.

10.3.1   Vermuten und bezweifeln

Wenn man wie in Abschn. 10.2 beim Quader den Stichprobenumfang beliebig erhöhen kann, braucht man genau genommen gar keine beurteilende Statistik. Man braucht sie erst, wenn man gezwungen ist, Schlüsse aus relativ kleinen Stichproben fester Länge (wir beschränken uns auf $n = 120$) zu ziehen. Man beginnt aus lernpsychologischen Gründen wieder mit Vermutungen und holt die Lernenden mit dem Arbeitsauftrag 1 bei ihren Intuitionen ab.

Arbeitsauftrag 1
In Abb. 10.10 sind 16 Häufigkeitsverteilungen der Augenzahlen 1...6 aufgelistet.

(a) Notiere in der Leerspalte bei jeder der Verteilungen, ob du *gefühlsmäßig*
   (+) es für gut möglich hältst
   (o) unsicher bist
   (−) bezweifelst,
   dass sie beim *120*-maligen Rollen eines fairen Würfels entstanden sein *könnten*, bei dem alle Augenzahlen gleich wahrscheinlich sind.
(b) Vergleicht und diskutiert eure Bewertungen in Kleingruppen und bringt die 16 Verteilungen so in eine Reihenfolge dass gleichmäßige mit der Bewertung „+: gut möglich" am Anfang, ungleichmäßige mit der Bewertung „−: bezweifeln" am Ende stehen.
(c) Erfindet eine geeignetes *Abweichungsmaß*, mit dem man eine Reihenfolge wie in (b) auch rechnerisch festlegen könnte – und erläutert, wann ihr euch in eurer Gruppe für Bezweifeln (−) entscheidet.

Abb. 10.10 Häufigkeitsverteilungen der Augen beim 120-maligen Würfeln. Die *farblichen Unterlegungen links* und die Spalten *rechts* der Leerspalte gehören nicht zur Aufgabenstellung. Ihre Bedeutung wird unten erklärt, ebenso die Bedeutung der letzten Zeile

	1	2	3	4	5	6	+/o/-	g	s	q	t	u	a
1	37	42	15	9	12	5		22	78	1208	60	37	4
2	23	20	18	21	15	23		5	14	48	2	8	0
3	12	23	18	11	30	26		10	38	294	15	19	1
4	28	25	41	11	7	8		21	68	924	46	34	3
5	31	4	4	26	33	22		16	64	842	42	29	4
6	22	21	29	13	12	23		9	30	208	10	17	0
7	23	25	19	24	17	12		8	24	124	6	13	0
8	16	18	22	27	17	20		7	18	82	4	11	0
9	10	24	26	12	24	24		10	36	248	12	16	1
10	20	17	22	24	20	17		4	12	38	2	7	0
11	33	19	12	21	22	13		13	32	288	14	21	1
12	4	13	28	16	29	30		16	54	566	28	26	2
13	26	12	12	24	23	23		8	32	198	10	14	0
14	13	17	0	51	29	10		31	80	1600	80	51	3
15	22	7	7	33	29	22		13	52	596	30	26	3
16	9	41	52	1	0	17		32	106	2356	118	52	5
Benchmark (95%)								11	32	220	11	18	1

10.3.2   Abweichungen messen Verteilungen sortieren

Das intuitive Sortieren der Verteilungen gemäß Arbeitsauftrag 1b gelingt sehr gut. Bei der Suche nach einer Messgröße, mit der man die Ungleichmäßigkeit, also die Größe der Abweichungen von der Gleichverteilung *messen* kann, sind der Kreativität wenige Grenzen gesetzt.

In der Regel werden viele brauchbare Vorschläge gemacht, z. B:

g: die *größte* Abweichung der 6 Häufigkeiten vom Sollwert 20

s: die **Summe der Beträge** aller Abweichungen vom Sollwert 20

q: die **Summe der Quadrate** aller Abweichungen vom Sollwert 20

t = q/20: ist genauso gut wie *q*, aber numerisch handlicher[2]

u: der Unterschied zwischen der größten und der kleinsten Häufigkeit oder

a: die Anzahl der Augenzahlen, die besonders selten ($\leq$ 10 mal, in Abb. 10.10 blau markiert) oder besonders häufig ($\geq$ 30 mal, in Abb. 10.10 gelb markiert) auftraten.

---

[2] Die Tatsache, dass man die Chiquadrat-Testgröße *t* erhält, wenn man *q* durch die Konstante np = 120/6 = 20 teilt, kann man mitteilen, auch dass diese Division bewirkt, dass die kritische Grenze vom Versuchsumfang *n* unabhängig wird. Das ist für die Statistik praktisch, aber für die Entwicklung statistischer Grundvorstellungen und ein Verstehen des Prinzips des Bezweifelns von Hypothesen unerheblich.

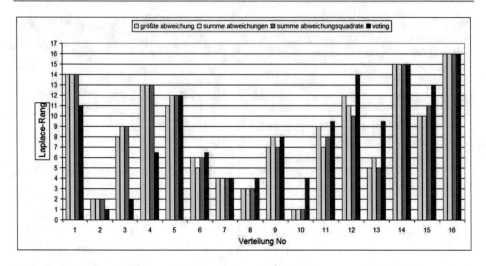

Abb. 10.11 Suche nach Messgrößen. Hier wurden die 16 Verteilungen aus Abb. 10.10 gemäß der Messgrößen g (größte Abweichung), s (Summe aller betraglichen Abweichungen) und q (Summe der Quadrate aller Abweichungen) aufsteigend sortiert. Die Höhe der Säulen zeigt die Position der zugehörigen Verteilung – zum Vergleich ist auch das Ergebnis „voting" der intuitiven Sortierung einer Klasse 8 angegeben. Die Unterschiede in den Sortierungen sind gering. Insbesondere zeigt sich, dass alle Messgrößen mit unserer Intuition gut korrespondieren

Die Gruppen bestimmen die Abweichungsmaße für die 16 Verteilungen (vgl. die rechten Spalten von Abb. 10.10) arbeitsteilig und sortieren sie anschließend aufsteigend. Abb. 10.11 zeigt für die Abweichungsmaße g, s, q und t, dass

- sich die entstehenden Sortierungen nur wenig voneinander unterscheiden
- sie die Primärintuition gut widerspiegeln.

Um letzteres zu belegen, wurden die in Arbeitsauftrag 1(a) für jede Verteilung die Häufigkeiten der Bewertungen $+ o -$ mit den Faktoren 1, 2 und 3 gewichtet und danach summiert. Die zugehörige Sortierung wurde zum Vergleich in Abb. 10.11 über die roten Balken „voting" visualisiert.

10.3.3 Simulieren

Um Sicherheit bei der Einschätzung zu bekommen, schärft man mithilfe realer und simulierter Experimente gemäß Arbeitsauftrag 2 das Gefühl dafür,

- welche Zufallsschwankungen bei fairen Würfeln noch normal sind und
- welche Werte die Abweichungsmaße (g, s, q, t, u, a) normalerweise annehmen

- beim Überschreiten welcher Abweichungsmaße (Benchmarks G, S, Q, T, U, A) man an der Fairness der Würfel zu zweifeln beginnt.

Arbeitsauftrag 2

(a) Jeder würfelt 120 mal mit einem richtigen Würfel und trägt seine Ergebnisse im Bereich A1:F20 des Kalkulationsblattes aus Abb. 10.12 ein. Das Blatt zeichnet ein Säulendiagramm und berechnet die zugehörigen Abweichungsmaße. Jeder druckt sein Ergebnis so oft aus wie es Abweichungsmaße gibt. Anschließend bildet man Gruppen. Jeder Gruppe wird ein Abweichungsmaß zugeteilt.

(b) Sortiert in eurer Gruppe die (Kopien der) Verteilungen nach eurem Abweichungsmaß und schlagt einen **Benchmark** vor, der bei fairen Würfeln nur in Ausnahmefällen überschritten wird. (Wenn man die Gruppen in Teilgruppen zerlegt, wird die Auseinandersetzung mit dem Problem noch intensiver und beim Versuch einer Einigung entstehen fruchtbare Diskussionen.)

(c) Sichert mithilfe von Computersimulationen gemäß Abb. 10.12 eure Benchmarks ab – oder modifiziert sie ggf. noch etwas, wobei ihr die farbigen Punkte und Boxplots nutzt, die die Verteilungen der Abweichungsmaße (hier g, s, q) visualisieren.

(d) Statistiker *bezweifeln*, dass eine Verteilung unbekannten Ursprungs von einem fairen Würfel stammt, wenn ein oder mehrere dieser Benchmarks überschritten werden. **Durch Festlegen der Benchmarks werden die Abweichungsmaße zu Testgrößen.**
Untersucht mithilfe eurer Benchmarks erneut, bei welchen Verteilungen aus Abb. 10.10 Zweifel an der Fairness des zugrunde liegenden Würfels angebracht sind. Kommentiert eure Bewertungen aus dem Arbeitsauftrag 1(b).

Das Besondere an diesen Simulationen ist – genau wie in Abb. 10.6 bei den Münzwürfen – die *Verknüpfung beschreibender* mit *beurteilender* Statistik. Man liest an den Boxplots in Abb. 10.12 ab, welche Abweichungswerte bei fairen Würfeln nicht oder nur extrem selten auftreten. Dabei kann man nutzen, dass in Boxplots Daten als Ausreißer (x) markiert werden können, wenn sie vom Median 1,5 Quartilabstände oder mehr entfernt liegen.

Bei Diskussionen über Abb. 10.12 hat sich eine Klasse 8 darauf verständigt, die Benchmarks für das Bezweifeln der Fairness eines Würfels wie folgt zu setzen: $G = 11$, $S = 38$, $Q = 220$. Damit ist man sich einig:

- anzuzweifeln, dass die Verteilungen in den Zeilen 1, 4, 5, 12, 14, 15,16
- nicht anzuzweifeln, dass die Verteilungen in den Zeilen 2, 6, 7, 8, 10, 13

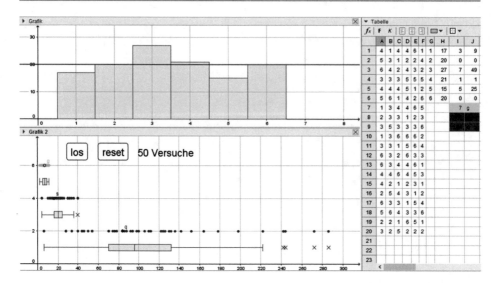

Abb. 10.12 Simulation der Testgrößen g, s, q bei 120 Würfen eines fairen Würfels mit dem Befehl =Zufallszahl[1,6] im Bereich A1:F20. Die aktuelle Häufigkeitsverteilung wird als Säulendiagramm dargestellt. Die aktuellen Testwerte werden in I7:I9 berechnet und als Punkte in der Grafik 2 festgehalten. Tipp für GeoGebra-Nutzer: Die Werte der Testgrößen speichert man in dynamisch mitwachsenden Listen. Ihre Verteilung wird durch Boxplots – hier mit Markierung von Ausreißern – visualisiert (=Boxplot[y-Position, y-Breite, Liste, <Ausreisser markieren (true/false)>]). (© GeoGebra)

von einem fairen Würfel stammen. Bei den restlichen Verteilungen würde man die Lage je nach verwendeter Testgröße leicht unterschiedlich beurteilen.

Es überrascht Schülerinnen und Schüler, wenn sie erfahren, dass auch Wissenschaftler solche Grenzen etwa über das Festlegen des 5 % Signifikanzniveaus untereinander nur aushandeln. Die Grenzen sind nicht von einer „höheren Instanz" vorgegeben. In der letzten Zeile von Abb. 10.11 wurden sie durch Simulationen so ermittelt, dass sie bei fairen Würfeln in höchstens 5 % aller Fälle überschritten werden. Die Häufigkeitsverteilungen, bei denen Zweifel an einer Gleichverteilung angebracht sind, ergeben sich aus den farblichen Markierungen in den rechts stehenden Spalten von Abb. 10.10.

Dass es (im Gegensatz zur Münze beim Würfel) für eine Fragestellung verschiedene sinnvolle Tests geben kann, die zu unterschiedlichen Ergebnissen führen, wird durch die selbst gefundenen Abweichungsmaße handelnd nachvollzogen. Dadurch erhält man eine solide Basis für Interpretationen statistischer Aussagen.

10.3.4   Anwendungen

Dem Zufallsgenerator einer Tabellenkalkulation oder den Würfeln aus der Spielesammlung vertraut man: Sie liefern alle Augenzahlen 1...6 mit gleicher Wahrscheinlichkeit 1/6. q-Werte über 220 (bzw. t-Werte über 11) treten bei fairen Würfeln i. d. R nicht auf.

Bei gesägten Rohholz-Würfelchen (Abb. 10.13a), und beschrifteten Sechskantbleistiften (Abb. 10.13b), die man über den glatten Tisch rollt, ist man sich bzgl. der Gleichwahrscheinlichkeit der 6 Ergebnisse nicht mehr ganz so sicher.

Ebenso fraglich ist die Gleichwahrscheinlichkeit der sechs Farben bei Schokolinsen (Abb. 10.14a) oder Gummibären (Abb. 10.14b), weil nach Umfragen die Farbe rot am beliebtesten ist und der Hersteller sich aus Eigeninteresse an Kundenwünschen orientiere sollte.

Aus diesem Grunde führen Schülerinnen und Schüler von Klasse 7 bis zum Abitur Untersuchungen gemäß Arbeitsauftrag 3 ebenso mit Begeisterung durch wie Lehramtsstudierende und Referendarinnen und Referendare. Das Ergebnis sei hier vorweggenommen: Gummibären und Schokolinsen-Farben sind gleichverteilt, die Augenzahlen beschrifteter Bleistiftwürfel wider Erwarten nur selten. Obwohl die Stifte einen absolut symmetrischen Eindruck machen, haben kleinste Unsymmetrien, die vom Verleimen zweier Hälften oder dem „Verziehen" bei Feuchtigkeit herrühren, fatale Folgen. Auch die Rollrichtung spielt

a   b

Abb. 10.13 a 1 cm³-Rohholz-Würfel (aus einem 1000er-Set zum Legen eines Literwürfels), **b** Sechskantbleistift mit den Augenzahlen 1...6 beschriftet

a   b

Abb. 10.14 a Schokolinsen, **b** Gummibären: Die sechs Farben/Geschmacksrichtungen entsprechen den Augenzahlen: 1 = dunkelrot/Himbeere, 2 = hellrot/Erdbeere, 3 = orange/Orange, 4 = gelb/Zitrone, 5 = grün/Apfel, 6 = weiß/Ananas

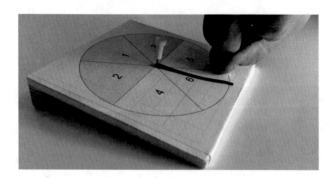

Abb. 10.15 Glücksrad aus einer Haarklemme, die (hier im Uhrzeigersinn) um einen Pin auf einer schiefen Ebene mit Steigung 10 % rotiert. Die „bergauf-Felder" 2 und 4 haben jeweils die Wahrscheinlichkeit 1/6 + 5 %, die „bergab-Felder" 3 und 5 jeweils 1/6 – 5 %. Die Felder 1 (*oben*) und 6 (*unten*) behalten trotz der Neigung die Wahrscheinlichkeit 1/6

eine große Rolle (Riemer 2012). Tatsächlich stammen die Verteilungen aus Abb. 10.10 von 16 Bleistiftwürfeln!

Auch wenn man Glücksräder wie in Abb. 10.15 durch Anschnippen eines Zeigers auf schiefen Ebenen rotieren lässt, und fragt, wie sich Neigung und Rotationsrichtung auf die Wahrscheinlichkeiten auswirkt, kann man äußerst Überraschendes entdecken (Riemer 2017).

Die Rotationsrichtung hat auf die Wahrscheinlichkeiten der sechs Sektoren entscheidenden Einfluss: Die Felder 1 (oben) und 6 (unten) behalten trotz Neigung (!) die Wahrscheinlichkeit 1/6, aber die „bergauf Felder" 2 und 4 werden um den gleichen Wert wahrscheinlicher wie die „bergab-Felder" 3 und 5 unwahrscheinlicher. Wenn man keine Richtung bevorzugt, bleiben die sechs Sektoren je nach Oberflächenbeschaffenheit der Glücksradscheibe bis zur Neigung 20 % gleich wahrscheinlich.

Arbeitsauftrag 3

(a) Bildet in eurer Klasse Forschungsgruppen **B, S/B, R, G**: Jeder in der jeweiligen Gruppe

B: rollt einen Sechskant-**B**leistift in gleicher Richtung 120-mal über den glatten Tisch,

S/B: zählt 120 zufällig herausgegriffene **S**choko**l**insen (Gummi-**B**ären) nach den 6 Farben aus,

R: würfelt 120-mal einen **R**oh-Würfel, einen Zauberwürfel aus dem Scherzartikelladen oder einen beschrifteten Lego-Vierer,

> **G:** schnippt 120-mal eine Haarnadel auf einer schiefen Ebene, wobei das Feld 1
> eines 6er-**G**lücksrades oben, Feld 6 unten liegt, abwechselnd rechts- und links
> herum.
>
> Jeder prüft mithilfe ausgesuchter Testwerte, ob Anlass besteht, die Gleichwahr-
> scheinlichkeit der sechs Ergebnisse zu bezweifeln.

10.4   Ein einprägsames Bild zum Schluss

Die Darstellung schließt mit einem Bild, das den Sinn und die Bedeutung des Testens von
Hypothesen beschreibt:

In der Welt gibt es Hypothesen wie Sandkörner am Meer. Eine Testgröße wirkt wie
ein Sieb, in dem falsche Hypothesen hängen bleiben, weil man sie bezweifelt. Nur die
richtigen bestehen den Test, sie fallen durch das Sieb. Das Problem ist nur, dass sich
die Sandkörner (die Hypothesen) durch Zufallseinflüsse gleichsam größer oder kleiner
machen können, so dass sie im Sieb hängen bleiben, obwohl sie eigentlich hindurchpassen
müssten – oder hindurchfallen, obwohl sie eigentlich hängen bleiben müssten. Je kleiner
man die Löcher macht (je niedriger man die Benchmarks setzt), desto häufiger bleiben
richtige Hypothesen im Netz hängen, wenn man sie größer macht, rutschen auch viele
falsche hindurch. Und zu allem Überfluss gibt es auch noch verschieden geformte Netze
mit runden, quadratischen, dreieckigen ... Löchern, die verschiedenen Testgrößen (wie
oben g, s, q, t, u, a) entsprechen. Oft geben einige Testgrößen Anlass für berechtigte
Zweifel, andere nicht. Dann sollte man sich – frei nach dem Motto eines Songs der Gruppe
tocotronic „im Zweifel für den Zweifel" entscheiden.

Rückblick
Die Begriffe relative Häufigkeit und Mittelwert (aus der Realitätsebene) bereiten die theoretischen Begriffe Wahrscheinlichkeit und Erwartungswert (auf der Modellebene) vor.
Insofern gilt beschreibende Statistik gemeinhin als Vorbereitung zur Wahrscheinlichkeitsrechnung. Da aber die Curricula für Median und Boxplot derzeit auch nach den Bildungsstandards keine vergleichbaren Fortsetzungen ausweisen und sie in zentralen Prüfungen
keine Rolle spielen, gelten sie vielen Kollegen als verzichtbar. Wenn man aber den Quartilabstand als leicht zugängliches[3] Streuungsmaß nutzt, um *Zufallsschwankungen* sowohl

---

[3] Die Standardabweichung als klassisches Streuungsmaß ist schwieriger zugänglich als der Quartilabstand – und erst im Kontext von Normalverteilung und 68 %-Sigmaregel sinnvoll zu interpretieren.

händisch als auch mit Simulationen zu untersuchen, gelingt die Einsicht in das schwache Gesetz der großen Zahl: Eine Vervierfachung des Versuchsumfangs halbiert die Zufallsschwankungen relativer Häufigkeiten um die Wahrscheinlichkeit – und allgemeiner das $1/\sqrt{n}$-Gesetz.

Durch den Blick nicht nur auf Wahrscheinlichkeiten, sondern auch auf Zufallsschwankungen gelingt es, Grundvorstellungen zur beurteilenden Statistik schon ab Klasse 7 anzulegen. Unterstützt wird dies durch Verwenden eines hypothetisch-prognostischen Wahrscheinlichkeitsbegriffs, der subjektivistische Grunderfahrungen fortsetzt und den Laplaceschen als Spezialfall enthält. In diesem Wahrscheinlichkeitskonzept ist nämlich – anders als im Laplaceschen – das Bezweifeln als Vorstufe des Hypothesentests angelegt.

Durch das entdecken mehrerer plausibler Abweichungsgrößen, die (beim Würfeln) mithilfe von *Simulationen untersucht werden,* kann das intuitiv aus dem Alltag geläufige Prinzip des Bezweifelns auf eine quantitative Basis gestellt und zur Beantwortung spannender statistischer Fragestellungen genutzt werden.

Herzlichen Dank an G. Seebach und R. Schmidt (GeoGebra-Institut Köln-Bonn) für Tipps zum Programmieren der Simulationen. Letztere erhält man unter www.riemer-koeln.de.

Anhang

Eine GeoGebra-Lernumgebung zum selbstständigen Erkundung von Boxplots

Meist werden Boxplots in Form von Lehrervorträgen eingeführt. Man erläutert dann, wie Boxplots zu lesen sind und wie man sie konstruiert. Wenn man die folgende Lernumgebung bestehend aus einer GeoGebra-Datei und einem Arbeitsauftrag einsetzt, können Schülerinnen und Schüler sich die Bedeutung von Boxplots aber auch selber erschließen:

Arbeitsauftrag 4

(a) In der Datei Boxploterkunden.ggb (Abb. 10.16) wurden 9 (10, 11, 12) Daten als Punkte auf der Rechtsachse eingetragen. Ein zugehöriges Säulendiagramm wurde gezeichnet: Weil z. B. zwischen 1 und 3 drei Daten (*D, E, F*) liegen, hat die zugehörige Säule die Höhe 3. Kontrolliert durch Bewegen der Punkte, dass das Säulendiagramm stets richtig aktualisiert wird und die Daten korrekt visualisiert.

(b) Unter dem Säulendiagramm seht ihr ein Boxplot Diagramm, das man neben den Säulendiagramme auch häufig nutzt, um Daten bildlich zu veranschaulichen. Erforscht, wie es arbeitet, durch welche Stellen die Box begrenzt wird, was es mit den Antennen und den Markierungen innerhalb der Box auf sich hat. Bewegt dazu die Punkte auf der Achse mit der Maus und führt Kontrollrechnungen durch. Notiert in Stichworten, was ihr herausgefunden habt.

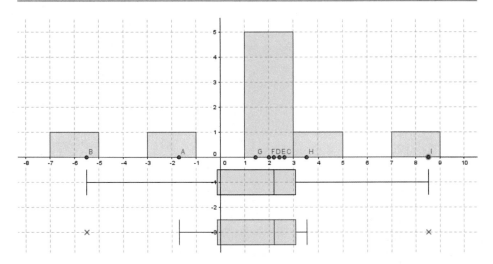

Abb. 10.16 Lernumgebung zum selbstständigen Erkunden von Boxplots. 9 (10, 11, 12) Daten sind auf der Rechtsachse frei verschiebbar. Ein Säulendiagramm mit Säulenbreite 2 wird gezeichnet – und simultan dazu der zugehörige Boxplot in zwei verschiedenen Ausführungen. (Erstellt mit Geo-Gebra)

(c) Vergleichende Sicht auf Boxplots und Säulendiagramme (anspruchsvoll)
Sandra: „Bei Säulendiagrammen gibt man die Breite der Säulen vor, die Höhe ergibt sich im Anschluss. Boxplots sind eigentlich auch Säulendiagramme bei denen man versucht, die Säulenhöhen 1/4, 1/2, 1/4 vorzugeben und die Säulenbreiten (über Antenne-Box-Antenne) dann ermittelt werden müssen. Versuche zu erläutern, was Sandra entdeckt hat.

Literatur

Bruner, J. S. (1973). *Der Prozess der Erziehung* (3. Aufl.). Berlin: Berlin Verlag.

Herd, E., et al. (2014). *Lambacher Schweizer 7. Mathematik für Gymnasien – G9 Hessen*. Stuttgart: Klett.

KMK (2012). *Bildungsstandards im Fach Mathematik für die Allgemeine Hochschulreife*

Pallack, A. (Hrsg.). (2014). *Fundamente der Mathematik 8 NRW Gymnasium*. Berlin: Cornelsen.

Riemer, W. (1991). Das $1/\sqrt{n}$-Gesetz. *Stochastik in der Schule, 11*(3), 24–36.

Riemer, W. (2012). Mit Bleistiften würfeln: Beurteilende Statistik zwischen Realität und Simulation. *PM, 43*, 30–35.

Riemer, W. (2017). Das Glücksrad auf der schiefen Ebene. In C. Maitzen & A. Warmeling (Hrsg.), *Mathe aus dem Leben – für das Leben*. Festschrift 40 Jahre MUED. ISBN 978-3930197903.

Sachs, L. (1999). *Angewandte Statistik* (9. Aufl.). Berlin: Springer.

Wittmann, E. C., & Müller, N. (2013). *Das Zahlenbuch 4*. Stuttgart: Klett.

Wie man einen Testsieger kürt

11

Stefan Ruzika, Vanessa Klöckner und Sabrina Gecks

Zusammenfassung

Produkttests und -rankings spielen im Alltag eine wichtige Rolle. In diesem Beitrag wird das gängige Verfahren zum Erstellen von Rankings in Folge von Produkttests in erster Linie mathematisch untersucht. Dabei werden als Hintergrundwissen fachmathematische Überlegungen zum Kontext dargelegt und anschließend eine didaktische Betrachtung der Thematik vorgenommen. Die konkrete Umsetzung im Unterricht wird skizziert. Darüber hinaus wird die Frage, ob es einen stabilen Testsieger gibt, also ein Produkt, dass bei vielen verschiedenen Gewichtungen als Testsieger hervorgeht, diskutiert. Die Schülerinnen und Schüler können mit Hilfe einer Simulation einen solchen Testsieger finden und für Produkttests mit zwei oder drei Kategorien eine geometrische Deutung vornehmen.

11.1 Motivation

Immer wieder werden Produkte getestet und bewertet. Diese Bewertungen werden dabei sehr unterschiedlich ausgedrückt z. B. als Punkte zwischen 1 und 100, als Schulnoten

Stefan Ruzikas Arbeiten wurden durch das ESF-Projekt „SchuMaMoMINT" finanziell unterstützt.

S. Ruzika (✉)
FB Mathematik, TU Kaiserslautern
Kaiserslautern, Deutschland

V. Klöckner
Hollenberg-Gymnasium Waldbröl
Waldbröl, Deutschland

S. Gecks
Eichendorff-Gymnasium Koblenz
Koblenz, Deutschland

Tab. 11.1 Ergebnis des
Smartphone-Tests

Platz	Produkt	Preis	Qualität	Gesamtbewertung
1	Modell 5	2,3	3	2,65
2	Modell 1	1	3	2
2	Modell 3	3	1	2
4	Modell 2	2,3	2	2,15
5	Modell 6	4	1,7	2,85
6	Modell 4	2	4	3

zwischen sehr gut (1) und ungenügend (6) oder in Form von einem bis fünf Sternen. Die Bewertungen der getesteten Produkte werden veröffentlicht, häufig ergänzt durch ein sogenanntes *Ranking*, also einer Reihung der Produkte, die die Güte der getesteten Produkte (aufsteigend oder absteigend) widerspiegelt. Das Produkt auf dem ersten Platz wird gewöhnlich Testsieger genannt. Unabhängig davon, ob die Bewertungen in Form von Punkten, Sternen oder Noten erfolgen, ist allen solchen Tests in der Regel gemein, dass aus den einzelnen Bewertungen ein Gesamturteil bzw. eine Gesamtnote ermittelt wird.

Beispiel 11.1.1

Bei einem Test werden sechs Modelle von Smartphones in den Kategorien „Preis" und „Qualität" bewertet. Der Test kommt zu dem Ergebnis, wie es in Tab. 11.1 dargestellt ist.

In Tab. 11.1 sind die Bewertungen in den beiden Kategorien sowie das Ranking mit der Gesamtbewertung (dabei wurden beide Kategorien gleichgewichtet) angegeben. Die Zahlen stehen für die Schulnoten sehr gut (1), voll gut (1,7), gut (2), schwach gut (2,3), befriedigend (3) und ausreichend (4).

Solche Produkttests zusammen mit den daraus hervorgehenden Rankings sind für den Verbraucher von unbestrittener Bedeutung. Seriöse, unabhängige Produkttests, die nach den üblichen Qualitätsstandards durchgeführt werden, dienen dem Verbraucher zur Orientierung und helfen bei der Kaufentscheidung. Die Bedeutung wird noch offensichtlicher, wenn man sich vergegenwärtigt, dass der einzelne Kunde häufig weder über das Fachwissen, noch über die Methoden und die finanziellen Möglichkeiten verfügt, sich umfangreich über alternative Produkte vergleichend selbst zu informieren. Sie üben gegenüber dem Hersteller auch eine gewisse Kontrolle aus, denn es kann davon ausgegangen werden, dass minderwertige oder überteuerte Produkte in einem vergleichenden Test auch tatsächlich identifiziert werden. Diese und andere Aspekte des Verbraucherschutzes werden auch in der Schule thematisiert (vgl. Dassler 2008). Wird ein vergleichender Produkttest zusammen mit der Information über das Ranking und den Testsieger veröffentlicht, sind die Folgen absehbar. Aus all diesen Gründen ist es nicht verwunderlich, dass es seit langer Zeit schon viele spezialisierte Zeitschriften gibt, die Elektronik, Finanzprodukte, Fahrräder, Kleidung, Öko-Produkte, Automobile usw. testen und bewerten. Ergänzt werden diese etablierten Printmedien immer mehr durch bewertende Vergleichsportale im Internet, die z. B. Hotels, Strom- und Gastarife, Urlaubsreisen oder Handy-Tarife bewerten. Selbst Personen, wie z. B. Lehrerinnen und Lehrer sowie Lehrpersonal, Medizinerinnen und Mediziner oder Handwerkerinnen und Handwerker sowie Online-Händlerinnen und Online-Händler – übrigens auch Privatpersonen – werden mittlerweile in einer der oben beschriebenen Form bewertet. Sicherlich kann man sich lange und ausführlich aus unterschiedlichen Perspektiven kritisch mit Produkt- bzw. Personenbewertungen und Rankings auseinandersetzen. Die Stiftung Warentest bietet aus diesem Grund ein Projekt an, im Rahmen dessen Schülerinnen und Schüler selbst einen Warentest durchführen (vgl. Leutnant 2010).

In diesem Artikel möchten wir das gängige Verfahren zum Erstellen von Rankings in Folge von Produkttests in erster Linie *mathematisch* untersuchen. Wir analysieren dieses Verfahren, hinterfragen es kritisch und stellen ein Konzept vor, wie diese Thematik im Unterricht gewinnbringend eingesetzt werden kann. Dabei werden wir zunächst als Hintergrundwissen fachmathematische Überlegungen zum Kontext darlegen, anschließend eine didaktische Betrachtung der Thematik vornehmen und in einem dritten Schritt die konkrete Umsetzung im Unterricht skizzieren. Darüber hinaus stellen wir auch die Frage, ob es einen stabilen Testsieger gibt, also ein Produkt, dass bei vielen verschiedenen Gewichtungen als Testsieger hervorgeht. Die Schülerinnen und Schüler können mit Hilfe einer Simulation einen solchen Testsieger finden und für Produkttests mit zwei oder drei Kategorien eine geometrische Deutung vornehmen.

11.2 Erste Überlegungen zum Bestimmen eines Testsiegers

Produkte werden häufig so getestet: unterschiedliche Kategorien, die für die Bewertung des Produktes relevant erscheinen, werden formuliert. Im oben angeführten Beispiel 11.1.1 waren dies „Preis" und „Qualität". Sodann werden Testverfahren für diese Kategorien entwickelt und die Produkte getestet. Das Erstellen sowie die Durchführung von Tests, so dass signifikante Aussagen erhalten werden, ist sicherlich spannend, aber nicht Thema dieses Aufsatzes. Vielmehr wird die Auswertung und ihre Methodik in den Blick genommen und kritisch hinterfragt. Nach dem Testen liegen Bewertungen, häufig ausgedrückt durch eine (Ordinal)Zahl, für die einzelnen Kategorien vor. Jedem Produkt ist also ein Vektor bestehend aus (Ordinal)Zahlen zugeordnet (vgl. die Zeilen in Beispiel 11.1.1) und die Länge des Vektors entspricht der Anzahl an Kategorien. Der Wertebereich dieser Zahlen sei beschränkt und vorab festgelegt. In Beispiel 11.1.1 sind dies Schulnoten.

Wir greifen Beispiel 11.1.1 auf, um die nachfolgend benötigte Notation Schritt für Schritt einzuführen. Außerdem wollen wir mit diesem Beispiel erste mathematische Überlegungen anstellen und Strukturen erkennen. Die getesteten Smartphone-Modelle, die in der Spalte „Produkte" aufgelistet sind, kürzen wir durch $P_1, \ldots, P_6$ ab. Wir verwenden den Begriff „Produkt" und die Abkürzung $P_i, i = 1, \ldots, 6$, anstelle von „Modell" oder „Smartphone", da wir allgemein Produkttests adressieren und diese Notation auch später bei der Darstellung des fachmathematischen Hintergrunds verwenden wollen. Nach dem Testen der sechs Smartphones in den Kategorien „Preis" und „Qualität" erhalten wir also die Daten (vgl. Tab. 11.2), die als Eingabe für alle späteren Überlegungen dienen.

Tab. 11.2 Testergebnis

Produkt	Kategorie Preis	Kategorie Qualität
P_1	1	3
P_2	2,3	2
P_3	3	1
P_4	2	4
P_5	2,3	3
P_6	4	1,7

Jedem Produkt $P_i, i = 1, \ldots 6$, aus der Menge der Produkte $\mathcal{P} = \{P_1, \ldots, P_6\}$ wird also eine vektorwertige Bewertung bestehend aus zwei Einzelbewertungen – in diesem Fall sind dies Schulnoten – zugeordnet. Somit kann man also eine Bewertung als eine (vektorwertige) Funktion $b : \mathcal{P} \to \mathbb{R}^2$ interpretieren. Dies motiviert die Schreibweise $b(P)$ für den Bewertungsvektor eines Produkts P und für unser Beispiel ergibt sich:

$$b(P_1) = \begin{pmatrix} 1 \\ 3 \end{pmatrix}, b(P_2) = \begin{pmatrix} 2,3 \\ 2 \end{pmatrix}, b(P_3) = \begin{pmatrix} 3 \\ 1 \end{pmatrix},$$

$$b(P_4) = \begin{pmatrix} 2 \\ 4 \end{pmatrix}, b(P_5) = \begin{pmatrix} 2,3 \\ 3 \end{pmatrix} \text{ und } b(P_6) = \begin{pmatrix} 4 \\ 1,7 \end{pmatrix}.$$

Unsere Alltagserfahrung zeigt, dass Bewertungsergebnisse wie im vorangegangenen Beispiel typisch sind: ein guter Wert in einer Kategorie wird häufig „erkauft" durch einen nicht ganz so guten Wert in einer anderen Kategorie: Qualität hat eben sprichwörtlich ihren Preis.

Damit hat ein Produkttester aber erst die Beurteilung der Produkte in den jeweiligen Kategorien erreicht. Um den Testsieger zu küren bzw. ein Ranking zu erstellen, muss jetzt noch ein Gewichtsvektor eingeführt werden, der jeder Kategorie eine Zahl in Höhe ihrer relativen Bedeutung für das Gesamtergebnis zuweist. Werden diese Gewichte aus dem Intervall $[0, 1]$ gewählt und summieren sie sich zu Eins, so fällt die Interpretation besonders leicht: solch ein Gewicht spezifiziert den prozentualen Anteil einer Kategorie am Gesamtergebnis. In dem einführenden Beispiel in Abschn. 11.1 waren Preis und Qualität gleich wichtig und flossen mit einem Anteil von je 50 Prozent in die Gesamtbeurteilung ein. Die Festlegung, mit welchem Anteil die jeweiligen Kategorien in die Berechnung des Rankings eingehen, war vorgegeben und mag im Einzelfall aus gewissen Überlegungen heraus auch gut zu rechtfertigen sein. Aus mathematischer Sicht stellen diese Überlegungen eine Meta-Information dar, die nicht allgemeingültig ist. An dieser Stelle wollen wir Beispiel 11.1.1 verallgemeinern: wir fordern lediglich, dass für die Erstellung eines Rankings und die Bestimmung des Testsiegers ein Gewichtsvektor $w \in \mathbb{R}^2$ derart gewählt werden muss, dass $w_1 + w_2 = 1$ und $w_i \geq 0, i = 1, 2$, gilt.

Haben wir keinerlei Meta-Information über die Wahl der Gewichte w_1 und w_2 zur Verfügung, so könnte man die Gewichte zufällig wählen. Mit folgendem Algorithmus 1 simuliert man also zu einem Produkttest die Bestimmung eines Rankings.

Algorithmus 1 (`RankingMitZufälligenGewichten`)

1: Wähle $w = (w^1, w^2)^\top \in \mathbb{R}^2$ zufällig mit $w_1 + w_2 = 1$ und $w_1 \geq 0$ und $w_2 \geq 0$.
2: **for** $i = 1, \ldots, 6$ **do**
3: Berechne die Gesamtbewertung von Produkt P_i als die mit w gewichtete Summe der Bewertungen in den Kategorien Preis und Qualität
4: **end for**
5: **return** Liste der Produkte sortiert nach aufsteigender Gesamtbewertung

Beispiel 11.2.1
Wir führen Beispiel 11.1.1 fort, indem wir nachfolgend exemplarisch unterschiedliche Gewichte wählen und dementsprechend unterschiedliche Testsieger erhalten.

a) Für das Gewicht $(w_1, w_2) = \left(\frac{6}{10}, \frac{4}{10}\right)$ ergibt sich z. B. damit folgendes Ergebnis:

	Preis	Qualität	Gesamtnote	Platzierung
P_1	1	3	1,8	1. Platz (Testsieger)
P_2	2,3	2	2,18	2. Platz
P_3	3	1	2,2	3. Platz
P_4	2	4	2,8	4. Platz
P_5	2,3	3	2,58	5. Platz
P_6	4	1,7	3,08	6. Platz

Für die Gewichte $w_1 = \frac{6}{10}$ und $w_2 = \frac{4}{10}$ ist somit das Ranking – beginnend mit dem Testsieger – P_1, P_2, P_3, P_4, P_5 und P_6.

b) Für das Gewicht $(w_1, w_2) = \left(\frac{4}{10}, \frac{6}{10}\right)$ erhalten wir:

	Preis	Qualität	Gesamtnote	Platzierung
P_1	1	3	2,2	3. Platz
P_2	2,3	2	2,12	2. Platz
P_3	3	1	1,8	1. Platz (Testsieger)
P_4	2	4	3,2	6. Platz
P_5	2,3	3	2,72	5. Platz
P_6	4	1,7	2,62	4. Platz

Dieses Mal ist P_3 der Testsieger, gefolgt von P_2 und P_1.

c) Für das Gewicht $(w_1, w_2) = \left(\frac{5}{10}, \frac{5}{10}\right)$ gibt es zwei Testsieger, nämlich P_1 und P_3, gefolgt von P_2, denn eine leichte Rechnung liefert:

	Preis	Qualität	Gesamtnote	Platzierung
P_1	1	3	2,0	1. Platz (Testsieger)
P_2	2,3	2	2,15	3. Platz
P_3	3	1	2,0	1. Platz (Testsieger)
P_4	2	4	3,0	6. Platz
P_5	2,3	3	2,65	4. Platz
P_6	4	1,7	2,85	5. Platz

In jedem der drei Fälle ist P_1 oder P_3 der Testsieger. Die anderen Produkte waren nie Testsieger. Dies ist bei nur drei unterschiedlichen Wahlen von Gewichtsvektoren zunächst noch nicht allzu verwunderlich. Mit einer kleinen Veränderung von Algorithmus 1 simulieren wir mehrere Produkttests, sagen wir 100 Stück, wobei wir jedesmal die Gewichtung der Kategorien zufällig (und damit potentiell unterschiedlich) wählen (vgl. Algorithmus 2).

Algorithmus 2 (`MehrereRankings`)

1: **for** $j = 1, \ldots, 100$ **do**
2: Führe Algorithmus 1 aus.
3: **end for**

Das Ergebnis ist wieder dasselbe: jedesmal ist P_1 oder P_3 der Testsieger. Auch bei 1000 oder 10.000 Simulationen von Produkttests ändert sich dieses Ergebnis nicht. Diese Simulationsresultate legen die Vermutung nahe, dass es dafür eine rigorose Erklärung gibt. Betrachten wir zunächst eine andere Darstellung der Eingabedaten: die Darstellung der Preis- und Qualitätswerte der sechs Produkte im kartesischen Koordinatensystem (vgl. Abb. 11.1).

Mit diesem Blick auf die Daten ist leicht einzusehen, dass P_4, P_5 und P_6 nie Testsieger werden. Wir begründen dies für den Fall von P_6 und vergleichen die Bewertungen von P_6

Abb. 11.1 Darstellung der Preis- und Qualitätwerte

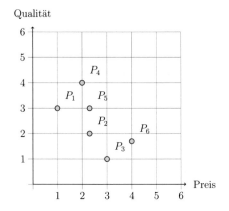

mit denen von P_3. Für jedes beliebige Gewicht $w = (w^1, w^2)^\top \in \mathbb{R}^2$ mit $w_1 + w_2 = 1$ und $w_1 \geq 0$ und $w_2 \geq 0$ gilt

$$w^\top b(P_3) \leq w_1 \cdot b_1(P_3) + w_2 \cdot b_2(P_3)$$
$$= w_1 \cdot 3 + w_1 \cdot 1$$
$$= w_1 \cdot 4 + w_1 \cdot 1,7$$
$$\leq w_1 \cdot b_1(P_6) + w_2 \cdot b_2(P_6)$$

Damit haben wir die Vermutung, die wir durch die Simulation gewonnen haben, auch bewiesen:

Beobachtung 11.2.1
In jedem Ranking schneidet P_3 besser ab als P_6.

Der Grund dafür ist im Wesentlichen, dass P_3 in jeder Kategorie besser als P_6 bewertet wird. Wir sagen: „P_3 dominiert P_6".

Eine analoge Überlegung für P_1 und P_4 bzw. für P_1 und P_5 liefert:

Beobachtung 11.2.2
In jedem Ranking schneidet P_1 besser ab als P_4 und P_5.

Wie steht es aber nun um P_2? Offensichtlich wird P_2 weder von P_1, noch von P_3 dominiert? Und dennoch gilt die folgende Beobachtung, die wir sogleich beweisen werden:

Beobachtung 11.2.3
Es gibt keinen Gewichtsvektor für den P_2 als Testsieger hervorgeht.

Beweis Betrachten wir ein beliebiges Gewicht $(w_1, w_2) \in \mathbb{R}^2_+$ mit $w_1 + w_2 = 1$. Wir betrachten drei Fälle:

1. Fall: $w_1 < \frac{1}{2}$:
    P_3 wird besser als P_2 bewertet, denn es gilt:

$$3w_1 + 1w_2 = 3w_1 + 1(1 - w_1)$$
$$= 1 + 2w_1$$
$$< 1 + 1$$
$$< 2 + 0,3w_1$$
$$= 2,3w_1 + 2 - 2w_1$$
$$= 2,3w_1 + 2(1 - w_1)$$
$$= 2,3w_1 + 2w_2$$

2. Fall: $w_1 > \frac{1}{2}$:

> Analog zum ersten Fall kann man zeigen, dass P_1 besser als P_2 bewertet wird.

3. Fall: $w_1 = \frac{1}{2}$:

> In Beispiel 11.2.1 haben wir schon gesehen, dass in diesem Fall sowohl P_1 als auch P_3 besser bewertet werden als P_2. $\square$

Dieses Ergebnis ist aus praktischer Sicht merkwürdig, wenn die Rolle von Produkt 2 in unserem (akademischen) Beispiel genauer betrachtet wird: Es stellt eigentlich einen guten Kompromiss zwischen Qualität und Preis dar und hätte wohl gute Chancen von einer Großzahl an Kunden tatsächlich gekauft zu werden. Simuliert man also die Bestimmung eines Testsiegers dadurch, dass nicht-negative Gewichte zufällig gewählt werden, die gewichtete Summe wie oben beschrieben gebildet und das Produkt mit der niedrigsten Zahl zum Testsieger gekürt wird, so wird laut Beobachtung 11.2.3 das Produkt 2 *nie* der Testsieger. In diesem Fall verleiht der Beweis strukturelle Einsichten, die zwar auch mit Simulationsansätzen beobachtet worden wären. Allerdings wäre man bei der Simulation nie ganz sicher, ob ein sehr seltenes Ereignis übersehen wird. Der Beweis schafft dagegen Gewissheit.

Im Folgenden wollen wir diese Tatsache besser verstehen lernen und uns weitere Besonderheiten beim Bestimmen eines Testsiegers betrachten. Wir benutzen dazu schulmathematische Methoden und ergänzen diese durch Begrifflichkeiten und Techniken, so dass diese Arbeit als Anregung für den Mathematikunterricht verstanden werden kann. Wir betrachten ein ausführliches Beispiel mit realen Daten und überprüfen, ob es tatsächlich Produkte gibt, die nie Testsieger werden können, ganz gleich, wie die Gewichte gewählt werden. Wenn ja, zählen wir, wie häufig dies vorkommt. Außerdem überprüfen wir die – zwangsläufige – Willkürlichkeit von realen Testergebnissen, indem wir leichte Änderungen der Gewichtsauswahl vornehmen, so dass die relative Bedeutung der Kategorien aber unverändert bleibt. Ergeben sich auch dadurch andere Testsieger bzw. Reihenfolgen der getesteten Produkte? Falls ja, spricht dies nicht gerade für die Stabilität dieses Auswahlverfahrens.

11.3   Ermittlung eines Testsiegers

11.3.1   Fachmathematischer Hintergrund

Wir beschreiben das obige Verfahren nun mathematisch exakt und führen die fachmathematischen Grundlagen ein. Das Problem, ein Ranking zu erstellen und einen Testsieger zu ermitteln, lässt sich der multikriteriellen Entscheidungstheorie zuordnen. Als Einstieg in diese Disziplin empfehlen wir das Lehrbuch von Ehrgott (2005). Einen breiteren Überblick bietet der Artikel von Ehrgott und Gandibleux (2000).

Sei $\mathcal{P} = \{P_1, \ldots, P_n\}, n \in \mathbb{N}$, eine Menge von n Produkten, die getestet werden. Sei $\mathcal{K} = K_1, \ldots, K_m$ die Menge an Kategorien, in denen jedes der Produkte getestet wird.

Durch eine Reihe von Testverfahren wird jedem Produkt P in jeder Kategorie $K_1, \ldots, K_m$ eine Bewertung zu geordnet. Die Bewertung für die k-te Kategorie kann als Funktion $b_k : P \to \mathbb{R}, k = 1, \ldots, m$ aufgefasst werden. Die Gesamtbewertung b eines Produktes ordnet jedem Produkt P einen Vektor der Länge m zu. Es ist also b eine Funktion $b : P \to \mathbb{R}^m$, die über

$$ b := \begin{pmatrix} b_1 \\ \vdots \\ b_m \end{pmatrix} $$

jedem Produkt den Vektor der Bewertungen in den einzelnen Kategorien zuordnet.

Das Bild von P unter b sind also n Bewertungsvektoren $y^1 := b(P_1), \ldots, y^n := b(P_n)$ im $\mathbb{R}$-Vektorraum $\mathbb{R}^m$.

Für zwei Produkte P_i und P_j, $i, j \in \{1, \ldots, n\}$ schreiben wir $b(P_i) \leq b(P_j)$ definitionsgemäß genau dann, wenn $b_k(P_i) \leq b_k(P_j)$ für alle $k = 1, \ldots, m$ und $b_k(P_i) < b_k(P_j)$ für (mindestens) ein $k \in \{1, \ldots, m\}$ gilt. In diesem Fall sagen wir: „Die Bewertung von Produkt P_i dominiert die Bewertung von Produkt P_j". Man beachte, dass die hier eingeführte Ordnung $\leq$ in $\mathbb{R}^m$ keine Totalordnung aller Vektoren in $\mathbb{R}^m$ induziert: Vektoren können bezüglich $\leq$ unvergleichbar sein.

Bei einem Ranking verlangen wir dagegen eine Totalordnung der Produkte. Aus diesem Grund führen wir nun eine weitere Ordnung $\preceq$ auf der Menge der Produkte ein und stellen dann eine Verbindung zwischen den Ordnungen $\leq$ und $\preceq$ her. Ohne Beschränkung der Allgemeinheit nehmen wir nachfolgend stets an, dass bei einer Bewertung ein kleinerer Wert eine präferierte Bewertung ausdrückt. Ziehen wir Produkt $P^* \in P$ einem Produkt $P \in P$ vor, so schreiben wir $P^* \prec P$ und lesen dies als „Produkt P^* ist (strikt) besser als Produkt P". Wollen wir ausdrücken, dass „Produkt P^* nicht schlechter als Produkt P ist", so schreiben wir $P^* \preceq P$. Sind die „Produkte P^* und P gleich gut", so schreiben wir $P^* \simeq P$.

Definition 11.3.1

Ein *Ranking* von P ist eine Sortierung $P_{i_1} \preceq \cdots \preceq P_{i_n}$ der Produkte $P = \{P_1, \ldots, P_n\}$. Dabei nennen wir die Produkte $P_{i_1} \preceq \cdots \preceq P_{i_\ell}$ *Testsieger*, wenn $P_{i_1} \simeq \cdots \simeq P_{i_\ell}$ und $P_{i_\ell} \prec P_{i_{\ell+1}}$ gilt.

Ein Ranking ist nicht notwendigerweise eindeutig, denn gleich gute Produkte können beliebig angeordnet sein. Insbesondere muss ein Testsieger also nicht eindeutig bestimmt sein. Dies beobachtet man auch hin und wieder in der Realität.

Nun sollen die Ordnungen $\leq$ und $\preceq$ miteinander in Verbindung gebracht werden.

Definition 11.3.2

Eine *Methode zum Bestimmen eines Rankings* ist ein Algorithmus, der aus einer gegebenen Bewertung $b : P \to \mathbb{R}^m$ ein Ranking $P_{i_1} \preceq \cdots \preceq P_{i_n}$ erstellt.

Ist ein Ranking bekannt, so ist/sind auch der/die Testsieger bekannt.

Nachfolgend formalisieren wir das weit verbreitete, oben beschriebene Verfahren zum Bestimmen eines Rankings bzw. eines Testsiegers. Wir nennen es die „Gewichtete-Summe-Methode". Dieses Verfahren geht zurück auf Zadeh (1963), wird aber auch in neueren Büchern, wie z. B. Ehrgott (2005) ansprechend vorgestellt.

Sei $w \in \mathbb{R}^m$ ein Gewichtsvektor mit $w_i > 0$ für $i = 1, \ldots, m$ und $\sum_{i=1}^{k} w_i = 1$. Die Annahme $w_i > 0$ ist sinnvoll: würde man $w_i = 0$ erlauben, so hieße dies, dass Kategorie i nicht von Bedeutung für das Gesamtergebnis ist. Sie könnte also weggelassen werden. Gewichte $w_i < 0$ bedeuten, dass große, also schlechte Werte in Kategorie i bevorzugt werden würden. Dies widerspricht unserer Annahme, dass kleinere Werte von b_i bevorzugt würden[1]. Die Annahme $\sum_{i=1}^{k} w_i = 1$ kann durch Re-Skalierung ebenfalls immer erreicht werden.

Das Testergebnis wird durch Algorithmus 3 bestimmt.

Algorithmus 3 (GewichteteSummeMethode)

1: Wähle ein Gewicht $w \in \mathbb{R}^m$.
2: **for** $i = 1, \ldots, |\mathcal{P}|$ **do**
3: Berechne die Skalarprodukte/gewichteten Mittelwerte

$$\langle w, y^i \rangle = w^\top b(P_i) = \sum_{j=1}^{m} w_j \cdot u_j^i =: s_i.$$

4: **end for**
5: **return** Ranking, das die Produkte P_i, $i = 1, \ldots, n$, nach dem Wert s_i aufsteigend sortiert.

Wie in Beobachtung 11.2.1 bereits im Spezialfall gesehen, notieren wir das folgende allgemeinere Ergebnis.

Beobachtung 11.3.1
Seien $P_i, P_j \in \mathcal{P}$. Wenn $b(P_i) \leq b(P_j)$, dann folgt unter Verwendung von Algorithmus 3, dass $P_i \prec P_j$.

Man beachte, dass dabei die Wahl des Gewichtsvektors w keine Rolle spielt, sofern er die Voraussetzung $w_i > 0$ für $i = 1, \ldots, m$ und $\sum_{i=1}^{k} w_i = 1$ erfüllt.

Für einen gegebenen Gewichtsvektor $w \in \mathbb{R}^n$ aggregiert dieses Verfahren die m Kategorien einer Produktbewertung $y = b(P)$ also zu einem skalaren Wert s. Um besser zu verstehen, was dabei passiert, betrachte man die Menge

$$H(w, s) := \{x \in \mathbb{R}^n : \langle w, x \rangle = s\}$$

$$= \left\{ x \in \mathbb{R}^n : \frac{1}{||w||_2} \langle w, x \rangle = \frac{1}{||w||_2} s \right\}$$

---

[1] Durch Änderung einer Kategorie in deren Gegenteil (also „Pünktlichkeit" statt „Verspätung", „Preisgünstigkeit", statt „Kosten" …) kann dies immer erreicht werden.

Abb. 11.2 Illustration der
Gewichteten-Summe-Methode

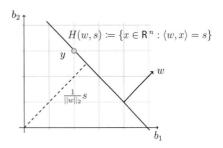

Diese Menge beschreibt eine Hyperebene mit Normalenvektor w. Die Darstellung dieser Hyperebene in der zweiten Zeile ist die Hessesche Normalform einer Ebenengleichung. Folglich entspricht $\frac{1}{\|w\|_2}s$ dem Abstand der Ebene $H(w,s)$ zum Ursprung (vgl. Abb. 11.2).

Beobachtung 11.3.2
Sei w gegeben und $0 \leq s_1 < s_2$. Dann ist der Abstand vom Ursprung zur Hyperebene $H(w,s_1)$ kleiner als der Abstand vom Ursprung zur Hyperebene $H(w,s_2)$.

Diese Beobachtung erlaubt einen Blick auf die Gewichtete-Summe-Methode aus Sicht der analytischen Geometrie: In Schritt 2 des Algorithmus werden also (bis auf einen Normierungsfaktor $\frac{1}{\|w\|_2}$) die Ebenen-Ursprung-Abstände s_i von n zueinander parallelen Ebenen bestimmt. Diese Ebenen haben alle den Normalenvektor w und gehen durch die Punkte y^i. In Schritt 3 wird dann dasjenige Produkt zum Testsieger gekürt, dessen Bewertungsvektor, in der Ebene liegt, die am nächsten am Ursprung liegt. Das zweit-beste Produkt korrespondiert zur zweit-nächsten Ebene und so weiter (vgl. die Illustration dieses Verfahrens in Abb. 11.3).

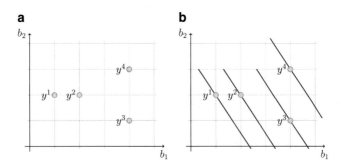

Abb. 11.3 Illustration der Gewichteten-Summe-Methode. **a** Bewertungen von vier Produkten $y^i = b(P_i)$ für $i = 1, \ldots, 4$. **b** Die vier Ebenen durch die vier Punkte (für festen Gewichtsvektor $w > 0$). Somit ergibt sich als Ranking y^1, y^2, y^3, y^4 und y^1 ist der Testsieger

Abb. 11.4 *Blau* Unterschiedliche Gewichtsvektoren
führen jeweils zum selben
Testsieger y^1. *Rot* Ein Gewichtsvektor kann zwei
Testsieger zur Folge haben

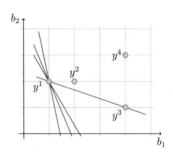

Eine etwas andere Sicht auf dieses Verfahren erlaubt der Blick auf den Algorithmus als
Lösungsverfahren zum Bestimmen des Minimierungsproblems

$$\min_{i=1,\ldots,n} \sum_{j=1}^{m} w_j \cdot y_j^i$$

Dieses Optimierungsproblem besteht aus der Optimierung der linearen Zielfunktion $w^\top y$
über die diskreten (sogar endlichen) Menge der Produktbeurteilungen $y^i, i = 1,\ldots,n$.
Das Produkt mit dem kleinsten Zielfunktionswert ist der Testsieger, das mit dem zweit-
kleinsten Zielfunktionswert ist das zweitbeste Produkt usw. Anschaulich gesprochen kann
man sich das Verfahren zum Bestimmen des Testsiegers also auch so vorstellen, dass eine (Hyper-)Ebene mit Normalenvektor w so nah wie möglich zum Ursprung verschoben
wird, so dass aber trotzdem noch einer der Punkte $y^i, i = 1,\ldots,n$, auf einer durch w
bestimmten Hyperebene liegt[2].

Mit diesen Überlegungen ist auch zu erklären, was beim Wechsel des Gewichtsvektors von w zu $\tilde{w}$ anschaulich passiert: Offensichtlich ändert sich der Normalenvektor und
die Ebenen $H(\tilde{w}, s)$ erscheinen zu $H(w, s)$ gedreht. Infolgedessen ändern sich auch die
Abstände der durch $\tilde{w}$ und $y^i, i = 1,\ldots,n$, bestimmten Ebenen zum Ursprung. Je nach
Stärke der Änderung ist unter Umständen ein neues Ranking und ein neuer Testsieger
das Resultat (vgl. Abb. 11.4). Interessant ist die Frage, was bei kleinen Änderungen, die
die relative Bedeutung der Kategorien nicht ändern, passiert. Gibt es dennoch neue Rankings? Wie häufig passiert das bei „realen" Tests? Dieser Frage soll anschließend noch
nachgegangen werden.

Eine weitere Frage betrifft das sogenannte *inverse Problem*: wie muss der Gewichtsvektor gewählt werden, so dass ein bestimmtes Produkt auch Testsieger wird? Wie wir
bereits gesehen haben, kann nicht zu jedem Produkt – sei es auch noch so sinnvoll – immer ein Gewichtsvektor gefunden werden, so dass dieses Produkt Testsieger wird. Daran
schließt sich direkt die Frage, wie diese Produkte charakterisiert sind. Auch diese Fragestellungen sollen nachfolgend adressiert werden.

---

[2] Aus der Analysis ist bekannt, dass das Negative des Gradienten w der Zielfunktion $w^\top y$ in Richtung des steilsten Abstiegs zeigt. Soll minimiert werden, so wird die Ebene also in Richtung $-w$
also in die dem Normalenvektor entgegengesetzte Richtung verschoben.

11.3.2 Didaktische Betrachtung

Die kritische Betrachtung von Tests und deren Auswertungsmethodik eignet sich aus mehreren Gründen für den Einsatz in der Schule. Bereits in der Sekundarstufe I kann dieses Thema im Rahmen der Leitidee 5 eingesetzt werden. In erster Linie geht es hier um das Planen und Durchführen statistischer Erhebungen sowie deren Auswertung (vgl. Kultusministerkonferenz 2014). Eine kritische Auseinandersetzung mit einer „gängigen" Methodik zur Auswertung von Tests vertieft nicht nur das Verständnis für die Möglichkeiten und Grenzen von Datenerhebungen bzw. Tests, sondern fördert auch die Sicherheit im (kritischen) Umgang mit Datenerhebungen bzw. Testergebnissen. Indem die Schülerinnen und Schüler nachvollziehen, wie eine Auswertung abläuft und welche Kriterien bzw. Gewichtungen sie beinhaltet, können sie die Ergebnisse selbst interpretieren. Dadurch sind sie in der Lage, Testergebnisse nicht bloß anzunehmen, sondern zu prüfen. Damit werden wichtige inhaltliche Kompetenzen und allgemeine mathematische Kompetenzen erweitert und gefördert.

Darüber hinaus kann diese Thematik dem allgemeinen Erziehungsauftrag der Schule dienen. Schülerinnen und Schüler sollen zu „mündigen Bürgerinnen und Bürgern erzogen werden, die verantwortungsvoll, selbstkritisch und konstruktiv ihr berufliches und privates Leben gestalten und am politischen und gesellschaftlichen Leben teilnehmen können" (Kultusministerkonferenz 2005, S. 6). In der Auseinandersetzung mit den Ergebnissen einer Testauswertung erfahren die Schülerinnen und Schüler, dass zum verantwortungsvollen Mitgestalten der Gesellschaft auch die kritische Auseinandersetzung mit Aussagen gehört, die von einem Institut oder einer Firma getätigt werden. Sie werden dazu angeleitet, sich mit Ergebnissen und deren Zustandekommen auseinanderzusetzen sowie diese zu hinterfragen und zu prüfen.

Im Folgenden soll eine mögliche Umsetzung in der Sekundarstufe II im Rahmen der analytischen Geometrie bzw. linearen Algebra dargestellt werden. Inhaltlich liegt der Schwerpunkt auf dem Skalarprodukt, das hier in einem bestimmten Kontext interpretiert werden muss. Damit ist es den Leitideen 2 (Messen) und 3 (Raum und Form) zuzuordnen (vgl. Kultusministerkonferenz 2015). Die allgemeinen mathematischen Kompetenzen werden ebenfalls gefördert (v. a. mathematisches Argumentieren und Kommunizieren). Auch der in den Bildungsstandards geforderte Einsatz digitaler Mathematikwerkzeuge kann mit Hilfe der kritischen Überprüfung realer Testergebnisse verwirklicht werden (vgl. Kultusministerkonferenz 2015, S. 13).

Das Skalarprodukt wird in der Schule häufig eingeführt, um Längen und Winkel zu berechnen. Dabei wird im Sinne des Spiralcurriculums an die Kenntnisse und Vorstellungen der Sekundarstufe I angeknüpft. Es sind drei verschiedene Zugänge möglich, wobei der letzte im Unterricht nicht gefordert ist:

1. arithmetischer Zugang: Produkt zweier Vektoren, die als n-Tupel aufgefasst werden.
2. geometrisch orientierter Zugang: $\vec{a} \cdot \vec{b} = |\vec{a}| \cdot |\vec{b}| \cdot \cos \sphericalangle(\vec{a}, \vec{b})$.
3. axiomatischer Zugang: „Skalarprodukt als positiv definite symmetrische Bilinearform" (Henn und Filler 2015, S. 196)

Um bei den Schülerinnen und Schülern ein Verständnis für das Skalarprodukt grundzulegen, ist es wichtig, nicht bloß einen Zugang zu bedienen. Für die Schule eignet sich eine Verknüpfung der ersten beiden Zugänge, der dritte folgt dann im Rahmen der Universität. Henn und Filler (2015) beschreiben zwei verschiedene Ansätze (geometrisch und arithmetisch), die Einführung des Skalarprodukts zu motivieren. Zum einen kann dies geometrisch über die Berechnung von Winkeln und Längen geschehen. Dabei wird im Sinne des Spiralcurriculums an den Kosinussatz und den Satz des Pythagoras angeknüpft. Zum anderen kann die Einführung des Skalarprodukts arithmetisch motiviert werden. Dies kann am Beispiel von Stückpreisen verdeutlicht werden. Der Preisvektor gibt die Stückpreise an, ein weiterer Vektor die Anzahl der einzelnen Stücke. Das Skalarprodukt liefert den Gesamtpreis.

In diesem Beitrag soll eine weitere Möglichkeit gezeigt werden, das Skalarprodukt über einen arithmetischen Zugang zu motivieren bzw. nach einer geometrisch orientierten Einführung eine Vertiefung zu bilden. Außerdem wird vom Skalarprodukt ausgehend die Matrizenmultiplikation motiviert. Der Einstieg in die Thematik der Testauswertung erfolgt über das bereits vorgestellte Beispiel 11.1.1. Die Schülerinnen und Schüler versuchen zunächst, das Auswertungsverfahren nachzuvollziehen.

Mit Hilfe der Daten können die Schülerinnen und Schüler analysieren, wie die Ermittlung des Testsiegers zu Stande kommt. Durch die Übersicht innerhalb der Tabelle und den angegebenen Gewichten wird deutlich, dass die Gesamtnote dem gewichteten Mittel der Noten der einzelnen Kategorien entspricht. Die Schülerinnen und Schüler erkennen, dass dieses gewichtete Mittel als Skalarprodukt des Gewichtsvektors mit den Vektoren der einzelnen Beurteilungen aller Produkte dargestellt werden kann. Damit ist der arithmetische Zugang zum Skalarprodukt gewährleistet. Es schließt sich eine geometrische Deutung des Skalarprodukts an. Entweder ist es eine Anknüpfung an die bereits erfolgte geometrisch orientierte Einführung oder es kann als Ausgangspunkt für eben diese genutzt werden. Dabei könnte zumindest in Rückgriff auf die Vorstellungen im $\mathbb{R}^3$ deutlich werden, dass der Testsieger eben jenes Produkt ist, bei dem der Abstand vom Ursprung zur (Hyper)Ebene am kleinsten ist.

Die Einführung der Matrizenmultiplikation erfolgt in vielen Schulbüchern über einen arithmetischen Zugang. Dabei wird im Rahmen eines realitätsnahen Beispiels ein mehrstufiger Prozess mit Hilfe einer Matrizenmultiplikation dargestellt (vgl. Henn und Filler 2015). Die Thematik der Testauswertung eignet sich ebenfalls, um ausgehend vom Skalarprodukt die Matrizenmultiplikation zu motivieren. Wird ein Produkt und seine Bewertung betrachtet, wird das Skalarprodukt berechnet. Im Test werden aber mehrere Produkte in gleichen Kategorien getestet. Also können die Ergebnisse aller Produkte in einer Matrix dargestellt werden. In unserem Beispiel handelt es sich dann um eine 6×2 Matrix. Wenn nun diese Matrix mit dem Gewichtsvektor multipliziert wird, entsteht ein Vektor der die Gesamtpunktzahlen aller Produkte darstellt. Den Schülerinnen und Schülern gelingt dies intuitiv, nachdem sie für einige Fälle bereits das Skalarprodukt berechnet haben, können sie erläutern, dass bei der Multiplikation einer Matrix mit einem Vektor das Skalarprodukt aus dem Zeilenvektor der Matrix und dem Vektor gebildet wird.

Eine Frage, die im Rahmen der Analyse des Auswahlverfahrens gestellt wird, ist die nach der Verteilung der Gewichte. Es wird deutlich, dass bereits eine kleine Verschiebung der Gewichte zu einem neuen Testsieger führen kann. Die Schülerinnen und Schüler verändern die Gewichte und berechnen die Gesamtnoten neu.

In diesem Kontext eignet sich der Einsatz digitaler Werkzeuge, um zum einen das Verständnis für die Auswertungsmethodik zu vertiefen und zum anderen den Rechenaufwand zu verringern bzw. auszulagern. Durch das Variieren der Gewichte wird deutlich, wie variabel die Auswertung eines Tests sein kann und ob es überhaupt einigermaßen „stabile" Verteilungen gibt. Die Erkenntnisse bestärken die Schülerinnen und Schüler, Ergebnisse von Warentests kritisch zu betrachten. Die Schülerinnen und Schüler können selbst Programme schreiben, um die Variationen der Gewichte umzusetzen. Dabei könnte das Programm so aussehen, dass die Vektoren zur Bewertung der Produkte in den einzelnen Kategorien eingegeben werden (oder eben als Zeilenvektoren einer Matrix). Außerdem werden die Gewichtsvektoren eingegeben und die Gesamtbewertungen in Abhängigkeit der gewählten Gewichtung berechnet. Eine weitere Option ist, den Schülerinnen und Schülern ein Programm als Blackbox zur Verfügung zu stellen. Zum einen können sie dann Ergebnisse schnell berechnen, zum anderen kann die Blackbox als Ausgangspunkt für die Erarbeitung dienen. Die Schülerinnen und Schüler werden durch das Programm angeregt, herauszufinden, was mathematisch dahinter steckt. Ziel ist es dann, den Mechanismus des Programms zu verstehen und nachzuvollziehen, was und vor allem wie das Programm Ergebnisse ermittelt. Die Simulation unterstützt die Schülerinnen und Schüler in ihrem Verständnis. Sie rechnen nicht nur wenige Beispiele, sondern können das Verfahren in einem großen Umfang überblicken (je nach Simulation für 100 oder noch mehr Fälle). Erstellen sie die Simulation sogar selbst, analysieren sie die Auswertungsmethodik nicht nur, sondern verstehen diese. Das wird an der von ihnen erstellten Simulation deutlich, die nur dann funktioniert, wenn das Prinzip dahinter verstanden ist. Simulationen dienen damit nicht nur der umfangreicheren Darstellung, sondern (vor allem) dem tieferen Verständnis der Thematik.

11.3.3 Praktische Durchführung

Das beschriebene Konzept wurde in einem Leistungskurs Klassenstufe 12 im Rahmen der Linearen Algebra an einem Gymnasium in Rheinland-Pfalz umgesetzt. Zur Einstimmung auf die Thematisierung von Auswertungsverfahren eines Rankings wurden eingangs unterschiedliche Produktbewertungen in Form von Tabellen visualisiert. Dabei wird darauf geachtet, verschiedene Bereiche, in denen ein Ranking heutzutage stattfindet, wie Elektronik, Hotels, Universitäten und Ärzte, aufzuzeigen. Zugleich werden hier unterschiedliche Formen der Bewertung durch beispielsweise Prozente, Noten und Sterne deutlich. Die Schülerinnen und Schüler nehmen diesen Impuls als Möglichkeit wahr, die Unterschiede und Gemeinsamkeiten solcher Rankings herauszustellen und ihre eigenen Erfahrungen einzubringen. Dabei stellen sie insbesondere die Chance heraus, die Rankings haben. Sie

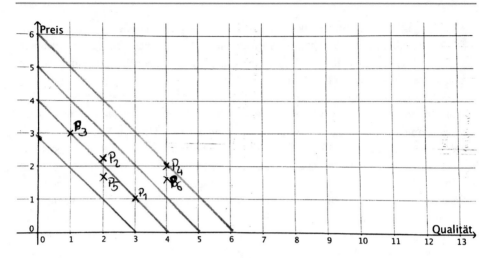

Abb. 11.5 Schülerlösung

haben durch die Einzelbewertungen verschiedener Eigenschaften wie Preis, Design, Handhabung, Akku etc. die Möglichkeit, sich ein eigenes Bild vom Produkt zu machen, ohne sich selbst mit den Einzelheiten der Geräte auseinandersetzen zu müssen, um für sich selbst das optimale Gerät auswählen zu können. Ebenso gibt es die Möglichkeit, von den Erlebnissen und Erfahrungen anderer profitieren zu können. Zugleich kritisieren sie allerdings bereits an dieser Stelle, dass Rankings, auf einer sehr subjektiven Grundlage basieren und des Weiteren durch die Herausgeber dieser Rankings sehr stark beeinflusst werden können.

Die Schülerinnen und Schüler erarbeiten, wie sich die Gesamtbewertung zusammensetzt und wie sich der Testsieger durch Darstellung der Gewichtung als Geraden geometrisch ermitteln lässt (vgl. Abb. 11.5). Zudem simulieren sie durch das Verändern der Gewichtungsfaktoren und Anpassung der Geraden, wie sich das Ranking entsprechend ihrer persönlichen Vorlieben anpassen lässt. Dabei beobachten sie, dass:

- unterschiedliche Produkte als Testsieger hervorgehen können, entsprechend ihrer überragenden Bewertung in einer der beiden Kategorien.
- Produkte, die in beiden Kategorien gut bis mittelmäßig abschneiden, niemals die Tabelle anführen, jedoch zugleich nicht das Schlusslicht bilden.

Der geometrische Lösungsversuch mit Hilfe der Geraden im Koordinatensystem erschließt sich den Schülerinnen und Schülern als sehr anschaulicher Zugang zur Situation. Sie stellen sich anschließend die Frage, wie die Auswertung bei einem Test mit mehr als zwei Kategorien aussieht. Ein Schüler schlägt als Lösungsansatz vor, die Dimension des Koordinatensystems entsprechend der angegebenen Kriterien zu erhöhen. Sie einigen sich darauf, das Problem zunächst nur rechnerisch zu bearbeiten. Dazu untersuchen sie eine aktuelle Bestenliste von Smartphones auf der Internetseite der CHIP Digital GmbH München. Bei dieser wurden 110 Smartphones in 6 Kategorien getestet. Auf der Web-

prodkt.	ges.gew. pers	Rang	ges.gew.	Rang	akku	aussttng.	displ.	dig.cam.
p1	93,74	2	93,21	2	88,2	97,3	93,8	100
p2	94,31	1	94,98	1	92,4	96,9	92,6	98
p3	91,11	3	91,002	3	86,8	94,7	97,2	88,4
p4	90,145	5	87,2705	6	83,4	89	92,6	97,1
p5	90,78	4	88,261	5	85,4	89	92,3	97,2
p6	85,165	10	84,7155	9	70,4	100	100	82,1
p7	89,425	6	89,863	4	86,5	92,8	92,4	88,6
p8	88,58	8	86,815	7	79,2	93,3	90,1	98
p9	88,655	7	83,632	10	76,9	87,6	94,6	98,4
p10	85,2	9	85,7585	8	72,9	99,7	94,3	85,7

Abb. 11.6 Lösungsansatz der Schülerinnen und Schüler

site können per Hand persönliche Einstellungen vorgenommen werden, beispielsweise die Verschiebung des Fokus auf eine bestimmte Kategorie oder die Herausnahme einer solchen. Die Schülerinnen und Schüler haben hier zunächst die Möglichkeit, frei zu experimentieren und verschiedene Einstellungen nach ihren persönlichen Vorlieben vorzunehmen. Im Weiteren simulieren sie mithilfe unterschiedlicher Gewichtungen, inwiefern diese Einfluss auf das Ranking der ersten 10–20 Smartphones haben. Dazu nutzen sie ihren GTR (Grafikfähigen Taschenrechner) oder ein Tabellenkalkulationsprogramm (wie Excel etc.). Durch die Vorerfahrungen im Umgang mit Matrizen und Vektoren entdecken sie selbstständig die Simulation der Gewichtung als Multiplikation eines Vektors mit einer Matrix. Die Berechnung „per Hand" gestaltet sich in diesem Zusammenhang als schwierig, da der Umfang der Ergebnisse dann stark eingeschränkt werden müsste. Sie simulieren eine Vielzahl von Gewichtsvektoren, um ihre Entdeckungen aus der vorangegangen Erarbeitung zu stützen (siehe Abb. 11.6). Dabei zeigt sich erneut, dass auf Grund der Anwendung unterschiedlicher Gewichtsverteilungen fast alle Smartphones sowohl den Testsieg als auch den Schlussbereich anstreben können.

Ausblickend stellen sich die Schülerinnen und Schüler die Frage, wie sich ein solches Rankingsystem möglichst „fair" und verbraucherfreundlich gestalten lasse, um dem Kunden eine Möglichkeit zu bieten, Kaufentscheidungen zukünftig noch vertrauensgeleiteter treffen zu können. Insgesamt bewerten sie die Auseinandersetzung mit einem solchen Rankingsystem als durchweg positiv, da sie nun künftig eine reflektierte Auseinandersetzung mit diesen Bewertungen anstreben und im Freundeskreis „nicht mehr nur als abstrakter Mathematiker sondern als fachlich kompetenter Berater in allen Lebenslagen auftreten" können.

11.4 Ermittelung eines stabilen Testsiegers

Nachdem nun in einem ersten Schritt die Fragestellung, wie ein Testverfahren ausgewertet wird, dargestellt wurde, stellt sich nun die Frage, ob es einen „stabilen" Testsieger gibt. Das heißt, ob es ein Produkt gibt, dass bei vielen verschiedenen Gewichtungen dennoch häufig Testsieger ist. Auch dieses Mal wird zunächst der fachmathematische Hintergrund erläutert, bevor eine didaktische Betrachtung und schließlich die Umsetzung in der Schule dargestellt wird.

11.4.1 Fachmathematischer Hintergrund

Wir haben bisher gesehen, dass (a) der Testsieger bzw. das Ranking stark vom gewählten Gewichtsvektor abhängigt, (b) Produkte mit dominierten Bewertungen nie Testsieger werden können und (c) es Produkte mit nicht-dominierten Bewertungen geben kann, die bei der Gewichtete-Summe-Methode auch nie Testsieger werden – gleich welchen Gewichtsvektor man wählt. Ferner haben wir bei der Gewichtete-Summe-Methode zum Bestimmen eines Rankings/Testsiegers erörtert, dass die Wahl eines Eintrags des Gewichtsvektors der relativen Bedeutung der jeweiligen Kategorie am Gesamtergebnis entspricht. In einem Test ist die Wahl des Gewichtsvektors unter Umständen sehr subjektiv: Soll die Kategorie „Preis" beispielsweise nun mit 20 %, 25 % oder mit 30 % in die Gesamtbeurteilung mit einfließen? Kann man die ein oder andere Wahl wirklich objektiv begründen oder erfolgt sie nicht auch ein Stück „aus dem Bauch heraus", also willkürlich?

Dies motiviert direkt die Frage danach, welches Produkt für eine möglichst große Menge[3] an Gewichtsvektoren Testsieger wird. Diesen Testsieger wollen wir „stabil" nennen. Er ist dadurch gekennzeichnet, dass er häufig Testsieger wird, also potentiell viele Kunden mit vielen unterschiedlichen Gewichtsvektoren zufriedenstellt.

Fragt man nach diesen unterschiedlichen Gewichtsintervallen zu den möglichen Testsiegern, so interessiert man sich für die Parameterintervalle für die das Optimierungsproblem dieselbe Optimallösung liefert. Im universitären Umfeld ordnet man diese Fragestellung der sogenannten Sensitivitätsanalyse zu. Obwohl es sehr wohl rigorose Zugänge zur Sensitivitätsanalyse gibt, soll hier ein simulationsbasierter Ansatz gewählt werden, da dieser leicht verständlich und einfach zu vermitteln ist und sich somit für das schulische Umfeld eignet.

Dazu einige Vorüberlegungen. Aus Abschn. 11.3 ist bekannt, dass sich jeder Gewichtsvektor $w \in \mathbb{R}^m$ aus nicht-negativen Komponenten zusammensetzt, die sich zu Eins addieren. Die mögliche Menge an Gewichten ist also

$$W = \{w \in \mathbb{R}^m : \sum_{i=1}^{m} w_i = 1, w_i > 0, i = 1, \ldots, m\}.$$

Gesucht ist eine Zerlegung von $W = I_1 \cup \cdots \cup I_s$, so dass jedes Gewicht desselben Intervalls $I_j, j = 1, \ldots, s$, auch denselben Testsieger impliziert. Eine solche *Zerlegung des Gewichtsraums* zu berechnen gilt in der kombinatorischen, multikriteriellen Optimierung

---

[3] Ein einfaches Stetigkeitsargument liefert die Einsicht, dass es sich bei diesen Mengen in der Tat um Intervalle handelt.

im Allgemeinen als nicht-trivial und ist Gegenstand aktueller Forschung (Przybylski et al. 2010; Bökler und Mutzel 2015). Für den Fall von zwei Kategorien ist dies jedoch relativ einfach und kann entweder exakt über Dichotomiesuche exakt berechnet oder über eine Simulation bestimmt werden. Wir wollen uns nachfolgend nur mit dem letzteren Ansatz beschäftigen und eine einfache Monte-Carlo-Simulation zum Bestimmen der Zerlegung des Gewichtsraums beschreiben. Die Idee der Monte-Carlo-Simulation ist es, analytisch schwierige oder aufwändige Probleme numerisch bzw. simulativ zu lösen, indem sehr viele Zufallsexperimente desselben Typs ausgeführt werden. Das Zufallsexperiment, das wir verwenden, wird in Algorithmus 1 beschrieben: die Simulation der Erstellung eines Rankings zu einem (zufällig gewählten) Gewichtsvektor. Der Algorithmus, der die Monte-Carlo-Simulation realisiert, kann wie in Algorithmus 4 beschrieben werden.

Algorithmus 4 (Gewichtsraumzerlegung)

1: Lies' die Anzahl an Iterationen N ein.
2: Sei $L = \emptyset$ eine leere Liste.
3: **for** $j = 1, \ldots, N$ **do**
4:    Führe Algorithmus 1 aus.
5:    $L = L \cup \{(w, P)\}$, wobei w das benutze Gewicht und P der dazu gehörige Testsieger ist.
6: **end for**
7: **return**

Diese Monte-Carlo-Simulation führt also den folgenden Schritt sehr häufig durch: Wir wählen – im nächsten Abschnitt werden zwei unterschiedliche Arten der Auswahl thematisiert – eine Komponente des Gewichtsvektors, z. B. $w_1 \in (0, 1)$. Aufgrund der Definition von W folgt für den zweiten Gewichtsvektor unmittelbar

$$w_2 = 1 - w_1 \text{ und } w = (w_1, w_2) \in W.$$

Insbesondere lässt sich jeder mögliche Vektor w aus W so generieren. In jedem einzelnen Schritt wird also ein möglicher „Entscheider" simuliert, der mit seiner ganz eigenen Gewichtswahl einen Testsieger bestimmt. Die Simulation führt diesen Schritt sehr häufig durch, so dass für sehr viele unterschiedliche Gewichtswahlen die Testsieger bestimmt werden. Für jeden dieser (zufällig) generierten Gewichtsvektoren wird dann der Testsieger P bestimmt. Protokolliert man nun die Testsieger zu den entsprechenden Gewichten, so wird nach und nach approximativ die Gewichtsraumzerlegung bestimmt. Das Tupel (w, P) trägt also die Information, welcher Gewichtsvektor welchen Testsieger impliziert. Nach dem Gesetz der großen Zahlen nähert sich diese approximierte Gewichtsraumzerlegung an die tatsächliche Zerlegung an. Damit erhält man also eine (beliebig gute) Approximation der Gewichtsraumzerlegung und kann dann Aussagen über die Stabilität bestimmter Gewichtsintervalle treffen, indem z. B. das größte Intervall bestimmt und das entsprechende Produkt „stabiler" Testsieger genannt wird.

11.4.2 Didaktische Betrachtung

Bei der Suche nach einem stabilen Testsieger muss eine große Anzahl an Gewichtungen geprüft werden. Um dies zu realisieren und eine anschauliche Anknüpfung an die geometrische Deutung zu leisten, ist eine Simulation (fast) unumgänglich (vgl. zur Simulation im Unterricht, Greefrath und Weigand 2012). In den Bildungsstandards für die Sekundarstufe II wird der Einsatz digitaler Mathematikwerkzeuge explizit benannt. Dabei werden verschiedene Möglichkeiten dargestellt, wie diese eingesetzt werden können. Wichtig ist vor allem, dass diese Werkzeuge sinnvoll eingesetzt werden. Das kann der Fall sein, wenn eine große Datenmenge verarbeitet werden soll (wie beispielsweise bei unserem Beispiel zum Handyvergleich im Internet). Digitale Mathematikwerkzeuge können aber auch dazu dienen, die Schülerinnen und Schüler selbst mathematische Zusammenhänge entdecken zu lassen oder bereits gemachte Entdeckungen/eigene Ideen zu kontrollieren und zu begründen. Da einige Werkzeuge die Möglichkeit aufweisen, verschiedene Darstellungsformen miteinander zu verknüpfen, ist ihr Einsatz verständnisfördernd (vgl. Kultusministerkonferenz 2015).

Bei der Simulation verschiedener Gewichtungen sind zwei Zugänge möglich:

- stochastisch: Das erste Gewicht wird mit Hilfe von normalverteilten Zufallszahlen zwischen 0 und 1 generiert. Das Gewicht für die zweite Kategorie berechnet sich als Differenz von 1 und dem Gewicht der ersten Kategorie.

- systematisch: Die Gewichte werden systematisch von $g_1 = \begin{pmatrix} 0 \\ 1 \end{pmatrix}$ bis $g_n = \begin{pmatrix} 1 \\ 0 \end{pmatrix}$ gebildet.

In diesem Zusammenhang wird die Simulation benötigt, um das Verständnis zu vertiefen. Ein Realexperiment würde deutlich zu lange dauern, sodass hier die Simulation als sinnvolle Alternative zu wählen ist (vgl. Brell et al. 2008). Die Schülerinnen und Schüler können mit Hilfe weniger Schritte eine Simulation erstellen, die ein umfangreiches Experiment ersetzt. Gleich welcher Ansatz gewählt wird, kann die Simulation beispielsweise mit Hilfe von GeoGebra durchgeführt werden. Eine dynamische Geometriesoftware bietet sich an dieser Stelle an, weil verschiedene Darstellungsformen miteinander verknüpft werden können. Zum einen gibt es ein Tabellenkalkulationsprogramm, mit Hilfe dessen verschiedene Gewichtungen simuliert und dokumentiert werden. Außerdem kann mit Hilfe einer geometrischen Darstellung deutlich werden, warum das Ergebnis der Simulation zu Stande kommt. In einem weiteren Grafikfenster wird aufgezeigt, welche Gewichtungen gewählt wurden. Entweder erstellen die Schülerinnen und Schüler ihre eigene Simulation, um einen stabilen Testsieger zu ermitteln, oder die Lehrperson stellt eine Datei (beispielsweise wie Abb. 11.7) zur Verfügung.

Anhand der Simulation bzw. der geometrischen Darstellung (vgl. Abb. 11.7) wird deutlich, dass es drei Produkte gibt, die je nach Gewichtung Testsieger werden. Die Produkte 2, 4 und 6 werden in keinem Fall Testsieger. Darüber hinaus können Aussagen darüber

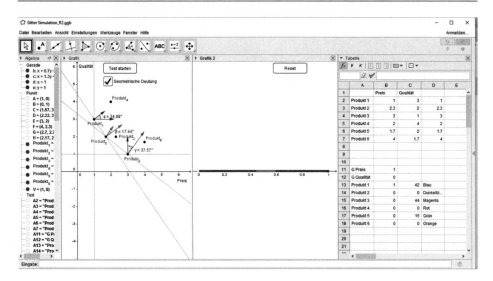

Abb. 11.7 Darstellung der Simulation und geometrischen Deutung erstellt mit GeoGebra

getroffen werden, in welcher Spanne Produkt 1, 3 bzw. 5 Testsieger wird. Ist der Schwerpunkt auf dem Preis, ist Produkt 1 Testsieger. Wird dagegen die Qualität deutlich stärker gewichtet, als der Preis, ist Produkt 3 Testsieger. Durch eine geometrische Deutung wird deutlich, dass die Normalvektoren der Geraden die Spanne angeben, in der ein Produkt Testsieger ist. In der Abbildung ist das gut daran zu erkennen, dass die jeweiligen Normalenvektoren die gleiche Farbe haben.

Die Darstellungsformen lassen sich treffend miteinander verknüpfen. Dies wird im folgenden am Beispiel (vgl. Abb. 11.7) von Produkt 1 deutlich gemacht. In der Grafik 2 der GeoGebra-Datei wird deutlich, dass Produkt 1 Testsieger wird, wenn die Gewichtung des Preises etwa zwischen 0,6 und 1 liegt. Also in etwa 40 % aller Fälle. Das Gleiche lässt sich an Hand der Tabelle erkennen. In 42 von 101 verschiedenen Gewichtungen wird dieses Produkt Testsieger, also in etwa 41 % der Fälle. Abschließend kann dies auch an der geometrischen Darstellung deutlich gemacht werden. Der Winkel, der von den Normalvektoren der beiden Geraden eingeschlossen wird, die die äußeren Begrenzungen für die Testsiegspanne darstellen, beträgt 34,99° und damit etwa 39 % des gesamten Winkels (vom Fall Qualität wird mit 1 gewichtet bis hin zu dem Fall, in dem der Preis mit 1 gewichtet wird). Das es hier zu Abweichungen kommt, liegt unter anderem daran, dass der Wert in Grafik 2 geschätzt ist. Außerdem könnten die Abstände noch geringer gewählt werden (die Simulation arbeitet zur Zeit mir 0,01-Schritten). Je mehr verschiedene Fälle von Gewichtungen es gibt, desto genauer wird die Bestimmung des stabilen Testsiegers.

Mit Hilfe dieser oder einer eigenen Simulation können die Schülerinnen und Schüler also verstehen, wie ein stabiler Testsieger ermittelt werden kann und von welchen Variablen dieser abhängt. Sie erkennen zudem, dass ein und derselbe Sachverhalt in verschiedenen Darstellungsformen ausgedrückt werden kann.

11.4.3   Praktische Durchführung

Auch dieser zweite Teil wurde im Leistungskurs Mathematik Klasse 12 durchgeführt. Da nur wenig Schülerinnen und Schüler über Programmierkenntnisse verfügten und sich somit selbst zutrauten, eine Simulation zu erstellen, arbeitet die Mehrzahl des Kurses mit den vorgefertigten GeoGebra-Dateien.

Zunächst überlegen die Schülerinnen und Schüler selbst, wie ein stabiler Testsieger bestimmt werden kann. Dazu haben sie folgende Vorschläge:

- Nacheinander die Gewichtungen von Preis und Qualität in 10-%-Schritten gegeneinander abwägen und dann dasjenige Produkt bestimmen, das am häufigsten gewinnt
- Eine Grenzmatrix bestimmen, die die langfristige Entwicklung wiedergibt. Diese Idee wird von den Schülerinnen und Schüler selbst verworfen, als nach dem Aussehen dieser Matrix gefragt wird.
- „Funktionen" bestimmen, die die Gewichtsbereiche angeben, in denen ein Produkt gewinnt.
- Simulation programmieren, die die Gewichtung von 100 % gegen Null laufen lässt (ein systematischer Ansatz, wie oben beschrieben)

```
Bitte Preiswert des 1. Produktes eingeben
1
Bitte Qualität des 1. Produktes eingeben
3
Bitte Preiswert des 2. Produktes eingeben
2.3
Bitte Qualität des 2. Produktes eingeben
2
Bitte Preiswert des 3. Produktes eingeben
3
Bitte Qualität des 3. Produktes eingeben
1
Bitte Preiswert des 4. Produktes eingeben
2
Bitte Qualität des 4. Produktes eingeben
4
Bitte Preiswert des 5. Produktes eingeben
1.7
Bitte Qualität des 5. Produktes eingeben
2
Bitte Preiswert des 6. Produktes eingeben
4
Bitte Qualität des 6. Produktes eingeben
1.7
Ergebnis
Produkt 1 ist 41 mal Testsieger
Produkt 2 ist 0 mal Testsieger
Produkt 3 ist 44 mal Testsieger
Produkt 4 ist 0 mal Testsieger
Produkt 5 ist 15 mal Testsieger
Produkt 6 ist 0 mal Testsieger
>>> |
```

Abb. 11.8   Simulation der Schülerinnen und Schüler mit Python

Da die Schülerinnen und Schüler nicht auf die Idee gekommen sind, die Gewichte mit Hilfe von Zufallszahlen zu generieren, wird auch nur die GeoGebra-Datei herausgegeben, die den systematischen Ansatz umsetzt. Die Schülerinnen und Schüler arbeiten nun an dieser Datei und erkennen die Zusammenhänge zwischen den einzelnen Darstellungsformen sowie die Indikatoren für einen stabilen Testsieger. Sie stellen fest, dass der Winkel die Gewinnspanne angibt und dass je größer dieser Winkel ist, desto häufiger wird das Produkt Testsieger. Außerdem wird deutlich, dass einige Produkte überhaupt nicht Testsieger werden können. Beide Werte (Preis und Qualität) sind bei ihnen nur Mittelmaß im Vergleich zu den anderen Produkten, während die Produkte, bei denen mindestens ein sehr guter Bewertungsfaktor auftritt, zumindest in einigen Gewichtungen Testsieger werden.

Vier Schülerinnen und Schüler erstellen ihre eigene Simulation mit Python (vgl. Abb. 11.8). Dabei müssen die Bewertungen der einzelnen Kategorien eingegeben werden. Anschließend berechnet das Programm die Testsieger für verschiedene Gewichtungen. Auch hier wird ein systematischer Ansatz gewählt, bei dem die Gewichtung des Preises bei 1 startet und systematisch in 0,01-Schritten bis 0 geführt wird. Ebenso wird die Gewichtung der Qualität (nur umgekehrt von 0 bis 1) gebildet. Darüber hinaus zählt das Programm, wie oft ein Produkt Testsieger geworden ist und zeigt dies am Ende übersichtlich dar. Die Ergebnisse der Schülerinnen und Schüler decken sich mit der Darstellung in Abschn. 11.4.2.

11.5 Zusammenfassung und Ausblick

In diesem Artikel wurde das gängige Verfahren zur Bestimmung eines Testsiegers bzw. eines Rankings bei Produkttests unter die Lupe genommen: nachdem in verschiedenen Kategorien die Güte des Produkts in Form einer Zahl (z. B. als Schulnote) evaluiert wurde, bildet man mit einem zuvor gewählten Gewichtsvektor eine gewichtete Summe und erhält somit die Bewertung des Produkts. Wir haben dieses Verfahren als ein Optimierungsproblem beschrieben und eine geometrische Veranschaulichung hergeleitet. Wir haben außerdem gezeigt, dass sinnvolle Kompromisslösungen unter Umständen durch dieses Verfahren ausgeschlossen werden können – ein klarer, bislang wenig beachteter Nachteil dieses Verfahrens. Es wurde deutlich, dass sich die Auswertung eines Tests eignet, um zwei unterrichtspraktische Zugänge zum Skalarprodukt (den arithmetischen und den geometrischen) miteinander zu verknüpfen und gewinnbringend einzusetzen. Dabei werden aber nicht nur die inhaltlichen Kompetenzen im Bereich der Linearen Algebra gefördert und vertieft, sondern auch die allgemeinen mathematischen Kompetenzen wie mathematische Darstellungen verwenden oder mit symbolischen, formalen und technischen Elementen der Mathematik umgehen. Mit Hilfe von Simulationsverfahren, die wir im Schuleinsatz mit GeoGebra realisiert haben, wurde zudem gezeigt, wie *stabile Testsieger* berechnet werden können. Stabil heißt ein Produkt, wenn es bei sehr vielen unterschiedlichen Gewichtsvektoren als Testsieger hervorgeht. Die Thematik eignet sich, um digitale Mathematikwerkzeuge im Unterricht gewinnbringend einzusetzen. Mit Hilfe eines Tabellenkalkulationsprogramms oder/und einer dynamischen Geometriesoftware können verschiedene Gewichtungen simuliert werden und ein stabiler Testsieger ermittelt werden. Für die Schülerinnen und Schüler liegt der Mehrwert nicht nur darin, dass sie durch eine Simulation in kurzer Zeit viele Gewichtungen ausprobieren und vergleichen können, sondern auch darin, dass sie durch das eigene Erstellen einer Simulation, das eigentlich Verfahren zur Auswertung von Test tiefer durchdringen und verstehen. Die Bestimmung eines Testsiegers bzw. eines Produktrankings eignet sich hervorragend für den Einsatz in der Sekundarstufe II: Wir haben daher verschiedene Anregungen für die praktische Durchführung im Rahmen der Linearen Algebra (Klassenstufe 12) gegeben.

Literatur

Bökler, F., & Mutzel, P. (2015). Output-sensitive algorithms for enumerating the extreme nondominated points of multiobjective combinatorial optimization problems. In N. Bansal & I. Finocchi (Hrsg.), *ESA 2015*. Lecture Notes in Computer Science, (Bd. 9294, S. 288–299). Berlin Heidelberg: Springer.

Brell, C., Theyßen, H., Schecker, H., & Schumacher, D. (2008). Computer vs. Realexperiment – empirische Ergebnisse zum Lernerfolg. In D. Hötteke (Hrsg.), *Kompetenzen, Kompetenzmodelle, Kompetenzentwicklung*. Gesellschaft für Didaktik der Chemie und Physik, Jahrestagung in Essen. (S. 32–34). Berlin: LIT Verlag.

Dassler, S. (2008). Verbraucherschutz. Ein Thema für den handlungsorientierten Unterricht. *Schulmagazin 5 bis 10, 9*, 43–44.

Ehrgott, M. (2005). *Multicriteria Optimization* (2. Aufl.). Springer.

Ehrgott, M., & Gandibleux, X. (2000). A survey and annotated bibliography of multiobjective combinatorial optimization. *OR-Spektrum, 22*(4), 425–460.

Greefrath, G., & Weigand, H.-G. (2012). Simulieren: Mit Modellen experimentieren. *Mathematik lehren, 147*, 2–6.

Henn, H.-W., & Filler, A. (2015). *Didaktik der Analytischen Geometrie und Linearen Algebra*. Springer Spektrum.

Kultusministerkonferenz (2005). *Bildungsstandards der Kultusministerkonferenz. Erläuterungen zur Konzeption und Entwicklung*. Luchterhand.

Kultusministerkonferenz (2014). *Bildungsstandards im Fach Mathematik für den Mittleren Schulabschluss*. Luchterhand.

Kultusministerkonferenz (2015). *Bildungsstandards im Fach Mathematik für die Allgemeine Hochschulreife*

Leutnant, S. (2010). Schülerinnen und Schüler testen – Ein Erfahrungsbericht über die Teilnahme am Projekt „test macht Schule". *Haushalt und Bildung, 87*(3), 33–41.

Przybylski, A., Gandibleux, X., & Ehrgott, M. (2010). A recursive algorithm for finding all nondominated extreme points in the outcome set of a multiobjective integer programme. *INFORMS Journal on Computing, 22*(3), 371–386.

Zadeh, L. (1963). Optimality and non-scalar-valued performance criteria. *IEEE Transactions on Automatic Control, 8*(1), 59–60.

Simulation einer Fußballbundesligasaison

12

Fußball als stochastischer Prozess?

Jens Weitendorf

Zusammenfassung

In unserer Gesellschaft spielen Prognosen eine bedeutende Rolle. Als Beispiele seien hier nur Steuerschätzungen, Wettervoraussagen usw. genannt. In der Regel sind diese aber viel zu komplex, als dass sie für eine unterrichtliche Behandlung zugänglich wären. Um aber trotzdem den Schülerinnen und Schülern den Prozess nahe zu bringen, wählen wir als ein „einfaches" Beispiel die Simulation einer Fußballbundesligasaison, da diese Situation eher der Lebenswelt der Schülerinnen und Schüler nahekommt. Dabei steht weniger im Vordergrund, dass die Simulation ein hinreichend exaktes Ergebnis liefert, sondern dass Schülerinnen und Schüler erfahren wie Simulationen mit Hilfe von Zufallsgeneratoren durchgeführt werden können. Für die Simulationen werden verschiedene Annahmen vorausgesetzt. Ein erster Schritt geht davon aus, dass alle Mannschaften gleich stark sind. Dieser Ansatz entspricht sicher nicht der Realität. So ergibt sich im zweiten Ansatz die Frage, welche vorhandenen Daten für die Simulation des Ausgangs von Spielen – neben dem Zufall – eine Relevanz haben. Diese Daten sind für ein mathematisches Modell entsprechend zu gewichten. Ein weiteres Problem stellt die Umsetzung in die entsprechende Technologie (Diskutiert werden Einsätze von Excel und ClassPad 400. Das Projekt wurde mit Schülerinnen und Schülern im 2. Halbjahr der Qualifizierungsphase durchgeführt. Die Schülerinnen und Schüler benutzen den ClassPad seit der 7. Klasse. Excel stand ihnen im Computerraum zur Verfügung) dar. Angeregt wurde das Projekt durch die Artikel von Hußmann und Leuders (2006) und Wesson (2006), in denen man weitere Ansätze für die Simulation findet. Mir war es wichtig, ein mit Schülerinnen und Schülern durchzuführendes Projekt zu beschreiben, das in 2 Doppelstunden durchführbar ist.

J. Weitendorf (✉)
Norderstedt, Deutschland

© Springer Fachmedien Wiesbaden GmbH, ein Teil von Springer Nature 2018   253
G. Greefrath und H.-S. Siller (Hrsg.), *Digitale Werkzeuge, Simulationen und mathematisches Modellieren*, Realitätsbezüge im Mathematikunterricht,
https://doi.org/10.1007/978-3-658-21940-6_12

12.1   Ein erster Ansatz

Um eine Fußballbundesligasaison zu simulieren, sind Voraussetzungen hinsichtlich des realen Modells zu machen. Wir gehen zunächst davon aus, dass alle Mannschaften gleich stark sind. In diesem Zusammenhang würde es dann keinen Sinn machen, Mannschaften zu unterscheiden. Das Ziel einer solchen Simulation kann es dann natürlich nur sein, zu untersuchen, ob es gelingt, eine in etwa realistische Abschlusstabelle zu bekommen. Wenn dies der Fall ist, so würde einiges dafür sprechen, dass der Zufall für den Ausgang eines Spiels bedeutsam ist, bzw. dass Fußball ein stochastischer Prozess ist. Des Weiteren machen wir die Annahme, dass ca. 25 % der Spiele unentschieden enden neben der, dass die Chancen zu gewinnen für beide Mannschaften gleich sind. Die tatsächliche Anzahl der Spiele, die unentschieden enden variiert natürlich von Saison zu Saison (Saison 11/12: 25,8 %; Saison 12/13: 25,5 %; Saison 13/14: 20,9 %). Für diese erste Simulation mit Hilfe eines Taschencomputers (ClassPad 400) werden wegen der obigen Argumentation keine Identifikationen der Vereine benötigt; wir nummerieren sie lediglich fortlaufend von 1 bis 18. Mit dem ClassPad 400 kann man für die Simulation ein Programm schreiben, das im Folgenden wiedergegeben ist.

Das Programm (s. Abb. 12.1) ist so aufgebaut, dass zunächst die Anzahl der beteiligten Mannschaften einzugeben ist. So ist es auch für andere Ligen nutzbar. Zunächst werden aber Bereiche für die einzelnen möglichen Spielausgänge festgelegt. Zufallszahlen sind hier Zahlen aus dem Intervall (0/1). Dieses Intervall wird in 3 Bereiche aufgeteilt. Das Intervall (0/0,375) für „verloren", das Intervall (0,625/1) für „gewonnen" und die Mitte

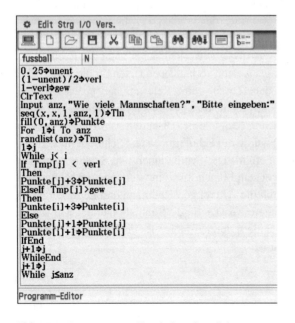

Abb. 12.1 Programm zur Simulation einer Saison

(0,375/0,625) für „unentschieden". Diese Zuteilung entspricht der Übersetzung des realen Modells in ein mathematisches, das durch das Programm realisiert ist. Der Befehl *seq* erzeugt die Mannschaften, die durch die Zahlen 1, 2, 3, ... repräsentiert werden. In der Liste mit dem Namen *Punkte* werden für jede Mannschaft die Punkte erfasst. Für jede Mannschaft (Im Programm umgesetzt durch die erste „For-Schleife") wird eine Liste von Zufallszahlen erzeugt, die den Ausgang der Spiele gegen die anderen Mannschaften simulieren. Mit Hilfe der entsprechenden Abfragen werden Punkte zugeordnet und für jede Mannschaft aufaddiert. Maximal-, Minimal-, Mittelwert, Standardabweichung und die sich ergebende Tabelle können am Ende ausgegeben werden. Eine entsprechende Simulation könnte man natürlich auch mit Hilfe der Tabellenkalkulation realisieren.

Die Punkt-Ergebnisse der einzelnen Vereine zeigt die folgende Tabelle.

Verein	17	5	13	7	2	3	4	9	18	14	16	6	8	11	15	1	10	12
Punkte	71	61	56	51	51	50	50	48	48	46	44	42	42	37	37	36	34	31

Man erhält für den Mittelwert: 46,39 und für die Standardabweichung: 10,01

Ein Vergleich mit realen Bundesligatabellen zeigt, dass die Streuung der erreichten Punkte im Allgemeinen deutlich größer ist, als bei dieser Simulation. Dies wird noch offensichtlicher, wenn man weitere Simulationen mit dem gleichen Programm durchführt. So führte eine zweite Simulation zu folgenden Ergebnissen.

Verein	10	16	7	5	14	9	11	18	1	4	12	3	2	6	17	15	13	8
Punkte	55	55	54	53	52	50	50	49	48	47	47	44	44	44	43	42	33	31

Für den Mittelwert ergibt sich: 46,72 und für die Standardabweichung: 6,77

Um zu wirklich überprüfbaren Daten zu gelangen, müsste das Programm hinreichend oft ausgeführt werden, bzw. man erweitert die Simulation so, dass automatisiert mindestens 100 Durchgänge berechnet werden. Der Zeitbedarf wäre allerdings bei der verwendeten Hardware nicht unerheblich, da schon ein Durchgang ca. 3 min benötigt. 100 Durchgänge würden also ca. 5 h Zeit erfordern; dies würde bedeuten, dass die Unterrichtszeit deutlich zu kurz wäre.

Der zu erwartende Erwartungswert und die dazugehörige Standardabweichung lassen sich für die oben genannten Annahmen natürlich auch direkt berechnen.

Punkte	3	1	0
Wahrscheinlichkeit	0,375	0,25	0,375

Daraus ergibt sich für ein Spiel: $E_1 = 3 \cdot 0,375 + 1 \cdot 0,25 = 1,375$ und für eine Saison $E = 46,75$

Da die Varianz linear ist, wird diese zuerst berechnet und danach die Standardabweichung.

$$V_1 = (1{,}375 - 3)^2 \cdot 0{,}375 + (1 - 1{,}375)^2 \cdot 0{,}25 + 1{,}375^2 \cdot 0{,}375 = 1{,}734375$$
$$V_{34} = 34 \cdot V_1 \rightarrow V_{34} = 58{,}96875 \rightarrow \sigma \approx 7{,}68$$

Die Berechnungen zeigen, dass die theoretischen Werte bezogen auf den Erwartungswert und die Standardabweichung in etwa mit den simulierten Werten übereinstimmen.

Die Simulationen zeigen aber auch, dass die Ergebnisse von Erwartungswert und Standardabweichung nicht optimal mit den tatsächlichen Bundesligaergebnissen übereinstimmen. Das reale Modell soll daher in die Richtung verbessert werden, dass die Vereine nicht als gleich stark vorausgesetzt werden.

12.2 Berücksichtigung der letzten Saison

Im Folgenden wird die Annahme gemacht, dass der Tabellenstand zum Abschluss der vorherigen Saison einen Einfluss auf die laufende Saison hat. Das heißt, für die Wahrscheinlichkeit für den Sieg bzw. die Niederlage werden die in der letzten Saison erreichten Punkte herangezogen. Weiterhin wird aber die Annahme gemacht, dass ¼ aller Spiele unentschieden enden. Das heißt, in Bezug auf diesen Spielausgang findet keine Gewichtung statt.

Der Spielausgang soll nach wie vor mit Zufallszahlen simuliert werden. Um eine gute Darstellung und Übersicht zu haben, wird eine Tabellenkalkulation für die Simulation genutzt. Mit Schülerinnen und Schülern wurden die Simulationen sowohl mit Excel als auch mit der Tabellenkalkulation des ClassPad durchgeführt. Da die Schülerinnen und Schüler in der Regel nicht sehr darin geübt sind, Programme zu schreiben, sollte man darauf verzichten, das obige Programm entsprechend zu ergänzen, da bei weiteren Annahmen das Programm noch komplexer wird. Ein weiteres Argument, das gegen eine Programmierung mit dem ClassPad spricht, ist die Unübersichtlichkeit vor allem für das Ergebnis der Simulation. Die Tabellenkalkulationen des ClassPad und die von Microsoft Office sind relativ ähnlich. Excel hat den Nachteil, dass Zufallszahlen bei jeder Aktion neu erzeugt werden. Dies lässt sich durch ein Makro verhindern; bedeutet aber für Schülerinnen und Schüler ein weiteres Problem. Hingegen hat die Tabellenkalkulation des ClassPad den Nachteil, dass sie in den Kopiermöglichkeiten eingeschränkt ist.

Tabellenkalkulationen haben gegenüber einem Programm den Nachteil, dass nur zwischen zwei Möglichkeiten unterschieden werden kann. Das bedeutet, dass der Entscheidungsbaum linearisiert (s. Abb. 12.2) werden muss.

Als Beispiel betrachten wir die Vereine Dortmund und Schalke. Dortmund hatte in der Saison 13/14 71 Punkte und Schalke 64 Punkte. Es wird nach wie vor die Annahme gemacht, dass 25 % der Spiele Unentschieden enden. Für die Simulation wird zunächst eine Zufallszahl erzeugt, um zu entscheiden, ob das Spiel unentschieden endet oder nicht. Nur für den Fall, dass das Spiel nicht unentschieden endet. wird eine weitere Zufallszahl erzeugt. Das Intervall [0;1] wird jetzt im Verhältnis der Punkte, die die Mannschaften in

a   **b**

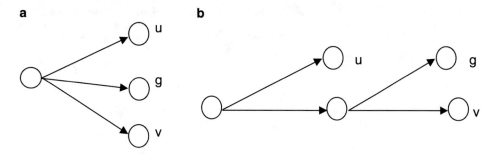

Abb. 12.2a,b Anpassung der Wahrscheinlichkeitsbäume

der letzten Saison erreicht haben, aufgeteilt. Das heißt, wenn die Zufallszahl kleiner als 71/135 ist, gewinnt Dortmund in der Simulation und erhält 3 Punkte, im anderen Fall natürlich keinen Punkt und Schalke muss die 3 Punkte erhalten. Dies zeigt ein weiteres Problem, wenn man die Saison mit Hilfe einer Kreuztabelle simulieren möchte. Aus der Punktezuteilung für eine Mannschaft ergibt sich automatisch eine Zuteilung für den Gegner. Daneben gibt es Hin- und Rückspiele.

Das Problem lässt sich folgendermaßen lösen. Man erzeugt zu der ersten Kreuztabelle eine zweite „inverse" Tabelle. Die „1" für unentschieden bleibt natürlich erhalten; die

Tab. 12.1 Linker Teil der Kreuztabelle

		München	Dortmund	Schalke	Leverkusen	Wolfsburg
		90	71	64	61	60
München	90		0	0	1	3
Dortmund	71	3		3	3	0
Schalke	64	3	3		1	1
Leverkusen	61	0	0	3		0
Wolfsburg	60	1	1	3	0	
Gladbach	55	0	3	0	3	1
Mainz	53	3	3	3	1	1
Augsburg	52	0	3	3	3	3
Hoffenheim	44	3	1	3	3	3
Hannover	42	3	0	3	0	3
Hertha	41	3	0	3	0	0
Bremen	39	3	3	0	0	0
Frankfurt	36	1	3	3	3	0
Freiburg	36	1	3	1	3	3
Stuttgart	32	3	1	3	3	3
Hamburg	27	0	3	3	3	0
Köln	32	0	3	0	0	1
Paderborn	27	3	3	3	3	1

Tab. 12.2 Der inverse Teil der Tabelle aus Tab. 12.1 mit dem sich insgesamt ergebenen Punktestand

	München	Dortmund	Schalke	Leverkusen	Wolfsburg	Gladbach
	27	21	27	25	31	41
	30	30	21	30	24	27
	57	51	48	55	55	68
München		0	3	3	0	0
Dortmund	3		3	3	0	3
Schalke	0	0		3	0	0
Leverkusen	3	3	0		0	0
Wolfsburg	0	3	0	0		0
Gladbach	0	3	3	0	3	
Mainz	3	0	0	0	3	0
Augsburg	0	0	0	0	0	0
Hoffenheim	0	3	0	0	0	0
Hannover	0	3	0	0	0	0
Hertha	0	0	0	0	0	0
Bremen	3	0	0	0	3	0
Frankfurt	0	0	0	0	0	0
Freiburg	0	3	3	0	0	0
Stuttgart	0	3	0	0	0	0
Hamburg	0	0	0	3	0	0
Köln	0	3	0	0	0	3
Paderborn	0	0	0	0	3	0

„3" bzw. die „0" werden entsprechend invertiert. Die Punkte der Mannschaften insgesamt ergeben sich dann aus der Addition der Ergebnisse in den Spalten der ersten Tabelle und der Summe der Ergebnisse in den Zeilen der inversen Tabelle. Die Tab. 12.1 und 12.2 zeigen die Ergebnisse[1].

In der ersten Zeile bzw. ersten Spalte sind die Punkte der letzten Saison angegeben. Tabellenkalkulationen sind funktional angelegt; das heißt, man kann zum einen direkt auf die angegebenen Bewertungszahlen zugreifen, zum anderen lassen sich diese leicht ändern. Diese Vorgehensweise hat den weiteren Vorteil, dass man dann die übrigen Zellen mit ihren Verknüpfungen nicht zu ändern braucht. Wir werden uns im weiteren Verlauf auf andere bzw. weitere Kriterien beziehen, die eine Veränderung der Bewertungszahlen zur Folge haben werden. Die Tabelle wird natürlicherweise durch die Diagonale getrennt. Man könnte die obere Hälfte als Hinspiele, die untere dann als Rückspiele interpretieren, bzw. als Heim- und Auswärtsspiele interpretieren. So würde sich eine Möglichkeit anbieten, zwischen Heim- und Auswärtsspiel zu unterscheiden Man müsste dann aber ein anderes Verfahren für die Punktezuordnung der gegnerischen Mannschaft als das unten beschriebene wählen. Relevant wäre eine solche Unterscheidung, wenn z. B. eine Mann-

---

[1] Aus Darstellungsgründen sind die Tabellen nicht vollständig.

Tab. 12.3 Ergebnisse von 4 Simulationen

München	Dortmund	Schalke	Leverkusen	Wolfsburg	Gladbach
48	61	61	29	46	65
61	52	50	59	36	45
58	51	43	42	49	54
39	56	58	62	56	43
Mainz	Augsburg	Hoffenheim	Hannover	Hertha	Bremen
28	50	51	43	20	35
36	43	49	29	34	33
69	38	36	43	50	28
40	27	33	43	31	42
Frankfurt	Freiburg	Stuttgart	Hamburg	Köln	Paderborn
41	54	31	52	35	20
48	51	36	26	41	25
44	34	36	25	38	30
46	46	44	31	34	45

schaft besonders heimstark ist. Die Ergebnisse werden entsprechend dem obigen Beispiel für Dortmund und Schalke mit Hilfe von Zufallszahlen bestimmt.

Wie oben erwähnt, muss zu der obigen Tabelle eine „inverse" erzeugt werden. Um die Punkte einer Mannschaft zu erhalten, addiert man in der Ausgangstabelle die Spalten für jeden Verein und in der inversen die Zeilen. Der Gesamtpunktstand am Ende der Saison ergibt sich aus der Addition dieser beiden Zahlen.

In den Zeilen ganz oben sind die sich insgesamt ergebenen Punkte aufgeführt. Für eine Simulation ist ein Durchgang nicht wirklich aussagefähig. Excel bietet die Möglichkeit, Werte neu berechnen zu lassen. So lässt sich relativ einfach, eine neue Simulation erzeugen. Man braucht dann nur noch, die erhaltenen Werte in eine neue Tabelle zu übertragen. Die Ergebnisse für 4 Durchgänge sind in der Tab. 12.3 aufgeführt.

Ein Vergleich mit den realen Ergebnissen zeigt, dass auch diese nicht wirklich befriedigend sind.

12.3 Hinzuziehung eines weiteren Kriteriums

Für eine neues Modell können weitere Kriterien berücksichtigt werden. Die folgende Tabelle zeigt weitere Informationen, die für den Ausgang von Spielen bedeutsam sein könnten. Dies könnten zum Beispiel die Größe des Kaders, das durchschnittliche Alter der Spieler oder der Marktwert sein. Für die Vereine der Saison 2014/15 sind diese Daten in der Tab. 12.4 aufgeführt.

Ein mögliches Kriterium wäre z. B. der durchschnittliche Marktwert. Man könnte jetzt die Punkte durch die durchschnittlichen Marktwerte ersetzen. Interessanter wäre es aber eine Kombination aus den beiden Kriterien zu wählen. Dazu ist es erforderlich, die Werte

Tab. 12.4 Spielerdaten der Bundesligavereine

Verein	Kader	ø-Alter	Legionäre	Gesamtmarktwert	ø-Marktwert
Bayern München	33	24,6	17	564,18 Mio. €	17,10 Mio. €
Borussia Dortmund	37	23,7	17	329,80 Mio. €	8,91 Mio. €
FC Schalke 04	36	23	13	213,38 Mio. €	5,93 Mio. €
VfL Wolfsburg	30	24,9	18	176,13 Mio. €	5,87 Mio. €
Bayer 04 Leverkusen	26	23,9	14	166,55 Mio. €	6,41 Mio. €
Hamburger SV	38	24,2	21	114,95 Mio. €	3,03 Mio. €
Borussia Mönchen-gladbach	27	24,9	14	107,33 Mio. €	3,98 Mio. €
TSG 1899 Hoffen-heim	30	23,4	13	100,03 Mio. €	3,33 Mio. €
VfB Stuttgart	30	23,7	14	97,90 Mio. €	3,26 Mio. €
Hannover 96	35	24,6	16	78,05 Mio. €	2,23 Mio. €
1. FSV Mainz 05	36	23,9	18	76,90 Mio. €	2,14 Mio. €
Hertha BSC	30	25,3	16	76,48 Mio. €	2,55 Mio. €
Eintracht Frankfurt	30	24,1	14	73,98 Mio. €	2,47 Mio. €
SV Werder Bremen	36	22,9	16	58,58 Mio. €	1,63 Mio. €
SC Freiburg	30	24,1	13	56,90 Mio. €	1,90 Mio. €
1. FC Köln	27	24,4	14	43,33 Mio. €	1,60 Mio. €
FC Augsburg	35	24,6	17	42,43 Mio. €	1,21 Mio. €
SC Paderborn 07	28	25,2	7	22,45 Mio. €	802 Tsd.
574	**23,7 Jahre**	**272**	**2,40 Mrd. €**	**4,18 Mio. €**

Die Daten stammen vom 01.06.2015. Man findet diese bzw. entsprechende Daten unter www.transfermarkt.de/1-bundesliga/startseite/wettbewerb/L1.

einander anzupassen und sie ihrer Bedeutung gemäß zu gewichten. Bzgl. der Gewichtung wollen wir hier zunächst davon ausgehen, dass beide Anteile gleichbedeutend sind.

Eine Möglichkeit, die unterschiedlichen Werte in ein Verhältnis zu setzen, ist die folgende. Wir gehen dabei von den jeweiligen Durchschnittswerten aus. Der durchschnittliche Punktestand beträgt 46,44 Punkte, der durchschnittliche Spielerwert 4,13 Mio. €. Daraus ergibt sich z. B. für den Verein Bayern München folgende Bewertungszahl: $b = 0,5 \cdot 90 + 0,5 \cdot \frac{46,44}{4,13} \cdot 17,1 = 141,102$. Entsprechend lassen sich dann Bewertungszahlen für die anderen Vereine mit Hilfe einer Tabellenkalkulation bestimmen. Für die Vereine ergeben sich dann die in Tab. 12.5 aufgeführten Bewertungszahlen:

In wie weit dies zu einem „besseren" Ergebnis führt, lässt sich im Vorhinein nicht entscheiden. Insbesondere gibt es keine eindeutigen Aussagen darüber, welche Kriterien für den Erfolg einer Mannschaft bedeutsam sind. Hierzu müsste man über Jahre die Bedeutung einzelner Kriterien in Bezug auf das Saisonergebnis untersuchen. Schaut man sich den durchschnittlichen Marktwert pro Spieler, so könnte dieser ein Kriterium für den Erfolg von Bayern München in den letzten Jahren sein.

Tab. 12.5 Bewertungszahlen aus Punktestand und durchschnittlichem Spielerwert

München	Dortmund	Schalke	Leverkusen	Wolfsburg	Gladbach
90	71	64	61	60	55
17,1	8,91	5,93	5,87	6,41	3,03
141,102	85,5742	65,3266	63,4894	66,0242	44,5286
Mainz	Augsburg	Hoffenheim	Hannover	Hertha	Bremen
53	52	44	42	41	39
3,98	3,33	3,26	2,23	2,14	2,55
48,8676	44,7146	40,3212	33,5326	32,5268	33,831
Frankfurt	Freiburg	Stuttgart	Hamburg	Köln	Paderborn
36	36	32	27	32	27
2,47	1,63	1,9	1,6	1,21	0,802
31,8814	27,1606	26,678	22,492	22,8002	18,00724

Tab. 12.6 Ergebnisse von 4 Simulationen unter Berücksichtigung von Punktestand und Spielerwert

München	Dortmund	Schalke	Leverkusen	Wolfsburg	Gladbach
70	51	43	59	43	54
66	67	35	63	47	42
72	50	43	44	38	53
61	50	53	59	49	40
Mainz	Augsburg	Hoffenheim	Hannover	Hertha	Bremen
63	30	46	38	37	42
51	43	41	47	28	35
39	38	46	44	40	41
44	48	48	39	45	43
Frankfurt	Freiburg	Stuttgart	Hamburg	Köln	Paderborn
31	33	26	39	38	29
28	27	32	28	46	30
38	22	34	41	46	31
31	35	26	22	19	28

Die Simulation lässt sich jetzt entsprechend durchführen; es sind nur die Bewertungs-zahlen entsprechend zu ändern. Es werden wieder vier Simulationen durchgeführt; die Ergebnisse sind in der Tab. 12.6 wiedergegeben.

Man erkennt, dass zumindest die erhaltenen Simulations-Ergebnisse von München und Paderborn „realistischer" sind. Allerdings werden die 90 Punkte der Saison 13/14 für München nicht ansatzweise erreicht. Das heißt, es müssten weitere Kriterien berücksich-tigt werden, um das Modell zu verbessern. In der Saison zeigt sich, dass oft Verletzungen von entscheidenden Spielern eine große Rolle spielen. Hier ist es dann entscheidend, wie gut die Ersatzbank besetzt ist. Das heißt, man müsste vielleicht eher den durchschnitt-lichen Marktwert der Ersatzspieler heranziehen. Damit wäre aber ein weiteres Problem verbunden nämlich die Entscheidung, wer Stamm- bzw. Ersatzspieler ist.

12.4 Fazit

Wir möchten noch einmal betonen, dass es nicht das Ziel war und nicht sein konnte, nahezu exakte Voraussagen zu machen. Dieses ist sicher auch gar nicht möglich. Dennoch haben wir uns mit der Simulation von Daten beschäftigt, die in der Umwelt der Schülerinnen und Schüler eine Rolle spielt. Unsere Gesellschaft ist auf Prognosen vielfältiger Art, wie z. B. Wirtschaftswachstum, Steuerschätzungen usw. angewiesen. Solche Schätzungen sind viel zu komplex, als dass man sie in der Schule nachvollziehen könnte. Die durchgeführte Simulation kann gut didaktisch reduziert in Mathematikunterricht bearbeitet werden. Kriterien für das Abschneiden eines Vereins in der Bundesliga sind Schülerinnen und Schülern nicht fremd. So wurde den Schülerinnen und Schülern im Unterrichtprojekt frei gestellt, an Hand welcher Kriterien sie ihre Simulation durchführen wollten. Das Projekt wurde in zwei Klassen (gesellschaftswissenschaftliches bzw. Sportprofil) durchgeführt. Die Schüler des gesellschaftswissenschaftlichen Profils bezogen sich in der Regel auf den Punktestand der letzten Saison, die des Sportprofils auf den durchschnittlichen Spielerwert bzw. den absoluten Marktwert aller Spieler.

Entscheidend aus Sicht der Lehrperson waren nicht die Qualität der erhaltenen Simulationsergebnisse im Vergleich zu realen Bundesligatabellen, sondern vielmehr der Umgang mit der Software und die Diskussion über die Gewichtung der Kenndaten der Vereine sowie deren ggf. vorhandene Beziehung. Ein weiteres Unterrichtsziel bestand darin, Schülerinnen und Schülern Möglichkeiten der Verwendung einer Tabellenkalkulation für Simulationen aufzuzeigen. Im Vergleich zur Bedeutung in der Arbeitswelt spielen Tabellenkalkulationen in der Schule eigentlich eine viel zu untergeordnete Rolle.

Literatur

Hußmann, S., & Leuders, T. (2006). Ausgerechnet: Costa Rica! Wie man mit Mitteln der Wahrscheinlichkeitsrechnung den Fußballweltmeister voraussagen kann. *Praxis der Mathematik*, *48*(9), 19–27.

Wesson, J. (2006). *Fußball – Wissenschaft mit Kick, Von der Physik fliegender Bälle und der Statistik des Spielausgangs*. München: Spektrum Akademischer Verlag.

Printed in the United States
By Bookmasters